应用型本科院校"十二五"规划教材/经济管理类

International Trade
国际贸易

主 编 矫 萍 李 伟
副主编 许洪砖 曹张龙 黄秀梅

哈尔滨工业大学出版社
HARBIN INSTITUTE OF TECHNOLOGY PRESS

内容简介

本教材在广泛吸收国内外有关教材成果的基础上,将近些年来国际贸易发展和国际贸易学科发展的最新成果融入各相关章节之中,兼顾了教材的基础性和前沿性。全书共分11章,具体包括绪论、国际分工与世界市场、国际贸易理论、对外贸易政策与战略、关税措施、非关税措施、出口鼓励措施与出口管制、国际资本移动与跨国公司、国际服务贸易、区域经济一体化与国际贸易、国际贸易条约与协定。每章均附有专栏、荐读书目及网上资源、思考题、案例分析等内容,以方便读者加深对教材的理解,并为他们做进一步的研讨提供文献参考。

本书适用于应用型本科院校经济类专业的本科生和专科生作为教材,也可作为广大国际贸易从业人员的参考用书。

图书在版编目(CIP)数据

国际贸易/矫萍,李伟主编. —哈尔滨:

哈尔滨工业大学出版社,2010.8(2016.1 重印)

应用型本科院校"十二五"规划教材

ISBN 978-7-5603-3073-0

Ⅰ.①国⋯ Ⅱ.①矫⋯ ②李⋯ Ⅲ.①国际贸易-高等学校-教材 Ⅳ.①F74

中国版本图书馆 CIP 数据核字(2010)第 157502 号

策划编辑	赵文斌 杜 燕
责任编辑	孙连嵩
出版发行	哈尔滨工业大学出版社
社　　址	哈尔滨市南岗区复华四道街10号 邮编150006
传　　真	0451-86414749
网　　址	http://hitpress.hit.edu.cn
印　　刷	黑龙江省地质测绘印制中心印刷厂
开　　本	787mm×960mm 1/16 印张17.25 字数360千字
版　　次	2010年8月第1版 2016年1月第2次印刷
书　　号	ISBN978-7-5603-3073-0
定　　价	29.80元

(如因印装质量问题影响阅读,我社负责调换)

《应用型本科院校"十二五"规划教材》编委会

主　任　修朋月　竺培国

副主任　王玉文　吕其诚　线恒录　李敬来

委　员　（按姓氏笔画排序）

丁福庆　于长福　马志民　王庄严　王建华

王德章　刘金祺　刘宝华　刘通学　刘福荣

关晓冬　李云波　杨玉顺　吴知丰　张幸刚

陈江波　林　艳　林文华　周方圆　姜思政

庹　莉　韩毓洁　臧玉英

序

　　哈尔滨工业大学出版社策划的"应用型本科院校规划教材"即将付梓,诚可贺也。

　　该系列教材卷帙浩繁,凡百余种,涉及众多学科门类,定位准确,内容新颖,体系完整,实用性强,突出实践能力培养。不仅便于教师教学和学生学习,而且满足就业市场对应用型人才的迫切需求。

　　应用型本科院校的人才培养目标是面对现代社会生产、建设、管理、服务等一线岗位,培养能直接从事实际工作、解决具体问题、维持工作有效运行的高等应用型人才。应用型本科与研究型本科和高职高专院校在人才培养上有着明显的区别,其培养的人才特征是:①就业导向与社会需求高度吻合;②扎实的理论基础和过硬的实践能力紧密结合;③具备良好的人文素质和科学技术素质;④富于面对职业应用的创新精神。因此,应用型本科院校只有着力培养"进入角色快、业务水平高、动手能力强、综合素质好"的人才,才能在激烈的就业市场竞争中站稳脚跟。

　　目前国内应用型本科院校所采用的教材往往只是对理论性较强的本科院校教材的简单删减,针对性、应用性不够突出,因材施教的目的难以达到。因此亟须既有一定的理论深度又注重实践能力培养的系列教材,以满足应用型本科院校教学目标、培养方向和办学特色的需要。

　　哈尔滨工业大学出版社出版的"应用型本科院校规划教材",在选题设计思路上认真贯彻教育部关于培养适应地方、区域经济和社会发展需要的"本科应用型高级专门人才"精神,根据黑龙江省委书记吉炳轩同志提出的关于加强应用型本科院校建设的意见,在应用型本科试点院校成功经验总结的基础上,特邀请黑龙江省9所知名的应用型本科院校的专家、学者联合编写。

　　本系列教材突出与办学定位、教学目标的一致性和适应性,既严格遵照学科体系的知识构成和教材编写的一般规律，又针对应用型本科人才培养目标及与之相适应的教学特点，精心设计写作体例，科学安排知识内容，围绕应用讲授理论，做到"基础知识够用、实践技能实用、专业理论管用"。同时注意适当融入新理论、新技术、新工艺、新成果，并且制作了与本书配套的PPT多媒体教学课件，形成立体化教材，供教师参考使用。

"应用型本科院校规划教材"的编辑出版，是适应"科教兴国"战略对复合型、应用型人才的需求，是推动相对滞后的应用型本科院校教材建设的一种有益尝试，在应用型创新人才培养方面是一件具有开创意义的工作，为应用型人才的培养提供了及时、可靠、坚实的保证。

希望本系列教材在使用过程中，通过编者、作者和读者的共同努力，厚积薄发、推陈出新、细上加细、精益求精，不断丰富、不断完善、不断创新，力争成为同类教材中的精品。

黑龙江省教育厅厅长

2010年元月于哈尔滨

前　言

随着经济全球化的发展,各个国家的经济联系越来越紧密,我们从来没有像今天这样关注和依赖世界经济。国际贸易作为各国经济、科学技术、文化等方面交流的最古老的方式,在我们的经济生活中扮演着越来越重要的角色。国际贸易与我们生活的各行各业的管理者、生产者和消费者都有着密切的联系,因此,学习国际贸易有助于培养掌握国际贸易理论、通晓国际贸易政策和体制规则以及能从事国际贸易经营、管理和研究的人才。

为适应培养应用型经贸人才的需要,我们在广泛吸收国内外国际贸易教材成果的基础上,结合多年国际贸易教学的实践,编写了本书,目的是使学生掌握和学会运用国际贸易中的基本理论、基本知识和基本技能,培养学生分析和解决国际贸易问题的能力。

本书力求做到以下几点：

第一,理论体系完整,涵盖了国际贸易的基本理论与政策。

第二,难易适中,适合应用型本科院校的学生使用。作者本着"实用为主,够用为度"的原则,对一些较难的理论模型进行了删减,突出了实践性和可操作性。

第三,知识新颖,生动可读,资料时代感强。本书结合当前国内外的经济形势,引用了最新的国际贸易数据和资料,增加了许多专栏和案例,尽可能地反映国际贸易领域和我国对外贸易发展的前沿成果,兼顾了教材的基础性和前沿性。

第四,便于教学使用。每章均有"学习要点及目标"、"本章关键术语"、"专栏"、"本章小结"、"思考题"和"案例分析",它们可以帮助学生抓住各章的重点,有助于学生更好地理解教材内容,不仅适合老师的教学,而且也方便学生课后的预习和复习。

本书由矫萍负责总体设计和统稿工作。编写工作的具体分工如下：矫萍编写第3章和第9章的第4节；李伟编写第10章、第11章和第9章的1、2、3节；许洪砖编写第5章和第8章；曹张龙编写第1章和第2章；黄秀梅编写第6章和第7章；钟海岩编写第4章。

本书的编写得到了有关院校和许多同行的大力支持和协助,在编写过程中参考了国内外有关专家和学者的著述及研究成果,在此一并表示谢意。

当今国际贸易发展日新月异,各种新的理论、政策和现象不断出现,加上编者水平有限,书中难免存在疏漏和不足之处,恳请各位专家和读者批评指正,以便我们在今后的工作中加以改进。

编　者
2010年6月

目 录

第1章 绪论 1
1.1 国际贸易的研究对象和研究内容 1
1.2 国际贸易的产生与发展 3
1.3 国际贸易的分类与基本概念 7
1.4 国际贸易的特点及作用 14
本章小结 16
思考题 17
案例分析 17
本章荐读书目及网上资源 18

第2章 国际分工与世界市场 19
2.1 国际分工 19
2.2 世界市场 28
本章小结 37
思考题 38
案例分析 38
本章荐读书目及网上资源 39

第3章 国际贸易理论 40
3.1 古典国际贸易理论 40
3.2 新古典贸易理论 54
3.3 新贸易理论 64
3.4 新兴古典贸易理论 77
本章小结 80
思考题 81
案例分析 81
本章荐读书目及网上资源 82

第4章 对外贸易政策与战略 83
4.1 对外贸易政策概述 83
4.2 发达国家对外贸易政策的演变 87
4.3 发展中国家对外贸易政策的发展 94
本章小结 99

思考题 · · · · · · 99
　　　案例分析 · · · · · · 99
　　　本章荐读书目及网上资源 · · · · · · 100
第5章　关税措施 · · · · · · 101
　5.1　关税概述 · · · · · · 101
　5.2　关税的保护程度及测定 · · · · · · 109
　5.3　关税的征收制度 · · · · · · 111
　5.4　关税减让谈判 · · · · · · 115
　　本章小结 · · · · · · 119
　　思考题 · · · · · · 120
　　　案例分析 · · · · · · 120
　　　本章荐读书目及网上资源 · · · · · · 121
第6章　非关税措施 · · · · · · 122
　6.1　非关税措施概述 · · · · · · 122
　6.2　主要的非关税措施 · · · · · · 126
　6.3　其他非关税措施 · · · · · · 135
　　本章小结 · · · · · · 138
　　思考题 · · · · · · 139
　　　案例分析 · · · · · · 139
　　　本章荐读书目及网上资源 · · · · · · 140
第7章　出口鼓励措施与出口管制 · · · · · · 141
　7.1　鼓励出口的主要措施 · · · · · · 141
　7.2　鼓励出口的其他措施 · · · · · · 149
　7.3　出口管制措施 · · · · · · 155
　　本章小结 · · · · · · 158
　　思考题 · · · · · · 159
　　　案例分析 · · · · · · 159
　　　本章荐读书目及网上资源 · · · · · · 160
第8章　国际资本移动与跨国公司 · · · · · · 161
　8.1　国际资本移动概述 · · · · · · 161
　8.2　当代国际资本移动的特点及其对国际贸易的影响 · · · · · · 167
　8.3　跨国公司概述 · · · · · · 169
　8.4　跨国公司对国际贸易的影响 · · · · · · 174
　　本章小结 · · · · · · 177

思考题 ………………………………………………………………………… 177
　　　　案例分析 ……………………………………………………………… 178
　　　　本章荐读书目及网上资源 …………………………………………… 179
第9章　国际服务贸易 ……………………………………………………………… 180
　9.1　国际服务贸易概述 ………………………………………………………… 180
　9.2　当代国际服务贸易的发展 ………………………………………………… 185
　9.3　国际服务贸易壁垒与《服务贸易总协定》 ……………………………… 193
　9.4　服务外包 …………………………………………………………………… 198
　　本章小结 ………………………………………………………………………… 203
　　思考题 …………………………………………………………………………… 203
　　　　案例分析 ……………………………………………………………… 204
　　　　本章荐读书目及网上资源 …………………………………………… 204
第10章　区域经济一体化与国际贸易 …………………………………………… 205
　10.1　区域经济一体化概述 …………………………………………………… 206
　10.2　主要的区域经济一体化组织 …………………………………………… 213
　10.3　区域经济一体化理论 …………………………………………………… 222
　10.4　区域经济一体化对国际贸易的影响 …………………………………… 228
　　本章小结 ………………………………………………………………………… 230
　　思考题 …………………………………………………………………………… 230
　　　　案例分析 ……………………………………………………………… 231
　　　　本章荐读书目及网上资源 …………………………………………… 232
第11章　国际贸易条约与协定 …………………………………………………… 233
　11.1　国际贸易条约与协定概述 ……………………………………………… 233
　11.2　国际贸易条约与协定的种类 …………………………………………… 236
　11.3　关税与贸易总协定 ……………………………………………………… 240
　11.4　世界贸易组织 …………………………………………………………… 245
　　本章小结 ………………………………………………………………………… 256
　　思考题 …………………………………………………………………………… 256
　　　　案例分析 ……………………………………………………………… 257
　　　　本章荐读书目及网上资源 …………………………………………… 257
参考文献 …………………………………………………………………………… 258

第1章 Chapter 1

绪 论

【学习目的与要求】

通过本章的学习,了解国际贸易的研究对象、研究内容及国际贸易的产生与发展;掌握国际贸易的基本概念、分类及特点;理解国际贸易的作用,以便为后面章节的学习建立知识基础。

【本章关键术语】

国际贸易(International Trade);对外贸易(Foreign Trade);贸易条件(Terms of Trade);贸易差额(Balance of Trade);对外贸易依存度(Degree of Dependence on Foreign Trade)

在当今世界,没有任何一个国家能够在经济隔绝的状态下生存。特别是在全球经济一体化的浪潮下,一国经济的各个方面,诸如工业部门、服务部门、收入和就业水平、生活水准等,都与国际贸易紧密相连。联系的方式包括国家间的货物和服务流动、劳动力流动、资本和技术流动等。因此,国际贸易已成为当今世界各国经济界人士所必须学习和掌握的重要学科之一。学习这门课程首先应了解一些综合性的基本问题,如什么是国际贸易?它的研究对象是什么?它有哪些分类?国际贸易与国内贸易有何不同?它对经济发展会起到哪些作用?本章主要对这些问题进行介绍、分析和探讨。

1.1 国际贸易的研究对象和研究内容

1.1.1 国际贸易的研究对象

国际贸易(International Trade)是指世界各国或地区之间商品和劳务的交换活动。它是世界各国在国际分工的基础上相互联系的主要形式,也是国际经济关系的基本内容。它反映了世界各国在经济上的相互联系与依赖。

作为一门应用型经济学科,国际贸易的研究对象是跨国界或地区的商品和劳务的交换活动及其运行机制,通过研究这些商品和劳务的交换活动的产生、发展过程以及贸易利益的产生和分配,来揭示这种交换活动的特点和规律。

1.1.2 国际贸易的研究内容

国际贸易研究的具体内容包括国际贸易的历史及现状、国际贸易的基本理论、国际贸易的政策与措施以及与国际贸易有关的各种理论与现实问题四个方面。

1. 国际贸易的历史及现状

马克思的经济理论指出,经济学是一个历史范畴,它随着社会生产力的发展而发展。这对于国际贸易也完全适用。国际贸易是国际分工和发展的必然结果,它是在一定历史条件下,随着生产力的发展而出现并发展的。随着生产力的变革,交换活动的领域和范围不断扩大,国际贸易的形式和内容也更加多元化。当代国际贸易已成为各国对外关系的重要基础和纽带,成为人类文明发展的基石。

2. 国际贸易的基本理论

在社会经济发展过程中,理论与实践总在相互影响和产生作用。理论是对实践的总结,同时又服务于实践,使实践有新的发展。在国际贸易的形成和发展过程中,各个时期的经济学家都十分重视对国际贸易各种矛盾与规律的研究探讨,形成了国际贸易的理论体系。学习和研究这些理论的精华,从而探讨中国对外贸易发展过程中的实际问题,是国际贸易课程研究的重要内容。

3. 国际贸易的政策与措施

不同的国际贸易理论指导对外贸易的实践,便会产生各种各样具体的贸易政策和措施。自由贸易理论认为应当尽量消除妨碍贸易发展的各种措施,如削减关税和非关税壁垒;而保护贸易理论则认为应当根据本国产业发展的需要,采用关税和其他非关税措施,限制某些产品的进口,鼓励某些产品的出口。各种政策措施对进口和出口的影响程度是各不相同的,究竟采用哪种措施,或者是哪几种措施结合起来使用,达到某方面的目标,就需要我们作专门的研究分析。现代国际贸易的实践表明,国际贸易市场上既存在着竞争,又存在着合作。于是,不同国家又会通过签订各种协定、条约或参加某些国际经济组织来对自己的行为进行约束和规范。这些协定、条约和国际经济组织究竟会给成员国带来多少具体的经济利益或损失是国际贸易学科所要研究的重要内容。事实告诉我们,国际经济贸易关系涉及到各国的长远利益,因此,各国采取的贸易政策措施通常贯穿着政治、军事上的考虑,因此在研究国际贸易政策与措施时,不能单纯从经济的角度,还应该从政治的角度去看问题。

4. 与国际贸易有关的各种理论与现实问题

在国际贸易学科的研究领域,不可避免地会涉及到与国际贸易有关的各种理论与现实问题。例如,国际贸易的发展必然会涉及货币收付、汇兑、结算、信贷等问题。而且,国际贸易的发展必然会促进国际资金流动和国际金融市场的形成,引起人们对国际货币体系、国际金融机构等许多国际金融领域内的问题的研究。因此,人们通常会把国际金融的有关理论和现实问题,作为国际贸易学科需要研究的一部分内容。

国际贸易的发展引起了生产国际化的发展,形成了给国际经贸带来重大影响的许多跨国公司,有关这些跨国公司活动的理论和现实问题以及由生产国际化引起的区域经济一体化问题,都是国际贸易学科所要关注和加以解释的。此外,世界各国为了推进国际贸易自由化的发展而建立起的世界贸易组织,已成为各国从事国际经贸活动的法律框架和活动平台,因此,掌握世界贸易组织的基本内容,研究多边贸易规则体系和基本原则,是国际贸易课程必不可少的内容。

1.2 国际贸易的产生与发展

国际贸易的产生必须具备两个基本的条件,一是要有国家的存在,二是产生了剩余产品。剩余产品只有在社会生产力达到一定程度才会出现,而生产力的发展是离不开国际分工的,国际分工只有在社会分工和私有制的基础上才可能形成。所有这些条件不是在人类社会产生时就有的,而是随着社会生产力的不断发展和社会分工的不断扩大而逐渐形成的。

1.2.1 原始社会时期的国际贸易

在原始社会初期,人类的祖先结伙群居,打鱼捕兽,生产力水平极度低下,人们处于自然分工状态,劳动成果仅能维持群体最基本的生存需要,没有剩余产品用以交换,因此谈不上对外贸易。

人类历史的第一次社会大分工,即畜牧业和农业的分工,促进了原始社会生产力的发展,产品除维持自身需要以外,还有少量的剩余。人们为了获得本群体不生产的产品,便出现了氏族或部落之间用剩余产品进行原始的物物交换。当然,这种交换还是极其原始并偶然发生的物物交换。

在漫长的年代里,随着社会生产力的继续发展,手工业从农业中分离出来成为独立的部门,形成了人类社会第二次大分工。由于手工业的出现,便产生了直接以交换为目的的生产——商品生产。当产品是专门为满足别人的需要而生产时,商品交换就逐渐成为一种经常性的活动。随着商品生产和商品交换的扩大,出现了货币,于是,商品交换就变成了以货币为媒介的商品流通。这样就进一步促使私有制和阶级的形成。由于商品交换的日益频繁和交换的地域范围不断扩大,又产生了专门从事贸易的商人阶层。第三次社会大分工使商品生产和商品流通更加频繁和广泛,商品流通开始超越国界,这就产生了对外贸易。

1.2.2　奴隶社会时期的国际贸易

进入奴隶社会以后,随着国家的出现、社会分工的扩大、社会生产力的发展,对外贸易有了进一步发展。当时的贸易中心集中在地中海地区,腓尼基、希腊、罗马、印度、中国等国家也都有贸易活动。奴隶社会是奴隶主占有生产资料和奴隶的社会,奴隶社会的对外贸易是为了奴隶主阶级服务的。当时,奴隶主拥有财富的重要标志是其占有多少奴隶,因此,奴隶社会国际贸易中的主要商品是奴隶以及专供王室和奴隶主阶级享用的粮食、酒及其他奢侈品,如宝石、香料和各种织物等。

在奴隶社会,自然经济占主导地位,其特点是自给自足,生产的目的主要是为了消费,而不是为了交换。奴隶社会虽然出现了手工业和商品生产,但在整个社会生产中显得微不足道,进入流通的商品数量很少。同时,由于社会生产力水平低下和生产技术落后,交通工具简陋,道路条件恶劣,严重阻碍了人与物的交流,贸易的范围也十分有限。

1.2.3　封建社会时期的国际贸易

封建社会时期的国际贸易比奴隶社会时期有了较大的发展。在封建社会早期,封建地租采取劳役和实物的形式,进入流通领域的商品并不多。到了中期,随着商品生产的发展,封建地租转变为货币地租的形式,商品经济得到进一步的发展。在封建社会晚期,随着城市手工业的发展,资本主义因素已孕育产生,商品经济和对外贸易都有了较快的发展。

在封建社会,封建地主阶级占统治地位,对外贸易是为封建地主阶级服务的。奴隶贸易在国际贸易中基本消失。参加国际贸易的主要商品,除了奢侈品以外,还有日用手工业品和食品,如棉织品、地毯、瓷器、谷物和酒等。这些商品主要是供国王、君主、封建地主和部分富裕的城市居民享用的。

综上所述,资本主义社会以前的国际贸易是为奴隶主和封建地主阶级利益服务的。随着社会生产力的提高,以及社会分工和商品生产的发展,国际贸易不断扩大,但是受到生产方式和交通条件的限制,商品生产和流通的主要目的是为了满足剥削阶级奢侈生活的需要,贸易主要局限于各洲之内和欧亚大陆之间。国际贸易在奴隶社会和封建社会经济中都不占有重要的地位,贸易的范围和商品品种都有很大的局限性。15世纪的"地理大发现"及由此产生的欧洲各国的殖民扩张带来了真正意义上的"世界贸易",到了资本主义社会,国际贸易获得了广泛的发展。

1.2.4　资本主义时期的国际贸易

15世纪末期至16世纪初,哥伦布发现新大陆,瓦斯哥达·加成从欧洲经由好望角到达亚洲,麦哲伦完成环球航行,这些地理大发现对西欧经济发展和全球国际贸易产生了十分深远的影响。大批欧洲冒险家前往非洲和美洲进行掠夺性贸易,运回大量金银财宝,甚至还开始买卖黑人的罪恶勾当,同时还将这些地区沦为本国的殖民地,妄图长久地保持其霸权。这样,既加速了资本原始积累,又大大推动了国际贸易的发展。西班牙、荷兰、英国之间长期战火不断,目的就是为了争夺海上霸权,归根到底,就是要争夺殖民地和国际贸易的控制权。可见,国际贸易是资本主义生产方式的基础,同争夺海运和国际贸易的霸权相呼应,这些欧洲国家的外贸活动常常具有一定的垄断性质,甚至还建立了垄断性外贸公司,如英国的东印度公司。

17世纪中期,英国资产阶段革命的胜利,标志着资本主义生产方式的正式确立,资本主义社会进入自由竞争时期。随后,英国夺得海上霸权,意味着它在世界贸易中占据主导地位,这就为它向外掠夺扩张铺平了道路。18世纪中期的产业革命又为国际贸易的空前发展提供了十分坚实而又广阔的物质基础。蒸汽机的发明使用开创了机器大工业时代,而大机器工业的建立和发展,一方面,使社会生产力迅速提高,物质产品大为丰富,真正的国际分工开始形成;另一方面,交通运输和通信技术和工具都有了突飞猛进的发展,各国之间的距离似乎骤然变短,为国际贸易提供了极大的便利。这个时期的国际贸易,不仅贸易数量和种类有长足增长,而且贸易方式和机构职能也有了创新发展。显然,国际贸易的巨大发展是资本主义生产方式发展的必然结果。

19世纪70年代后,资本主义进入垄断阶段,此时的国际贸易不可避免地带有"垄断"的特点。主要资本主义国家的对外贸易被为数不多的垄断组织所控制,由它们决定着一国对外贸易的地理方向和商品构成。垄断组织输出巨额资本,用来扩大商品输出的范围和规模。

由于两次世界大战的干扰,垄断资本主义的发展也同时受到阻碍。因此,在第二次世界大战后,垄断资本主义才真正进入了迅速膨胀的时期。

1.2.5 二战后的国际贸易

从1914年第一次世界大战爆发到1945年第二次世界大战结束,是世界经济和国际贸易波动和萧条的一段时间。两次世界大战和几次大的世界性经济衰退,大大削弱了欧洲各国的经济和军事实力,也极大地影响了世界贸易。第一次大战后,国际贸易缩减了40%,直到1924年才略超过战前水平。紧接着是1929年至1933年大萧条,世界贸易量又一次大幅度下降,加上这一时期各国实行的贸易保护政策,使国际贸易一直处于萎缩状态。到第二次世界大战爆发前的1937年,世界出口总额也只有254.8亿美元,尚未恢复到1929年的水平(327.5亿美元),甚至仍低于1924年的水平(275.95亿美元)。这种状态直到第二次世界大战结束后才得到改变。

与工业革命后的世界贸易相比,二战后的国际贸易主要有以下特征。

1. 出口规模不断扩大,国际贸易发展速度加快

二战后,国际贸易增长的速度和规模远远超过19世纪工业革命以后的贸易增长。从1950年到2000年的50年中,全世界的商品出口总值从约610亿美元增加到61 328亿美元,增长了将近 100 倍。即使扣除通货膨胀因素后,实际商品出口总值也增长了 15 倍多,远远超过了工业革命后乃至历史上任何一个时期的国际贸易增长速度。而且,世界贸易实际价值的增长速度(年平均增长 6% 左右)超过了同期世界实际 GDP 增长的速度(年平均增长 3.8% 左右)。这意味着国际贸易在各国的 GDP 中的比重在不断上升,国际贸易在现代经济中的地位越来越重要。

2. 国际贸易中工业制成品的比重大大增加

1950 年,工业制成品出口占世界全部商品出口价值的 34.9%。20 世纪 60 年代,这一比例增加到 50% 以上。70 年代,世界能源价格上涨,使得工业制成品的比重在 50% ~ 60% 之间徘徊。80 年代中期以后,工业制成品在贸易中的比重又开始攀升。到 2000 年,国际贸易中将近四分之三(74.85%)的商品是工业制成品。

在工业制成品贸易中,工业革命后曾经处于重要地位的纺织品、服装等轻纺工业产品和钢铁等金属工业产品的地位逐渐下降,取而代之的主要是包括汽车在内的交通和机器设备、电气、电子产品以及化工产品。

3. 服务贸易迅速发展,成为国际贸易中重要的组成部分

战后,随着人们收入的不断提高,在主要耐用消费品得到满足后,人们对服务的需求越来越大,服务业在各国经济中的比重越来越大,因而,服务贸易也相应地得到了发展。从 20 世纪 70 年代开始,服务贸易日益成为国际贸易中的一个组成部分。1970 年,世界服务业出口总值为 800 多亿美元;1980 年增加到 4 026 亿美元;1990 年又翻了一番,为 8 962 亿美元;2000 年则进一步达到 16 136 亿美元。服务贸易占世界贸易的比重也从 20 世纪 80 年代的 17% 左右增加到 90 年代末的 22% 左右。服务贸易已上升到与货物贸易同等重要的地位,《服务贸易总协定》也已成为世界贸易组织的三个主要协议之一。

4. 发达国家之间的贸易成为主要的贸易流向

从地理大发现开始,到工业革命以后很长的一段时间里,世界贸易的模式是发达国家出口工业制成品,发展中国家出口矿产和原料等初级产品,即所谓的"南北贸易"。战后,随着制造品贸易的数量和种类的增加,工业发达国家之间的贸易量和占世界贸易的比重也都在不断提高。20 世纪 60 年代初,北美、西欧和日本相互之间的贸易量约占当时世界总贸易量的 40%;80 年代初,这一比重已经超过 40%(1983 年为 41%);90 年代初(1993 年)为 47% 左右;到了 2000 年,世界贸易总额的将近 50% 发生在欧美发达国家和日本之间。如果把新加坡、韩国等新兴工业化国家算上,这一比例则更高。1999 年,全部工业国家 73% 的出口产品销往其他工业国家,有 68% 的产品从其他工业国家进口。

5. 区域性自由贸易迅速发展

战后,尤其是 20 世纪 90 年代以来,各种形式的区域性经济合作越来越多,其中最多的是自由贸易区,包括欧洲自由贸易组织,北美自由贸易区,南美共同市场,东南亚国家的自由贸易区,东南非洲自由贸易区等。合作程度稍高的有关税同盟、共同市场以及经济同盟,例如欧盟。

几乎所有的关税总协定和世贸组织成员国都参加了一个或数个区域性自由贸易协定。从1948年到1994年的46年中,关税总协定成员国共签订了124项区域性自由贸易协定,从1995年世贸组织成立到2000年的6年中,世贸组织共收到了100多项成员国参加区域自由贸易协定的通知。

总之,从第二次世界大战结束到21世纪初的50多年中,世界经济发生了天翻地覆的变化。科技革命、制度变迁和经济发展使得世界各国的经济日益融为一体,经济全球化已成为20世纪以来的主要趋势。作为经济全球化的基础,国际贸易与投资的自由化在20世纪末得到了很大的发展,并将继续成为21世纪世界经济发展的主要方向。

1.3 国际贸易的分类与基本概念

1.3.1 国际贸易的分类

国际贸易范围广泛,性质复杂,从不同的角度和不同的标准,国际贸易可以进行如下分类。

1. 按商品流向分类

按商品流向划分,国际贸易可分为出口贸易、进口贸易、过境贸易、复出口贸易、复进口贸易和边境贸易。

(1) 出口贸易。出口贸易(Export Trade)又称输出贸易,它是指一国把自己生产和加工的商品输往国外市场销售。这里必须注意一点,作为出口贸易的商品必须是外销的商品,某些商品虽然运出国境,但不属于外销的商品,则不能算作出口贸易。例如,运出国境供驻外使领馆使用的商品、旅客个人使用带出国境的商品均不列入出口贸易。

(2) 进口贸易。进口贸易(Import Trade)又称输入贸易,它是指一国从国外市场购进用以生产或消费的商品。同样,输入境内的商品必须是属于内销的商品才能列入进口贸易。例如,外国使领馆运进供自用、旅客带入供自用的商品以及供展览用而入境的货物不属于进口贸易。

(3) 过境贸易。过境贸易(Transit Trade)又称通过贸易,它是指出口国的货物经过第三国国境销往进口国,对第三国来说就是过境贸易。在过境贸易中,如果货物不在过境国的海关保税仓库中存放或分类包装,就是直接过境贸易,否则是间接过境贸易。在过境贸易中,由于本国未通过买卖取得货物的所有权,因此,过境商品一般不列入本国的进出口统计中。

(4) 复出口贸易。复出口贸易(Re-export Trade)又称再出口贸易,它是指从国外输入的商品,没有在本国消费,又未经加工就再出口。复出口贸易由两部分组成,一部分是从本国自由贸易区或海关保税仓库再出口;一部分是经过海关结关手续后的本国化商品再出口。复出口贸易在很大程度上与经营转口贸易有关。

(5) 复进口贸易。复进口贸易(Re-import Trade)又称再进口贸易,它是指输往国外的商品未经加工又重新运回本国。产生复进口的原因,或者是商品质量不合格,或者是商品销售不对路,或者是国内本身就供不应求。从经济效益考虑,一国应该尽量避免出现复进口的情况。

（6）边境贸易。边境贸易(Cross-border Trade)是指两个相邻的国家或地区,在两国边境接壤地区准许当地居民在指定的集市和边境口岸上进行的小额贸易。

2. 按商品形态分类

按商品形态划分,国际贸易可分为有形贸易、无形贸易。

（1）有形贸易。有形贸易(Visible Trade)又称有形商品贸易(Tangible Goods Trade)或货物贸易(Goods Trade),它是指买卖那些看得见、摸得着的具有物质形态的商品(如粮食、机器等)的交换活动。为了便于统计和分析,联合国秘书处于1950年公布了《国际贸易标准分类》(Standard International Trade Classification,简称SITC)。1960年、1975年、1985年还分别对其作过三次修订。在这个标准分类中,把有形商品分为10大类,这10大类商品分别为:食品及主要供食用的活动物(0);饮料及烟类(1);燃料以外的非食用粗原料(2);矿物燃料、润滑油及有关原料(3);动植物油脂及油脂(4);未列名化学品及有关产品(5);主要按原料分类的制成品(6);机械及运输设备(7);杂项制品(8);没有分类的其他商品(9)。在国际贸易中,一般把0到4类商品称为初级产品,把5到8类商品称为制成品,9类称为其他产品。

在各国的进一步协商下,海关合作理事会于1983年通过了《商品名称及编码协调制度国际公约》及其附件《商品名称及编码协调制度》(Harmonized Commodity Description and Coding System,简称HS编码),并于1988年1月1日起正式生效。现已批准正式使用HS编码的国家和地区约有100个,我国海关也于1992年1月1日起开始实施以HS编码为基础编制的《中华人民共和国进出口税则》。HS编码将商品分为21类、97章、1 241个税目、5 019个子目,从而使商品分类更加细致和科学。

（2）无形贸易。无形贸易(Invisible Trade)又称无形商品贸易(Intangible Goods Trade)或服务贸易(Service Trade),它是指买卖一切不具备物质形态的商品的交换活动。这种贸易标的不是物质产品,而是服务,如运输、保险、银行服务、文化娱乐、旅游、租赁、技术等。它们不具有可看见和可触摸的外在物理特性。

有形贸易和无形贸易的主要区别在于前者均需办理海关手续,其贸易额总是列入海关的贸易统计;而无形贸易尽管也是一国国际收支的组成部分,但由于它无须经过海关手续,因而一般不反映在海关统计资料上。

【专栏1.1】

HS 编码的分类

国际贸易商品按照生产部门归类,共划分为21类,这21类的名称是:

第一类　活动物;动物产品(1~5章);

第二类　植物产品(6~14章);

第三类　动、植物油脂及其分解产品;精制的食用油脂;动、植物蜡(15章);

第四类　食品、饮料、酒及醋;烟草与烟草代用品的制品(16~24章);

第五类　矿产品(25~27章);

第六类　化学工业及其相关工业的产品(28~38章);

第七类　塑料及其制品;橡胶及其制品(39~40章);

第八类　生皮、皮革、毛皮及其制品;鞍具及挽具;旅行用品、手提包及类似品;动物肠线(蚕胶丝除外)制品(41~43章);

第九类　木及木制品;木炭;软木及软木制品;稻草、秸秆、针矛及其他编结材料制品;篮筐及柳条编结品(44~46章);

第十类　木浆及其他纤维状纤维素;纸履纸板的废碎品;纸、纸板及其制品(47~49章);

第十一类　纺织原料及纺织制品(50~63章);

第十二类　鞋、帽、伞、杖、鞭及其零件;已加工的羽毛及其制品;人造花;人发制品(64~67章);

第十三类　石料、石膏、水泥、石棉、云母及类似材料的制品;陶瓷产品;玻璃及其制品(68~70章);

第十四类　天然及养殖珍珠、宝石或半宝石、贵金属及其制品;仿首饰;硬币(71章);

第十五类　贱金属及其制品(72~83章);

第十六类　机器、机械器具、电气设备及其零件;录音机及放音机、电视图像、声音的录制和重放设备及其零件、附件(84~85章);

第十七类　车辆、航空器、船舶及有关运输设备(86~89章);

第十八类　光学、照相、电影、计量、检验、医疗或外科仪器和设备,精密仪器及设备;钟表;乐器;上述物品的零件、附件(90~92章);

第十九类　武器、弹药及其零件、附件(93章);

第二十类　杂项制品(94~96章);

第二十一类　艺术品、收藏品及古物(97章)。

资料来源:刘耀威.竞争优势新要素——国际贸易标准化规范与实施.中国经济出版社,1997.93~94.

3. 按国境和关境分类

按国境和关境划分,国际贸易可分为总贸易和专门贸易。

(1) 总贸易。总贸易(General Trade)是以货物通过国境作为统计进出口的标准。凡进入本国国境的货物一律计入进口,离开本国国境的货物则一律计入出口。目前,世界上大约有90个国家和地区采用这种统计方法,例如中国、美国、日本、加拿大和澳大利亚等。

(2) 专门贸易。专门贸易(Special Trade)是以货物经过关境作为统计进出口的标准。当外国商品进入国境后,暂时存放在保税仓库,或只是在免税的自由经济区内流通,而不进入关境,则不列为进口,只有进入关境的外国商品才列为进口,同时,从国外运出关境的本国产品以及进口后未经加工又运出关境的商品则被列为出口。目前,世界上大约有80多个国家和地区采用这种统计方法,例如德国、法国、意大利、瑞士等。

4．按贸易关系分类

按贸易关系划分，国际贸易可分为直接贸易、间接贸易和转口贸易。

(1)直接贸易。直接贸易(Direct Trade)是指商品直接从生产国(出口国)销往消费国(进口国)，不通过第三国转手而进行的贸易。在这种方式下，贸易双方直接谈判，直接结算，货物直接运输。

(2)间接贸易。间接贸易(Indirect Trade)是指由于本国销售渠道不畅、信息不灵或某些政治原因，而借助第三国或其他中间环节，把商品从生产国运输到消费国的贸易活动。对生产国和消费国来说，开展的是间接贸易；而对于第三国来说，则进行的是转口贸易。

(3)转口贸易。转口贸易(Entrepot Trade)也称中转贸易，它是指一国或地区进口某种商品不是以消费为目的，而是将它作为商品再向别国出口的贸易活动。从事转口贸易的国家或地区一般都具有地理和港口等方面的优势。

5．按清偿工具分类

按清偿工具划分，国际贸易可分为现汇贸易和易货贸易。

(1)现汇贸易。现汇贸易(Spot Exchange Trade or Cash Trade)又称自由结汇贸易，它是指以国际货币作为清偿手段的贸易活动。能够充当这种国际支付手段的，主要是可以自由兑换的美元、英镑、欧元、瑞士法郎和日元等货币。

(2)易货贸易。易货贸易(Barter Trade)又称换货贸易，它是指以出口等值商品支付给对方进口商品的贸易活动，即两国间以货物计价作为清偿手段。

政府间的易货贸易需要签订贸易协定和支付协定，故又称为协定贸易。补偿贸易则是民间的易货贸易。实践中，现汇贸易和易货贸易也可以结合起来操作。

6．按货物运输方式分类

按货物运输方式，国际贸易可分为陆路贸易、海路贸易、空运贸易、邮购贸易和多式联运贸易。

(1)陆路贸易。陆路贸易(Trade by Roadway)是指采用陆路运输方式运送货物的贸易，它经常发生在内部大陆相连的国家之间，运输工具主要有火车、汽车、管道等。

(2)海路贸易。海路贸易(Trade by Seaway)是指采用海上运输方式运送货物的贸易，运输工具主要是各种船舶。当前，世界贸易中的货物有 2/3 以上是通过海上运输方式运送的。

(3)空运贸易。空运贸易(Trade by Airway)是指采用航空运输方式运送货物的贸易。少数贵重或急需的货物，为了争取时效，往往采用航空运货的方式。

(4)邮购贸易。邮购贸易(Trade by Mail Order)是指采用邮政包裹的方式寄送货物的贸易，它适用于样品传递和针对数量不多的个人购买等情况。

(5)多式联运贸易。多式联运贸易(Multimodal Transport Trade)是指陆、海、空各种运输方式相结合地运送货物的行为。国际物流"革命"促进了这种方式的贸易。

1.3.2 国际贸易的基本概念

1. 对外贸易和国际贸易

对外贸易(Foreign Trade)是指一个国家或地区与其他国家或地区进行商品与劳务的交换活动。国际贸易(International Trade)是指世界各国或地区之间商品与劳务的交换活动。

对外贸易和国际贸易既有联系又有区别。其联系在于:对外贸易与国际贸易都是越过国界所进行的商品与劳务的交换活动;国际贸易作为各国和地区进口或出口贸易的总和,对它的研究自然离不开对各国和地区的对外贸易的研究。两者的区别在于:第一,角度不同。国际贸易是从国际范围来看国家或地区之间的商品与劳务的交换活动;而对外贸易是从一国或地区的角度来看国家或地区之间的商品与劳务的交换活动,因而,两者之间具有一般与个别的关系。第二,运动规律不同。国际贸易作为一个客观存在的整体,有它自己独特的矛盾和运动规律,有些国际范围内的综合性问题仅仅从个别国家或地区的角度出发是无法深入进行研究的,因此,对外贸易的研究代替不了国际贸易的研究。

2. 贸易额和贸易量

贸易额就是用货币表示的贸易的金额,贸易量就是剔除了价格变动影响之后的贸易额,贸易量使得不同时期的贸易规模可以进行比较。这里有三个概念需要掌握:

(1)对外贸易额(Value of Foreign Trade),它是指一个国家或地区在一定时期内的进口总额与出口总额之和。一般用本国货币表示,也可用国际上习惯使用的货币表示。联合国发布的世界各国对外贸易额是以美元表示的。各国在统计有形商品时,出口额以 FOB 价格计算,进口额以 CIF 价格计算。无形商品不报关,海关没有统计。

(2)国际贸易额(Value of International Trade),它是以货币表示的世界各国对外贸易值的总和,又称国际贸易值。它等于一定时期内世界各国用 FOB 价格计算的出口贸易额之和。

(3)贸易量(Volume of Trade),它是为了剔除价格变动的影响,能准确反映国际贸易或一国对外贸易的实际数量而确立的一个指标。在计算时,是以固定年份为基期而确定的价格指数去除报告期的贸易额,得到的就是相当于按不变价格计算(剔除价格变动的影响)的贸易额,该数值就叫报告期的贸易量。

贸易量可分为国际贸易量和对外贸易量以及出口贸易量和进口贸易量。

3. 贸易差额

贸易差额(Balance of Trade)是指一国在一定时期内(通常为一年)出口总额与进口总额之间的差额。贸易差额分为以下三种情况:

(1)贸易顺差(Favorable Balance of Trade or Trade Surplus),也称为出超,它是指出口贸易总额大于进口贸易总额的情况,通常以正数表示。

(2)贸易逆差(Unfavorable Balance of Trade or Trade Deficit),也称为入超,它是指进口贸易总额大于出口贸易总额的情况,通常以负数表示。

(3)贸易平衡,它是指出口贸易总额等于进口贸易总额的情况。

贸易差额是衡量一国对外贸易状况的重要指标,也是表示一国经济状况和国际收支状况的重要指标。一般来说,贸易顺差表明一国在对外贸易收支上处于有利地位,而贸易逆差表明一国在对外贸易收支上处于不利地位。贸易顺差可以推进经济增长、增加就业,所以各国无不追求贸易顺差。但是,大量的顺差往往会导致贸易纠纷。例如,日本和美国之间的汽车贸易大战。从长期趋势来看,一国应追求贸易平衡的目标,但绝对的平衡是不可能的,因此,略有顺差或略有逆差成为各国现实的对外均衡目标。

4. 贸易条件

贸易条件(Terms of Trade)又称交换比价、贸易比价、进出口商品比价,它是指一国或地区在一定时期内的出口商品价格与进口商品价格之间的比率。它反映一国对外贸易状况是处于有利地位还是不利地位。由于一国的进出口商品种类繁多,难以直接用进出口商品的价格进行比较,因此,人们通常以贸易条件指数来表示贸易条件的改善或恶化。其计算的公式为:

$$贸易条件指数 = \frac{出口价格指数}{进口价格指数} \times 100$$

由此计算出的贸易条件指数如果大于100,则表明贸易条件改善了;贸易指数如果小于100,则表明贸易条件恶化了。计算时,需要先通过进出口统计资料了解进出口商品价格变化的情况,确定进出口价格指数,然后便可求出贸易条件指数。例如,某一国家,其出口商品主要是农产品,进口商品主要是工业制成品,这两类商品的价格在国际市场上的变化是不相同的。以2008年为基期,其进口价格指数和出口价格指数均为100,到2009年,出口商品价格下跌6%,进口商品价格上涨4%。这样,2009年,该国的出口价格指数为94,进口价格指数为104,由此得出贸易条件指数为90.38($\frac{94}{104} \times 100$)。可见,该国2009年的贸易条件与2008年相比恶化了9.62。

5. 对外贸易商品结构和国际贸易商品结构

对外贸易商品结构(Composition of Foreign Trade)是指一个国家一定时期内各种类别的进出口商品占整个进出口贸易额的份额。一般情况下,发达国家对外贸易商品结构是以进口初级产品为主,出口工业制成品为主;发展中国家的对外贸易商品结构的特征则是以出口初级产品为主,进口工业制成品为主。国际贸易商品结构(Composition of International Trade)是指各种类别的商品在整个国际贸易额中所占的比重,通常以它们在世界出口总额或进口总额中的比重来表示。

为便于分析比较,世界各国均以联合国《国际贸易标准分类》(SITC)公布其对外贸易商品结构。多数国家发布的贸易商品结构数字包括出口商品(服务)结构、进口商品(服务)结构、进出口商品(服务)结构。美国公布的贸易商品结构数字包括货物与服务贸易结构、进出口商品(服务)结构、高技术产品进出口结构等。

国际贸易商品结构可以反映出整个世界的经济发展水平、产业结构状况和科技发展水平等。一国的对外贸易商品结构可以反映出该国的经济发展水平、产业结构状况、资源情况和科技发展水平等。此外,各类商品价格的变动也是影响对外贸易商品结构和国际贸易商品结构的因素。

6. 对外贸易地理方向和国际贸易地理方向

对外贸易地理方向(Direction of Foreign Trade)也称对外贸易地理分布或对外贸易国别结构,它是指一定时期内世界各国、各地区、各国家经济集团在某一个国家对外贸易中所占有的地位,通常以它们在该国进口额、出口额或进出口总额的比重来表示。对外贸易地理方向指明了一国出口商品的去向和进口商品的来源,从而反映该国进出口贸易的国别分布与地区分布,以及它同世界各国或地区经济贸易联系的程度。

国际贸易地理方向(Direction of International Trade)也称国际贸易地理分布,它是指一定时期内世界各洲、各国或各国家经济集团的对外商品贸易在整个国际贸易中所占的比重,通常以它们在世界进出口额中所占的比重来表示。一般按洲、国别、地区划分计算,如欧洲、美国、亚太地区等;也可按工业发展水平计算,如发达国家和发展中国家,发展中国家又可细分为石油输出国和非石油输出国。观察和研究不同时期的国际贸易地理方向,对于我们掌握市场行情的发展变化,认识世界各国间的经济密切程度,开拓新的国外市场,均有重要的意义。

对外贸易地理方向和国际贸易地理方向要受到许多因素的影响,例如,经济互补性、国际分工状况、贸易政策以及政治因素等。

7. 对外贸易依存度

对外贸易依存度(Degree of Dependence on Foreign Trade)也称对外贸易系数,它是以本国进出口总额在本国国民生产总值(GNP)或国内生产总值(GDP)中所占的比重表示的。由于对外贸易分为出口和进口两部分,相应地对外贸易依存度也可分为出口依存度和进口依存度,其计算公式如下:

$$出口依存度 = \frac{出口额}{GNP \text{ or } GDP} \times 100\% \tag{1}$$

$$进口依存度 = \frac{进口额}{GNP \text{ or } GDP} \times 100\% \tag{2}$$

$$对外贸易依存度 = (1) + (2)$$

或者

$$对外贸易依存度 = \frac{进出口总额}{GNP \text{ or } GDP} \times 100\%$$

由于进口值不是该国在一定时期内新创造的价值,因此,在实际工作中,人们往往更重视出口依存度,它比对外贸易依存度更强调对经济发展的带动作用。

对外贸易依存度表明一国民经济对进出口贸易的依赖程度,也可表明一国经济国际化的程度。

由于各国经济的发展水平不同,对外贸易政策的差异,国内市场的大小不同,导致各国的对外贸易依存度有较大的差异。目前,世界各国和地区的对外贸易依存度均呈上升趋势。这是因为各国和地区的经济发展相互影响、相互依赖日益加强。但是,该指标并不是越高越好,该指标的提高,一方面反映了融入世界经济的程度提高,另一方面也反映了国民经济对国际市场的依赖程度也在提高,受世界经济影响的风险也在加大。

1.4 国际贸易的特点及作用

1.4.1 国际贸易的特点

国际贸易的特点是与国内贸易相比较而言的。它们作为社会生产与社会消费之间的一个不可缺少的环节,具有很多共同之处,例如,它们都是商业活动,都处于社会再生产过程中的中介地位;它们的交易过程相似;它们都遵循商品经济的基本规律等。由于国际贸易所处的环境与所接触的对象与国内贸易不尽相同,从而使国际贸易具有如下几个特点:

1. 各国语言、法律及风俗习惯不同

在国际间进行贸易活动,首先会遇到语言、法律及风俗习惯的差异。不同的国家、不同的地理位置、不同的自然条件、不同的风俗习惯都会使国际贸易的难度增加。进行市场调研、商务洽谈、签约、处理贸易纠纷,都会遇到上述问题,而从事国内贸易就不存在这类问题。

2. 各国的经济政策不同

世界上每个国家的经济政策都是为本国经济发展服务的,不同国家不同的对外经济政策,在一定程度上都影响国际贸易。对此,国际贸易也会因不同的经济形势、不同的政策变化而变化。经济政策主要有金融政策、产业政策、进出口管理政策、关税政策等,从事国际贸易活动必须研究这些政策。

3. 各国的货币制度不同

在国际市场上买卖商品,一般要使用为各国所普遍接受的货币作为支付手段,如美元、欧元、日元、英镑等。在交易双方签有支付协议的条件下,双方也可以互相以对方国家的货币作为支付手段。在多种货币流通的国际贸易活动中,各国货币制度的差异、国际金融市场的动荡和所使用的货币汇率的波动,都会对贸易当事人的经济利益带来冲击和影响。

4. 国际贸易涉及面广,中间环节多

在国际贸易中,交易双方相距遥远,在开展交易过程中,包括许多中间环节,涉及面很广,除了双方当事人外,还涉及各种中间商、代理商以及为国际贸易服务的商检、仓储、运输、保险、金融、车站、港口、海关等部门。若一个部门、一个环节出了问题,就会影响整笔交易的正常进行。

5. 国际贸易的风险大于国内贸易

由于国际贸易的跨国、跨地区的特点,使得国际贸易远比国内贸易风险大。在国际贸易中,买卖双方交易数量大、金额多,且货物需要经过长途运输,必然会受到各种自然灾害、意外事故和其他风险的影响。在国际市场上可能产生的风险很多,比较常见的有信用风险、汇兑风险、运输风险、政治风险和商业风险等。

6. 国际市场竞争异常激烈

在国际贸易中,一直存在着争夺市场的激烈竞争,有时竞争甚至达到了白热化的程度。竞争的形式虽表现为商品竞争、技术竞争和市场竞争,但竞争的实质还是人才的竞争。因此,我们必须增强竞争意识,提高外经贸人员的整体素质,这样才能增强竞争实力,在国际市场竞争中立于不败之地。

1.4.2 国际贸易的作用

国际贸易对参与贸易的国家乃至世界经济的发展具有重要作用,具体表现在以下几方面:

1. 国际贸易使世界各国互通有无,弥补资源短缺,满足国民经济发展的需要

世界上不同的国家,由于所处的地理位置不同,所拥有的自然条件不同,自然资源的禀赋也不尽相同。如中东地区盛产石油,热带、亚热带地区的国家盛产可可、天然橡胶、咖啡等,这些因地域及自然条件的不同导致的资源差异,往往影响着各国的经济发展。由于各国科技发展水平不同,许多工业化发展水平低的国家,既不能生产高技术产品,也无法生产普通技术产品,因而不能满足国内消费者的正常需要。在这些情况下,通过对外贸易,可以弥补国内资源的短缺,填补国内技术产品的空白,从而调整国内市场的供求,满足国民经济发展的需要。

2. 国际贸易有利于世界各国利用国际分工,发挥比较优势,获得比较利益

在国际经济联系日益紧密的今天,由于各国的自然条件、生产力水平、经济结构、科学技术水平以及管理水平等方面的差异,以及历史和社会等多方面的原因,使得有些国家对某些商品的生产有利,而对某些商品的生产不利。此外,任何一个国家也不可能生产自己所需要的一切物品,同时也不可能完全消费掉自己所生产的一切物品。这些矛盾只能通过参与国际分工、实现相互间的商品交换得以解决。通过参与国际分工,使各国可以充分利用本国的生产要素优势,发展那些本国条件相对优越的产业部门,从而节约社会劳动时间,促进本国经济增长。

3. 国际贸易有利于世界各国提高生产技术水平

当代世界各国经济发展所取得的成就表明,劳动生产率的提高已在越来越大的程度上依靠科学技术的进步。所以说,经济竞争的实质是科学技术的竞争。哪个国家在科学技术上领先,并能有效地把技术应用到生产实践中去,哪个国家的经济增长就会在世界上处于领先地位。科学技术的发展和在生产中的广泛应用,一方面要依靠本国的力量去实现,另一方面也要依靠国外的力量。这就要求世界各国在技术上进行相互交流,通过这个重要途径去改造现有企业,进行全行业的技术改造,提高本国产品的技术质量和整体科学技术水平,从而缩短同外国科学技术水平的差距。但在现代条件下,科学技术水平又是一种特殊的商品,它的使用与转让也要像其他商品一样,必须通过市场与贸易,以等价交换的方式进行。这种技术贸易的发展,已成为当代国际贸易的一个重要组成部分,也成为各国提高生产技术水平的一条重要捷径。

4. 国际贸易有利于世界各国增加财政收入和就业

国际贸易对于提高一国财政收入,其作用表现在两个方面:一方面是通过国际分工和国际商品交换可以使各国节约一定的社会劳动耗费,节约原材料耗费,创造更多的价值,从而间接地增加一国的财政收入;另一方面是通过对外贸易,通过各国从事进出口的企业上缴的各种税收以及国家征收的关税,能直接增加一国的财政收入,尤其是能增加国家经济与发展过程中急需的外汇收入。从我国的统计数字看,在不减免税收和不退税的条件下,我国每出口1亿元人民币收入的工业总产品,国家可得税利3500万元左右。

实现劳动力充分就业,是一个国家发展经济、实现内部均衡的重要内容。世界各国由于各种原因都在不同程度上存在着失业或就业不足,这必然会造成劳动力资源的浪费,对外贸易为各国解决劳动力就业开辟了新途径。对外贸易不仅维持了一部分人就业,而且可以通过扩大出口,增加一部分就业,使闲置的劳动力得到安置,增加国民收入。从我国的统计数字看,每出口1亿元人民币的工业品,一年就能够提供1.2万人的就业机会。可见,对外贸易对解决劳动力就业来说,作用是极为显著的。

5. 国际贸易是各国进行政治、外交斗争的重要工具

当今世界,许多国家都把对外贸易纳入本国对外政策之中,使其成为本国进行国际间政治与外交斗争的重要工具,主要表现在:第一,通过对外贸易来维护本国的国家利益及本国统治集团的利益,维护本国的社会经济制度;第二,通过对外贸易建立国际或地区间的经济贸易集团,以增强国际政治斗争和国际经济斗争的抗衡力量;第三,通过对外贸易去制裁那些违背国际法规、违背联合国宪章、实行民族歧视的国家;第四,通过对外贸易去改善国家间的政治、外交关系,改善国际经济环境,为本国经济发展创造良好的外部条件。

【本章小结】

1. 国际贸易是人类发展到一定历史阶段的产物,它产生于原始社会末期,在奴隶社会和封建社会得到进一步发展。但一直到了资本主义生产方式确立以后,出于生产过程的内在需要,国际贸易才成为现代化大生产正常进行的必要条件而真正得以迅速发展。二战后,随着科技迅速发展所带来的国际分工的深化,各国经济联系日益加强,使国际贸易呈现出许多不同于以往的新特征。

2. 按商品流向,国际贸易可分为出口贸易、进口贸易、过境贸易、复出口贸易、复进口贸易和边境贸易;按商品形态划分,国际贸易可分为有形贸易、无形贸易;按国境和关境划分,国际贸易可分为总贸易和专门贸易;按贸易关系划分,国际贸易可分为直接贸易、间接贸易和转口贸易;按清偿工具划分,国际贸易可分为现汇贸易和易货贸易;按货物运输方式,国际贸易可分为陆路贸易、海路贸易、空运贸易、邮购贸易和多式联运贸易。

3. 由于国际贸易所处的环境与所接触的对象与国内贸易不尽相同,从而使国际贸易具有

以下几个特点。第一,各国的语言、法律及风俗习惯不同;第二,各国的货币制度不同;第三,各国的经济政策不同;第四,国际贸易涉及面广,中间环节多;第四,国际贸易比国内贸易风险大;第五,国际市场竞争激烈。

4. 国际贸易对参与贸易的国家乃至世界经济的发展具有重要作用。国际贸易不仅使世界各国互通有无,弥补资源短缺,满足国民经济发展的需要;而且还有利于世界各国利用国际分工,发挥比较优势,获得比较利益;有利于世界各国提高生产技术水平;有利于世界各国增加财政收入和就业;同时,它也是各国进行政治、外交斗争的重要工具。

【思考题】

1. 国际贸易的产生需要具备什么条件?
2. 为什么说地理大发现后,贸易才具有"世界"的概念?
3. 国际贸易有哪些分类?依据是什么?
4. 什么是对外贸易依存度?它反映的是什么内容?
5. 与国内贸易相比,国际贸易具有哪些特点?

【案例分析】

中国对外贸易依存度高达60%

目前,我国对外贸易依存度高达60%。其中铁矿石、原油、粮油等各种资源性物资的对外依存度仍在不断上升。

铁矿石:对外贸易依存度节节攀高至62%

近年来,我国铁矿石的对外依存度仍在节节攀高。据统计,铁矿石的对外贸易依存度已经从2002年的44%提高到2009年的62%。2009年,我国进口铁矿石6.2亿多吨,比2008年增加了1.8亿吨,成为全球铁矿石的第一大买家。

伴随着铁矿石进口量的节节攀高,矿价也随之水涨船高,直到2008年金融危机爆发才暂时回落,世界三大矿业巨头(澳大利亚力拓集团、必和必拓公司和巴西淡水河谷集团)把持着七成以上的资源,依靠垄断地位欺压中国。现在三大矿商供应中国的铁矿石只有一半按长协价(长协价是为了保障买卖双方的共同利益,由铁矿石供应商和消费商经过谈判而确定的一个财政年度内的铁矿石价格,价格一经确定,双方则依照谈定的价格在一年内执行)供应,其余均为较高的现货价。

原油:对外贸易依存度超50%警戒线

国家能源局最新数据显示,2009年,我国原油对外依存度已经达到了51.3%,首次超过舆论所称的50%的警戒线,而在1993年我国首度成为石油净进口国时,这一数字为6%,我国原油的对外依存度在16年间翻了数倍。值得注意的是,2008年,我国原油进口也是一路飞涨,高位徘徊,平均每月在1600万吨以上,国际油价的波动直接影响着国内市场。

受此影响,此前《全国矿产资源规划(2008~2015)》预测的"2020年我国原油对外依存度将达 60%",被 2008 年年中的《能源蓝皮书》修改为:"在 2019 年我国原油的对外依存度将达到 64.5%"。

而除了石油,我国煤炭进出口的形势也在发生巨变,2009 年首次由煤炭出口大国一跃成为煤炭的净进口国。

大豆:对外贸易依存度高达 70%

来自农业部的数据显示,我国大豆的对外依存度高达 70%,大豆已成为需要"看人脸色"的农产品。目前,除稻谷外,国际粮油产品价格都低于国内,除了大豆,油菜子和食用植物油的进口量也持续增加。

目前,我国大豆的市场已完全受"ABCD"四大粮商控制。据了解,2004 年的大豆危机导致国内压榨企业陷入倒闭风潮,而四家国际粮商趁机低价收购,参股中国大豆压榨企业。这四家企业是美国 ADM、美国邦吉(Bunge)、美国嘉吉(Cargill)和法国路易达孚(Louis Dreyfus),被简称为"ABCD"。在中国的 97 家大型油脂企业中有 64 家已被国际四大粮商参股控股,占总股本的 66%。

资料来源:北京晨报. 2010-03-02.

案例思考:

根据上述案例,运用所学知识谈谈你对我国对外贸易依存度的看法?

【本章荐读书目及网上资源】

1. 佟家栋. 中国对外贸易概论. 北京:首都经贸大学出版社,2006.
2. 于志达. 国际贸易地理概论. 天津:南开大学出版社,2006.
3. http://www.stats.gov.cn 中华人民共和国国家统计局网站.
4. http://www.itdn.com.cn 中国国际贸易发展网.
5. http://www.ccpit.org 中国国际贸易促进委员会网站.

Chapter 2 第2章

国际分工与世界市场

【学习目的与要求】

通过本章的学习,掌握国际分工的含义、类型及影响因素;了解国际分工的形成与发展;理解国际分工对国际贸易的影响;掌握世界市场的含义、类型及商品贸易方式;了解世界市场的形成及当代世界市场发展的特点。

【本章关键术语】

世界市场(World Market);国际分工(International Division of Labor);垂直型国际分工(Vertical International Division of Labor);水平型国际分工(Horizontal International Division of Labor);混合型国际分工(Mixed International Division of Labor)

国际贸易的产生和发展是与国际分工及世界市场的产生和发展密切相关的。有了国际分工,才有了以专业化生产为纽带的世界市场,随之产生了日益发达的国际贸易。同时,国际贸易和世界市场的发展又促进了国际分工的进一步发展。

2.1 国际分工

2.1.1 国际分工的含义

国际分工是指世界各国之间的劳动分工,是生产国际专业化的分工。它是社会分工发展到一定阶段的产物,是国民经济内部分工超越国家界限的产物。

国际分工是社会分工的一个组成部分,社会分工是人类社会在生产过程中形成的劳动分工。它是商品生产和商品交换的基础,没有社会分工,就没有商品交换,也就没有市场。商品交换的广度、深度和方式都取决于生产的发展,也取决于劳动分工的发展水平。在每一次国际商品交换的背后,都有各国生产者之间的劳动分工作为基础。因此,国际分工是国际贸易和世界市场的基础,国际贸易和世界市场是随着国际分工的发展而发展的。

2.1.2 国际分工的类型

国际分工的类型是指世界各国参与国际分工的形式,它反映了各国在国际分工体系中所处的位置。按照生产的关联性质,即按照参加国际分工的国家的自然资源和原材料供应、生产技术水平和工业发展情况的差异来分类,国际分工可分为三种不同类型,即垂直型国际分工、水平型国际分工和混合型国际分工。

1. 垂直型国际分工

垂直型国际分工(Vertical International Division of Labor)是指经济技术发展水平不同的国家之间的纵向分工。这类国际分工主要发生在发达国家与发展中国家之间。其特征主要表现为农矿业与制造业、初级产品与制成品、劳动密集型产品与资本密集型产品及技术密集型产品之间的分工。

垂直分工分为两种类型,一种是指部分国家供给初级原料,而另一部分国家供给制成品的分工形态,如发展中国家生产初级产品,发达国家生产工业制成品,这是不同国家在不同产业间的垂直分工。经济越发达,分工越细致,产品越复杂,工业化程度越高,产品加工的次序就越多。另一种是指同一产业内技术密集程度较高的产品与技术密集程度较低的产品之间的国际分工,或同一产品的生产过程中技术密集程度较高的工序与技术密集程度较低的工序之间的国际分工,这是相同产业内部因技术差距所引起的国际分工。二战后,垂直型的国际分工有所减弱,但工业发达国家从发展中国家进口原料并向其出口工业制成品的情况依然存在。迄今为止,垂直型的国际分工仍然是工业发达国家与发展中国家之间的一种重要的分工形式。

2. 水平型国际分工

水平型国际分工(Horizontal International Division of Labor)是指经济发展水平相同或接近的国家之间的横向分工。这类国际分工主要发生在发达国家之间、发展中国家之间以及发达国家与一部分新兴工业化国家之间。其特征主要表现为各个国家在不同的工业制成品上的分工。

水平型国际分工可分为产业内水平分工与产业间水平分工。产业内水平分工是指同一产业内不同厂商生产的产品虽有相同或相近的技术程度,但其外观设计、内在质量、规格、品种、商标、牌号或价格有所差异,从而产生了国际分工和相互交换。随着科学技术的进步和经济的发展,工业部门内部专业化生产程度越来越高,部门内部的分工、产品零部件的分工、各种加工工艺间的分工越来越细。这种部门内分工不仅存在于国内,而且广泛存在于国家与国家之间。产业间水平分工则是指不同产业所产生的制成品之间的国际分工和贸易。

当代发达国家之间的贸易主要是建立在水平型国际分工的基础上。例如,发达资本主义国家的许多产业,包括汽车、飞机、电器等,已广泛实现了国际间的零部件专业化分工与协作关系。以欧洲式的"R-180"载重汽车的生产为例,发动机由瑞典制造,底盘和弹簧为美国生产,控制设备由德国制造,车身为意大利生产,而最后装配则在英国进行。

3. 混合型国际分工

混合型国际分工(Mixed International Division of Labor)是把"垂直型"和"水平型"结合起来的国际分工方式,即一个国家在国际分工体系中,既参与垂直型分工,又参与水平型分工。许多发达国家都属于这一类型,它们同发展中国家交换商品属于垂直型分工,它们之间相互交换商品则属于水平型分工。

2.1.3 国际分工的形成与发展

国际分工的形成和发展经历了四个阶段。

1. 萌芽阶段(16世纪~18世纪中叶)

15世纪末至16世纪上半期的地理大发现和随后的殖民地开拓,扩大了市场范围,促使欧洲一些国家的手工业生产向工场手工业生产的过渡,资本主义发展进入原始积累时期。在这一时期,欧洲殖民主义者用暴力手段在他们所能到达的美洲、非洲和亚洲进行掠夺和贸易,在殖民地发展了以奴隶劳动为基础的面对国外市场的专业化生产,建立种植棉花、烟草、甘蔗等农作物的庄园,开发矿山,生产金银,并把生产出来的农作物和金银运回本国,出现了宗主国与殖民地之间的最初的分工形式。但是,由于当时产业革命尚未发生,自然经济在各国仍占统治地位,当时的这种国际分工和交换与整个社会生产相比并不具有决定性影响,而且明显带有地域分工的性质。因此,我们可以把地理大发现后出现的这种国际专业化生产看做是近代国际分工的萌芽。

2. 形成阶段(18世纪60年代~19世纪60年代)

18世纪60年代在英国开始的工业革命,使人类的生产力获得空前的发展。蒸汽机、纺纱机、织布机的发明和应用,使工场手工业发展到了机器大工业,于是以小生产为基础的自然经济开始崩溃。机器大工业使社会生产的规模不断扩大,原先自然经济条件下的民族孤立性开始消失,各国开始被纳入到国际分工的轨道。

机器大工业巨大的生产能力产生了两方面的要求,一方面是大量生产出来的商品很快会使国内市场饱和,因此,迅速扩大的生产能力需要不断扩大的销售市场与之相匹配;另一方面,大机器工业又引起了对生产原料的大量需求,要求开辟新的廉价的原料来源。大机器工业生产出来的价廉物美的商品,高效率的新的运输工具和方法,成为资产阶级征服外国市场的有力武器,打破了一切落后国家闭关锁国的企图,打开了一个又一个新的国外销售市场,建立了一个又一个新的国外原料来源地。由于英国最早完成了工业革命,因此,当时的英国与殖民地之间的国际分工是最具代表性的。例如,当时的印度已成为向英国提供棉花、羊毛、亚麻、黄麻、蓝靛的地方;澳大利亚则成为专门为英国生产羊毛的殖民地;英国生产的棉纱、棉布、毛呢则行销世界各地。当时的英国作为"世界工厂",它所生产的钢铁、煤炭、机器、纺织品均在世界上占有极大的比重;它的商船队几乎垄断了当时世界的航运;它的工业产品畅销全球。而其殖民地、附属国则成为英国工业品的销售市场和专门向它提供原料、农产品的基地。这是一种资本主义宗主国对殖民地半殖民地国家与地区进行侵略、掠夺、剥削结合在一起的不平等的国际分工。这种发展状况,使原本在第一阶段就已出现的宗主国与殖民地之间的"工业欧美、原料亚非拉"的国际分工进一步加深和固定化。

3. 发展阶段（19世纪70年代~第二次世界大战前）

19世纪70年代开始的第二次工业革命,推动了国际分工的进一步发展。在这一阶段,各个资本主义强国的经济进一步得到发展,产生了化学工业、电力工业、精密仪器等一系列新的工业部门,并且,各个资本主义强国分别在一个或几个工业部门形成了自己的优势。例如,德国在化学工业、电器、精密仪器等方面居领先地位;英国在钢铁、机械等部门保持领先地位。于是,在这些工业化的资本主义国家之间开始发展成一种"水平式"的国际分工。19世纪末20世纪初,自由资本主义过渡到垄断资本主义阶段。发达资本主义国家通过资本输出,把资本主义生产方式扩大到殖民地半殖民地,使亚、非、拉国家的经济成为片面发展一种或少数几种产品出口的典型的"单一型经济"。这些殖民地半殖民地国家的经济高度依赖一种或几种产品的生产,他们的收入状况高度依赖这些产品在世界市场上的行情。

总的来看,这一时期,发达资本主义之间的水平分工开始得到发展,它们出口各自具有优势的工业产品,形成一种彼此依赖的国际分工格局。同时,发达资本主义国家与殖民地半殖民地之间的垂直分工进一步深化,殖民地半殖民地对发达国家的经济依赖性进一步加强。

4. 深化发展阶段（战后至今）

第二次世界大战以后,世界的政治、经济形势发生了巨大的变化。第三次科技革命使社会生产力获得了迅猛发展,产品日益多样化、差异化;殖民体系的瓦解以及为数众多的发展中国家和社会主义国家的出现,使国际分工的基础发生了变化,原有的以殖民地和宗主国为主的国际分工形式不复存在,取而代之的是各个政治上相互独立的国家之间的国际分工。在这种形势下,国际分工呈现出一些新的特点。

(1)在国际分工格局中,发达国家之间的分工居于主导地位。第二次世界大战前,发达国家与发展中国家的垂直分工居主导地位,发达国家之间的水平分工居次要地位。1938年,发达国家之间的贸易额占资本主义世界国际贸易总值的39.5%,发达国家与发展中国家的贸易额占49%,发展中国家之间的贸易额占12.5%。而到了1980年,上述几种类型的国际贸易额占资本主义世界国际贸易总值的比重分别为53%,39%和8%。可见,发达国家之间的国际分工在战后已成为国际分工的主流。造成这种情况的原因有许多,其中一个很重要的原因是战后的第三次科技革命,大量新的科学技术转化为生产力,需要大量的研究开发资金和巨大的人力、物力投入。可以说,没有一个国家的企业能够不依赖外部条件单独进行这么多耗资巨大的新技术的研究开发工作。这样,就迫使发达国家之间在研究与开发项目上进行国际合作,从而使发达国家的工业部门之间的分工得到发展。

(2)发达国家间工业部门的内部分工有逐步增强的趋势。第二次世界大战前,在工业国家间的分工中,占主导地位的是各国不同工业部门之间的分工,如在钢铁、冶金、化学、机械制造、汽车、造船、造纸、纺织等产业间的分工。第二次世界大战后,随着科学技术的进步和社会分工的发展,一个工业部门的内部分工变得更为精细,因而,发达国家的某一工业部门的生产也需通过国际分工来进行。某国生产的工业品,如汽车、造船、机械设备等安装上外国生产的零部件是十分普遍的现象。部门内的分工还表现在一个国家既进口又出口某些同类产品,如一个国家可能既出口汽车、电器、服装,又进口这些产品。这是因为技术的发展使产品的差异化得到发展。比如,汽车刚发明时其规格型号是比较简单的,但现在已有无数种规格型号。即使同一档次的汽车还有外观、商标上的差别,因此,一个国家不可能满足国内市场所有种类的汽车的需求。同时,这些产品生产上的规模经济效应,也会使一些国家着重生产某些规格型号的汽车,而另一些国家生产其他一些规格型号的汽车。

(3)发达国家与发展中国家之间工业分工在发展,而工业国与农业国、矿业国的分工在削弱。从国际分工产生到第二次世界大战前,宗主国主要从事工业制成品的生产,而殖民地、附属国和落后国家则主要从事以自然条件为基础的农业或矿产品的生产。第二次世界大战后的科技革命、发达国家经济结构的调整、发展中国家工业化战略的实施以及跨国公司的经营活动都导致某些工业产品的生产从发达国家向发展中国家转移,从而促进发达国家与发展中国家之间工业分工的发展,出现了高精尖工业与一般工业的分工,资本、技术密集型产品与劳动密集型产品的分工。

(4)国际分工从有形商品领域扩展到服务领域,国际服务分工逐步形成。第二次世界大战后,随着科技进步和各国经济相互依赖关系的加强,国际服务贸易也迅速发展,推动国际分工由有形商品领域向服务领域扩展,并出现了相互结合、相互渗透的趋势。发达国家和新兴工业化国家或地区拥有现代化的或发展水平较高的服务业,以高新技术、信息、金融和资本密集型服务参加服务业国际分工。它们是国际服务贸易的主体,其服务进出口占全球国际服务贸易的比重超过70%。发展中国家服务业发展水平相对较低,以劳动密集型为主的服务业发展较快,它们通过建筑工程承包、劳务输出和发展旅游业参与服务业的国际分工。

(5)区域性经济贸易集团成员国之间的内部分工迅速发展。第二次世界大战后,世界经济一体化与区域经济集团化趋势并存,在世界经济一体化发展的同时,区域经济集团化的进程也明显加快了。在众多的经济一体化组织或集团中,成员国之间贸易壁垒不断地降低,直至消除,但对于非成员国还保留高低不同的贸易壁垒。结果,一体化形成的内部市场促进了成员国之间资本、人员、商品、服务的流动,深化发展了集团成员国之间的分工,但同时也阻碍着非成员国之间的分工和贸易的发展。

总之,与战前相比,战后国际分工发生了重大变化,进入了国际分工发展的又一新阶段。

但需要指出的是,国际分工的基本性质并未改变。二战后,由于帝国主义殖民体系的瓦解,殖民地各国政治的独立、民族经济的发展,使发展中国家能在更大程度上自主地参与国际分工,在国际分工中的地位有所提高,原有的国际分工的殖民性质开始有所改变。但是,所有这一切并未消除国际分工中的剥削与控制,少数发达国家仍控制着当代国际分工的格局、规模与内容,决定着国际分工的性质,发展中国家受剥削和掠夺的被动地位并未彻底改观。从整体上看,现有的国际分工仍具有不合理、不公平和不平等的性质。

2.1.4 影响国际分工的因素

1. 生产力发展水平是国际分工形成和发展的决定因素

生产力的发展不仅决定国际分工的产品内容、国际分工的深度和广度,而且还决定各国在国际分工中所处的地位。

(1)国际分工是生产力发展的必然结果。生产力的增长是社会分工的前提条件。一切分工,其中包括国际分工,都是社会生产力发展的必然结果。其中,科学技术的进步起着重要的作用。生产力的提高,会导致生产的扩大、生产协作的加强和分工的深化,从而导致国际分工的发展。

(2)生产力的发展决定了国际分工的产品内容。随着生产力的发展,国际贸易商品结构中的工业制成品的比重不断提高,初级产品的比重不断下降。此外,各种中间产品、技术贸易和服务贸易也开始成为国际分工的重要内容。

(3)生产力的发展对国际分工的形式、广度和深度起着决定性的作用。随着生产力的发展,各种经济类型的国家都加入到国际分工行列,国际分工已把各国紧密地结合在一起,形成了世界性的分工。而且,各国参加国际分工的形式也逐渐从"垂直型"向"水平型"过渡,出现了多类型、多层次的分工形式。

(4)各国的生产力水平决定了其在国际分工体系中的地位。历史上,英国最早完成了产业革命,生产力得到巨大发展,使其成为"世界工厂",英国在国际分工中便居于主导地位。继英国之后,欧美其他资本主义国家产业革命相继完成,生产力迅速发展,他们便与英国一道成为国际分工的中心与支配力量。二战后,一些新兴的工业化国家经济发展迅速,它们过去在国际分工中的不利地位正在逐步改善。

2. 自然条件是国际分工形成和发展的基础

自然条件包括地理条件、地质条件、资源状况、气候、国土面积等。自然条件是一切经济活动的基础,没有一定的自然条件,进行任何经济活动都是困难的。例如,热带作物一般只能在热带地区种植;矿产品只能在拥有大量矿藏的国家生产和出口。

但是,从整个世界经济发展趋势来看,自然条件在国际分工中的作用正在逐渐减弱。因为,自然条件主要影响农产品和矿产品等初级产品的生产,而现代经济的发展产生了大量合成的替代品。比如,合成橡胶的发明与生产就使许多国家减少了对天然橡胶的进口。而且,现代的经济增长越来越依靠技术进步而不是原材料的增加投入。人们不断发明更加节能的生产方式,对产品更强调高科技的含量和高附加值,因此,自然条件在现代国际分工中的影响是不断下降的。

3. 人口、劳动规模和市场规模对国际分工起着重大的影响作用

(1)人口分布的不均衡使国际分工和贸易成为一种需要。世界人口在各国分布是很不平衡的,有的国家人口众多,密度很大,劳动力显得比较丰富;有的国家人口少,密度低,劳动力显得比较稀缺。各种产品的生产对劳动力的需求情况是不同的。劳动力丰富的国家在生产劳动密集型产品方面具有比较优势,而劳动力稀缺的国家则在生产其他生产要素密集的产品方面具有优势,这样就会在两类不同的国家中产生分工。而且,人口的教育水平的高低也会影响国际分工。因为,受教育程度高的劳动力相当于多倍的简单劳动力,而且,他们适合于生产技术密集的高科技产品。于是,教育事业发达、劳动力素质高的国家可以发展高科技产品的生产和出口,而劳动力素质低的国家只能生产一般的劳动密集型产品。

(2)劳动规模或生产规模也制约和影响着国际分工。现代大规模的生产,使分工成为必要的条件,这种分工跨越了国界,就产生了国际分工。随着劳动规模越来越大,分工就越来越细,任何一个国家都不可能包揽所有的生产,因此,各国有必要通过国际分工来生产本国具有比较优势的产品,以满足整个国际市场的需要。

(3)国际分工的实现还要受制于国际商品市场的规模。国际分工的发展史是同国际商品交换的发展史齐头并进的。生产力发展较快、分工比较细密的国家,总是国际商品市场的中心。国际商品交换市场的规模取决于:投入交换的商品数量、有支付能力的人口密度以及交换距离。

在一个国家和地区,人口愈是稠密,每个人的支付能力愈高,市场就愈大,从而分工的实现程度就愈高。同样,交换距离也制约着世界市场规模,间接地影响着国际分工。交换距离如果太远,一则使易坏易碎的商品难以到达市场,再则,体积大而价值小的商品负担不起运费。反之,如果距离很近,那么几乎所有商品都能进入市场。在商品交换的其他条件相同的情况下,一个国家和地区的运输条件越好,交换距离越近,运费越低,市场规模就越大,该国参加国际分工和发展国际分工的可能性也就越大。

4. 国际资本移动和跨国公司对国际分工起着重要的推动作用

随着科学技术的发展和垄断的不断加强,国际资本移动成为战后世界经济的一个重要现象,并对世界政治、经济产生越来越重要的影响。通过国际资本移动,把各种不同的产业根据较优的组合在世界各国进行重新设置,从而提高劳动生产力,促进国际分工的进一步发展。例如,由于科学技术的发展,发达国家在国际分工中越来越多集中于技术、资本密集型产业的生产,而把劳动密集型的产品生产,通过国际资本移动,转移到发展中国家进行生产。因此,国际分工的深化发展,是与国际资本移动的发展分不开的。

在资本的国际化过程中,跨国公司充当了重要角色,作为国际投资和国际生产主要组织者的跨国公司,在推动横向国际生产水平不断升级方面起了决定性作用。跨国公司通过对外投资,把生产过程分散到世界各地。它从全球角度优化配置资本、技术、人才、管理和原材料等资源。跨国公司的产品、资本都已打破了传统的国际疆域界限,不断涌向世界各地。跨国公司不仅对发达国家之间的分工,而且对发达国家与发展中国家的分工,乃至对整个国际分工的发展都起着重要的推动作用。

5. 各国政府的经济政策可以推进或延缓国际分工的发展

国际分工的发展还受到各国政府对外贸易政策的影响。一国政府为促进本国经济的发展,需要制定相关的对外及对内经济政策,如签订双边或多边贸易条约或协定,制定优惠的税收和关税政策,积极引进外资等。积极的经济政策会促进一国参与国际分工的程度,促进国际分工的深入发展;消极的经济政策会延缓或阻碍国际分工的发展,如制定贸易保护政策,闭关锁国等。

为促进各国经济发展,发达国家之间、发展中国家之间以及区域国家之间组成了各种形式的国际经济机构和集团,通过召开国际经济会议,签订国际条约,协调各国在国际经济合作中的利益,在一定程度上缓和了国际分工中的利害冲突,促进了国际分工的深入发展。

2.1.5　国际分工对国际贸易的影响

国际分工是国际贸易的基础,国际贸易是国际分工的媒介,是国际分工得以实现的桥梁,因此,国际分工的发展必然会对国际贸易产生重大的影响。

1. 国际分工的发展速度决定国际贸易的发展速度

国际分工的发展与国际贸易的发展是成正比的。在国际分工发展较快的时期,国际贸易一般发展较快;反之,在国际分工发展较慢的时期,国际贸易发展较慢或处于停滞状态。因此,国际分工是国际贸易发展的基础和动力。国际分工的深入和细化为国际贸易不断提供和变换着交换的内容;国际分工的发展为国际贸易的发展创造更多的市场需求;国际分工的优越性会吸引更多的国家主动参与到国际分工中来,从而会扩大国际贸易发展的规模,加快国际贸易的发展速度。

2. 国际分工影响国际贸易地理方向

国际贸易地理分布的变化与国际分工有极大的关系。19世纪,国际分工的主要形式是宗主国同殖民地等落后国家之间的分工,即前者出口工业品,后者出口农矿产品,这种垂直型分工形式决定了当时国际贸易主要在殖民地同宗主国这两类国家间进行。

二次大战后,国际分工发生了变化,从出口制成品、进口原料为主变为工业部门生产专业化协作为主,即从垂直型分工变为水平型分工。国际贸易的地理方向也随之发生了变化,发达资本主义国家之间的贸易在国际贸易中占据主要地位,发达资本主义国家与发展中国家的贸易则退居次要地位。

3. 国际分工促使国际贸易的商品结构发生变化

国际分工的深度和广度不仅决定国际贸易发展的规模和速度,而且还决定国际贸易的结构和内容。第一次科技革命以后,形成以英国为中心的国际分工。在这个时期,由于大机器工业的发展,国际贸易商品结构中出现了许多新产品,如纺织品、船舶、钢铁和棉纱等。

第二次科技革命以后,国际分工的世界体系形成,国际分工进一步深化,从而使国际贸易的商品结构也发生了相应的变化。首先是粮食贸易大量增加;其次,农业原料和矿业材料,如棉花、橡胶、铁矿、煤炭等产品的贸易不断扩大;此外,机器、电力设备、机车及其他工业品的贸易也有所增长。

第二次世界大战后发生的第三次科技革命,使国际分工进一步向深度和广度发展,国际贸易的商品结构也随之出现新的特点。这主要表现在工业制成品在国际贸易中的比重不断上升并超过初级产品所占的比重,新产品大量涌现,服务贸易和技术贸易得到了迅速发展。

4. 国际分工影响各国的国际贸易利益的分配

国际分工是国际贸易利益分配的决定性因素。首先,国际分工是国际贸易利益的根本来源。各个国家参与国际交换的最终目的是为了获得贸易利益,国际贸易利益这块蛋糕的大小是分配的前提和基础。国际分工可以扩大整个国际社会劳动的范围,使贸易参加国可以扬长避短,发挥优势,有利于世界资源的合理配置,可以节约全世界的劳动时间,从而提高世界生产力,增加人类社会财富的总量。其次,国际分工的格局决定着国际贸易利益分配的格局。国际贸易利益不是在参与国家之间平均分配的,一个国家得到贸易利益的多少是由其在国际分工中的地位决定的。处于国际分工主导地位的国家,必然在国际贸易利益分配中居于优势地位,获得较多的贸易利益;反之,获得较少的贸易利益。如果在国际分工中处于被掠夺地位,不但不能获得利益甚至还可能带来原有利益的伤害。目前,发达国家处于国际分工中心地位,享有国际分工的大部分利益。

5. 国际分工影响一国的对外贸易依存度

国际分工的发展使各国对外贸易依存度不断提高。国际分工使得本来在一国国内生产的商品转移到国外生产后再进口,对世界整体来说就是各国分别生产其可以专业化生产的商品再互相进口、出口。在总体消费量不变的情况下,该国的进口数量增加了,而本身作为出口国其出口量也上升了,所以,对外贸易总量增加了,也就是说该国的对外贸易依存度上升了。

【专栏2.1】
"中国制造"——国际分工中的位置与附加价值

中国正在成为世界工厂,"中国制造"遍布全球,但自主品牌很少。其表现形式主要是大部分企业为他人代工——OEM,收取可怜的辛苦费,像广东、江苏昆山等地的台资、港资企业生产的电脑配件;另一个是跨国公司的内部分工——在中国的生产基地加工组装,公司内部定价,出口价格很低,像松下、日立、富士通的空调、洗衣机等。

由于我们接受的是技术或产品转移,决定了我们在产业链中的位置,即组装、制造。而研发和营销策略的实施是由产品转移国进行的。对于先进国来讲,它只是不断充实研发力量、完善其营销网络和营销策略,而产品由中国生产出来。

市场配置资源,市场的价格取决于资源的稀缺程度。由于设备和产品的标准化、通用化、程序化,以及日本等先进国家对设备技术和产品制造技术的掌握,它能够精确地计算出材料、生产能力、效率、消耗、土地、厂房等非人力成本,而中国人力成本的市场是透明的,因此,在中国组装一件产品的成本很容易计算出来。

另外,经过上百年的工业发展,特别是最近几十年,制造业加工的设备已经非常先进,比如,人机工程的引入,使设备的可操作、维护性大大提高,很多即使很高级的设备,经过培训后即可以操作,不必需要非常高的知识和技能,因此,我们今天的制造业不同于20世纪50、60年代,那个时期的制造业加工设备还不是很发达,有一些依靠自主技能、自主设备工艺的东西,如需要八级钳工、铣工、车工、模具工等高级技工的技能和经验,需要一些因地制宜、构思巧妙的工装夹具,所以,附加价值要高一些。今天,世界科技的发展,组装、加工及制造,基本不需要什么自主的技能和工装夹具等,设备和工艺很多都已程序化、通用化,只要有人、有厂房、有资源谁都可以制造,可以让我们做,也可以让印度做,甚至可以让越南做,主要看哪里更具成本优势。这时候,制造的附加价值自然就大大降低了。

另一方面,由于中国从事的是制造业,是世界工厂,表现形式是有形的产品(而不是服务),所以,耗费了大量资源。我们所生产的单位附加价值中的资源消耗量远高于曾是世界工厂的美国和日本等发达国家的平均水平。同时,由于美国和日本等国家将大部分传统工业移出,在国内主要发展研究开发、物流营销等生产型服务业,所以,资源消耗很少。因此,在国际分工上,我国处于附加值最低的位置;在能源消耗的国际比较上,我们处于能源消耗最高的位置。

面对当前所处的国际分工位置,我国只有通过节约和提高效率来降低能源消耗,通过提高劳动力的价格以及劳动生产率来提高产品的附加价值,通过自主创新来拓展在国际分工上的位置,才能保证我国经济的可持续增长。

资料来源:陶滢."中国制造"——国际分工中的位置与附加价值.经济研究,2009(3).

2.2 世界市场

世界市场是国际分工和国际贸易的结果,由于全球社会经济联系的日益加强,各种类型的国际经济生活日益国际化,它们对世界市场的依赖性不断增长,统一的世界市场对所有国家的社会经济进步起到越来越大的作用。

2.2.1 世界市场的含义

世界市场是国际贸易活动的场所,是世界所有国家或地区在国际分工的基础上,进行货物、服务和技术交易的场所。它是世界范围内通过国际分工联系起来的各个国家内部以及各国之间的市场组合而成。世界市场交易的内容主要包括货物、资金、服务和技术等,其中货物贸易是主体。

2.2.2 世界市场的类型

世界市场的构成十分复杂,依据不同的标准,可以把它划分为不同的类型。

(1)按照商品形态划分,世界市场可分为有形商品市场和无形商品市场。有形商品市场是指买卖那些看得见、摸得着的物质商品的市场,如生产资料市场和生活资料市场。无形商品市场也称劳务市场,它是指买卖那些不具有物质形态商品的市场,如金融市场、保险市场、工程技术承包市场、技术市场、旅游市场等。

(2)按照商品构成划分,世界市场可分为工业制成品市场和初级产品市场。这两大类市场又可细分为若干小类,如工业制成品市场可分为汽车市场、家电市场、服装市场等;初级产品市场可分为石油市场、棉花市场、粮食市场等。

(3)按照参加国的经济发展水平划分,世界市场可分为发达国家市场和发展中国家市场。

(4)按照参加国的地理分布划分,世界市场可分为北美市场、欧洲市场、亚洲市场、拉美市场、非洲市场、澳洲市场等;或者按照国别划分为美国市场、日本市场、德国市场等;还可以按照区域性经济集团划分为欧盟市场、东南亚联盟市场、北美自由贸易区市场等。

2.2.3 世界市场的形成

世界市场是随着地理大发现而产生的,并随着第一次工业革命的完成而迅速发展,随着第二次工业革命的进行而最终形成。

1. 地理大发现形成了世界范围的市场(16世纪初~18世纪60年代)

16世纪至18世纪中叶是西欧资本主义生产方式逐步建立与发展的时期。这一时期,工场手工业开始蓬勃发展,劳动生产率不断提高,商品生产的范围不断扩大,国内市场逐渐统一,海外市场不断延伸,国际贸易迅速发展。

这一时期影响世界市场发展的最重要的因素是地理大发现及以后的殖民扩张。15世纪末至16世纪初的地理大发现将隔绝的大陆、大洲通过贸易手段联系起来,使得国家之间的交换扩展到更广阔的地理范围,具有"世界"的意义,从而使世界市场进入萌芽阶段。此后,欧洲国家纷纷走上了向世界扩张的道路,他们竞相建立自己的殖民体系,用暴力、掠夺、欺骗和奴役等手段同殖民地进行贸易,加速资本原始积累的进程。这一阶段的殖民扩张,对资本主义生产方式的产生和确立起到了巨大的推动作用。但是,限于工场手工业的手工技术和生产能力还不足以在一个国家内完成民族市场的建立过程,因而,它也不可能在世界各国之间建立起经常性的稳固的经济联系。同时,这一阶段在各国间形成的经济联系还仅仅限于消费领域,贸易往来也仍然是一种互通有无性质的商品交换过程,而且,这种商品交换尚未建立在真正意义上的国际分工的基础上。因此,虽然这个世界范围的市场将欧洲、亚洲、美洲、大洋洲和非洲原有的区域性市场联结在一起,但因当时生产力的发展受到工场手工业的限制,缺乏大量的商品和便捷的交通通讯,世界市场还未真正形成。

2. 产业革命和国际分工的建立为世界市场的最终形成奠定了基础(18 世纪 60 年代~19 世纪 70 年代)

18 世纪中叶以后,英国和其他欧洲国家先后进行了产业革命,建立起机器大工业,大大促进了国际分工的发展。资本主义国家机器大生产的产品不再满足于本国市场,需要销往更广阔的世界市场,而工业原料也来自于世界各地,资本主义国家在世界各地抢占原料产地使世界贸易的范围和规模迅速扩大。同时,蒸汽机车和轮船的出现大大改变了交通运输状况,使世界联系得更加紧密。

在这一时期,世界市场上的主要经济贸易联系存在于发达国家与落后国家之间,发达国家用工业制成品去交换落后国家的食品与工业原料是世界市场主要的商品交换方式。由于当时的资本主义工业化尚处于早期阶段,世界还未被瓜分完毕,所以,在这一阶段,世界市场只是初步形成。

3. 统一的世界市场最终形成(19 世纪 70 年代~第二次世界大战前)

19 世纪 70 年代以后,资本主义自由竞争阶段进入垄断时期。第二次产业革命推动了国际分工进一步发展,生产力水平又有了很大的提高。资本主义垄断时期的第二次产业革命和资本输出也促进了统一的世界市场的最终形成。其标志是:

(1)多边贸易和多边支付体系的形成。多边贸易的早期形式可以追溯到西欧、西印度群岛和北美,以及西印度群岛、北美和非洲之间的三角贸易。但直到 19 世纪末 20 世纪初,一个复杂的多边贸易与支付体系才建立起来,它基本囊括了所有国家的贸易差额和支付差额。

在多边贸易与支付体系下,各国不再需要必须保持与每一个贸易对手国家的贸易平衡,而是寻求以对一些国家的贸易顺差来冲抵对另一些国家的逆差,最终保持总贸易量基本平衡。例如,英国从西欧大陆和北美的新兴工业化国家进口大量的工业品,经常呈现大量的贸易逆差;但英国又是不发达国家的工业品的主要供应国,经常呈现大量的贸易顺差。这样,英国就用它对经济不发达国家的贸易顺差所取得的收入来支付对其他发达国家的贸易逆差,而不发达国家又用其对西欧大陆和北美的贸易顺差来弥补对英国的贸易逆差。英国此时成为多边支付体系中心。这个多边贸易与多边支付体系为所有贸易参加国提供购买货物的支付手段,同时使国家间债权债务的清偿、利息与红利的支付能够顺利完成,由此可见,多边贸易与多边支付体系的建立加强了世界市场上国家之间的经济联系,使商品交易与金融交易紧密联系,共同促进各国及世界经济的顺利发展。

(2)国际金本位制的建立和世界货币的形成。世界市场的发展与世界货币的发展是紧密联系在一起的。早期的世界货币是黄金和白银并用,称为复本位制。在复本位制时期,金银两种货币同时流通,互相补充,使货币数量足以满足社会需要。后来,由于白银体积大,价值小,携带不便,对外清算转移麻烦,并且白银产量过多而使银价下跌,不能适应巨额贸易发展的需要。1816 年,英国的货币制度过渡到单一的金本位制,之后,欧洲国家相继过渡到金本位制,

1897年,俄国和日本也完成了过渡,国际金本位制在世界主要国家最终确立。这个制度的作用主要体现在两个方面:一是为世界市场上各种货币的价值提供一个互相比较的尺度,并能使各国货币汇价保持稳定;二是为世界各国商品价格提供一个互相比较的尺度,从而使各国商品以同一货币标价时,价格基本相同,有利于将各国的商品生产与交换更紧密地联系在一起。

国际金本位制的建立顺应了世界市场形成的要求,世界货币的产生是各国生产与交换国际化的表现与结果。在形成的世界市场上,世界货币发挥着价值尺度、支付手段、流通手段、贮藏手段的职能,其中,最重要的是作为支付手段平衡国际收支的差额。

(3) 各国共同受到世界市场行情变化的影响。19世纪末20世纪初,世界上已形成了许多大型的商品交易所,不少地方举办的世界博览会把世界各地的客商及产品汇集到一起。这一切都使世界各地的同类产品的价格有趋于一致的倾向,形成了许多产品的世界市场行情。这有利于航运、保险、银行及各种机构的健全,有利于交通设施和交通工具的进一步完善。并且,人们通过长期的实践,已在世界市场上大体形成了一整套有利于各国贸易往来的规则和管理制度,保障了国际贸易的顺利进行。这一切都使世界市场的各个部分紧密结合在一起,各国的进出口贸易无不受到世界市场行情变化的影响。

2.2.4 当代世界市场发展的特点

1. 世界市场的容量迅速扩大,但发展极不稳定

第二次世界大战后,随着科学技术的进步,社会生产力的不断发展,国际分工进一步深化,各国在经济上的相互依赖性日益加强,对外经贸活动日益增多,世界市场的规模和容量迅速扩大,主要表现为商品、服务和技术贸易的迅速增长。其中商品贸易出口额增长情况如表2.1所示。

表2.1 1950～2010年世界市场商品贸易出口额 单位:亿美元

年份	1950	1960	1970	1980	1990	2000	2004	2010
商品贸易出口额	610	1 281	3 113	19 943	34 470	62 520	91 235	152 380

资料来源:世界贸易组织数据库

但是,世界市场的发展并不是一帆风顺的,而是在动荡中发展与扩大的。世界市场上占主导地位的一直是工业发达资本主义国家,世界市场受资本主义基本经济规律和生产无政府状态的制约,引起世界性经济危机频繁爆发,加上国际性政治、军事冲突,导致了世界市场的发展极不稳定。

2. 世界市场的商品结构高级化

由于二战后国际分工格局的变化,国际贸易商品结构也发生了相应的变化。二战前,初级产品与工业制成品在世界贸易中所占的比重大约是60%与40%,二战后这个比例开始倒过来了,初级产品在国际商品贸易中所占的比重不断下降,工业制成品的比重迅速上升。目前,在

世界出口产品中,工业制成品占3/4左右。

发生这种变化的原因是科技革命使产业结构产生重大变化,制造业的发展速度大大超过农业和矿业,新材料和新能源的使用,减少了对传统原料和能源的依赖。在制成品贸易中,高技术产品贸易迅速增长。自20世纪80年代以来,以电子技术为核心、信息技术为先导的高技术产业不断发展变化,推动了世界市场的进一步扩大和发展。

3. 世界市场上的垄断和竞争更为激烈

随着世界市场在动荡中的不断发展与扩大,世界市场上的竞争也日趋尖锐化。主要表现在以下几个方面:

(1)竞争对象的扩大化。第二次世界大战后,在市场上除了发达国家之间的竞争外,发达国家与发展中国家之间、区域经济集团之间的竞争也日趋激化。这些竞争交织在一起,使竞争的内容日益扩大,竞争的方式日益复杂。

(2)竞争内容多元化。除了在商品市场上展开激烈的竞争之外,在服务、投资与技术市场上的竞争也日趋尖锐化。

(3)竞争方式的复杂化。在促销方式上,许多企业在加强市场研究的条件下,除了采用价格竞争方式之外,还日益注重非价格竞争方式。他们通过改进商品品质、花色品种、包装装潢和售后服务等办法来扩大国外市场。在贸易方式上,除了继续采用单纯的商品买卖交易方式之外,还广泛地采用其他贸易方式,如商品交易所、加工贸易、补偿贸易、拍卖、博览会、展览会、招投标等特殊的贸易方式。

(4)竞争组织的集团性和垄断性。竞争组织的集团性和垄断性主要表现在:①许多商品被为数不多的几家跨国公司所垄断,其他厂商因为无法与之抗争,所以,在多数情况下只能服从于这些垄断企业所限定的市场和价格;②发达国家政府通过各种政策措施维护与支持大企业在世界市场上的竞争;③一些国家通过组建区域经济贸易集团来控制传统市场和区域市场,如欧盟、北美自由贸易区等。

4. 世界市场中的"内部市场"有扩大的趋势

所谓"内部市场"就是指世界市场中部分区域被相对封闭起来,商品在内部交易时可以享受多种特殊的优惠待遇。这种内部市场在一定程度上排斥来自外部市场的商品。目前,世界市场中的内部市场主要有两类:

第一类内部市场是指区域性经济集团或区域一体化组织,如欧盟市场、东盟市场等。这类内部市场,无论从发展的广度还是从发展的深度看,都在逐步扩大,其内部市场的贸易量占世界市场贸易总量的比重也在逐步增加。

另一类内部市场是指在跨国公司内部开展贸易所形成的市场,如跨国公司母公司与国外子公司之间的贸易以及同一母公司下各子公司之间跨越国界的贸易。这种贸易既具有国际贸易的特征,又具有公司内部商品调拨的特征。这种内部市场的形成,不仅可以防止跨国公司技术优势的散失,而且可以通过内部市场转移价格获取高额利润和取得竞争优势。

5. 世界市场的贸易自由化趋势不可阻挡

世界市场自建立之初就存在着各种各样的人为障碍与贸易壁垒。各个国家在利用世界市场发展本国经济的同时,也制定各种限制政策与措施,在不同程度上阻拦外国产品进入本国市场,以此来保护国内市场和国内经济。虽然在不同的时期中,世界市场里的贸易障碍的强弱程度是不相同的,但世界市场与贸易障碍却总是相伴而行。

二战结束后的半个多世纪中,世界市场的贸易自由化趋势愈来愈明显。尽管20世纪70年代以来,由于美国等国的连年外贸赤字而引发了一阵又一阵的全球性贸易保护主义潮流,对很多的商品,特别是劳动密集型商品设置了各种类型的贸易障碍,但这并未从根本上阻挡住世界市场的自由贸易大趋势。在各种国际性贸易机构的协调下,尤其是在关贸总协定和世界贸易组织的不懈努力下,世界市场中的各种壁垒和障碍正在逐步被消除,为商品和服务在各国间的自由流通铺平了道路。

2.2.5 世界市场的商品贸易方式

在世界市场上,商品由各国生产领域进入其他国家消费领域,形成商品的流通渠道。构成商品进入流通渠道的贸易方式包括有固定组织形式的贸易方式和无固定组织形式的贸易方式两大类。

1. 有固定组织形式的商品贸易方式

(1)商品交易所。商品交易所(Commodity Exchange)是一种有组织的固定商品市场,它是在规定的时间和地点,按照规定的程序和方式,由特定的交易人员(一般为会员经纪人)进行大宗商品交易的专业市场。商品交易所与普通市场不同,其区别在于其经营活动是根据交易所法和交易所规定的条例进行的。在交易中,买卖双方无需验看商品,只需根据规定的商品的品级标准和样品进行交易。

目前,主要通过商品交易所交易的商品大约有50多种,占世界商品流通额的15%~20%。世界性的商品交易所,如芝加哥商品交易所、纽约商品交易所,每天的开盘、收盘价格及全天的最高、最低价格均被刊登在世界重要的报刊上,作为市场价格的指示器,因此,世界性商品交易所的价格一般被公认为是世界市场价格的重要参考数据。

交易所运作一般采取会员制,只有交易所的会员才可以在场内交易。会员的场内交易分为两类:一是自营,即利用自有或自筹资金进行商品买卖交易;二是充当经纪人,代理非会员的个人、企业或机构进行商品交易,并收取佣金。

在交易所中进行的商品交易分为现货交易和期货交易两种。现货交易是实际的商品买卖活动,以卖方交货,买方付款为完成合约的标志,具有即期交割性质。现货交易与一般实物交易没有太大差别,交易所只是提供交易场所和标准合同买卖格式以及协助解决业务争议。期货交易又称期货合同交易,它是指由买卖双方在交易所内达成远期交割的一种交易方式。在这种交易方式中,买卖双方需要签订一份在将来的某个确定时间,按照确定的价格买卖某种商品的期货合同。

(2)国际拍卖。国际拍卖(International Auction)是一种在规定的时间和地点,按照一定的章程和规则,通过公开叫价竞购,把事先经买主验看的货物逐件或逐批卖给出价最高者的过程。国际贸易中采用拍卖方式进行交易的商品,大多数是一些品质难以标准化或难以久存、生产厂家众多、产地分散或难以集中交易的商品,如裘皮、热带木材、花卉、地毯以及古玩艺术品等。一些国家的政府和海关在处理库存和罚没的物品时也常采取拍卖的方式。

在实际交易中,拍卖具有以下特点:第一,在拍卖中,买卖双方并不直接洽商,而是通过专营拍卖业务的拍卖行或拍卖公司进行,拍卖行或拍卖公司设有专门的拍卖场所,拥有专业人员和设备;第二,拍卖是一种单批、实物的现货交易,具有当场公开竞购、一次成交的性质。拍卖货物在拍卖前是经过有购买意向的买主验看过的,拍卖结束后,卖方和拍卖行或拍卖公司对商品的品质不承担赔付责任;第三,拍卖交易对买方要求很高,买方必须对货物的质量和价值有鉴别力。按质论价的特点在拍卖中尤为突出。

(3)国际展卖。国际展卖是指通过举行国际博览会(International Exhibition)和国际展览会(International Fair),将展览与销售结合起来的贸易方式。

国际博览会是一种在同一地点、在规定的期限内定期举办的有众多国家、众多厂商参加产品展销的商品贸易方式。举办博览会的目的是使参展者展示科技成果和商品样品,以便洽谈业务,促成贸易。国际展览会一般是不定期举办的,它与博览会的区别是只展览不销售,通过产品展示,促成会后的交易。目前,这种形式正在逐渐和博览会融合起来。

国际博览会和展览会按内容可分为综合性的国际博览会和展览会和专业性的国际博览会和展览会两种。综合性的国际博览会和展览会是指工业、农业、林业、牧业、服务业等各行业的各种产品的展出和交易;专业性的国际博览会和展览会仅限于某类商品的展出和交易,如航空航天技术、电子产品、汽车、工艺装饰品、服装等。

世界著名的博览会城市有英国的伦敦,法国的巴黎、里昂,德国的莱比锡、法兰克福、慕尼黑和科隆,美国的纽约、芝加哥和旧金山,奥地利的维也纳,意大利的米兰、热那亚,瑞士的日内瓦、巴塞尔,比利时的布鲁塞尔,西班牙的马德里,加拿大的蒙特利尔,日本的东京、大阪和濑户,澳大利亚的悉尼,叙利亚的大马士革,智利的圣地亚哥,哥伦比亚的波哥大,中国的广州等。

【专栏2.2】
世界博览会

世界博览会(World Exhibition or Exposition,简称 World Expo)又称国际博览会,简称世博会、世博,它是一种由主办国政府组织或政府委托有关部门举办,有多个国家或国际组织参加,以展现人类在社会、经济、文化和科技领域取得成就的国际性大型展示会。世界博览会的会场不单是展示技术和商品,也将种种有助于人类发展的新概念、新观念、新技术展示出来,为世界各国的相互交流、相互学习搭建起广阔的平台。

自1851年英国伦敦举办第一届展览会以来,世博会因其发展迅速而享有"经济、科技、文化领域内的奥林匹克盛会"的美誉,并已先后举办过40届。世界博览会按性质、规模、展期分为两种:一种是注册类(以前称综合性)世博会,展期通常为6个月,每5年举办一次;另一类是认可类(以前称专业性)世博会,展期通常为3个月,在两届注册类世博会之间举办一次。注册类世界博览会不同于一般的贸易促销和经济招商的展览会,是全球最高级别的博览会。

负责协调管理世界博览会的国际组织是国际展览局,英文简称为"BIE"。国际展览局成立于1928年,总部设在法国巴黎,其章程为《国际展览公约》。该公约由31个国家和政府代表于1928年在巴黎签署。国际展览局(BIE)的宗旨是通过协调和举办世界博览会,促进世界各国经济、文化和科学技术的交流和发展。国际展览局的常务办事机构为秘书处,秘书长为该处的最高领导,现任秘书长是洛塞泰斯先生。截止2010年5月1日,国际展览局成员国共有157个。

举办世博会的城市,由举办国申请,经全体成员国投票选举产生,票数达三分之二以上才可获得举办权。我国从1982年起至今共参加15次世博会,1993年我国正式申请加入国际展览局,1999年正式宣布申办2010年世博会,2002年12月3日,经国际展览局大会投票表决,我国获得2010年世博会举办权。我国是第一个举办世界博览会的发展中国家,上海世博会是我国第一次举办的综合类世界博览会,展期是184天(2010年5月1日~10月31日)。目前已有242个国家、地区和国际组织确认参展。上海世博会总投资达450亿美元,创造了世界博览会史上最大规模的记录。

资料来源:http://baike.baidu.com/view/140394.htm。

2. 无固定组织形式的商品贸易方式

(1)单纯的商品买卖交易。单纯的商品买卖交易(Purchases and Sales)是指交易双方不通过固定市场而进行的商品买卖活动。这种方式的通常做法是买卖双方自由选择交易对象,对商品的品质、规格、数量、价格、支付条件、商检、装运、保险、索赔、仲裁等方面一一进行谈判予以确定,最后在意见一致的基础上签订交易合同。单纯的商品买卖交易方式是国际贸易中最基本、最普遍的一种交易方式。

(2)代理。代理(Agency)是指出口商(委托人)授权国外客户(代理人)在规定的地区和一定的期限内代表他向第三者招揽生意或签订合同,或办理与交易有关的其他事宜的交易方式。

代理人在出口商授权范围内行事,不承担销售风险和义务,不必垫付资金,通常按达成交易的数额提取约定比例的佣金。根据对代理人授权的大小,代理可以分为总代理(General Agent)、独家代理(Exclusive Agent / Sole Agent)、一般代理(Agent)。

总代理是委托人的全权代表。在指定的地区内,代表委托人从事销售活动和其他商务活动;独家代理是在代理协议规定的时间范围内,对指定的商品享有专营权的代理人,委托人不能在以上的范围内自行或通过其他代理人进行销售;一般代理是指不享有独家代理专营权的代理人,委托人可以同时委托若干个一般代理人在同一地区推销相同商品,委托人直接与其他客户成交的金额,不向一般代理人支付佣金。

（3）包销。包销（Exclusive Sales）又称独家经销，它是指出口商（供货商）与国外销售商（包销商）签订协议书，给予国外销售商在一定地区和一定期限内专营某种商品或某类商品的权利。包销方式使买卖双方在包销协议下建立起稳定的商品或服务的购销关系。

在包销交易方式下，供货商是卖方，包销商是买方。货物由包销人购买、销售并自负盈亏。它与逐笔销售方式的区别在于包销商在规定的区域和时限内具有独家经营权。

对供货商来说，采用包销方式的目的是利用包销商的资金和销售能力，在特定的区域内建立一个稳定的发展市场；对包销商来说，如果取得了专营权，就会在指定商品的销售中处于有利地位，避免了多头竞争，因而，包销商有很高的经营积极性，他们能在广告促销和售后服务中作较多的市场投入。

（4）寄售。寄售（Consignment）是一种委托代售的贸易方式，也是国际贸易中习惯采用的做法之一。它是指寄售人（Consignor）先将货物运往国外的寄售地，委托当地的代售人（Consignee）按照寄售协议规定的条件，替寄售人进行销售，货物销售后，由代售人与寄售人结算货款，并依照协议规定收取相应的报酬。

对于寄售人来说，采用寄售方式的目的是利用代售人的市场资源拓展自己的海外市场。在寄售方式下，寄售人与代售人是委托代售关系，而非买卖关系，货物的所有权一直属于寄售人。寄售人需要承担一定的风险和费用，包括运输途中和到达寄售地后的一切风险和费用。若代售人不遵守协议，不能妥善保管货物或出售后不能及时将货款汇回，或出口商品滞销，寄售人都将承受损失。

关于双方的权利和义务都规定在寄售协议中，寄售协议涉及的主要内容包括：寄售商品的价格（一般有三种做法，即规定最低限价、随行就市、销售前征得寄售人的同意）、佣金、货款的收付等。

（5）招标与投标。招标与投标是国际贸易中常见的一种贸易方式，它常用在国家政府机构、国有企业或公用事业单位采购物资、器材或设备的交易中，更多地用于国际承包工程。

招标（Invitation for Tenders）是指招标人发布招标公告，说明计划采购的商品或服务的名称、规格和数量，或是计划兴建项目的标准与要求，邀请投标人按照一定程序在规定时间、地点进行投标，最后选择对招标人最有利的条件达成交易的一种行为。投标（Bid/Tender）是指供应商或工程承包公司根据招标条件在规定的时间内向招标人递价的行为。从定义上可以看出，招标与投标是同一交易的两个方面，因而，通常统称为招投标。

招投标与一般贸易做法的区别是双方当事人没有磋商过程，不存在讨价还价，而是由投标人同时报价，成交与否取决于投标人价格的竞争力。

招投标的基本程序为：招标前准备→发布招标公告→投标→开标→评标→定标→签署交易或承包合同。

（6）加工贸易。加工贸易（Processing Trade）是把加工与扩大出口或收取劳务报酬相结合的一种购销方式。它是指经营企业进口全部或部分原辅材料、零部件、元器件、包装材料，经加工或装配后,将制成品复出口的经营活动。加工贸易的主要做法有来料加工、来样加工、来件装配、进料加工。

加工贸易方式的基本环节是:备案→进口→加工→出口→核销。

(7)补偿贸易。补偿贸易(Compensation Trade)是指交易的一方在对方提供信用的基础上,进口设备技术,然后以该设备技术所生产的产品,分期抵付进口设备技术的价款及利息。补偿贸易是贸易与信贷相结合的一种商品购销方式,主要优点是既利用了外资,又扩大了商品的销售渠道。补偿贸易常与加工贸易相结合,通常称为"三来一补"。

补偿贸易的基本做法有三类:第一类是产品返销,简称返销。它是指买方利用对方提供的设备、技术、工艺等开发生产出来的产品(直接产品或关联产品)偿还进口设备等货款。第二类是互购,它是指买方不是用进口设备、技术、工艺等开发生产出来的产品,而是用双方商定的其他产品(间接产品)来偿还进口设备等货款。第三类是部分补偿或多边补偿。这种形式的补偿贸易形式比较复杂,如进口设备的货款中,部分用商品补偿,部分用现汇支付,这叫部分补偿;有第三方参与,负责接受、销售补偿产品或提供补偿产品的,叫做多边补偿。

(8)租赁贸易。租赁贸易(Lease Trade)是指出租人把商品租给承租人在一定时期内专用,承租人根据租赁时间长短付出一定的资金的一种贸易方式。

租赁贸易分为金融租赁、维修租赁、经营租赁三种形式。出租人一般为准金融机构,即附属于银行或信托投资公司的租赁公司,也有专业租赁公司或生产制造商兼营自己产品的租赁业务。采用租赁贸易交易的商品主要有机电设备、运输设备、建筑机械、医疗器械、飞机船舶等各种大型成套设备和设施。承租人通常为生产或服务企业。

租赁贸易实质上是出租人向承租人提供信贷的一种交易方式。从利用外资、引进设备的角度看,它与一般的中长期信贷和延期付款有相似之处,但对供需双方来说,有其特有的优越性。对承租人而言,租赁的设备不作为企业的负债记录,不影响企业的举债能力,可增强企业流动资金的周转能力,改善企业的资产质量。此外,承租人支付的租金可列入生产或经营成本从而降低了企业应税收入的数额。对出租人而言,作为设备所有人,可享受投资减税待遇,以及折旧或按政策加速折旧的优惠。

【本章小结】

1. 国际分工是社会分工发展到一定阶段的产物,是国民经济内部分工超越国家界限发展的结果。按照生产的关联性质,国际分工可分为三种不同类型,即垂直型国际分工、水平型国际分工和混合型国际分工。

2. 国际分工的发展经历了萌芽、形成、发展和深化发展四个阶段。其形成与发展的因素可以归纳为:社会生产力的决定作用,自然条件的基础性作用,人口、劳动规模和市场规模的影响作用,国际资本移动和跨国公司的促进作用,各国政府的经济政策的推进或延缓作用。

3. 国际分工是国际贸易产生、发展的基础和动力,国际分工不仅影响国际贸易的发展速度和国际贸易地理方向,还影响国际贸易的商品结构、国际贸易利益的分配及一国的对外贸易依存度。

4. 世界市场是国际贸易活动的场所,是世界所有国家或地区在国际分工的基础上,进行货物、服务和技术交易的场所。它的形成有三大关键因素:第一,地理大发现形成了世界范围的市场;第二,第一次产业革命和国际分工的建立为世界市场的最终形成奠定了基础;第三,第二次产业革命使国际分工进一步发展,最终形成统一的、无所不包的世界市场。

5. 当代世界市场的发展呈现出许多新特点,主要表现在:第一,世界市场的容量迅速扩大,但发展极不稳定;第二,世界市场的商品结构高级化;第三,世界市场上的垄断和竞争更为激烈;第四,世界市场中的"内部市场"有扩大的趋势;第五,世界市场的贸易自由化趋势不可阻挡。

6. 世界市场的商品贸易方式分为有固定组织形式的商品贸易方式和无固定组织形式的商品贸易方式。其中有固定组织形式的商品贸易方式主要有商品交易所、国际拍卖、国际展卖三种方式;无固定组织形式的商品贸易方式包括单纯的商品买卖交易、代理、包销、寄售、招标与投标、加工贸易、补偿贸易和租赁贸易。

【思考题】

1. 国际分工经历了哪几个阶段?国际分工的形式有哪些?
2. 影响国际分工的因素有哪些?
3. 国际分工对国际贸易有哪些影响?
4. 简述世界市场的含义和类型?
5. 简述当代世界市场的主要特征?
6. 世界市场的商品贸易方式有哪些?

【案例分析】

耐克公司的虚拟经营

以生产运动鞋而闻名于世的耐克(Nike)公司创建于1972年。起初,公司的两个创始人布沃曼和耐特都身兼数职,公司连自己的办公楼都没有。但耐克公司却后来居上,超过了曾雄踞市场的领导品牌阿迪达斯、彪马、锐步,被誉为"近20年世界新创建的最成功的消费品公司"。

耐克公司能够取得这样巨大的成功,除了产品优良的品质性能、精心的广告宣传以及公司创建者的现代商业意识和开拓精神之外,其选择的虚拟的生产经营方式也是重要的因素之一。所谓"虚拟"是计算机术语中的一个常用词,引用到企业管理中,实质上就是直接用外部力量,整合外部资源的一种策略。耐克公司不需要购进原材料,不需要庞大的运输车队,没有厂房、生产线和生产工人这些"实"的东西,主要依靠自身非凡的品牌价值、卓越的设计能力、合理的市场定位以及广阔的营销网络等"虚"的东西。它可以选择市场上最好的制鞋厂家作为供应商,按照耐克总部的设计和要求生产耐克运动鞋,并可以依据市场环境和公司的商业战略需要转换生产基地。

20世纪70年代,耐克公司研制出一系列新型跑鞋。他们与日本厂商签订了合同,由美国人设计,而生产则完全交由日本厂家完成。耐克公司除了在日本联合设厂打入了日本市场以外,还通过在爱尔兰设厂进入了欧洲市场并以此躲过了高关税。20世纪80年代,日本的生产成本迅速提高,耐克公司将合作对象从日本、西欧转移到了韩国、中国台北,进而转移到中国、印度等劳动力价格更为低廉的发展中国家。20世纪90年代,耐克则更为看好越南等东南亚国家。

由于耐克公司在生产经营上不拥有传统意义上的生产手段,而是采取虚拟经营的方式,并且,它仅拥有耐克品牌和一些专门从事设计、研究、营销和管理的人员,因而,本部人员相当精简而又有活力,避免了很多生产问题的拖累,使公司能集中精力关注产品设计和市场营销等方面的问题,及时搜集市场信息,及时将它反映在产品设计上,然后快速由世界各地的签约厂商生产出来以满足要求。耐克公司将与知识有关的核心部分留在美国,而将与知识相关度较低的生产活动以特许生产方式分配到全球各地其他公司,这就是公司层次上的"大脑"和"手脚"的分工。

资料来源:http://www.sport.org.cn/中华全国体育总会网站。

案例思考:

请谈谈你对耐克公司国际分工方式的看法。

【本章荐读书目及网上资源】

1. 张苏. 论新国际分工[M]. 经济科学出版社,2008.
2. 金芳. 全球化经营与当代国际分工[M]. 上海人民出版社,2006.
3. 托马斯·A·普格尔. 国际贸易[M]. 中国人民大学出版社,2005.
4. 赵春明. 世界市场行情新编[M]. 机械工业出版社,2007.
5. http://www.ce.cn 中国经济网.
6. http://jingji.cn.tv 中国网络电视经济台.

第3章 Chapter 3

国际贸易理论

【学习目的与要求】

通过本章的学习,了解重商主义对外贸易理论的基本内容;掌握绝对优势理论、比较优势理论、保护幼稚产业理论、要素禀赋理论、产品生命周期理论及国家竞争优势理论的主要内容及评价;理解里昂惕夫悖论、产业内贸易理论及新兴古典贸易理论的基本内容。

【本章关键术语】

重商主义(Mercantilism);绝对优势(Absolute Advantage);比较优势(Comparative Advantage);幼稚产业(Infant Industry);要素禀赋(Factor Endowment);产业内贸易(Intra-industry Trade);产品生命周期(Product Life Cycle);国家竞争优势(Competitive Advantage of Nations)

国际贸易理论的发展大致经历了古典、新古典、新贸易理论以及新兴古典贸易理论四大阶段。古典和新古典贸易理论以完全竞争市场等假设为前提,强调贸易的互利性,主要解释了产业间贸易。二战后,以全球贸易的新态势为契机,新贸易理论应运而生。它从不完全竞争、规模经济、技术进步等角度解释了新的贸易现象。新兴古典贸易理论则以专业化分工来解释贸易,力图将传统贸易理论和当代贸易理论统一在新兴古典贸易理论的框架之内。

3.1 古典贸易理论

早在15世纪末期,西欧重商主义者就开始对国际贸易问题进行探讨。随着资本主义的发展,重商主义思想受到了主张自由贸易的绝对优势理论和比较优势理论的挑战。之后,保护幼稚产业理论又发展了重商主义思想。虽然古典贸易理论较为古老,但其基本思想和政策主张在今天仍具有重要的指导意义。

3.1.1 重商主义对外贸易理论

重商主义(Mercantilism)是资本主义原始积累时期占统治地位的经济思想和政策体系。它产生于15世纪末,盛行于16世纪至17世纪上半叶,从17世纪下半叶开始走向衰落,先后在意大利、西班牙、葡萄牙、荷兰、英国、法国、德国、俄国等国家实行。

3.1.1.1 产生背景

重商主义的产生有着深刻的历史背景。15世纪末,随着自给自足的封建社会逐渐瓦解及地理大发现大大拓展了世界市场,国内和国际贸易日益繁荣,商业资产阶级的力量不断增强,社会经济生活对商业资本的依赖日益加深。与此同时,社会财富的重心由土地转向了金银货币,货币被认为是财富的代表形态和国家富强的象征。当时,金银货币主要来自商业资产阶级所经营的对内和对外贸易,尤其是对外贸易。因此,对外贸易被认为是财富的源泉。全社会对货币资本的需求不断增加,促使许多学者、商人和官员开始研究怎样加快货币资本的积累,而欧洲文艺复兴运动掀起的思想解放运动,为人们对经济问题的研究提供了人文主义的思想武器。正是在这样的历史条件下,重商主义学说产生。重商主义所重的"商"是对外经商,重商主义学说实际上是重商主义的对外贸易学说,"重商主义"这一名称最初是由英国经济学家亚当·斯密在《国民财富的性质和原因的研究》(简称《国富论》)一书中提出来的。

3.1.1.2 理论内容

重商主义的发展经历了两个阶段:早期重商主义和晚期重商主义。两个阶段的基本思想是相同的,区别主要在于对获取金银货币有不同的看法和主张。

1. 早期重商主义（15～16世纪中叶）

早期重商主义也称"重金主义"。这一阶段的主要代表人物是英国的威廉·斯塔福(1554—1612)和法国的安徒尼·德·蒙克列钦(1575—1622)。早期的重商主义学说主张采用直接的强制措施来获得和保存金银,鼓励金银的输入,禁止金银的输出;在对外贸易上,限制进口、鼓励出口,原则上是"多卖少买"甚至是"不买",对外贸易中的每笔交易和对每个国家都保持顺差,任何交易都不允许出现逆差,以此达到增加货币财富的目的。因此,这种思想又被称作"货币差额论"。

在实践中,由于各国都采取了金银货币外流、多卖少买的对外贸易政策,其结果反而使国际贸易的发展受阻。于是,重商主义由早期重商主义发展为晚期的名副其实的重商主义。

2. 晚期重商主义（16世纪下半叶～17世纪末期）

晚期重商主义也称"重工主义"。这一阶段的主要代表人物是英国的托马斯·孟(1571—1641)。晚期的重商主义学说主张必须发展对外贸易以增加国内金银货币量。在政策上,应采取各种办法鼓励本国商品出口,对于外国商品的进口通过关税的保护而予以限制,使贸易保持顺差;同时,对于货币的流动,不再过分加以限制,通过强调"多卖"以达到金银流入的目的即可。因此,这种思想又被称作"贸易差额论"。

晚期重商主义者与以守财奴眼光看待货币的早期重商主义不同,他们已经能用资本家的眼光看待货币,认识到货币只有在运动、流通中才能增值。晚期重商主义更加鲜明地反映了当时新兴商业资产阶级的利益。

3.1.1.3 理论评述

1. 贡献及现实意义

重商主义的贸易思想和政策在历史上有一定的进步作用,它促进了资本主义的原始积累和欧洲各国工业生产的发展。重商主义重视货币、追求贸易顺差、强调国家干预对外贸易、实行"奖出限入"政策以及鼓励发展出口工业等政策措施至今对国际贸易仍有重要影响。重商主义提出许多重要的观点和概念,为后人研究贸易理论与政策打下了基础。例如,通过高关税保护本国市场以发展本国工业的观点,后来发展成为保护幼稚产业理论。

2. 不足之处

重商主义者对货币、财富及财富产生的源泉的认识是错误的,他们不懂得货币的起源和本质,而把金银和货币混为一谈,把财富同货币完全等同起来,不懂得货币是充当一般等价物的特殊商品,货币并不是财富的唯一形态;而且,他们也不懂得虽然对外贸易能够增加一国的财富,但是财富的真正源泉是在生产领域。

3.1.2 绝对优势理论

国际贸易理论体系的建立是从英国经济学家亚当·斯密提出绝对优势理论开始的。他在1776年发表的著作《国民财富的性质和原因的研究》(简称《国富论》)一书中提出了绝对优势理论(Theory of Absolute Advantage),又称绝对成本理论或绝对利益理论。亚当·斯密第一次把经济学所有主要领域的知识归结成一个统一、完整的体系,贯穿这一体系的基本思想就是自由贸易思想,斯密的自由贸易思想是整个自由竞争市场经济体系的一个有机组成部分。

3.1.2.1 产生背景

亚当·斯密所处的时代正是英国从手工业向机器工业转变、过渡的时期,也就是英国产业革命的前夕。这一时期,英国经济发展迅速,工厂手工业中的分工日益发达,机器设备的使用率越来越高,生产规模逐渐扩大。随着产业革命的开展,英国的经济实力超过了其他西欧国家。新兴的资产阶级为了从海外市场获得更多的廉价原料并销售其产品,迫切要求扩大对外贸易,而重商主义的一系列贸易保护政策却严重束缚了对外贸易,阻碍了资本主义工业的发展,这种要求必然反映到经济思想上来,这就是重商主义衰落和古典学派兴起的原因。

古典学派的代表人物亚当·斯密在批判重商主义学说的基础上建立了政治经济学体系,从而建立了自由贸易理论体系。在《国富论》中,亚当·斯密提出了绝对优势理论,阐述了国际分工产生的原因、方式及其效果。

【专栏3.1】

亚当·斯密

亚当·斯密(Adam Smith,1723~1790)是英国古典政治经济学的主要代表人物之一,也是国际分工及国际贸易理论的创始者。他生于苏格兰的克科底小镇(Kirkcaldy)的一个海关职员家庭,自幼博览群书,14岁时进入格拉斯哥大学学习。他选定人文科学方向,在逻辑、道德哲学、数学和天文学方面都成绩斐然。1740年,他又进入牛津大学深造。1751年至1764年在格拉斯哥大学担任哲学教授。在此期间,他发表了自己的第一部著作《道德情操论》,这部著作标志着其哲学思想和经济思想的形成,确立了他在知识界的威望。但是,他的不朽名声主要来源于他在1776年发表的伟大著作《国民财富的性质和原因的研究》(简称《国富论》)。该书一举成功,使他在余生中享受着荣誉和爱戴。1778年被任命为苏格兰海关税务司司长,1787年被选为格拉斯哥大学校长。斯密于1790年7月去世,享年68岁。他一生与母亲相依为命,终身未娶,没有子女。

资料来源:http://baike.baidu.com/view/265202.htm.

3.1.2.2 理论阐述

1. 理论前提

任何经济理论都是建立在一定的假设和前提条件之下的,亚当·斯密的理论有以下几个假设和前提条件。

(1)只考虑两个国家、两种产品和一种生产要素(即2×2×1模型)。为简化研究对象,提高研究效率,一般假设贸易参与国只有两个;两国间只交换两种商品;两国均用劳动这种唯一同质的生产要素生产产品。

(2)生产要素在两国之间不流动,但在一国范围内各部门之间可以自由流动。

(3)两国的劳动生产率不同。

(4)两国的资源都得到充分的利用,当资源从一个部门转移到另一个部门时,机会成本不变。

(5)无运输成本或其他交易成本,而且产品在各国间可以自由流动。

(6)两国之间的贸易是平衡的。

(7)生产和交换在完全竞争的条件下进行。

2. 理论内容

(1)分工可以提高劳动生产率。斯密认为,人类有一种天然的倾向,就是交换。交换是人类出于利己心的一种行为,人们为了交换自己所需要的产品,就应该根据自己的特点进行社会分工,然后出售彼此在优势条件下生产的产品,这样双方都会获利。

斯密非常重视分工,强调分工的利益。他认为分工可以提高劳动生产率,从而增加国家的财富。原因是:分工能提高劳动的熟练程度;分工使每个人专门从事某项作业,可以节省与生产没有直接关系的时间;分工有利于发明创造和改进工具。他以制针业为例来说明其观点。制作机针有18道工序,在没有分工的情况下,一个粗工每天最多只能制造20根针,有的工人平均每天连一根针也制造不出来。而如果进行分工生产,10个工人每天可制造48000根针,平均每个人每天可制造4800根针,劳动生产率提高了几百倍或几千倍,这显然是分工的结果。

(2) 分工的原则是在绝对优势的产业进行专业化生产。斯密认为,分工既然可以极大地提高劳动生产率,那么,每个人都从事他最有优势产品的生产,然后彼此进行交换,则每个人都可以从中获利。他指出,如果一件东西在购买时所花费的代价比在家内生产时所花费的小,就永远不会想要在家内生产,这是每一个精明的家长都知道的格言。裁缝不想制作他自己的鞋子,而是向鞋匠购买。鞋匠不想制作他自己的衣服,而是雇裁缝制作。农民不想缝衣,也不想制鞋,而宁愿雇佣那些不同的工匠去做。他们都感到,为了自身的利益,应当从事他们最具有优势的产品的生产,然后再用这种产品和他人交换其他物品,这样对每个人都是最有利的。

在斯密看来,适用于一个国家内部的不同个人或家庭之间的分工原则,也适用于各国之间。他认为,每个国家都有其适宜于生产某些特定产品的绝对有利的生产条件,如果每个国家都按照其绝对有利的生产条件(即生产成本绝对低)去进行专业化生产,然后彼此进行交换,则对所有交换国家都是有利的。因而,他主张如果外国产品比自己国内生产的产品便宜,那么最好是输出本国有利条件下生产的产品去交换外国的产品,而不是自己生产。他举例说,在气候寒冷的苏格兰,人们可以利用温室生产出极好的葡萄,并酿造出与国外进口一样好的葡萄酒,但建造温室的生产成本会大大高于靠自然条件栽种葡萄的国家,大约要付出30倍高的代价,如果真这么去做,那明显是愚蠢的行为。

(3) 国际分工的基础是有利的自然禀赋或后天的有利条件。斯密认为,自然禀赋或后天的有利条件因国家而不同,这就为国际分工提供了基础。因为有利的自然禀赋或后天的有利条件可以使一个国家生产某种产品的成本绝对低于别国,因而在该产品的生产和交换上处于绝对有利的地位。各国按照各自的有利条件进行分工和交换,将会使各国的资源、劳动力和资本得到最有效的利用,将会大大地提高劳动生产率和增加物质财富,并使各国从贸易中获益。

3. 举例说明

为了更确切地表述他的理论,亚当·斯密通过举例来说明。假设每吨产品两国分别投入的劳动天数如表3.1(a)所示。

表 3.1(a) 分工前

国家 商品	法国	英国
小麦/吨	100 天	200 天
生铁/吨	200 天	100 天

表3.1(a)表明,法国在小麦生产上处于绝对有利地位,因为法国每生产1吨小麦只花费

100天劳动,而英国每生产1吨小麦却要花费200天劳动,即法国生产小麦的成本绝对低于英国。英国则在生铁的生产上处于绝对有利地位,因为英国每生产1吨生铁只花费100天劳动,而法国每生产1吨生铁则要花费200天劳动,即英国生产生铁的成本绝对低于法国。斯密主张,法国应专门生产小麦并出口一部分以换取英国的生铁,英国则应专门从事生铁生产并出口一部分以进口法国的小麦。

表3.1(b) 分工后

国家 商品	法国	英国
小麦/吨	$\frac{100+200}{100}=3$	
生铁/吨		$\frac{100+200}{100}=3$

从表3.1(b)可知,分工后,两国投入的劳动量未变,但两国产品的总量却增加了,小麦和生铁的产量都比分工前增加了1吨,这是分工带来的利益。即分工后,两国的劳动生产率提高了,因而在原有资源基础上,能生产出较分工前更多的小麦和生铁。

表3.1(c) 交换后

国家 商品	法国	英国
小麦/吨	3−1=2	1
生铁/吨	1	3−1=2

由表3.1(c)可知,交换后,英国得到2吨生铁、1吨小麦,比分工前的国内交换多得到1吨生铁;而法国得到2吨小麦、1吨生铁,比分工前的国内交换多得到1吨小麦。由此可见,实行国际分工后,通过国际贸易,英国和法国可同时受惠,利益就来自发挥生产中的绝对成本优势,使生产效率提高而增加了产量。

3.1.2.3 理论评述

1. 贡献及现实意义

(1)斯密提出的以绝对优势理论为基础的自由贸易理论在18世纪的英国具有历史进步意义。它反映了当时英国工业资产阶级通过扩大对外贸易进行经济扩张的要求,成为反对闭关自守、自给自足的封建残余思想和重商主义贸易政策的有力武器,对发展和巩固资本主义生产方式起到了推动作用。

(2)绝对优势理论将劳动分工的概念扩大到了国际范围,并强调了劳动分工对于提高劳动生产率的巨大意义,为国际贸易的进一步发展奠定了理论基础。

(3) 绝对优势理论第一次从生产领域阐述了国际贸易的基本原因,说明了国际贸易发生与发展的必然性,为科学的国际贸易理论体系的建立做出了宝贵贡献。

2. 不足之处

(1) 斯密认为,由于人类有了交换的倾向,才产生了社会分工。而事实恰恰相反,人类社会是随着生产力的发展才逐渐有了社会分工和国际分工,有了分工,才有了以专业化为纽带的商品交换和国际贸易。

(2) 绝对优势理论强调,只有在生产成本上拥有绝对优势的国家参加国际分工和国际贸易才能获得利益,然而现实中,一个并不具备绝对优势的国家仍然可以通过分工与贸易获得利益,绝对优势的存在是国际分工和国际贸易产生的充分条件而非必要条件。

(3) 绝对优势理论是建立在一系列严格的假定条件下,如劳动价值论、完全竞争、无规模经济、机会成本不变等。由于现实的情况要复杂得多,因此,该理论在很多情况下并不能完整地解释当代国际贸易的实际情况。

3.1.3 比较优势理论

绝对优势理论所提出的交换模式只适用于贸易双方至少各拥有一种居绝对优势的商品对外国销售的情形。如果一国在所有商品的生产成本方面相对于另一国的同种商品都处于绝对劣势地位,这时还会不会存在分工和贸易?如果进行自由贸易,贸易各方还能否获益?各国还能否实行自由贸易政策?针对这些用"绝对优势"无法解释的问题,英国经济学家大卫·李嘉图提出了比较优势理论(Theory of Comparative Advantage),又称比较成本理论。

3.1.3.1 产生背景

18世纪60年代,英国完成工业革命,生产力得到迅猛发展,成为世界第一经济强国。这时的英国在对外贸易中已经处于绝对优势地位,英国的资产阶级迫切要求进一步扩大对外贸易。但是,由于当时封建残余尚未肃清,土地贵族阶级在政治生活中仍然起着重要作用。1815年,英国颁布了《谷物法》,引起粮价上涨、地租猛增,这对地主贵族有利,却严重损害了工业资产阶级的利益。围绕《谷物法》的存废问题,双方展开了激烈的争论。李嘉图在这场斗争中站在工业资产阶级一边。他主张,英国不仅要从外国进口玉米,而且要大量进口,因为英国在纺织品上所占的优势比玉米生产上所占的优势还大,故英国应该专门从事纺织品的生产,以其出口换取玉米,取得比较利益,提高商品生产数量。为此,李嘉图在《政治经济学及赋税原理》一书中继承和发展了亚当·斯密的绝对优势理论,建立了以自由贸易为前提的比较优势理论,不仅为工业资产阶级的斗争提供了有力的理论武器,也成为以后国际贸易理论的一块重要基石。

【专栏 3.2】

大卫·李嘉图

大卫·李嘉图(David Ricardo,1772—1823),是英国古典政治经济学家的杰出代表。他生于英国犹太族大资产阶级家庭。他所受的学校教育不多,14 岁就结束了正规教育并到他父亲的交易所从事证券交易活动。后来因婚姻和宗教问题与父亲脱离关系,自己经营交易所,干得非常成功,10 年后就成为了大富翁,拥有 200 万英镑的资产。功成名就后,他利用空闲时间学习自然科学,如数学、物理、化学、矿物学和地理学等。1799 年,他读了亚当·斯密的《国富论》,引起了他对经济学的兴趣,他在分析、批判前人经济理论的基础上,结合时代提出的问题,将经济理论推向了一个新阶段。1817 年,他的名著《政治经济学及赋税原理》出版,该书充分的阐述了比较优势理论并包含了许多先进的经济思想,在经济史上占据着重要地位,被誉为继亚当·斯密《国富论》之后的经济学巨著。1819 年,他当选为议员,主张议会改革,推行自由贸易,取消《谷物法》,并很快成为国会中备受瞩目的财政专家。

资料来源:约翰·伊特韦尔等. 新帕尔格雷夫经济学大辞典:4 卷. 北京:经济科学出版社,1992:196—214.

3.1.3.2 理论阐述

1. 理论前提

(1)只考虑两个国家、两种产品和一种生产要素(即 $2\times2\times1$ 模型)。

(2)生产要素在两国之间不流动,但在一国范围内各部门之间可以自由流动。

(3)两国的劳动生产率不同。

(4)两国的资源都得到充分的利用,当资源从一个部门转移到另一个部门时,机会成本不变。

(5)无运输成本或其他交易成本,而且产品在各国间可以自由流动。

(6)两国之间的贸易是平衡的。

(7)自由贸易是在完全竞争的条件下进行,以物物交换为形式,没有货币媒介的参与。

(8)不存在技术进步和经济发展,国际经济是静态的。

2. 理论内容

大卫·李嘉图的比较优势理论把国际分工放到一个比亚当·斯密的绝对优势理论更加广泛的理论基础上。他与斯密同样认为贸易双方劳动生产率(或生产成本)的差异是进行国际分工和贸易的基础,没有这种差异,贸易就不可能产生。同时,他又发展了斯密的观点,他认为国际分工并不只是在具有绝对优势的国家之间发生,决定国际分工与国际贸易的一般基础不是绝对优势,而是比较优势或比较利益。也就是说,即使一个国家与另一个国家相比,在商品生产上都处于绝对劣势,但只要本国集中生产那些绝对劣势较小的商品;而另一个在所有商品生产上都处于绝对优势,但只要本国集中生产那些绝对优势最大的商品,即按照"两优取其重,两劣取其轻"的原则,进行国际分工和国际贸易,不仅会增加社会财富,而且交易双方都可从中获益和实现社会劳动的节约。

3. **举例说明**

李嘉图以英国和葡萄牙生产毛呢和葡萄酒的例子,对比较优势理论做了进一步的分析。见表3.2。

表3.2(a) 分工前

国家	葡萄酒产量/单位	所需劳动人数/(人/年)	毛呢产量/单位	所需劳动人数/(人/年)
英国	1	120	1	100
葡萄牙	1	80	1	90
合计	2	200	2	190

从表3.2(a)中可以看出,葡萄牙在葡萄酒和毛呢的生产上都占有优势,在生产葡萄酒上比英国少花费40天,在生产毛呢上少花费10天。虽然葡萄牙在两种产品的生产上都处于绝对优势的地位,英国在两种产品的生产上都处于绝对劣势的地位,但是两国优势或劣势的程度是不同的,葡萄牙在葡萄酒生产上具有更强的优势,英国在毛呢的生产上具有较弱的劣势。根据比较优势原则——"两优取其重,两劣取其轻",葡萄牙应专门从事葡萄酒生产并出口部分葡萄酒换取英国的毛呢,而英国则应专门从事毛呢生产并出口部分毛呢换取葡萄牙的葡萄酒。

表3.2(b) 分工后

国家	葡萄酒产量/单位	所需劳动人数/(人/年)	毛呢产量/单位	所需劳动人数/(人/年)
英国			2.2	220
葡萄牙	2.125	170		

从表3.2(b)中可以看出,分工后,投入的劳动人数不变,英国只生产毛呢,葡萄牙只生产葡萄酒。葡萄酒产量从2单位增加到2.125单位,毛呢产量从2单位增加到2.2单位。这样,分工生产的结果是两种产品的产量都高于分工以前。

表3.2(c) 交换后

国家	葡萄酒产量/单位	毛呢产量/单位
英国	1	1.2
葡萄牙	1.125	1

从表3.2(c)中可以看出,如果英国以1单位毛呢交换葡萄牙1单位葡萄酒,英国可以多消费0.2单位的毛呢,葡萄牙可以多消费0.125单位的葡萄酒。由此可见,通过国际分工使两

国增加了各自具有相对优势产品的产量,通过国际贸易增加了两国的国内消费量。因此,这种国际分工和国际贸易对两国都是有利的。

值得注意的是,比较优势理论包含一种例外情况,即当一国与另一国相比,在两种商品的生产上都处于绝对不利地位,而且两种商品生产的绝对不利程度相同,将没有互惠贸易发生。例如上面的例子,如果英国生产每单位毛呢需要 130 天,而不是 100 天,则在英国和葡萄牙两国之间就没有互惠贸易发生。另外,我们可以看出亚当·斯密的绝对优势理论是李嘉图的比较优势理论的特例。

3.1.3.3 理论评述

1. 贡献及现实意义

(1)李嘉图的比较优势理论的提出,为英国新兴资产阶级推翻《谷物法》,推动当时英国资本积累和生产力的发展提供了有力的理论武器,是 19 世纪英国自由贸易政策取得的伟大胜利。

(2)比较优势理论为国际贸易理论提供了一个科学的基础和出发点。该理论的科学性在于它揭示了一个客观规律,无论是生产力水平高还是低的国家,按照比较优势的思想参加分工和贸易,世界的福利总体水平都会提高。在贸易条件合理的情况下,参与分工的各方都可以得到实际利益,这就为世界各国参加国际分工和国际贸易的必要性做了理论上的证明。

2. 不足之处

(1)比较优势理论赖以成立的前提条件过于苛刻,把复杂多变的经济状况抽象和简化成为静态的、凝固的,它所揭示的贸易各国所取得的利益是短期利益,这种静态的短期利益往往与一个国家经济发展的长远利益发生矛盾,因而大大削弱了其适用性。

(2)比较优势理论只给出了国际分工的一个依据,未能揭示出国际分工形成和发展的主要原因,成本和自然条件固然对国际分工的形成有一定的影响,但远不是唯一的和根本的因素。实际上,生产力、科学技术、社会条件等因素都对国际分工有重要的影响。

3.1.4 保护幼稚产业理论

幼稚产业(Infant Industry)是指本国处于初级发展阶段但又面临国外强大竞争的产业。保护幼稚产业理论形成于资本主义自由竞争时期,在 18 世纪后半叶最先由美国政治家亚历山大·汉密尔顿提出,19 世纪中叶由德国的经济学家弗里德里希·李斯特系统发展起来,成为落后国家进行贸易保护的最重要的理论依据。

3.1.4.1 汉密尔顿的保护关税理论

汉密尔顿(Alexander Hamilton, 1757~1804)是美国贸易保护主义的鼻祖,美国的开国元勋、政治家和金融家,美国独立后的第一任财政部长。

1. 产生背景

汉密尔顿所处的时代正是美国刚刚取得政治上独立的初期阶段,当时的美国经济非常落后,完全依赖于向英国、法国等出口农产品和提供原料,以换取所需的工业品。对于独立后的美国如何发展,有两种截然不同的主张,北方的工业资产阶级要求实行保护关税政策,以独立地发展工业,彻底摆脱西欧殖民主义的控制,而南部的种植园主则主张继续实行自由贸易政策,继续充当西欧各国的原料、农产品产地和工业品的销售市场。1791年,汉密尔顿代表工业资产阶级的利益,向国会提交了《关于制造业的报告》,阐述了保护和发展本国工业,特别是保护和发展制造业的必要性和有利条件,并提出了以加强国家干预为主要内容的一系列措施。

2. 理论内容

汉密尔顿在《关于制造业的报告》中指出:一个国家如果没有工业的发展,就很难保持其独立地位。美国工业起步晚,技术落后,生产成本高,其产品根本无法同英、法等国家的廉价商品进行自由竞争。因此,美国应当实行保护关税制度,帮助建立起来的工业生存、发展和壮大。

汉密尔顿的保护关税理论主要是围绕制造业展开分析的,他较为详细地论述了发展制造业的直接和间接利益。他认为,制造业的发展有利于推广机器使用,提高整个国家的机械水平,促进社会分工的发展;有利于扩大就业,促进移民流入,加速美国国土开发;有利于提供更多的开创各种事业的机会,使个人才能得到发挥;有利于消费农业原料,保证农产品的销路和价格的稳定,刺激农业发展等。

他提出的具体措施有:(1)向私营工业发放政府信用贷款,扶持私营工业的发展;(2)实行保护关税制度,以高关税来限制外国工业品输入,保护国内新兴工业;(3)限制重要原材料的出口,同时采用免税的办法鼓励进口本国急需的原材料;(4)为必需品工业发放津贴,给各类工业发放奖励金;(5)限制改良机器及其他先进生产设备的输出;(6)建立联邦检查制度,保证和提高工业品质量;(7)吸引外国资金,以满足国内工业发展的需要;(8)鼓励外国移民迁入,以增加国内劳动力供给。

3. 理论评述

(1)贡献及现实意义。汉密尔顿的保护关税理论的提出,标志着保护贸易学说基本形成,具有重要的理论意义。该理论对美国制造业的发展及美国政府的内外经济政策产生了重大而深远的影响,促进了美国资本主义的发展,对落后国家寻求经济发展和维护经济独立具有普遍的借鉴意义。

(2)不足之处。汉密尔顿的保护关税理论没有进一步分析其保护措施的经济效应和经济后果,没有注意到保护措施也有其制约经济发展的消极一面。

3.1.4.2 李斯特的保护幼稚产业理论

在欠发达国家中,贸易保护最重要、最流行的依据是保护幼稚产业理论,也称阶段保护理论。该理论是由德国经济学家弗里德里希·李斯特提出的。

1. 产生背景

李斯特所处的时代正是德国处于政治上分裂、经济上十分落后的时期。在政治上,拿破仑战争后的德国仍然保持着中古时代的封建制度,全境分裂为38个小邦,每个小邦都拥有自己的政府、军队、货币与外交。各邦之间关卡重重,存在着不同的地方税率,严重阻碍商品的流通和国内统一市场的形成。这种状况一直持续到1848年,德国结束了封建割据的局面,完成了政治统一。而此时,德国还没有建立起自己的机器制造业,工业基础薄弱。在对外贸易方面,由于没有统一的保护国内工业成长的关税制度和贸易政策,致使英法等国的廉价商品大量涌入德国,对正处于产业革命萌芽时期的德国工业造成很大威胁。在德国对外贸易政策的选择问题上,国内产生了激烈的辩论。一派主张实行自由贸易,另一派主张实行保护关税制度。李斯特早年曾提倡实行自由贸易,自从他1825年出使美国之后,受汉密尔顿保护贸易思想的影响,并亲眼目睹了美国实施保护贸易政策的成效,因而使得他从当时德国的实际情况出发,转而提倡实行保护贸易政策。

【专栏3.3】

弗里德里希·李斯特

弗里德里希·李斯特(Friedrich List,1789~1846)是德国资产阶级经济学家,历史学派的先驱者,德国保护关税政策的首倡者。他出生于符腾堡(Wurttemberg)的罗伊特林根(Reutlingen)一个富裕的制鞋匠家庭。他的早期生活并不引人注目,高中毕业参加文官考试被录取,任下级官吏,后提升为该州(当时称邦)会计监察官。曾任蒂宾根(Tubingen)大学行政学教授。

可以说,李斯特的一生遭遇了一系列的失败和困苦。1819年,由于组织旨在统一德国经济的全德工商联盟而受到迫害,被迫辞去蒂宾根大学教授职务,并解除其他政府公职。1820年,担任市议员期间,由于提出激进的民主改革主张,被以"煽动闹事,阴谋颠覆国家政权"的罪名判处10个月监禁。之后,李斯特潜逃到了法国和瑞士。两年后回国,随即被关押。为了彻底摆脱这个危险分子,政府同意他移居美国。1825年李斯特一家到了美国,他开始经营农场,还担任过报社编辑,并开办了一个规模很大的煤矿。在美国期间,他亲眼看到了美国实施保护主义政策对制造业发展的影响,开始转而成为保护关税的"美国制度"的支持者。李斯特于1827年出版了第一部真正的经济学著作《美国政治经济学大纲》。1837年,李斯特在美国开办的煤矿破产了,使他陷入了生活的困境中。其间,李斯特一直受到政府的监视,并受到再次被监禁的威胁。尽管他不断努力,仍然不能在他的祖国找到一份固定职业。李斯特被迫流亡法国,主要靠给报社撰稿牟取微薄的收入。1841年,李斯特的代表作《政治经济学的国民体系》问世,数月之内发行3版。1846年,英国废除《谷物法》,这对主张贸易保护主义的李斯特是一个打击。随后,李斯特提出建立英德联盟的计划没有被理睬,而他参与德国关税同盟工作的愿望也一直得不到实现。此时,李斯特陷入深深的失望中。李斯特看不到个人和国家的前途,加上疾病缠身和生活困顿,他陷入了绝望。1846年11月30日,李斯特在一个小镇开枪自杀,结束了57岁的生命。

资料来源:http://baike.steelhome.cn/doc-view-20855.html。

2. 理论内容

李斯特的保护幼稚产业理论是以生产力理论为基础,以经济发展阶段理论为依据,以英国、荷兰、西班牙等国家兴衰史为佐证,猛烈地抨击古典学派的自由贸易理论而建立起来的一套以保护关税为核心,为落后国家提供保护贸易政策的国际贸易理论体系。

(1) 生产力理论。李斯特认为,生产力是决定一个国家兴衰存亡的关键,而且最有决定意义的是国家的工业生产力。他认为,财富的生产力比之财富本身不晓得要重要多少倍,即能够创造财富的生产力比财富本身更加重要。因为,生产力本身是一个动态因素,可以造就竞争优势。一个国家实行什么样的贸易政策,必须考虑这种贸易政策能否促进国内生产力的发展,而不能仅考虑从贸易中获得的财富增加了多少。他认为,工业在发展生产力上所起的作用远远超过农业,发展高水平的工业生产力,才能使一国具备强盛的基础,因此,国家必须高度重视发展国内工业。

(2) 经济发展阶段理论。为了使自己的保护贸易理论有充足的理论根据,李斯特以部门经济为标准,把人类社会的经济发展分为五个阶段:原始未开化时期、畜牧时期、农业时期、农工业时期和农工商业时期。他认为,处于不同阶段的国家应当实行不同的对外贸易政策。处于前三个阶段的国家,经济十分落后,应当实行自由贸易政策,以此为手段和推动力,使自己尽早脱离未开化状态,在农业上求得较快发展,并培育工业化的基础;处于第四个阶段的国家,由于本国的工业还比较弱小,难以抵御外来强大工业的竞争威胁,因此应实行保护贸易政策,以帮助本国工业渡过幼稚期,进入成熟期;处于第五个阶段的国家,由于国内工业产品已经具备了国际竞争力,并且财富和创造财富的生产力都已进入了最兴盛和发达的阶段,此时应重新恢复使用自由贸易政策,鼓励企业参与国内和国外市场的全面竞争,以此来让本国产品始终处于竞争的环境中,这既可以保持本国农工商企业蓬勃发展,又可以通过国际市场竞争获取更多的比较利益。

李斯特认为:英国已经处于最后阶段;法国在第四阶段和第五阶段之间;德国和美国均在第四个阶段;葡萄牙和西班牙则在第三阶段。因此,李斯特主张德国应该实行保护幼稚产业的政策,促进德国工业的发展,以对抗物美价廉的国外工业产品的竞争。

(3) 国家干预理论。李斯特反对古典自由贸易理论的自由放任,主张国家干预经济。他认为,一国经济的增长、生产力的发展,不能只依靠市场机制的自发调节,而必须借助于国家的力量对经济进行干预和调节。他以英国为例,进一步证明了其理论的正确性。他指出,英国工商业已经十分发达,固然可以实行自由贸易政策,但英国工商业能够迅速发展的根本原因还是当初政府的扶植政策,德国正处于类似英国发展初期的状况,所以应实行国家干预下的保护贸易政策。

(4) 保护幼稚产业理论的政策主张。

①保护的对象。李斯特提出的保护贸易政策的对象是幼稚产业,即新兴的、面临国外强有力竞争的并有发展前途的工业。他指出:农业一般不需要保护,因为工业发展以后,农业自然会跟着发展;无强有力的外国竞争者的幼稚产业不需要保护,有强有力的外国竞争者的幼稚产业需要保护。

②保护的目的。为了保护和促进国内生产力的发展,最终仍然是进行国际贸易。

③保护的手段。李斯特认为,保护本国工业的发展,有许多的手段可以选择,但关税制度

是最为重要的政策选择。在与先进工业国家进行完全自由竞争的情况下,一个工业落后的国家,即使很有资格发展工业,如果没有保护关税,就不能使自己的工业获得充分发展。李斯特还对关税手段的实施提出了具体的设想,他认为,关税税率应该经历一个由高向低变化的过程。税率应随着国内工业的发展、引进技术水平的提高而提高,在本国工业具有竞争力后再逐步降低税率,最后以充分的竞争来刺激本国工业进一步发展。此外,还要区别从量税、从价税、保护关税和收入关税的不同作用,运用从量税实行有效保护,同时相应减少收入关税。保护程度应在20%~60%之间,在工业部门处于建立和发展时期,税率可以定在40%~60%之间,而当其逐渐建立起来后,税率要降低,不应超过20%~30%。

④保护的程度。李斯特认为,应针对工业中的不同行业而采取程度不同的保护措施。对国内生产生活必需品的行业应通过高关税给予充分保护;对国内生产昂贵奢侈品的行业只给予最低限度的保护;对于国内不能生产的复杂机器的进口应当免税或只征收极低的进口税,因为,对这类产品过分的进口限制会影响国内同类机器工业的快速发展。

⑤保护的时间。保护的时间不宜过长,最多为30年。在此期限内,如果受到保护的工业还发展不起来,表明其不适宜成为保护对象,就不再予以保护。换言之,保护贸易不是保护落后的低效率。

⑥保护的最终归向。保护关税并不是永久性的政策,它随着国内工业国际竞争力的逐渐提高而逐步降低乃至取消。李斯特重视关税保护的适度性和暂时性。他认为,禁止性与长期性关税会完全排除外国生产者的竞争,但助长了国内生产者的不思进取、缺乏创新的惰性。如果被保护工业生产出来的产品,其价格低于进口同类产品且在其能与外国竞争时,应当及时取消关税保护;当国家的物质与精神力量达到相当强盛时,应实行自由贸易政策。

3. 理论评述

(1)贡献及现实意义

①李斯特的保护幼稚产业理论的许多观点是有价值的,整个理论是积极的。他的关于"财富的生产力比之财富本身不晓得要重要多少倍"的思想是深刻的,具有较强的理论说服力;他的关于"处于不同阶段的国家应当实行不同的对外贸易政策"的观点是科学的,为经济落后国家实行保护贸易政策提供了理论依据。

②李斯特的保护幼稚产业理论和政策主张在德国资本主义工业的发展过程中起到了积极的促进作用。在保护政策的影响下,德国于1843年和1846年两次提高关税,有效地保护了德国工业的发展,使德国在较短的时间内就赶上了英国和法国。

③李斯特发展了重商主义和汉密尔顿的保护贸易理论,以生产力理论为基础,充分论证了落后国家实行贸易保护的必要性、阶段性和动态性,并提出了相关的政策和主张,从而建立了保护贸易完整的理论体系,也确立了保护贸易理论在国际贸易理论中的地位。

(2)不足之处

①李斯特过分强调国家对经济的干预,并不有利于生产力的发展。现实的经济运行和世

界各国经济发展的实践表明,要使经济协调、稳定、快速地向前发展,既离不开斯密所说的市场机制这只"看不见的手"在经济运行幕后的自发调节,也离不开李斯特所说的政府干预这只"看得见的手"在经济运行台前的人为调节。这就如同一个人生活中需要右手,但也离不开左手一样,只有让两只手协调起来共同行动,才会获得最佳效果。

②李斯特的经济发展阶段论是按一定部门在经济发展中的地位和作用来划分的,把社会历史的发展归结为国民经济部门的变迁,而撇开了生产关系这个根本因素,因此不能反映社会经济形态变化的真实情况。

3.2 新古典贸易理论

新古典贸易理论不仅承认了比较优势是国际贸易发生的基本原因,更重要的是它找到了比较优势形成的源泉,即贸易双方要素禀赋的差异。在新古典国际贸易理论中,瑞典经济学家赫克歇尔和俄林作出了巨大贡献,他们所提出的要素禀赋理论,不仅考虑了生产商品所需的劳动要素,还考虑资本、土地等其他生产要素,并具体分析了国际分工的原因、国际贸易的格局和商品结构。之后,萨缪尔森等经济学家对要素禀赋理论做了必要的补充和修正。20世纪50年代,经济学家里昂惕夫对要素禀赋理论提出了质疑,被后人称为"里昂惕夫悖论"或"里昂惕夫之谜",它引发了各国经济学家的广泛关注,并就此提出了许多解释和意见。

3.2.1 要素禀赋理论

李嘉图的比较优势理论认为,各国劳动生产率差异导致在不同产品上存在比较优势,由于该理论是单一生产要素的理论,因而推断产生比较优势差异的原因是各国生产要素的生产率的差异。但是,如果假定各国之间生产要素的生产率相同,那么产生比较优势差异的原因是什么呢?要素禀赋理论(Theory of Factor Endowment)回答了这一问题。

3.2.1.1 产生背景

1919年,赫克歇尔在其发表的题为《对外贸易对收入分配的影响》的论文中,提出了要素禀赋理论的基本论点,解释了李嘉图理论中两国之间比较优势的差异问题。这些论点为他的学生俄林所接受,俄林在他的博士论文中发展了导师的观点,并于1933年出版了《区域贸易与国际贸易》一书,深入探讨了国际贸易产生的深层原因并对赫克歇尔的理论做了清晰而全面的解释,从而使要素禀赋理论得以成型并得以迅速传播并发展完善,因此,要素禀赋理论又称为赫克歇尔-俄林理论,或简称H-O理论。此后斯托尔珀、萨缪尔森和雷布津斯基等人从不同方面对该理论进行补充和完善,形成了完整的理论体系。

【专栏3.4】

赫克歇尔和俄林

埃利·赫克歇尔(Eli Heckscher,1879—1952)是瑞典著名经济学家、经济史学家。1879年出生于瑞典斯德哥尔摩的一个犹太人家庭。1899年起,在乌普萨拉大学(Uppsala University)学习历史和经济,并于1907年获得博士学位。毕业后,他曾任斯德哥尔摩大学商学院的临时讲师,1909~1929年任经济学和统计学教授。1929年,他创建斯德哥尔摩经济史研究所,并担任第一任所长,成为瑞典经济史研究的创始人,并使经济史成为瑞典各大学的一门研究生课程。他对经济学的贡献主要是在经济理论上的创新和在经济史研究方面引入了新的方法——定量研究方法。赫克歇尔在经济理论方面最重要的贡献是他的两篇文章:《对外贸易对收入分配的影响》和《间歇性免费商品》。在经济史方面,赫克歇尔更享有盛名。主要著作有:《大陆系统:一个经济学的解释》、《重商主义》、《古斯塔夫王朝以来的瑞典经济史》、《历史的唯物主义解释及其他解释》、《经济史研究》等。

贝蒂尔·俄林(Bertil Ohlin,1899—1979)是瑞典著名经济学家和政治学家,当代瑞典学派的奠基人和主要代表人物。1899年出生于瑞典南方的一个小村子克里潘(Klippan),1917年在隆德大学获得数学、统计学和经济学学位,1917~1919年进入斯德哥尔摩大学商学院学习,在赫克歇尔的指导下获得经济学学士学位。1923年获得哈佛大学文科硕士学位。1924年获得斯德哥尔摩大学经济学博士学位。1925年任丹麦哥本哈根大学经济学教授,1930年任斯德哥尔摩大学商学院经济学教授。俄林对国际贸易理论和国际资本运动做出了开拓性的研究。他在经济学上的贡献在于他提出的要素禀赋理论,这一学说奠定了现代国际贸易理论的基础,并使他在1977年荣获诺贝尔经济学奖。他的主要著作有:《贸易理论》、《对外贸易与贸易政策》、《区域贸易与国际贸易》、《国际经济重建》、《资金市场与利率政策》、《稳定就业问题》等。此外,俄林还以专家的身份为联合国、国际联盟等国际组织撰写研究报告。1969~1975年担任诺贝尔经济学奖委员会主席。俄林不仅是经济学家,而且也是瑞典著名的政治活动家。1938年当选为议员,1944年被聘任为瑞典主要反对党自由党的主席,在联合政府中任贸易部长,并连任自由党主席达23年之久。

资料来源:胡代光,高鸿业.西方经济学大辞典.北京:经济科学出版社,2000:1170-1179.

3.2.1.2 与要素禀赋理论相关的几个概念

1. 生产要素和要素价格

生产要素(Factor of Production)是指生产活动必须具备的主要因素或在生产中必须投入或使用的主要手段。通常指土地、劳动和资本三要素,如果加上企业家的管理才能则称之为四要素。要素价格(Factor Price)则是指生产要素的使用费用或要素的报酬,如土地的租金、劳动的工资、资本的利息、管理的利润等。

2. 要素密集度和要素密集型产品

要素密集度(Factor Intensity)是指生产某种商品所投入的两种生产要素的配合比例。要素密集度主要通过两种产品中投入的生产要素(比如资本和劳动)的比率比较而确定,与生产要素的绝对投入量没有关系,是一个相对的概念。根据产品生产所投入的生产要素中所占比例最大的生产要素种类不同,可把产品划分为不同种类的要素密集型产品(Factor Intensity Commodity)。例如,生产纺织品投入的劳动比例最高,则称之为劳动密集型产品;生产电子产品,资本投入比例最高,则称之为资本密集型产品。

3. 要素禀赋和要素丰裕度

要素禀赋(Factor Endowment)是指一国所拥有的生产资源状况,也就是一国所拥有的各种生产要素的数量。要素丰裕度(Factor Abundance)是指对一个国家和地区而言,某种生产要素的丰裕与稀缺程度。如果A国与B国相比,资本更为充裕,而劳动相对缺乏,则称A国为资本丰裕度高的国家,也可以称该国资本丰裕(或劳动稀缺);称B国为劳动丰裕度高的国家,也可以称该国劳动丰裕(或资本稀缺)。

3.2.1.3 理论阐述

1. 理论前提

要素禀赋理论的假设前提共有三组:

第一组是把问题变得容易处理的假设:①只有两个国家,两种产品,两种生产要素(如资本和劳动),即2×2×2模型;②各国可供利用的生产要素总量不变;③两国消费者的需求偏好相同。

第二组是有关生产技术的假设:①两国生产时采用同一种技术,不存在劳动生产率的差异,且两种商品在生产过程中的要素投入比例相同;②在两个国家中,商品的生产均为规模报酬不变;③两种商品的生产具有不同的要素密集度,各种商品的要素密集度不随要素相对价格的变化而变化;④不存在要素密集度逆转的情况,如果一种产品在一个国家是资本密集型产品,在另一个国家也是资本密集型产品。

第三组是有关贸易条件的假设:①运输成本为零,也不存在其他交易成本;②双方自由贸易;③商品市场和生产要素市场都是完全竞争的市场结构,生产要素只能在一个国家范围内流动,但产品可以在国家之间自由流动;④两国之间的贸易是平衡的。

2. 理论内容

要素禀赋理论关于国际贸易理论的基本内容主要由两个部分组成:一是关于贸易的基础或原因,即要素供给比例理论;二是贸易带来的结果,即要素价格均等化理论。

(1) 要素供给比例理论。要素供给比例理论是从商品价格的国家绝对差开始,逐层展开的。

①各国所生产的同一产品价格的国际绝对差是国际贸易产生的直接原因。商品价格的国际绝对差是指将同种商品在不同国家用该国货币表示的价格都换算成同一种货币表示时价格不同。当两国间同一产品的价格差大于商品的各项运输费用时,则从价格较低的国家输出商品到价格较高的国家是有利的。

②各国商品价格比例不同是国际贸易产生的必要条件。商品价格的国际绝对差是国际贸易产生的直接原因,但并不充分,还需具备一个必要条件,即交易双方的国内价格(成本)不同

(在完全竞争市场条件下,商品价格等于生产成本)。也就是说,必须符合比较成本优势的原则。

③各国商品价格比例不同是由要素价格比例不同决定的。俄林假设各国进行生产的物质条件相同,或者说各国生产函数(指生产某种产品所投入的各种生产要素的比例关系)相同,但各国生产要素的价格比例不同,而各国商品价格等于生产要素价格乘以相同的生产函数,所以各国商品的价格比例不同。

④要素价格比例不同是由要素供给比例不同决定的。所谓要素供给比例不同是指要素的相对供给不同。也就是说,同要素需求相比,各国所拥有的各种生产要素的相对数量是不同的。俄林认为,在要素的供求决定要素价格的关系中,要素供给是主要的。在各国要素需求一定的情况下,丰裕的生产要素价格便宜,相反,稀缺的生产要素价格就昂贵。

现假定美国土地相对丰富,劳动力相对稀缺,因此,美国土地较便宜,劳动力较贵,美国1单位土地的价格是2美元,1单位劳动力的价格是4美元。英国劳动力相对丰富,土地相对稀缺,英国1单位土地的价格是8美元,1单位劳动力的价格是2美元。再假定两国生产小麦和毛呢两种产品,生产1单位小麦需要5单位土地和1单位劳动力,生产1单位毛呢需要1单位土地和10单位劳动力,则两国生产要素价格和单位成本见表3.3。

表3.3　要素价格与产品单位成本

国别	单位要素价格(美元)		单位生产成本(美元)	
	土地	劳动	小麦 土地5 劳动1	毛呢 土地1 劳动10
美国	2	4	14	42
英国	8	2	42	28

由表3.3得知,美国生产小麦和毛呢的成本比例是1:3,而英国则是3:2,美国可以利用相对廉价的土地生产小麦并出口而获得比较利益,而英国则可以利用相对廉价的劳动力生产劳动密集型的毛呢并出口而获得比较利益。显然,如果美国出口小麦、进口毛呢,英国进口小麦、出口毛呢,那么贸易双方都能获益。

从以上的分析可以看出,俄林从价格的国际绝对差出发,分析了成本的国际绝对差,接着探讨了不同国家内的不同的成本比例,进而探讨了生产要素的不同的价格比例,最后分析了生产要素的不同的供给和需求比例。其基本理论框架如图3.1所示。

(2)要素价格均等化理论。要素价格均等化理论是指要素禀赋不同的两个国家,通过交换要素密集度不同的产品,这种产品流动在一定程度上替代了要素的流动,从而使两个国家要素禀赋的差异有所缓和。贸易的结果是贸易各国生产要素价格趋于均等化。

但是,俄林认为,要素价格完全相等几乎是不可能的,因此,要素价格均等只是一种趋势。

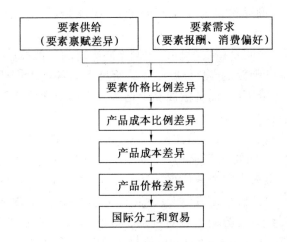

图 3.1 要素供给比例理论的基本框架

其原因主要有以下几点：①影响市场价格的因素复杂多变，而不同地区的市场又存在着差别，价格水平难以一致；②生产要素在国际间不能充分流动，即使在国内，生产要素从一个部门移向另一个部门，也不是充分便利的；③产业对几个要素的需求往往是"联合需求"，而且它们的结合不能任意改变，这种整体性和固定性的结合，影响了要素价格的均等化；④集中的大规模生产必然使有些地区的生产要素价格相对高一些，而另一些地区的生产要素价格相对低一些，从而阻碍了生产要素价格完全均等。

后来，美国经济学家萨缪尔森（P. A. Samuleson）针对要素均等化问题做了进一步的论证。1948年、1949年和1953年，萨缪尔森先后在他的三篇论文中进行了数学推导，证明了在要素禀赋理论的假设条件下，国际贸易将使不同国家之间生产要素的相对价格和绝对价格均等化。这种均等化不是一种趋势，而是一种必然。因此，要素价格均等化定理又称之为赫克歇尔-俄林-萨缪尔森定理（H-O-S Theory）。萨缪尔森认为，国际贸易会导致各种生产要素相对价格的完全均等化，是由于在多种生产要素相对价格存在差异的情况下，贸易仍将持续扩大和发展，而贸易的扩大和发展将会减少两国间生产要素价格的差异，直到两国国内各种商品的相对价格完全均等化为止，这就意味着两国国内的生产要素相对价格也完全均等化了。他还进一步论证了在生产要素相对价格的均等化、商品市场和生产要素市场存在着完全的自由竞争以及两国使用同样的技术等条件下，国际贸易将会导致生产要素绝对价格完全均等化。

3.2.1.4 理论评述

1. 贡献及现实意义

①要素禀赋理论被西方学术界称为与李嘉图的比较优势理论并列的国际贸易理论中的两块柱石之一。要素禀赋理论把传统的比较优势理论中的一种生产要素投入（劳动）的假定扩展至两种或两种以上的要素投入，进而提出了生产要素的组合比例问题，使国际贸易理论的分

析更加符合现实。而且,俄林第一次将价格理论引入到国际交换领域,以货币为单位,对商品的价格、成本进行比较,比物物交换更有实际价值。

②要素禀赋理论正确地指出了生产要素在各国对外贸易中的重要地位。在各国对外贸易竞争中,土地、劳动力、资本、技术等要素起着重要的作用,对于世界各国,尤其是资源小国如何利用本国资源优势参与国际分工和国际贸易具有积极的意义。

2. 不足之处

(1)要素禀赋理论建立在一系列严格的假定基础上,这是理论分析所必需的。然而,过多、过于严格的理论假设必然使该理论脱离实际。该理论的很多重要假设,例如,不存在贸易限制、生产要素在国内的完全流动与国际的完全不流动、没有规模收益以及完全竞争市场等假设前提不符合当代经济与贸易的实际情况,这必然导致其理论不能很好地解释当代贸易的现实。

(2)要素禀赋理论把动态的经济视为静态的经济,排除了生产力和科学技术的进步,把各国的相对优势看做是一成不变的,这实际是否定了发展中国家在发挥潜在优势方面的必要性,限制开拓新的生产领域。

(3)要素禀赋理论最终把国际贸易产生的原因归结到各国生产要素禀赋上的差别,而忽视了"市场扩张"这一重要内容,而后者正是各国,特别是发达国家积极参与国际贸易的重要原因之一。为了占领国际市场,增加工人就业,有些产品不具备比较优势,政府也鼓励出口。

3.2.2 里昂惕夫悖论及解释

赫克歇尔与俄林的要素禀赋理论自20世纪30年代创立以来,一直被西方国际贸易理论界普遍接受。然而二战以后,在第三次科技革命的推动下,世界经济迅速发展,国际分工和国际贸易都发生了巨大变化,传统的国际分工和国际贸易理论显得逐渐脱离实际。在这种形势下,一些西方经济学家力图用新的理论来解释国际分工和国际贸易中存在的某些问题,这个转折点就是里昂惕夫悖论(The Leontief Paradox),又称里昂惕夫反论或里昂惕夫之谜。

3.2.2.1 里昂惕夫悖论

按照赫克歇尔-俄林的理论,一个国家应该出口密集地使用本国较丰裕的生产要素所生产的产品,进口密集地使用本国较稀缺的生产要素所生产的产品。里昂惕夫最初对此深信不疑。按照这个理论,美国是一个资本丰裕而劳动力相对稀缺的国家,所以,其对外贸易的结构自然是应该出口资本密集型产品,进口劳动密集型产品。20世纪50年代,里昂惕夫利用投入-产出分析方法对1947年和1951年美国的对外贸易商品结构进行具体计算,其目的是对赫-俄理论进行验证。他把生产要素分为资本和劳动力两种,对200种商品进行分析,计算出每100万美元的出口商品和进口替代商品所使用的资本和劳动量,从而得出美国出口商品和进口替代商品中所含的资本和劳动的密集程度。其计算结果见表3.4所示。

表 3.4 1947 年和 1951 年美国出口商品和进口替代商品对国内资本和劳动的需要量

	1947 年		1951 年	
	出口	进口替代	出口	进口替代
资本/美元	2 550 780	3 091 339	2 256 800	2 303 400
劳动/(人/年)	182.313	170.004	173.91	167.81
人平均年资本量	13 991	18 184	12 977	13 726

从表 3.4 可以看出,1947 年美国每出口 100 万美元的货物需要使用 2 550 780 美元的资本和投入 182 人/年的劳动,资本密集度(资本与劳动的比例)为 13 991。同时,美国每进口 100 万美元的货物,若在国内生产将使用 3 091 339 美元的资本和投入 170 人/年的劳动,资本密集度为 18 184。可见,出口商品资本密集度小于进口替代商品的资本密集度,出口商品资本密集度是进口替代商品的资本密集度的 76.9%(13 991÷18 184)。而 1951 年美国出口商品的资本密集度是进口替代商品的资本密集度的 94.5%(12 977÷13 726)。尽管这两年的比率的具体数字不同,但结论基本相同,即这两个比率都说明美国出口商品与进口替代商品相比,前者劳动密集程度大。这表明美国出口的是劳动密集型产品,进口的是资本密集型产品。这个验证结果完全出乎里昂惕夫本人的预料,正好与赫-俄理论相反。里昂惕夫最后得出的结论是:美国参加国际分工是建立在劳动密集型生产专业化基础上,而不是建立在资本密集型生产专业化基础上,换言之,美国对外贸易的目的在于节约其资本而处理其过剩劳动。里昂惕夫把以上结论以《国内生产与对外贸易:美国地位的再审查》为题在 1953 年发表,其后他又在 1956 年验证得出相同的结果。

里昂惕夫发表其验证结论后,西方经济学界大为震惊,并掀起了强烈的反响。人们将这个不解之谜称作"里昂惕夫悖论(反论)"或"里昂惕夫之谜"。各国经济学家纷纷发表文章对这一验证结果从不同的角度进行评论,掀起了一个验证和探讨里昂惕夫悖论的热潮。

【专栏 3.5】

里昂惕夫

瓦西里·里昂惕夫(Wassily Leontief,1906—1999)是俄裔美国人,著名经济学家,投入-产出经济学创始人。生于俄国圣彼得堡,1921 年进入列宁格勒大学学习哲学、社会学和经济学,继而到柏林大学攻读经济学,1928 年获得博士学位。1927~1930 年间在德国基尔大学世界经济研究所工作,其间曾应邀来我国任国民党政府铁道部经济顾问。1931 年移民美国,在哈佛大学经济系任教,1974 年转入纽约大学,1975 年任纽约大学经济分析研究所所长。里昂惕夫著作甚丰,其代表作《投入产出经济学》,收录了他从 1947~1965 年公开发表的 11 篇论文,其中有两篇主要研究国际贸易,即《国内生产与对外贸易:美国地位的再审查》和《要素比例和美国的贸易结构:进一步的理论和经济分析》。里昂惕夫最主要的贡献是创立了有名的投入-产出分析法,由于这一贡献,他受到了全世界学术界的尊敬。1973年,瑞典皇家学院向他颁发了诺贝尔经济学奖。1974年,联合国委托里昂惕夫建立全球性投入产出模型,以研究上个世纪最后的20多年中世界经济可能发生的变化与国际社会能够采取的方案。里昂惕夫还先后在美国政府劳工部、商务部任职,担任联合国秘书长、联合国发展计划署的顾问及其他职务。

资料来源:http://gov.finance.sina.com.cn/chanquan/2008-11-27/71382.html.

3.2.2.2 里昂惕夫悖论的其他验证

1. 对美国情况的验证

里昂惕夫于1956年再次利用投入-产出法根据美国1951年的数据对美国的贸易结构进行验证,结论是:美国1951年出口商品的资本密集度低于进口替代商品的资本密集度,前者为后者的94.6%。这表明,里昂惕夫第二次验证的结果与第一次相同,仍然与赫-俄理论的基本观点相矛盾。

此后,又有一些经济学家利用里昂惕夫的投入-产出法对美国的外贸结构进行了验证,其结果是有的与"悖论"一致,有的则与"悖论"相反。鲍德温(Boldwin)使用美国1962年的统计数字于1971年对美国的外贸结构进行了验证,其结果与"悖论"一致。另一位经济学家惠特尼(Whitney)在1968年曾对美国1899年的统计数据进行过一次计算,得出的结果与"悖论"相反。然而,也有人对惠特尼的验证结果提出了质疑:人们并不认为1899年的美国已经是个资本丰裕的国家。

2. 其他国家情况的验证

其他国家的一些经济学家也曾利用投入-产出法对本国的外贸结构进行了验证,所得出的结果也分为两类:既有与"悖论"一致,也有与"悖论"相反的。

(1)日本两位经济学家建元正弘(M·Tatemoto)和市村真一(S·Ichimura)在1959年对日本进出口商品结构进行了分析,从日本整体上的对外贸易看,建元正弘和市村真一支持里昂惕夫悖论,1959年日本人口过剩,资本相对缺乏,是劳动力相对丰裕的国家,但当时日本出口的却是资本密集型产品,而进口的是劳动密集型产品。然而就双边贸易而言,建元正弘和市村真一支持赫-俄理论,日本向美国出口劳动密集型产品,从美国进口资本密集型产品,日本向不发达国家出口的是资本密集型产品。

(2)加拿大的经济学籍沃尔(D·F·Wahl)在1961年对加拿大与美国的对外贸易进行分析发现,加拿大出口资本密集型产品,进口劳动密集型产品。由于加拿大与美国贸易占很大比重,这个结果似乎与里昂惕夫悖论一致。

(3)印度经济学家巴哈德瓦奇(R·Bharadwaj)在1962年对印度的贸易结构进行了分析,其结论表明印度与美国的贸易证实了里昂惕夫悖论的存在,印度出口美国的是资本密集型产品,进口的是劳动密集型产品。然而,在印度与其他国家的贸易中,印度出口的是劳动密集型产品，进口的是资本密集型产品，这又符合赫-俄理论。

(4) 原东德两位经济学家斯托尔伯(W·Stolper)和劳斯坎普(K·Roskamp)在1961年对原东德的贸易结构进行了分析，该国出口多为资本密集型产品，进口多为劳动密集型产品。由于原东德大约3/4的贸易是与东欧其他国家进行的，这些国家与原东德相比资本相对稀缺，因此，斯托尔伯和劳斯坎普的结论符合赫-俄理论。

3.2.2.3 对里昂惕夫悖论的解释

里昂惕夫的结论引起了国际贸易学界的极大关注，除了运用投入-产出法对其进行验证之外，人们还试图解释这一悖论。其中有代表性的理论可以归纳为以下几种。

1. 熟练劳动说

里昂惕夫试图从有效劳动(Effective Labor)的角度解释里昂惕夫悖论，他认为在同样的资本配合比例下，美国工人的劳动生产率大约是其他国家工人劳动生产率的3倍。因此，如果以其他国家作为衡量标准，相比较来说，美国的有效劳动数量应该为现存劳动数量的3倍。所以，如果这样衡量有效劳动的数量，美国应该为(有效)劳动相对丰裕而资本却相对稀缺的国家。按照这种解释，里昂惕夫的检验结果与赫-俄理论一致，不存在里昂惕夫悖论。

2. 人力资本说

凯南(P·B·Kenen)、克劳维斯(Kravis)、基辛(Kessing)和鲍德温(Boldwin)等人用人力资本的差异来解释"悖论"的产生。人力资本说认为，劳动力可以分为简单劳动力和熟练劳动力，其中熟练劳动力蕴涵着更多的人力资本。各国的劳动力状况有着显著差异，有些国家劳动力素质差，以简单劳动力为主，而美国无疑是一个熟练劳动力富集的国家，这与美国资本丰裕的禀赋密切相关。由于美国的很多出口产品大量使用熟练劳动力，看起来似乎劳动所占的成本更多，然而却忽略了熟练劳动力背后的人力资本因素。里昂惕夫之所以得出美国出口产品更接近劳动密集型产品这一让人难以理解的结论，就是他忽略了美国与其他国家的这一差异。当我们把人力资本因素考虑进去之后，很多情况下，里昂惕夫悖论就不复存在了。

3. 要素密集逆转说

该学说认为，赫-俄理论的另一个假设是要素密集度不发生逆转，即如果在一种要素价格比率下，一种商品较另一种商品是资本密集型的，那么，它在所有的要素价格比率下，都是属于资本密集型的。但现实情况是要素密集度会发生逆转，例如，美国是世界上最大的粮食出口国之一，但是与泰国相比，美国的粮食生产显然是属于资本密集型的。这样看来，同一种商品究竟属于资本密集型还是劳动密集型，并没有一个绝对的标准或界限。明海斯(Minhas)于1962年首先对此验证，认为普遍存在这种情况(约1/3)。但1964年里昂惕夫经验证，认为这种情况发生的概率只有1/100，后又有人验证，认为极少发生这种情况。

4. 自然资源说

该学说认为自然资源的丰裕程度会影响一个国家的贸易模式。里昂惕夫曾在1956年指出，没有考虑自然资源的影响是可能出现悖论的原因之一。在里昂惕夫悖论中，许多作为资本密集型的进口品实际上可以说是资源密集型产品。里昂惕夫在计算进口品的要素需求量时,抬高了进口品资本与劳动的比率,没有计算自然资源。比如,美国大量进口的石油、煤炭、钢铁等产品的生产,既包含资本的贡献,同时也离不开自然资源的贡献。也许这些产品是自然资源密集型产品。美国的进口产品中初级产品占60%～70%,这些产品的自然资源密集度很高,把这些产品归入资本密集型产品加大了美国进口产品的资本与劳动的比率。

鲍德温利用1962年的数据分析美国对外贸易,在考虑了自然资源后,里昂惕夫悖论可以减弱但是不能消除。哈蒂冈(James Hartigan)在处理里昂惕夫的数据时发现,如果不将自然资源分离出来,重新计算美国1951年的对外贸易,可以得到与里昂惕夫相似的结论,即悖论是成立的。

5. 关税结构说

以鲍德温为首的经济学家认为,美国关税结构对贸易形式的扭曲是造成里昂惕夫悖论的原因之一。由于美国对其国内的劳动密集型行业采取关税保护政策,阻碍劳动密集型产品进口,而国外的资本密集型产品却相对容易输入。为了维护本国工业的发展,外国如果采取相反措施,对资本密集型产品的进口征收高关税,那么美国资本密集型产品就会难以进入外国市场,劳动密集型产品却相对容易出口。这样就人为地增加了美国进口货物中资本密集型产品的比重,以及美国出口产品中劳动密集型产品的比重,这样国内贸易保护也成为比较优势的来源之一。

3.2.2.4 对里昂惕夫悖论及其解释学说的评价

1. 里昂惕夫悖论运用了科学的分析方法

里昂惕夫悖论说明赫-俄理论脱离了国家分工和国际贸易的实际情况,从而引起对"悖论"的各种解释和有关理论的发展。里昂惕夫在验证赫-俄理论时首次运用了投入-产出法,把经济理论、数学方法和统计三者结合起来,对国际分工和国际贸易商品结构进行了定量分析,这种研究方法具有一定的科学意义。

2. 对里昂惕夫悖论解释的相关学说是对传统国际贸易理论的补充和发展

这些学说不是对比较优势理论和赫-俄理论的全盘否定,而是采用将定性分析和定量分析相结合、将理论研究和实证分析相结合、把比较优势的静态分析和动态分析相结合的方法,针对二战后国际分工和国际贸易的新情况,在继承传统贸易理论的基础上有所创新、有所发展。

3. 里昂惕夫悖论及其解释学说存在的问题

这些学说与传统国际贸易理论一样,仅仅从生产力的角度出发研究国际分工和国际贸易的产生、发展和贸易利益问题,而不涉及国际生产关系,把国际分工与国际贸易作为分配世界资源的中性机制,掩盖了国际分工和国际贸易的性质。

3.3 新贸易理论

第二次世界大战后,特别是20世纪60年代以来,国际经济出现了一些新的现象,主要表现在:产业内贸易的蓬勃发展,要素禀赋相同的发达工业国家之间的贸易量大大增加,以及产业领先地位不断转移。这些新的倾向是以比较优势理论和要素禀赋理论为核心的传统贸易理论无法解释的。国际贸易新理论正是顺应了这样的历史需要而逐渐产生和发展的。现代国际经济学家围绕上述现象和问题提出了种种解释,从而形成了现代国际贸易新理论。之所以把这些新出现的贸易理论叫做新贸易理论,是因为这些贸易理论改变了传统贸易理论的假设条件,而且分析框架也不同,与传统的贸易理论相比有很多鲜明的特点:一是理论假设前提趋于贴近现实;二是研究方法强调动态性和多维思维;三是理论研究注重实用性;四是把实证研究放在重要的位置上。

国际贸易新理论发展迅速,而且一直处于发展中,其理论众多、结构庞杂,其中最具代表性的、影响较大的理论有如下几种。

3.3.1 产业内贸易理论

3.3.1.1 产业内贸易的概念及特点

从产品内容上来看,国际贸易大致可以分为产业间贸易和产业内贸易两种基本类型。产业间贸易(Inter-industry Trade)是指非同一产业内的产品在两国间的进口和出口贸易情况,也成为垂直贸易或部门间贸易,例如,中国向美国出口纺织品,从美国进口电子产品。与之对应的是产业内贸易(Intra-industry Trade),它是指同一产业的产品在具有相同或相似的生产要素禀赋的两国之间互相进口和出口的贸易活动,一般称为水平贸易或部门内贸易,例如,美国出口汽车的零部件到英国,又从英国进口汽车的零部件。

一般来说,产业内贸易具有以下几个特点:第一,与产业间贸易相比,它在内容上有所不同,是产业内同类产品的相互交换,而不是产业间非同类产品的交换;第二,产业内贸易的产品流向具有双向性,即同一产业内的产品,可以在两国之间相互进出口;第三,产业内贸易的产品具有多样化特点,既有劳动密集型产品,也有资本密集型产品;第四,产业内贸易的产品必须具备两个条件,一是在消费上能够相互替代,二是在生产中需要相近或相似的生产要素投入。

3.3.1.2 理论的产生及发展

20世纪中叶后,第三次科技革命的蓬勃兴起推动了生产力的巨大发展,促进了世界经济的发展。这次科技革命使国际贸易量、贸易的商品结构和地理方向发生根本性的变化,使国际分工的广度和深度得到了空前发展。分工的形式由原来的产业间、垂直型分工转化为产业内、水平型分工。作为国际分工表现形式的国际贸易也由产业间贸易向产业内贸易转化。对于这些国际贸易的新现象,传统的生产要素禀赋理论是难以做出令人信服的解释的,因为这个理论无法说明生产要素禀赋相似的发达国家之间为什么贸易量最大及产业内贸易迅速发展的原因。

20世纪70年代中期,格鲁贝尔(Grubel)、劳埃德(Lloyd)、格雷(Gray)、戴维斯(Devtes)、克鲁格曼(Krugman)、兰卡斯特(Lancaster)等经济学家对产业内贸易现象进行了深入研究,使国际贸易分工理论发展到了一个崭新的阶段。格鲁贝尔和劳埃德合著了《产业内贸易》一书,认为技术差距、研究与开发、产品的异质性和产品生命周期的结合以及人力资本密集度的差异与收入分配差异(或偏好的差异)相结合均可能导致产业内贸易。格雷和兰卡斯特主要从产品的异质性的角度分析产业内贸易的形成,强调产品的差异性是产业内贸易的基础。戴维斯以进入市场的障碍解释产业内贸易,并从规模经济的角度解释产业内贸易的成因。克鲁格曼也强调规模经济是产业内贸易的基本原因,他认为,各国的生产要素越相似,它们的产业结构的差异就越小,从而它们的贸易越具有产业内贸易的特征。

3.3.1.3 理论阐述

1. 理论前提

(1)从静态出发进行理论分析;
(2)分析不完全竞争市场,即垄断竞争;
(3)经济中具有规模收益;
(4)考虑需求相同与不相同的情况。

2. 理论内容

(1)产品差异理论。该理论认为同一产业的产品(也称同类产品)可以分为同质产品和异质产品(也称差异产品)。同质产品是指性质完全一致因而能够完全相互替代的产品,如同样的电子产品、农产品等。异质产品或差异产品是指从实物形态上看,产品的品质、性能、造型、设计、规格、商标及包装等方面的差异。

① 同质产品的产业内贸易

这类商品在一般情况下大多属于产业间贸易的对象,但由于市场区位不同,市场时间不同等,在下列几种情况中也会发生产业内贸易。

a. 许多产品(如石料、钢铁、木材等)单位价值低而运输成本相对很高,消费者愿意就近获得它们。如果使用者处于两国边境,有时国外的生产地比国内的生产地距离要近,如果两国之间不限制这类产品的出口,那么使用者便会从离自己较近的国外生产地购买产品,而不从距离较远的国内生产地购买。

b. 一些国家和地区(如新加坡、香港)大量开展转口贸易和再出口贸易,这时同类产品将同时反映在转口国的进口项目与出口项目中,便会形成统计上的产业内贸易。

c. 由于一些产品(如水果、蔬菜)的生产和市场需求具有一定的季节性,因此,有些国家为了满足国内需求矛盾也会进口并出口这类商品从而形成产业内贸易。

d. 政府干预产生的价格扭曲,尤其是相互倾销,会使一国在进口的同时,为了占领其他国家的市场而出口同种产品,从而形成产业内贸易。

e. 跨国公司的内部贸易也会形成产业内贸易,因为同种商品的产品与中间产品和零部件大都归入同组产品,因而形成产业内贸易。

这些同质产品贸易只要加入运输成本等因素的分析,都仍然能用赫-俄理论加以说明。因此,差异产品贸易分析是产业内贸易理论的主要内容。

②差异产品的产业内贸易

资料表明,大多数的产业内贸易发生在差异化产品之间。国际产品差异性是产业内贸易发生的基础,这体现在产品的水平差异、技术差异和垂直差异等三方面:

a. 水平差异产业内贸易。水平差异是指由同类产品相同属性的不同组合而产生的差异。烟草、服装及化妆品等行业普遍存在着这类差异。这类产品的产业内贸易大多与消费者偏好的差异有关。在人们日益追求生活质量的时代里,在科技进步的作用下,厂商能够提供的差异产品日益繁多,但一国国内厂商很难满足国内消费者的所有需求。如果一国消费者对外国产品的某种特色产生了需求,它就可能出口和进口同类产品。

b. 技术差异产业内贸易。技术差异是指由于技术水平提高所带来的差异,也就是新产品的出现带来的差异。从技术的产品角度看,是产品的生命周期导致了产业内贸易的产生。技术先进的国家不断地开发新产品,技术后进的国家则主要生产那些技术已经成熟的产品,因此,在处于不同生命周期阶段的同类产品间产生了产业内贸易。

c. 垂直差异产业内贸易。垂直差异就是产品在质量上的差异。汽车行业中普遍地存在着这种差异。为了占领市场,人们需要不断提高产品质量,但是,一个国家的消费者不能全部追求昂贵的高质量产品,而是因个人收入的差异存在不同的消费者需要不同档次的产品。为了满足不同层次的消费需求,高收入水平的国家就有可能进口中低档产品来满足国内低收入阶层的需求;同样,中低收入水平的国家也可能进口高档产品满足国内高收入阶层的需求,从而产生产业内贸易。

(2)规模经济理论。规模经济(Economies of Scale)也称规模效益,它是指企业进行大规模的生产使产品成本降低而产生的经济效益。著名经济学家克鲁格曼在《市场结构与对外贸易》(1985)一书中提出了规模经济贸易理论。该理论认为规模经济是获取产业内贸易利益的来源,因为企业将销售市场从国内扩大到国外,可以大大提高同类产品的生产总量;随着生产规模的扩大,研制新产品所投入的资金以及购置生产设施所用的固定成本会分摊到更多的产品中去,使单位产品的成本下降;大规模的生产还可以更充分地发挥各种生产要素的效能,使与生产有关的人、财、物都得到更好的利用。这些都可以降低产品成本,提高产品的市场竞争力。规模经济理论的代表人物是保罗·克鲁格曼。

【专栏3.6】

保罗·克鲁格曼

保罗·克鲁格曼(Paul R. Krugman,1953~)是世界著名经济学家,美国麻省理工学院经济学教授。1953年出生于美国,1974年毕业于耶鲁大学,1977年获麻省理工学院博士学位后,先后在耶鲁大学、斯坦福大学和麻省理工学院任教。1982年赴华盛顿担任经济顾问团国际经济学首席经济学家。1991年获得美国经济学会为40岁以下杰出经济学家设立的两年一度的"克拉克奖"。

克鲁格曼的主要研究领域包括国际贸易、国际金融、货币危机与汇率变化理论。他提出了"新贸易理论"这一名词,分析解释了收入增长和不完全竞争对国际贸易的影响。他的理论思想富于原始性,常常先于他人注意到重要的经济问题。他被誉为当今世界上最令人瞩目的贸易理论家之一。因为他在贸易模式上所做的分析工作和对经济活动的定位,在2008年,瑞典皇家科学院授予他诺贝尔经济学奖。

资料来源:http://baike.baidu.com/view/1250192.html。

规模经济通常可以分为内部规模经济(Internal Economies of Scale)和外部规模经济(External Economies of Scale)。内部规模经济和外部规模经济对市场结构具有不同的影响,因此它们对国际贸易的影响也有所不同。

① 内部规模经济与国际贸易

内部规模经济是指单位产品成本取决于单个厂商的规模而非行业规模。一般情况下,内部规模经济的实现依赖于一个产业或行业内厂商自身规模的扩大和产出的增加。在一个行业内,厂商数量越少,专业化程度就越高,规模收益也就越高。在具有内部规模经济的产业中,随着生产规模的扩大,总产量增加的速度超过要素投入的增加速度,这意味着平均成本下降,生产效率提高。因而大厂商比小厂商更有成本优势,随着小厂商被挤出市场,少数大厂商逐渐垄断了整个市场,不完全竞争取代完全竞争成为市场的基本特征。在封闭经济的情况下,这会导致一系列负面现象的发生,如经济中的竞争性下降,消费者支付的成本上升,享受的产品多样性减少等,而解决这些矛盾的办法之一便是国际贸易。在规模经济较为重要的产业,国际贸易还可以使消费者享受到比封闭条件下更加多样化的产品。

具有内部规模经济的一般是资本密集型或知识密集型行业。内部规模经济之所以会出现,是由于企业所需特种生产要素的不可分割性和企业内部进行专业化生产造成的。采用大规模生产技术的制造业可以使用特种的巨型机器设备和流水生产线,进行高度的劳动分工和管理部门的分工,有条件进行大批量的销售,而且有可能进行大量的研制与开发工作,从而大大降低生产成本,获取利润。对于研制与开发费用较大的产业来说,规模经济的实现更为重要。如果没有国际贸易,这类产业就无法生存。只有在进行国际贸易的情况下,产品销售到世界市场上去,产量得以增加,企业才能最终实现规模经济下的生产。

② 外部规模经济与国际贸易

外部规模经济是指单位产品成本取决于行业规模而非单个厂商的规模。外部规模经济主要来源于行业内企业数量的增加所引起的产业规模的扩大。具有外部规模经济的产业一般有以下特点:有许多生产规模相对较小的厂商构成;厂商地理位置集中;整个产业的规模较大,处于完全竞争状态。目前,世界各国形成产业规模的现象十分普遍。例如,在瑞士集中了大量生产钟表的企业,美国的底特律集中了许多生产汽车的企业。近几年来,我国出现了许多县、乡、镇、区集中发展一个产业的现象,例如,广州的白云区集中了大量的化妆品生产企业。

导致外部规模经济发生的原因主要有3个方面:一是厂商的地理位置集中能够促进专业化的供应商形成;二是厂商的地理位置集中有利于劳动力市场共享;三是厂商的地理位置集中有助于产生知识外溢。这一切都使整个产业的劳动生产率得到提高,所有厂商的成本下降,产业的规模越大,生产成本越低。因而,外部规模经济所带来的成本优势能使该国成为商品出口国。

由于产品的多样性,任何一国都不能囊括一个行业的全部产品,从而使工业制成品生产上的国际分工和贸易成为必然。国际贸易的格局取决于哪个国家在某种产品的生产上率先达到规模经济。这种规模经济推动的国际分工有两种实现的形式:一是先起步并发展较快的国家最先实现规模经济(自发);二是两个起步相同的国家为避免资源的浪费,互相协调,分别发展两种产品的生产。这种发达国家之间产品的"双向贸易"(产业内贸易)的基础是规模经济,而不是技术不同和资源配置不同所产生的比较优势。

(3)偏好相似论。瑞典经济学家林德尔(Linder)在1961年出版的《论贸易和转变》一书中提出了偏好相似理论,学术界也称其为重叠需求理论。偏好相似理论主要从需求的角度分析国际贸易产生的原因,认为产业内贸易是由需求偏好相似导致的。林德尔的基本观点如下:

①代表国内需求的产品是一国潜在的出口产品

一般而言,厂商对国内市场比对国外市场更为熟悉,对国内市场出现的新的需求比较敏感,发明、创新也往往由国内市场没能解决的问题所激发,因而往往在本国进行新产品的创新。而且为了使这种新产品适合于市场的需要,一般都先在国内生产和销售。当国内的市场潜力不足,企业家们意识到可以从国外获利时,他们开始出口产品,出口到那些与本国需求结构相似的国家。因此,林德尔认为,只有那些在国内已经存在大规模需求的产品,即"具有代表性的需求"的产品才会是具有最大的相对优势的产品,也是该国潜在的出口产品。

②两国的需求结构(需求偏好)越相似,两国的贸易量越大。

不同国家的产品层次结构和消费层次结构是存在着重叠的。对不同的发达国家来说,由于经济发展水平相似,其产品层次和消费层次的结构是大体相同的,也就是说,两国企业所提供的各种档次的同类产品基本上都能够被对方各种层次的消费者所接受。正是这种重叠导致了发达国家之间产业内贸易的产生。不仅如此,发达国家与发展中国家的产品层次与消费层次结构也存在部分重叠的现象,发展中国家能够为发达国家的消费者提供适合的产品,反过来也能够接受发达国家的部分产品。这种部分的重叠为发达国家与发展中国家之间的产业内贸易提供了前提和基础。

③平均收入水平决定一国的需求结构

林德尔认为,一国的平均收入水平是决定其需求结构的重要因素,如果两国平均收入水平比较接近,两国的消费者就可能有相似的偏好,在相互产生商品需求的情况下,两国就具备了商品相互交换的基础。具体来说,一国平均收入水平提高,导致对工业制成品尤其是奢侈品的需求增加,从而带动本国工业制成品生产的增加。为满足本国国内市场需求,生产者不断改进技术、降低成本,提高了产量,结果使产量的增加超过了国内需求的增长,从而有能力出口。只有与该国收入水平接近的国家才会产生对这类出口产品的大量需求,因而该国的贸易伙伴是与本国收入水平接近、需求相似的国家。

简言之,偏好相似理论可以概括为:两国的平均收入水平越接近,需求结构越相似,需求重叠部分越大,两国之间的贸易量也就越大。

3.3.1.4 理论评述

1. 贡献及现实意义

(1) 产业内贸易理论是对传统贸易理论的批判,其假定前提更符合实际。如果产业内贸易的利益能够长期存在,那么,其他的企业就不能自由进入这一行业,这就说明了自由竞争是不完全的。此外,该理论对产业内贸易的利益来源的分析比较符合实际。

(2) 产业内贸易理论从供给和需求两个方面分析和论证了部分国际贸易现象产生的原因以及贸易格局的变化,说明了需求因素和供给因素一样是制约国际贸易的重要因素。

(3) 产业内贸易理论对发展中国家的贸易发展具有启示作用。一方面,发展中国家要在国际贸易中提高地位,仅仅依靠资源丰富以及资本和技术是远远不够的,必须从规模经济入手提高国际竞争力;另一方面,政府在产业政策、贸易政策等方面加强干预是十分必要的。

2. 不足之处

(1) 虽然在政策建议上,该理论赞同动态化,但它使用的仍然是静态分析的方法,这一点与传统贸易理论是一样的。它虽然看到了需求差别和需求多样化对国际贸易的静态影响,但是没有看到需求偏好以及产品差别是随着经济发展、收入增长、价格变动而不断发生变化的。

(2) 产业内贸易理论只能解释现实中的部分贸易现象而不能解释全部的贸易现象。该理论强调规模经济利益、产品差别以及需求偏好的多样化对国际贸易的影响无疑是正确的。但是,有些产品的生产和销售不存在规模收益递增的规律,对于这些产业的国际贸易问题,产业内贸易理论显然无法解释。

3.3.2 技术差距理论和产品生命周期理论

从李嘉图的比较优势理论到 H-O 理论,都从不同角度阐述了贸易的基础和原因。但这些理论多是静态地分析贸易,无法解释一些贸易现象。20 世纪 60 年代,美国经济学家波斯纳(M. A. Posner)和雷蒙德·弗农(Raymond Vernon)通过对产品技术变化及其对贸易格局的影响分析,提出了技术差距理论和产品生命周期理论,从动态的角度分析了贸易格局的变化。

3.3.2.1 技术差距理论

技术差距理论(Technological Gap Theory)是由波斯纳于1961年在《国际贸易与技术变化》一文中提出。这一理论把技术作为独立于劳动和资本的第三种生产要素,探讨技术差距或技术变动对国际贸易的影响。

波斯纳在描述技术差距时,提出了模仿时滞的概念。模仿时滞是指产品创新到模仿生产的时间。模仿时滞分为三类:一类是需求时滞,它是指新产品出口到其他国家,一时因消费者尚未注意或不了解,而不能取代原有的老产品所需的时间差;另一类称为反应时滞,它是指一个国家在新产品进口后,需求逐渐增加,使进口国的生产商感到不能再按照旧的方法生产老产品,因此要进行调整来生产新产品,但这中间需要有一段时间,即为反应时滞;第三类是掌握时滞,它是指模仿国从开始生产到达到创新国的同一技术水平并停止进口的时间间隔。如图3.2所示。

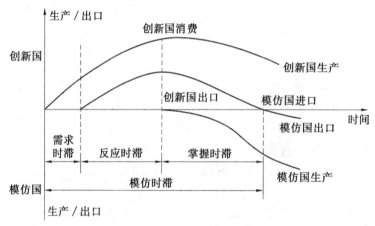

图3.2 技术差距与模仿时滞

关于技术差距与国际贸易的关系,波斯纳认为,新产品总是在工业发达国家最先问世,新产品在国内销售之后进入国际市场,创新国便获得了初期的比较利益。这时,其他国家虽然想对新产品模仿生产,但由于与创新国之间存在着技术差距,需要经过一段时间的努力之后才可能做到,在这段时间内,创新国仍保有在该产品上的技术领先地位,其他国家对该产品的消费仍需通过进口得到满足,因而技术差距所引起的国际贸易必然继续进行。

技术差距理论证明了即使在要素禀赋和需求偏好相似的国家之间,技术领先也会形成比较优势,从而产生国际贸易。这也较好地解释了实践中常见的技术先进国与落后国之间技术密集型产品的贸易周期,但不能解释为什么某些国家处于技术领先地位,而另一些国家则处于落后地位,也不能令人满意地解释模仿时滞。产品生命周期理论则有助于理解这些现象。

3.3.2.2 产品生命周期理论

产品生命周期理论(Product Life Cycle Theory)是由美国经济学家雷蒙德·弗农于1966年在《产品周期中的国际投资与国际贸易》一文中首先提出。弗农认为,产品之所以产生周期,是因为各国技术进步的贡献不同。可以说,弗农的产品生命周期理论是在波斯纳的技术差距理论的基础上产生的,并由威尔斯(L. Wells)和赫希(Hirsch)等人加以发展。

1. 产品生命周期理论的基本内容

弗农假设参与贸易的国家可分三类:第一类是技术创新国家,如美国等,它们是技术、知识与资本丰裕型国家;第二类是工业发达国家,如西欧、日本,它们是资本与技术丰裕型国家;第三类是发展中国家,它们是劳动丰裕型国家。同时,他还认为一个新产品的技术发展大致经历产品创新阶段、产品成熟阶段和产品标准化三个阶段。各个阶段的特点不同,对国际贸易的影响也不同。

(1)产品创新阶段。产品创新阶段也称创始阶段或新产品阶段。弗农认为新产品最初总是出现在发达国家,这是因为在这些发达国家,良好的教育条件与雄厚的科技力量可以充分提供企业发明创造所需要的人力资源、科研条件以及完备的知识产权保护体系等一系列的有利条件。在这一阶段,创新国利用其拥有的垄断技术优势开发新产品,由于产品尚未完全成型,技术上未加完善,需要科学家、工程师和其他技术熟练工人的大量劳动,因此产品是技术密集型的。由于产品的竞争者少,市场竞争不激烈,替代产品少,产品附加值高,仅国内市场就能满足其摄取高额利润的要求。从产品的进出口特性看,制造新产品的企业垄断着世界市场,国外的富有者和在创新国的外国人开始购买这种产品,出口量从涓涓细流开始。

(2)产品成熟阶段。在成熟产品阶段,生产技术已经定型,且到达优势极限,随着出口的增大,技术诀窍扩散到国外,仿制开始,创新国的技术垄断优势开始丧失,竞争者增加,市场竞争激烈,替代产品增多,产品的附加值不断走低,这时只需扩大生产规模,使用半熟练劳动力即可,因此,生产的产品由技术密集型转变为资本密集型。在这个阶段,创新国从事新产品制造的企业越来越重视产品成本的下降,为降低成本,提高经济效益,抑制国内外竞争者,企业纷纷到东道国投资建厂。从产品的进出口特性看,东道国的厂商在本国生产新产品的成本虽然能够和创新国的产品相竞争,但在第三国的市场上就不一定能和创新国企业的产品相竞争,因为这些厂商和创新国企业一样要支付国际间运费和关税,而在开始生产中,却无法获得创新国企业所获得的规模经济效益。因此,在成熟产品阶段,创新国虽然可能对东道国的出口有所下降,但对其他绝大多数市场的出口仍可继续,但是出口增长率减慢了。

(3)产品标准化阶段。在标准化产品阶段,产品的生产技术、生产规模及产品本身已经完全成熟,不仅一般发达国家已掌握了生产技术,就是一些发展中国家也开始掌握这种产品技术。这时对生产者技能的要求不高,原来新产品企业的垄断技术优势已经消失,成本、价格因素已经成为决定性的因素,这时发展中国家已经具备明显的成本因素优势,创新国和一般发达国家为进一步降低生产成本,开始大量地在发展中国家投资建厂,再将产品远销至别国和第三国市场。从产品的进出口特性看,其他国家的产品开始在一些第三国市场上和创新国产品竞争,并逐渐替代了创新国而占领了这些市场,当这些国家成本下降的程度抵补了向创新国出口所需的运费和关税外,还能与创新国的产品在创新国市场上竞争,则创新国的产品开始从出口转变为进口。

2. 国际贸易中产品生命周期的动态变化

在产品周期的整个过程中,国际贸易的演变可用图3.3来描述。

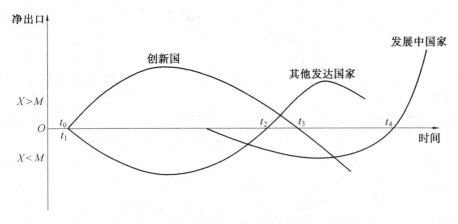

图3.3 国际贸易中产品生命周期的动态变化

在图3.3中,横坐标表示时间,纵坐标表示净出口。在初始时刻(t_0),新产品刚刚由创新国(少数先进国家)研制开发出来。在初始阶段,由于产品的技术尚未成型,生产规模较小,消费仅局限于国内市场。到了t_1时刻,开始有来自国外的需求,于是开始进行出口。由于产品的品质和价格较高,进口国主要是一些收入水平与创新国较接近的其他发达国家。随着时间的推移,进口国逐渐掌握了生产技术,能够在国内进行生产,并逐渐替代一部分进口品,于是进口开始下降。到了某一阶段之后,由于一小部分发展中国家的需求扩大,创新国的产品也开始少量出口到一些发展中国家。到t_2时刻,生产技术已成型,产品达到了标准化,由技术密集型转化为资本密集型,这时,来自发达国家的第二代生产者开始大量生产和出口该产品。原来的创新国随后(t_3时刻)成为净进口国。最后,当产品转变为非熟练劳动密集型时(t_4时刻),发展中国家成为净出口国。

3. 对产品生命周期理论的评价

产品生命周期理论将产品的生命运动过程同赫-俄理论相结合,说明了比较优势是一个动态的发展过程,与传统的贸易理论相比前进了一大步。它从技术创新和技术传播等角度分析了国际分工的基础和国际贸易格局的演变,对二战后的制成品贸易模式和国际直接投资作出了令人信服的解释。它考虑了生产要素密集性质的动态变化、贸易国比较利益的动态转移和进口需求的动态变化,对落后国家利用直接投资和劳动力成本优势发展本国的制造业生产具有积极的指导意义。

由于该理论的产生恰恰是美国制造业 20 世纪五六十年代大举进行水平型对外投资活动的时期,因此一般认为,产品生命周期理论最适合于解释那些历史悠久的跨国公司早期的贸易与投资行为,但是对当代跨国公司的行为的解释却缺乏说服力。尤其是当产品生命周期日益缩短,甚至周期不完整越来越成为一种普遍的现象时,该理论的解释力就更显得不足。因为当代的直接投资与国际贸易的关系已经不是简单的替代关系了,而是变得更加紧密和复杂。

3.3.3 国家竞争优势理论

国家竞争优势理论(The Theory of Competitive Advantage of Nations)是由迈克尔·波特在他的《国家竞争优势》一书中提出的。该理论从企业参与国际竞争这个微观角度来解释国际贸易现象,正好弥补了比较优势理论的不足,在赫-俄理论与产品生命周期理论的基础上,波特试图赋予国家的作用以新的生命力,提出了国家具有"竞争优势"的观点。

【专栏 3.7】

迈克尔·波特

迈克尔·波特(Michel E·Porter,1947~)是哈佛大学商学研究院著名教授,美国著名管理学家,是当今世界上竞争战略和竞争力方面公认的第一权威。波特出生于密歇根州的大学城——安娜堡,父亲是位军官。波特毕业于普林斯顿大学,后获得哈佛大学商学院的 MBA 和经济学博士学位。32 岁即获哈佛商学院终身教授之职,目前,他拥有斯德哥尔摩经济学院等八所著名大学的荣誉博士学位。1983 年,他被任命为里根总统的产业竞争委员会委员,开创了企业竞争战略理论并引发了美国乃至世界的竞争力讨论。他曾为各州首脑、州长、市长和世界各国的 CEO 们作过咨询,并曾获得威尔斯经济学奖、亚当·斯密奖、五项麦肯锡奖。到现在为止,迈克尔·波特已有 18 本著作及 70 多篇文章,其中最有影响的有《品牌间选择、战略及双边市场力量》(1976)、《竞争战略》(1980)、《竞争优势》(1985)、《国家竞争力》(1990)等。其中,《竞争战略》一书已经再版了 53 次,并被译为 17 种文字;另一本著作《竞争优势》,至今也已再版 32 次。

资料来源:http://www.caijing.com.cn/2008-10-14/110019879.html.

波特的国家竞争优势理论内容十分丰富,既有国家获取整体竞争优势的因素分析,也有产业参与国际竞争的阶段分析以及企业具有的创新机制分析,波特的理论对于国际贸易有重要影响,下面就波特的主要理论进行说明。

3.3.3.1 理论内容

1. 创新机制理论

波特认为,一个国家的竞争优势,就是企业、行业的竞争优势,也就是生产力发展水平上的优势。一个国家的兴衰其根本原因在于能否在国际市场中取得竞争优势,竞争优势形成的关键在于能否使主导产业具有优势,优势产业的建立有赖于生产率的提高,提高生产率的源泉在于企业是否具有创新机制。创新机制可以从微观、中观和宏观三个层面来阐述：

(1) 微观竞争机制。国家竞争优势的基础是其企业内部的活力。企业不思创新就无法提高生产效率，生产效率低下就无法建立优势产业，从而国家就难以树立整体竞争优势。企业活动的目标在于使其最终产品的价值增值，而增值要通过研究、开发、生产、销售、服务等诸多环节才能逐步实现。这种产品价值在各环节上首尾相贯的联系，就构成了产品的价值链。所以，能使企业获得长期盈利能力的创新应当是整个价值链的创新，而非单一环节的改善。这就要求企业重视各个环节的改进和协调，在强化管理、加强研究开发、提高质量、降低成本等方面实行全面改革。

(2) 中观竞争机制。中观层次的分析由企业转向产业、区域等范畴。从产业看，个别企业价值链的顺利增值，不仅取决于企业的内部要素，而且有赖于企业的前向、后向和旁侧关联产业的辅助与支持。从区域上看，各企业为寻求满意利润和长期发展，往往在制定区域战略时，把企业的研究开发部门设置在交通方便、信息灵通的大城市，而将生产部门转移到劳动力成本低廉的地区，利用价值链的空间差，达到降低生产成本，提高竞争力的目的。

(3) 宏观竞争机制。波特阐述的重点在于宏观竞争机制。他认为个别企业、产业的竞争优势并不必然导致国家竞争优势，而一国国内的经济环境对企业的竞争优势乃至对国家的竞争优势却有着相当大的影响。其中影响最大、最直接的因素有四项，即要素条件、需求条件、相关和支撑产业以及企业战略、组织结构和竞争状态。除了上述四种主要影响因素之外，还有两个辅助因素可能对国家竞争优势产生重要影响，它们就是机遇和政府。如图3.4所示，由于此图形看起来像一个菱形，所以又把它称为"波特菱形"或"钻石模型"。

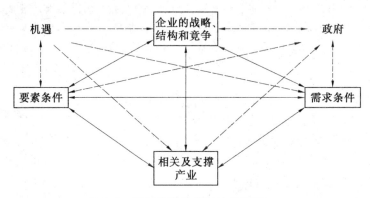

图 3.4　国家竞争优势的决定因素

① 要素条件。波特把要素分为基本要素和高等要素两类。基本要素是被动继承的，它们的产生需要较少的或不那么复杂的私人投资和社会投资，比如自然资源、气候、地理位置、非熟练或半熟练劳动力等。高等要素包括现代化电信网络、高科技人才、高精尖技术、熟练劳动力等，它们往往需要长期的投资和后天的开发才能得到，高等要素才是竞争优势的长远来源。因

此，各国在发展国家竞争优势时，最关键的是创造一种有利于高等要素生成、发展、不断提高、升级换代的环境。

②需求条件。波特认为，国内需求状况的不同会导致各国竞争优势的差异。国内需求对竞争优势最重要的影响是通过国内买主的结构和买主的性质实现的。不同的国内需求使企业对买方需求产生不同的看法和理解，并做出不同的反应。在国内需求给当地公司及早提供需求信号或给当地企业施加压力，要求它们比国外竞争者更快地创新，并提供更先进产品的产业或部门时，国家最可能获得竞争优势。

③相关和支撑产业。一个国家的产业要想获得持久的竞争优势，就必须具有在国际上有竞争能力的供应商和相关产业。相关产业是指因共用某些技术，共享同样的营销渠道或服务而联系在一起的产业或具有互补性的产业，如计算机设备和计算机软件、纺织业和纺织机械业等。支撑产业是指某一产业的上游产业，它主要向其下游产业提供原材料、中间产品，如发动机业和汽车制造业、钢铁业和造船业。相关和支撑产业的价值不仅在于它们能以最低价格为主导产业提供投入品，更重要的是，它们与主导产业在地域范围上的临近，将使得企业相互之间能频繁、迅速地传递产品信息、交流创新思路，从而极大地促进企业的技术升级，形成良性互动的既竞争又合作的环境。

④企业战略、组织结构和竞争状态。国与国之间在企业管理方式上存在着很大的不同，没有一种管理系统是普遍适用的。只有企业所采取的管理方式和措施能适应本国环境且又适于培植产业竞争优势时，该行业才能赢得竞争优势。公司目标、员工的个人目标和公司对员工的激励、国家文化传统和价值取向对企业的影响等因素对于创造和维持竞争优势也会产生深远的影响。波特认为，国家竞争优势还取决于国内的竞争程度，激烈的国内竞争是创造和保持竞争优势最有力的刺激因素，其作用在于减少外国竞争者的渗透，造成模仿效应和人员交流效应，促使竞争升级，强化竞争程度，迫使企业向外扩张，去寻求国际市场，并在国际市场竞争中保持优势。

除了上述四种因素外，还有两个辅助因素也会对国家的竞争优势产生影响，这就是机遇和政府。机遇是指经济发展过程中遇到的一些新机会和新情况，比如重要的新发明，重大的技术创新，投入成本的剧变，外汇汇率的重要变化，突然出现的世界或地区需求、战争等。这些偶然性因素会影响到需求、供给、成本、价格等，从而使各国的竞争优势发生大的变化，有的国家会在机遇中快速上升，有的国家则因竞争优势的失去而逐渐没落。但机遇对竞争优势的影响不是决定性的，同样的机遇可能给不同的企业带来不同的结果，能否利用机遇以及如何利用，还是取决于上述四种决定因素。政府对国家竞争优势的辅助作用主要是通过对四种决定因素施加影响而实现的。政府可以通过宏观调控政策、微观扶持政策、制定规则和培养高素质劳动力等环节来影响供给和需求，帮助产业和企业提高竞争优势。

2. 优势产业阶段理论

波特的竞争优势理论特别强调各国生产力的动态变化，强调主观努力在赢得优势地位中所起的作用。他将一国优势产业参与国际竞争的过程分为四个依次递进的阶段：

(1) 要素驱动阶段。此阶段的竞争优势主要取决于一国在生产要素上拥有的优势，如廉价的劳动力和丰富的资源。这种表述与传统的比较优势理论的表述是一致的，表明比较优势蕴含在竞争优势之中。一国在基本要素上的优势虽然可以在一段时间维持其竞争优势和经济增长，但是基本要素推动下的竞争优势由于缺乏生产力持续提高的基础，不可能长久地保持下去。按波特的标准，几乎所有的发展中国家都处于这一阶段，某些资源特别丰富的发达国家，如加拿大、澳大利亚等国家也处于这一阶段。

(2) 投资驱动阶段。此阶段的竞争优势主要取决于资本要素，大量投资可更新设备，扩大规模，增强产品的竞争力。在这一阶段，企业仍然在相对标准化的、价格敏感的市场中进行竞争。但随着就业大量增加，工资及要素成本的大幅度提高，一些价格敏感的产业开始失去竞争优势。因此，政府能否实施适当的政策是很重要的，政府可以引导稀缺的资本投入特定的产业，增强承担风险的能力，提供短期的保护以鼓励本国企业的进入；建设有效规模的公用设施，刺激和鼓励获取外国技术以鼓励出口等。按波特的标准，只有少数国家进入这一阶段，比如在投资的驱动下，二战后的日本和韩国在经济上取得了成功。

(3) 创新驱动阶段。此阶段的竞争优势主要来源于产业中整个价值链的创新，企业特别注重对人员的培训，而且效果显著。企业重视研究与开发工作，注重创新意识和创新能力，并把科技成果转化为商品作为努力的目标。一国进入创新驱动阶段的显著特点之一是高水平的服务业占据越来越高的国际地位，这是产业竞争优势不断增强的反映。按波特的标准，英国在19世纪上半叶就进入了创新驱动阶段，美国、德国、瑞典在20世纪上半叶也进入这一阶段，日本、意大利到20世纪60～70年代进入这个阶段。

(4) 财富驱动阶段。在这一阶段，产业的创新意识、竞争意识和竞争能力都会明显下降，经济发展缺乏强有力的推动，企业开始失去国际竞争优势。投资者的目标从资本积累转变为资本保值。长期的产业投资不足，是财富驱动阶段的突出表现。进入财富驱动阶段的国家，一方面是富裕的人享受着过去积累的成果，另一方面是衰落的企业受到各种困扰，失业和潜在失业严重，平均生活水平下降。这就提醒人们要居安思危，通过调整产业结构和制度创新等途径防止衰退。按波特的标准，英国已经进入这一阶段，美国和德国等国家在20世纪80年代也开始进入这一阶段。

3.3.3.2 理论评述

1. 贡献及现实意义

波特的国家竞争优势理论弥补了其他国际贸易理论的不足，是对传统的国际贸易理论的一个超越。波特第一次明确地阐述了竞争优势的内涵，较圆满地回答了理论界长期未能解答的一些问题。同其他贸易理论相比，波特理论的贡献可以归纳为以下几点。

(1) 波特提出国家竞争优势的决定因素，为我们分析各国竞争优势的基础，预测它们竞争优势的发展方向以及长远发展潜力，提供了一个非常有用的分析工具。

(2) 传统的比较优势理论强调的是比较利益,注重的是各国现有的要素禀赋,因此,它无法解释为什么像日本和韩国这类资源稀缺的国家能在众多领域获得竞争优势,而许多资源丰富的国家却长期落后的原因,波特从动态的竞争优势角度比较圆满地解决了这一问题。

(3) 国家竞争优势理论明确提出了国内需求同国家竞争优势之间的因果关系,弥补了传统贸易理论对需求的忽略。

(4) 国家竞争优势理论强调国家在决定企业竞争力方面的关键作用,它对于加强国家对企业竞争优势的培育和促进,对企业竞争优势的发展有着积极的意义。

2. 不足之处

(1) 波特的竞争优势理论尽管研究角度新,理论框架较为完整,但基本上是一般经济学原理的重新组合,逻辑性不是很强,其产业结构的分析方法也略显不足。

(2) 波特的竞争优势理论过多地强调了企业和市场的作用,而对政府在当代国际贸易中所扮演的角色的重要性认识不足,仅把政府的作用作为一个辅助的因素。

3.4 新兴古典贸易理论

新兴古典贸易理论的经济学基础是新兴古典经济学,新兴古典经济学产生于20世纪80年代,以杨小凯为代表的一批经济学家运用超边际分析的方法,深入研究古典经济学中的分工与专业化,使其在新的框架下与现阶段经济理论进行重新组织,将分工的思想从发展和贸易中提炼出来,把对个体之间分工和贸易的分析用于分析国际分工和国际贸易,用分工演进模型对贸易理论的基本问题给出了新的解释,从而创立了新兴古典贸易理论。

【专栏3.8】

杨小凯

杨小凯(1948—2004),原名杨曦光,澳大利亚籍华裔,世界著名经济学家。出生于中国吉林省敦化,在湖南长沙长大。1968年,20岁的高中生杨小凯发表了著名文章《中国向何处去》,该文引起了当时中共高层康生的不满,杨小凯因此被判入狱10年。1968~1978年,杨小凯在监狱服刑期间向与其共同关押的大学教授、工程师等人学习了大学课程,包括英文、微积分、材料力学和机械学等。他的天才也在此期间得到了体现,通过反复研读《资本论》,他发现了劳动价值论的三大缺陷,由此萌发了对古典经济学进行改造的念头,日后的"新兴古典经济学"由此诞生。1978年,杨小凯出狱,他在湖南大学数学系旁听了一年数学课,1980年,杨小凯考上中国社会科学院数量经济研究所的研究生。1982年,他在武汉大学给研究生讲授数理经济学和经济控制论,并迅速出版了有关数理经济学和经济控制论的三本专著。1983年,他赴普林斯顿大学深造,1988年,获普林斯顿大学经济学博士学位。随后,杨小凯到澳大利亚莫纳什大学任教,1992年被聘为教授。生前为哈佛大学国际发展中心(CID)研究员、澳洲莫纳什大学经济学讲座教授、澳洲社会科学院院士。

> 他著作甚丰,曾在一流的英文经济学匿名审稿期刊发表多篇学术论文。他已出版的中英文专著包括《经济学:新兴古典与新古典框架》《发展经济学:超边际与边际分析》,使他获得了世界级的成就和同行的推崇。他提出和研究的新兴古典经济学与超边际分析方法和理论,被诺贝尔经济学奖得主布坎南称为当今最重要的经济学研究成果。由于其在经济学上的巨大成就,杨小凯被誉为"离诺贝尔奖最近的华人"。杨小凯曾经被两次提名诺贝尔经济学奖(2002年和2003年)。2001年,处于事业巅峰状态的杨小凯被确诊为肺癌晚期,2004年7月7日,他在澳大利亚墨尔本的家中去世,享年56岁。
>
> 资料来源:http://finance.sina.com.cn/jingjixueren/20040708/1527858805.shtml.

3.4.1 理论内容

1. 贸易的原因

在新兴古典贸易理论中,贸易是个体专业化决策和社会分工所带来的直接结果,贸易的原因是分工和专业化引发和强化的内生比较优势。所谓内生比较优势是指比较优势可以通过后天的专业化学习或通过技术创新与经验积累人为创造出来的优势。新兴古典贸易理论模型假定每个人的人生相同,不存在先天差别,在社会分工中不同的人后天选择了不同的专业才产生了同种产品的生产率的差别和某一方面的优势,从而形成了贸易的基础。因此,这种优势不同于李嘉图贸易理论中假定的天然存在的比较优势。而且,这种优势与社会分工水平互相促进。分工和专业化带来了个体之间在某种产品上的生产率的差别,形成生产成本的优势,而这种差别和优势又会进一步促进和强化分工,从而进一步强化差别和优势。但仅有生产方面的内生优势并不是开展贸易的充分条件,还要同时考虑其相对面——交易效率的高低。新兴古典贸易理论认为,贸易的开展取决于一种综合优势,既要考虑生产上的内生优势或劣势,也要考虑交易效率优势或劣势,要取决于二者的相对关系,即内生的生产率和交易效率的综合比较优势。如果交易效率特别低,即使在生产条件上具有开展贸易的基础,也不会有贸易发生。而相反,如果一国具有极大的出口该种产品,进口其他产品的交易效率优势,即使该国在某种产品的生产上具有内生比较劣势,该国仍然可以生产并且出口这种产品。

2. 贸易的结果

在新兴古典经济学框架中,分工和贸易同时产生,贸易是专业化生产和多样化消费这一矛盾的解决方式,贸易的结果本质上是分工的结果。分工使个体的自给率降低,每个人生产的产品种类数更少而相互交换的产品种类数更多,产品生产的集中程度和个体的贸易依存度提高。贸易品种的增加意味着市场种类的增加和社会商业化程度的提高,每个人对他人的依赖程度加强。随着分工的深化,个体的生产结构差别越来越大,经济由自给自足时的互不往来到局部分工时的市场分割,最后发展到完全分工时的市场一体化,市场从无到有,一体化程度逐步提高。所以,分工和贸易的直接结果是提高了个体的贸易依存度、产品生产的集中程度、社会的商业化程度、经济结构的多样化程度和市场的一体化程度。而且,分工减少了每个人必须的学习时间和费用,提高了专业化水平,促进了生产率的提高,使得人力可以用于新的专业产品的生产。在高水平的分工模式中,不同的人可以通过专业化生产不同的产品而增加不同的专业种类数,因此,分工和贸易还促进了产品种类的增加。

3. 人口增长率与经济增长率之间的关系

在以克鲁格曼为代表的新贸易理论模型中,存在人口的增加会通过充分享受规模经济的好处而提高生产率的论断。但在现实生活中,这一论断与日本、中国香港等国家和地区的发展历程是相吻合的,而与印度及改革前中国的情况相悖。为此,杨小凯提出不是人口,而是交易效率,才是提高劳动生产率的重要因素。例如,中国香港地区,其良好的法律制度保证了高交易效率(香港的商品、人口的流动率是最快的),因此,其较高的人口密度为一个广阔的市场和高水平分工提供了更多的余地,所以,高人口增长率与高经济增长率得以共存。

4. 国内贸易向国际贸易的发展

新兴古典贸易理论最重要的特点在于该理论能够揭示国内贸易为何和如何发展到国际贸易。按照新兴古典经济学理论,每个消费者同时又是生产者,所以国内贸易和国际贸易的基础是一样的。当交易效率很低时,人们自给自足,没有交换和贸易产生。随着交易效率的提高,首先出现一些地方性市场,但尚不需要统一的国内市场。随着交易效率的进一步提高,各分割的地方性市场逐渐形成统一的国内市场。如果交易效率很高,则国内市场规模限制了分工的发展,所以,国际贸易就产生了。

5. 贸易与经济发展的关系

贸易与经济发展的关系问题也是传统贸易理论中经常涉猎的问题。与传统结论不同的是,在新兴古典贸易理论中,贸易与经济发展的关系不是遵循互为条件、相互作用的机制,而是作为分工的不同侧面相伴而生,二者都是分工产生和深化的结果。分工引起了贸易,同时也是分工带来的生产率的增加促进了经济发展。内生比较优势随着分工的演进会带来一国贸易结构和格局的动态变化,并且带来经济持续增长的可能性。新兴古典贸易理论还考察了一国特别是发展中国家参与国际分工和国际贸易对一国国内和国家之间二元经济结构和收入分配的影响。

3.4.2 理论评述

1. 贡献及现实意义

(1)新兴古典贸易理论是理论和政策统一的模型。传统的贸易理论分为纯理论和政策理论。国际贸易纯理论论证贸易利益的存在,之后再结合政策制定的政治经济学进行分析,对各国贸易政策选择做出说明。而新兴古典贸易模型则既解释了贸易理论的基本问题,也说明了一国贸易政策的选择和演变。

(2)新兴古典贸易理论建立的每个人既是生产者又是消费者的分析框架,从交易效率的提高角度解释了国际贸易如何从国内贸易而来,从而将国内贸易和国际贸易原理统一起来。

(3)新兴古典贸易理论重新阐释了绝对优势、比较优势等贸易理论的核心概念,在一定程度上将贸易理论整合到一个统一的框架之下。

2. 不足之处

(1)关于劳动分工演进的许多数据在现有统计口径下不易获得,因此,该理论难于进行检验和预测,这也构成了该理论的缺陷。

(2)由于分工演进是一个极其缓慢的过程,所以新兴古典贸易理论在解释长期的贸易现象上比较有优势,与人们千百年来对贸易发展的经验观察比较吻合,但在解释现实问题上却缺乏足够的解释力。因此,新兴古典贸易理论的理论意义要大于其现实意义,同时也说明这一理论体系还存在着较大的发展空间。

【本章小结】

1. 国际贸易理论发展的第一个阶段是古典贸易理论。古典贸易理论是在批判重商主义的基础上发展起来的。亚当·斯密认为在国际分工中,每个国家应该专门生产自己具有绝对优势的产品,并用其中一部分交换其具有绝对劣势的产品,这样就会使各国的资源得到最有效率的利用,更好地促进分工和交换,使每个国家都获得最大利益。李嘉图认为国际贸易分工的基础不限于绝对成本差异,即使一国在所有产品的生产中劳动生产率都处于全面优势或全面劣势的地位,只要有利或不利的程度有所不同,该国就可以通过生产劳动生产率差异较小的产品参加国际贸易,从而获得比较利益。李斯特主张利用关税政策发展本国工业时,对不同的产品采取不同的关税税率,以保护本国将来有前途的幼稚产业,促进生产力的发展。李斯特对国际分工和自由贸易利益予以承认,并且主张保护贸易是过渡手段,自由贸易是最终目的。

2. 国际贸易理论发展的第二个阶段是新古典贸易理论。这一阶段的理论不仅承认了比较优势是国际贸易发生的基本原因,更重要的是它找到了比较优势形成的源泉,即贸易双方要素禀赋的差异。在新古典贸易理论中,瑞典经济学家赫克歇尔和俄林作出了巨大贡献,提出的要素禀赋理论。该理论的两个核心观点是:(1)一个国家在国际分工中应该出口密集地使用本国相对丰裕的生产要素生产的产品,进口密集地使用本国相对稀缺的生产要素生产的产品;(2)要素禀赋不同的两个国家,通过交换要素密集度不同的产品,这种产品流动在一定程度上替代了要素的流动,从而使两个国家要素禀赋的差异有所缓和。贸易的结果是贸易各国生产要素价格趋于均等化。经济学家里昂惕夫在20世纪50年代用美国的数据对要素禀赋理论进行试验,发现其结果并不符合要素禀赋理论,被称为"里昂惕夫悖论"或"里昂惕夫之谜",它引发了各国经济学家的广泛关注,并就此提出了许多解释和意见。

3. 国际贸易理论发展的第三个阶段是新贸易理论。新贸易理论改变了传统贸易理论基于完全竞争的假设前提,建立在不完全竞争与规模经济的基础上。产业内贸易理论从产品差异、规模经济及需求相似三个方面说明了产业内贸易发生的原因。技术差距理论和产品生命周期理论从技术在不同国家的传递角度来说明国际贸易产生的原因,很好地解释了随着技术差距的变化,贸易国在贸易模式方面的改变。波特对产业如何在竞争中获得优势进行深入研究后,提出国际竞争优势理论。他指出一国兴衰的根本在于该国在国际竞争中是否赢得优势,而国家竞争优势取得的关键又在于国家是否具有适宜的创新机制和充分的创新能力。

4. 国际贸易理论发展的第四个阶段是新兴古典贸易理论。20世纪80年代,以杨小凯为代表的一批经济学家运用超边际分析的方法,深入研究古典经济学中的分工与专业化,创立了新兴古典贸易理论。该理论分析了贸易的原因、结果以及一国国内贸易如何发展到国际贸易,解释了人口增长率与经济增长率的关系以及贸易与经济发展的关系。新兴古典贸易理论整合了各种贸易理论,体现了贸易理论和贸易政策的统一,是贸易理论的新发展。

【思考题】

1. 试述绝对优势理论和比较优势理论的主要内容及其局限性。
2. 简评李斯特幼稚产业保护理论。
3. 怎样理解要素禀赋和要素密集度?
4. 在对里昂惕夫悖论的解释中,你认为哪一种最有说服力?为什么?
5. 产业内贸易与产业间贸易的区别是什么?
6. 请举出一种商品,说明其所经历的产品生命周期的过程。
7. 请运用国家竞争优势理论来分析我国目前的纺织品行业(或其他行业)的竞争优势状况。
8. 以杨小凯为代表的新兴古典经济理论在哪些方面发展了国际贸易理论?

【案例分析】

全球经济一体化将改变中国的要素禀赋结构

从改革开放至今,中国实际GDP增幅几乎已达到700%。在世界经济史上,还找不到任何别的国家可以在这么短的时间内取得如此大的经济成就。有观点认为这种发展不能持续,因为高增长只是因为原来经济基数低。这种说法理论依据薄弱,古代中国经济基数也很低,而据经济学家麦迪逊的估计,汉朝至1952年,中国人均收入增长不足20%。

问题在于,怎样才能持续这种发展呢?在这个问题的各种论争中,比较中肯的理论是要按照中国的比较优势来选择其发展战略。也就是说,一个国家经济发展的成败取决于它生产的商品是否符合自身比较优势,而后者又与其生产要素的禀赋紧密相连。中国的劳动力远比资本丰裕,应当发展劳动密集型产品;在资本比劳动力更充足的国家,则应集中生产资本密集型产品。

简单的经济原理若运用恰当,可以非常有效地解释极为复杂的现象。违反上述原理的后果是十分严重的,20世纪50年代中国发展了不少资本密集的重工业,与中国国情不相适应,生产的成本效益低下,企业是依靠政府补贴才得以生存。直至今天,这类企业严重亏损,给政府带来沉重的负担。

不过，上述理论未提及的是，若无对外开放的政策配合，中国很难发挥自己的比较优势。中国这么大，人民需求的产品极度多样化，资本密集型、劳动密集型、信息密集型等产品都会有需求。若无国际间分工生产和贸易，即使某些产品不符合比较优势，中国也不能不生产它们。所以对外开放政策是发挥比较优势的必要条件。

在开放的经济环境下，多种生产要素可以自由流动，中国的比较优势因此具有非常强的动态性。因此，必须认真研究中国比较优势的变化条件以及由此带来的新挑战。全球经济正经历着一次深刻的变化，各国之间的贸易量增加，跨国投资随处可见，国与国之间的信息往来非常频繁，各国经济的联系变得空前紧密。运用传统比较优势理论的分析虽然正确，但对这个新现象没有详细讨论。研究当前中国发展的策略，绝不可忽视全球一体化的影响。

全球经济一体化始于20世纪后期，在21世纪延续，这是不可阻挡的历史潮流。中国加入世贸组织，是一个重要的里程碑，但也只应被视为全球经济一体化这一进程的一部分。这个大潮流会对中国的发展策略起什么影响？

首先，因为国际分工会更加明确，中国更应注意生产拥有比较优势的产品，不能勉强依靠政府补贴去支持一些与生产要素占有量不相适应的产品。过去的经验表明，比较优势理论应用于中国经济的发展，仍然有效。

更重要的是，全球经济一体化会改变一个国家的要素禀赋结构。生产要素在全球流通，某些要素是相对稀缺还是充足，会变得不那么明确。例如，中国的资本本来稀缺，但假若外资流入障碍消失，资本会变便宜，可动用的资本增加，产品的结构也会改变。在各种生产要素中，资本的国际流动性最大，所以它的禀赋将来最不重要。各国主权及移民政策的限制，全球经济一体化不会太大地改变劳动力禀赋。不过，人力资本是经济发展中比普通劳动力更为重要的资源，其流动性或许比不上资本的流动性，但比劳动力的流动性要大得多。在重要的生产要素有流动性的条件下，中国的发展策略应有什么调整？

资料来源：雷鼎鸣. 全球经济一体化将改变中国的要素禀赋结构. 财经杂志，2002(10).

案例思考：

试分析全球经济一体化将会使中国的要素禀赋结构发生怎样的变化？

【本章荐读书目及网上资源】

1. （英）亚当·斯密. 国民财富的性质和原因的研究.（上卷）. 郭大力，王亚南译. 北京：商务印书馆，1997.

2. （英）大卫·李嘉图. 政治经济学及赋税原理. 北京：商务印书馆，1972.

3. （美）迈克尔·波特. 竞争优势. 北京：华夏出版社，2002.

4. （美）保罗·克鲁格曼. 克鲁格曼国际贸易新理论. 北京：中国社会科学出版社，2001.

5. http://www.cenet.org.cn/ 中国经济学教育科研网.

6. http://baike.baidu.com/view/1690504.htm 保护幼稚工业论.

7. http://old.iwep.org.cn/jwe/wenzhang/0909.pdf 对中国产业内贸易决定因素的经验研究.

Chapter 4

对外贸易政策与战略

【学习目的与要求】

通过本章的学习,掌握对外贸易政策的含义、内容、类型;了解制定对外贸易政策的主要依据和历史演变过程;理解发达国家和发展中国家对外贸易政策的内容;了解发达国家和发展中国家对外贸易政策的新趋势。

【本章关键术语】

自由贸易政策(Free Trade Policy);保护贸易政策(Trade Protection Policy);进口替代战略(Import Substitution Strategy);出口导向战略(Export-oriented Strategy);管理贸易政策(Managed Trade Policy)

在当今世界经济中,一国对外贸易政策在各国经济增长和经济发展中起着重要作用,对国际贸易的结构以及贸易流向产生着极为重要的影响。世界上几乎所有的国家都制定和执行一定的贸易政策,以实现该国的政治、经济和社会目标,满足各利益群体的要求。各国的对外贸易政策因各自的经济体制、经济发展水平及其产品在国际市场上的竞争能力而有所不同,并且随其经济实力的变化而不断变化。

4.1 对外贸易政策概述

对外贸易政策是各国在一定时期内对商品进出口贸易和服务贸易所实行的各种政策的总称。它从总体上规定了该国对外贸易活动的指导方针和原则。

4.1.1 对外贸易政策的内容

对外贸易政策的内容一般包括总政策、商品政策、关税政策和国别政策。

1. 总政策

总政策包括进口总政策和出口总政策。它是从整个国民经济出发,在一个较长的时期内实行的政策。例如,一国是实行"贸易保护主义政策",还是实行"自由贸易政策",或是"超保护贸易政策"等。

2. 商品政策

商品政策是一国根据对外贸易总政策和本国经济结构及国内市场状况而对各种商品分别制定的政策。例如,各国为保护本国工业的发展或者有意识的扶植一部分出口部门而制定限制某些外国同类商品的进口的政策。

3. 关税政策

关税政策是根据本国进出口贸易的需要,对出入海关的商品征收关税的政策。例如,为了奖出限入,对外国的进口商品征收种类繁多的税收,这其中包括进口关税、反倾销税、附加税等等。

4. 国别政策

国别政策是一国根据对外贸易总政策和对外政治、经济关系而制定的针对国别和地区的政策。如过去帝国主义国家制定的限制或禁止向社会主义国家出口与军事有关的科技产品就是这种国别政策的体现。我国过去很长一段时间曾经在对外贸易上执行过一项国别政策,即优先发展同社会主义国家间的对外贸易。随着时间的推移和情况的变化,我国对外贸易的国别政策也发生了变化。

4.1.2 对外贸易政策的类型

从对外贸易的产生与发展上看,主要有两种类型的对外贸易政策。一是自由贸易政策,二是保护贸易政策。

1. 自由贸易政策

自由贸易政策(Free Trade Policy)的基本特征是:反对国家干预对外贸易,主张在进出口贸易上开展自由竞争。其主要内容是:取消对进出口贸易和服务贸易等贸易的限制和障碍;取消对本国进出口商品和服务贸易等贸易的各种特权和优待,使商品能够自由地进口和出口;服务贸易自由经营,能在国内外市场上自由竞争,从而使资源得到最合理的配置。自由贸易政策的实质是"不干预政策"。

一国的自由贸易政策并不是完全的自由贸易政策,西方的发达国家在自由贸易政策实施过程中,总是采取或明或暗的保护手段。

2. 保护贸易政策

保护贸易政策(Trade Protection Policy)的基本特征是:主张国家干预对外贸易。其主要内容是:国家广泛利用各种限制进口和控制经营领域与范围的措施,并对本国出口商品给予优待和补贴,以鼓励商品的出口。它以增大本国利益为目的,其实质是"奖出限入"。

一国实施保护贸易政策,并不意味着完全的封闭,不参与国际分工和交换,而是对贸易的保护程度较高,对进出口贸易存在一定的限制措施,同时采用相关的政策和措施鼓励出口。

4.1.3 制定对外贸易政策的目的

一国对外贸易政策的制定是为本国利益服务的。具体表现在以下几个方面:

1. 保护本国市场

一国通过实行保护贸易政策,提高关税,限制外国商品输入,从而把本国市场留给国内企业生产的产品,保护本国的产业发展,特别是保护缺乏竞争力的本国幼稚工业的发展。即使是美国那样具备强大经济实力的国家,也要通过制定保护贸易政策来保护本国市场。例如,受全球金融危机的影响,2009年美国商务部对中国输美轮胎采取的特殊保障措施。

2. 提高本国企业产品的竞争能力

一国政府为了提高本国企业产品在国际市场上的竞争力,通过对出口部门和企业提供出口补贴或信用担保,加强国家出口信贷,使本国产品成本降低,竞争力增强。有时甚至以"经援"、"军援"等"援助"计划带动出口,因为受援国必须从"援助国"购买商品,这时的商品价格通常要高于国际市场的价格。

3. 开展国际经济技术合作

对外贸易政策的制定可以使一国通过在外国境内建立分公司、转移技术、输出资本等途径,开展经济合作绕过关税和非关税壁垒。美国在建立合资企业时,对技术转让限制较少,这是鼓励搞经济合作政策的具体表现;发展中国家为发展自己的民族经济,吸引技术和资金,也都制定了各种优惠政策,这也是通过对外贸易政策实现这一目的的具体表现。

4. 促进本国经济发展

任何国家制定一项对外贸易政策,其目的都是为了发展本国经济。通过在不同经济发展阶段制定不同的贸易政策,促进国民经济的协调发展。一个国家采取自由贸易政策,可以获取原料和市场,发展本国经济;另一个国家实行贸易保护政策,是为保护本国经济或经济部门的顺利发展,不受外国损害。

5. 完善经济体制

按照国民经济的运作方式的不同,经济体制可划分为市场经济体制和计划经济体制。各国在不同的经济体制下将会采取不同的贸易政策。目前,市场经济体制已经被世界各国所认同,因此,通过制定恰当的对外贸易政策能够促进一国参与经济全球化的进程,并不断完善市场经济体制。

4.1.4　制定对外贸易政策的依据

从直观的意义上讲,一国选择哪种类型的对外贸易政策,主要取决于该国的具体情况和所处的国际环境,但这并不是说国际间没有共同的贸易原则。总的来说,积极参与国际分工,把获取贸易分工利益的代价降到最低限度,是各国制定贸易政策的出发点。通常各国在制定对外贸易政策的过程中,要考虑以下因素:

1. 国内因素

一国的对外贸易政策是该国的经济政策和外交政策的重要组成部分,因此,在制定对外贸易政策时,要考虑众多的经济、政治、外交等因素。具体包括以下几个方面:

(1) 本国国内就业状况;
(2) 本国商品在国际市场上的竞争能力;
(3) 本国的外交政策;
(4) 本国经济结构的调整;
(5) 本国的物价情况;
(6) 各国政府领导人的经济思想与贸易理论。

2. 国际因素

(1) 经济方面的因素。
①国际分工情况;
②跨国公司的自身发展;
③国际经济的传递情况;
④国际收支平衡状况。

(2) 政治方面的因素。许多国家制定对外贸易政策、法令和法规不是基于经济原因而更多的是基于政治因素。这些因素主要体现在如下几方面:
①维持国内必备产业;
②社会制度间的关系;
③本国与他国的政治关系;
④本国的国际影响力;
⑤经济贸易组织间的变化;
⑥报复性措施问题;
⑦维护国家标识。

4.1.5　对外贸易政策的执行方式

对外贸易政策的具体实施过程由各国的行政机构负责,政府部门根据有关的法令来制定具体的实施细则。一般来说,对外贸易政策主要通过以下方式执行:

1. 海关对进出口贸易实施管理

海关是国家行政机关,是设置在对外开放口岸的进出口监督管理机关。其主要职能是:对进出国境的货物和商品及运输工具实行监督管理,征收关税和代征法定的其他税费,查禁走私、临时保管通关货物及统计进出口商品等。

2. 国家设立机构

国家广泛设立各种机构,负责促进出口和管理进口。如美国的商务部、美国国际贸易委员会等机构。

3. 政府协调

国家政府出面参与各种国际经贸机构与组织,进行国际贸易等方面的协调与谈判,如世界贸易组织内部的贸易谈判等。

4. 对外贸易法规

世界各国都通过对外贸易立法把贸易政策具体化。通过贸易法的制定,明确一国立法的宗旨和原则,并且分别对货物贸易、服务贸易和技术贸易、管理贸易的机构和经营条件等作出规定,通过对外贸易法的实施保证对外贸易的有序开展。

4.2 发达国家对外贸易政策的演变

对外贸易政策是随着时代的变化而不断变化的。在不同时期,一个国家往往实行不同的对外贸易政策;在同一时期的不同国家,也往往实行不同的对外贸易政策。尽管在中世纪以前,西欧各国、中东阿拉伯各国和我国产生了对外贸易,也制定了相应的政策,但对外贸易的真正开始却是在19世纪资本主义生产方式确立以后。

4.2.1 资本主义原始积累时期的贸易政策(15世纪~17世纪)

15~17世纪是资本主义生产方式的准备时期,这一时期属于资本的原始积累期,因此,西欧国家为了促进资本原始积累而普遍实行重商主义的对外贸易政策。重商主义最早出现于意大利,后来在西班牙、葡萄牙和荷兰实行,最后在英国、法国、德国和俄国也先后实行。这是一种早期的保护贸易政策,主张国家干预经济和对外贸易,通过对金银货币和贸易的管制实现贸易顺差来加速资本的积累,其理论基础是货币差额论和贸易差额论。

重商主义晚期,由于工场手工业与航海运输业的迅速发展,商业资产阶级逐渐认识到限制金银流动不利于获得更多的资本,于是,管制金银出口变为管制货物进出口,除了对必要的初级生产原料提供进口优惠外,对其余的加工制成品则征收关税并设限,同时采取奖励出口的政策,保证并扩大贸易顺差,以达到收入金银的目的。

作为一种典型的贸易保护政策,在当时的历史条件下,重商主义的对外贸易政策对于促进资本主义商品货币关系的发展、加速资本原始积累、推动封建主义向资本主义制度过渡,曾起到过一定的积极作用。但是,到了资本主义自由竞争阶段,它就成了资本主义经济进一步发展的障碍。

4.2.2 资本主义自由竞争时期的贸易政策(18世纪以后)

在资本主义自由竞争时期,产业资本逐渐战胜了商业资本,并开始处于统治地位。因此,产生了适应工业资产阶级利益的对外贸易政策。因为各国的工业发展水平不同,所以各国当时执行的贸易政策也有所区别,主要有自由贸易政策和保护贸易政策两种。

1. 自由贸易政策

英国在产业革命后,工业迅速发展,确立并巩固了其"世界工厂"的地位,其产品具有强大的国际竞争力。而且,英国需要以工业制成品的出口换取原料和粮食的进口。为此,英国资产阶级迫切要求本国政府及外国放松对对外贸易的管制,在世界市场上实行无限制的自由竞争和自由贸易政策,废除重商主义的对外贸易政策和措施。经过长期的斗争之后,英国在19世纪前期,逐步取得了自由贸易政策的胜利。这一时期英国实行自由贸易政策的实践主要表现为以下几点:

(1)废除《谷物法》。1846年英国国会通过废除《谷物法》的议案,为英国农产品及原料的自由进口或低关税进口扫清了法律障碍。马克思指出:"英国《谷物法》的废除是19世纪自由贸易所取得的最伟大的胜利。"

(2)逐步降低关税税率,减少纳税商品项目数和简化税法。在重商主义时期,英国有关关税的法令达1 000件以上,不同的法令经常对同一商品规定不同的税率。1825年英国开始简化税法,废止旧税率,建立新税率。进口纳税商品项目由1841年的1 163种减少为1862年的44种,且税率大大降低。

(3)废除《航海法》。从1824年起,英国在与其他国家订立的贸易条约中,逐步废除了对外国船只运输商品到英国的限制。到1854年,英国的沿海贸易和殖民地全部开放给其他国家。

(4)取消外贸公司的特权。1831年和1834年英国先后废止了东印度公司对印度和中国享有的贸易垄断权,从此印度和中国的贸易开放给所有的英国人。

(5)与外国签订贸易条约。1860年,英国与法国签订了以自由贸易精神为基础,列有最惠国待遇条款的《科伯登条约》。此后,英国与许多国家签订了与此类似的贸易条约,促进了英国与其他国家的正常贸易往来。

2. 保护贸易政策

与英国形成鲜明对照的是以美国和德国为代表的后进资本主义国家先后实行了保护贸易政策。其基本原因在于这些国家工业发展水平不高,经济实力和商品竞争能力都无法与英国抗衡,需要采取强有力的政策措施以保护本国的幼稚工业免受竞争力极强的英国商品的冲击。

保护贸易政策的主要内容包括:

(1) 国家采取各种限制进口的措施,保护本国市场免受外国商品的竞争;
(2) 对本国的出口商给予优惠和补贴;
(3) 积极鼓励本国商品出口。

4.2.3 垄断资本主义时期的贸易政策(19世纪70年代末到二战期间)

当垄断代替了自由竞争以后,市场问题日益尖锐。各国垄断资产阶级为了垄断国内市场和争夺国外市场,纷纷实行侵略性的保护贸易政策。这种政策与以前的保护贸易政策有明显的不同,它的目的不是为了培养自由竞争的能力,而是为了巩固和加强对国内外市场的垄断;它不是防御性地限制进口,而是在垄断国内市场的基础上向国外市场进攻;它的保护措施不只限于关税和贸易条约,还广泛采用各种非关税壁垒和"奖出限入"的措施。简而言之,保护贸易政策已经成为争夺世界市场的手段,成为攻击而不是防卫的武器。因此,这种政策又称为超保护贸易政策。

从19世纪70年代末到20世纪30年代,资本主义世界出现了两次保护主义浪潮:

第一次保护主义浪潮开始于19世纪的最后25年。在19世纪70年代和80年代,除英国、荷兰外,工业发达的欧洲各国都加强了关税保护,修改税制,提高关税;19世纪90年代,美国也开始提高关税;一度主张自由贸易的英国也从1931年开始逐渐放弃自由贸易政策,转而实行保护关税政策。

这次保护主义浪潮形成的主要原因有三个方面:首先,垄断资本的发展一方面表明生产力有了较大的发展,另一方面也表明了各国的内部市场受到了垄断企业的控制。市场饱和的矛盾日益突出,垄断企业迫使政府加强了对国际贸易的干预。其次,世界经济进入了一个相对缓慢的增长时期,需求不足,各国的发展又很不平衡,导致许多国家实行保护主义政策。再次,竞争对手的增加使得这一时期进入世界市场竞争的国家更多了,比如,西欧国家普遍感到农产品方面竞争不过俄国及美洲各国。

第二次保护主义浪潮形成于1929年到1933年西方资本主义经济危机时期。空前严重的经济萧条使市场问题进一步尖锐,主要表现为:许多国家都提高了关税税率,实行外汇管制、数量限制等进口限制手段;垄断组织加紧利用国家机器实施"奖出限入"的政策和措施。如1930年,美国把关税税率提升到极高的水平,进口商品的平均税率达53.2%,由此引发世界主要国家间的一场关税战。

【专栏4.1】

金融危机与贸易保护主义

当前国际金融体系正经历着一场前所未见的危机,并已经严重影响到全球的实体经济。无论是发达国家还是发展中国家,都难独善其身。面临如此困境,各国政府以及政治人物都或多或少地显示出转向贸易保护的倾向。虽然这或许是可以预料的,但仍然值得我们对此保持足够的警惕。

大多数经济学家和决策者都认为,自由贸易能够促进资源的合理以及有效的配置,从而对经济的总体增长与长期发展做出积极的贡献。然而,在经济开放的过程中,并非所有的人都能均等受益。传统的贸易保护主义,大多体现在通过大幅提高进口关税以及对进口的数量性控制来保护本国企业不受或少受进口产品的竞争压力。然而,这一类的保护措施不仅其有效性值得怀疑,而且可能带来相当大的代价,特别是在今天全球经济一体化的新形势下。比如说,对任何一个经济体来说,尤其是相对小的经济体,其本国的生产与消费都对贸易有相当程度的依赖。全球经济的一体化同时也就意味着一国经济的相对专业化,只靠本国的企业,无法满足其消费者对产品及其多样性的需求。因此,即使通过提高关税以及限制数量达到减少进口的目的,此类措施对本国企业的帮助也是有限的。

出于上述原因,这些年来贸易保护的形式及措施都发生了很多变化。20世纪80年代,日本汽车业对美国的"主动出口限制"就是一个例子;在奥巴马政府新一轮救市方案中的所谓"购买美国货"的条文也是一个例子,在这一条文中,凡是用救市计划资金进行的政府采购,都要优先购买本国产品,虽然没有明确地提出限制进口,但其对贸易的影响依然不可忽视。

另外,不同国家也陆续出台或考虑出台一些针对本国某些特定产业的救市计划,如美国对其银行业、汽车业的拯救计划,法国与意大利考虑对其汽车业实施帮助措施等。其中,最受关注的仍是美国救市计划中所谓"购买美国货"的条文,并已经引发了包括经济学者、政府以及市场的广泛忧虑。除此之外,一些国家也在逐步出台一些传统的贸易保护措施。比如,俄罗斯最近提高了一些产品征收的进口关税,并对本国产品提供补贴;土耳其增加了对糖的进口关税;美国和欧盟也对产自中国的一些产品新增加进口关税;而印度则通过限制措施,减少从中国进口钢材和纺织品。

种种迹象表明,在全球金融危机和经济减缓的冲击下,贸易保护主义阴魂难散,并可能死灰复燃。然而,我们希望以往的经历与教训,能够提醒各国的政府与政治人物,贸易保护主义不是解决经济困难的良药,甚至会加深经济危机的深度并延缓经济恢复的速度。

很多学者都认为,美国30年代实施的高关税政策和由其所引发的贸易保护主义浪潮,是把当时的经济危机引向大萧条的因素之一。因此,类似的通过高关税保护本国产业政策,目前出现的可能性并不大。然而,其他间接的或更隐蔽的贸易保护措施的出现,却是我们要特别关注的。

资料来源:仝月婷.联合早报,2009-03-09.

4.2.4 贸易自由化时期的贸易政策(二战后到70年代中期)

贸易自由化是指各国通过政府间的谈判,互相降低关税,取消数量限制,使世界贸易较自由地进行。

第二次世界大战后,世界政治经济力量重新分化组合。美国的实力空前提高,强大的经济实力和膨胀的经济,使其需要并且也有能力冲破当时发达国家所实行的高关税政策。日本和西欧战后经济的恢复和发展,使得它们也愿意彼此放松贸易壁垒,扩大出口。此外,国际分工进一步深化,推动了生产国际化和资本国际化,跨国公司迅速兴起,迫切需要一个自由贸易环境以推动商品和资本流动。于是,这一时期发达资本主义国家的对外贸易政策先后出现了自由化倾向,到20世纪70年代初达到高峰。

1. 战后贸易自由化的表现

（1）削减关税，降低或取消非关税壁垒。例如，在关税与贸易总协定的主持下，从1947年到20世纪70年代初期，各缔约国举行过七次多边贸易谈判，各关税缔约国的平均最惠国待遇税率从50%左右下降到5%左右。

（2）数量限制得到抑制。20世纪60年代初，发达国家都放宽了数量限制，扩大了进口自由化的程度。欧洲经济合作组织的各国间数量限制已取消50%，1958年，该组织内的私人公司间进口自由化率已达到82.6%。

（3）解除了外汇管制，实行外汇自由化，各国按宣布的汇率进行自由兑换。

2. 战后贸易自由化的主要特点

（1）美国是贸易自由化的积极推行者。由于美国在二战后成为世界经济强国和贸易强国，它为了对外扩张，主张在世界范围内推行自由贸易。

（2）贸易自由化的经济基础雄厚。二战后，世界各国的经济复苏和生产的恢复为贸易自由化奠定了物质基础。

（3）贸易自由化是在国家垄断资本主义日益加强的条件下发展起来的，主要反映了垄断资本的利益。

（4）贸易自由化主要是通过多边贸易条约与协定——《关税与贸易总协定》在世界范围内进行的。

（5）贸易自由化发展不平衡，发达国家的贸易自由化超过发展中国家的贸易自由化，区域性经济集团内部的贸易自由化超过集团对外的贸易自由化，工业制成品的贸易自由化超过农产品的贸易自由化，机械设备的贸易自由化超过工业消费品的贸易自由化。

4.2.5 新贸易保护主义时期的贸易政策（20世纪70年代中期以后）

新贸易保护主义是相对于自由竞争时期的贸易保护主义而言的。20世纪70年代中期，国际贸易领域中自由化倾向逐渐减弱并趋于停顿，呈现出贸易保护主义加强的趋势，这一时期被称作新贸易保护主义时期。

严重的经济衰退和结构性的经济危机是新贸易保护主义产生的根本原因。在这段时期共出现了两次新贸易保护主义的浪潮：1972~1974年的第一次浪潮和1979~1982年的第二次浪潮。这种贸易保护主义不仅威胁着发展中国家的出口，同时也影响着实行贸易保护主义的各工业国本身。其影响主要体现在：第一，它割断了国内价格和国际价格之间的联系，降低了效益；第二，它是造成贸易不稳定性的又一个重要原因，长期以来，对贸易的投资及其所创造的效益产生了严重的影响。

新贸易保护主义的主要特点体现在以下几个方面。

1. 贸易保护措施的重点从关税壁垒转向非关税壁垒

由于关税壁垒受到关贸总协定的制约，以提高关税水平来实行贸易保护已不现实，所以各国对于限制进口则更多地采用非关税壁垒。各国在关税上主要是按照有效保护率设置阶梯关税以及征收"反补贴税"和"反倾销税"来实行进口限制。从1980~1985年发达资本主义国家的"反倾销"案多达283起,涉及44个国家。非关税壁垒措施从20世纪70年代末的800多项增加到80年代末的2 500多项。

2. "奖出限入"措施的重点从限制进口转向鼓励出口

战后,随着国际分工的加深和自由贸易的发展,西方各国对国外市场的依赖性日益增强,争夺国外市场日益激烈,采取限制进口的措施往往会加剧国与国之间的摩擦,受到其他国家的谴责和报复。在这种情况下,许多国家把"奖出限入"的重点从限制进口转向鼓励出口方面。这些措施包括:第一,放宽信贷条件,加强出口信贷,实行出口信贷国家担保制,实行出口补贴和外汇倾销;第二,国家设立专门机构广泛实施出口担保,承保出口厂商在国外的政治风险和经济风险;第三,广泛设立各种促进出口的行政机构,协助本国出口商对国外市场扩张;第四,国家制定各种评奖制度,奖励在扩大出口方面做出成绩的出口商。

3. 国际贸易壁垒转向区域性贸易壁垒

欧盟作为一个排他性的经济集团,对内实行商品自由流通,对外建立共同贸易壁垒以排挤集团外的商品输入。这种从国家贸易壁垒转向区域性贸易壁垒,对于加强集团成员国垄断资本的实力地位,排挤和打击集团外竞争对手,起到了重要作用。欧盟在建立区域性贸易壁垒方面的一个重要的对外贸易政策措施是建立关税同盟,欧盟内部国家之间相互取消关税,而对非成员国实行统一的对外关税,以限制非成员国的商品进口。

4. 关税仍然是发达资本主义国家限制进口的重要手段

虽然第二次世界大战后关税壁垒的作用有所削弱,但它仍然是限制进口和贸易保护的重要手段之一。其主要内容是:针对资本主义国家采取的倾销和补贴措施,进行反倾销、反补贴调查,征收反倾销和反补贴税;通过普遍优惠制对受惠国家、受惠商品范围以及减税幅度的限制,对某些商品继续维持较高的关税率;在贸易战中,发达资本主义国家也常以关税作为报复手段,以限制进口。

从某种意义上说,新贸易保护主义阻碍了贸易自由化的进行,但它不能取代贸易自由化,因为有利于贸易自由化的因素依然存在。这些因素主要包括:第一,各国都力图减轻通货膨胀。第二,国际分工日益加深,客观上要求贸易自由化。第三,对所有工业国家来说,出口变得日益重要。但是,进口与出口是双向的,为了本国产品的出口,世界各国必然要维持一定的进口,这就迫使一些工业发达国家不能过分搞贸易保护主义。第四,开展自由贸易是同贸易伙伴缓和矛盾的客观要求。世界各国需要制定相对自由的贸易政策,从而促进与贸易伙伴国家的友好的经济往来。第五,贸易自由化是各国进行双边和多边贸易谈判的要求。目前世界各国的经济一体化程度不断加深,各种区域经济一体化组织不断出现,这也要求各个国家不断开放本国市场。因此,自由贸易仍将是国际贸易发展的主要趋势。

4.2.6 当代发达国家对外贸易政策发展的新趋势

20世纪80年代以后,随着技术的进步、世界产业结构的升级以及国际资本的快速流动,发达国家的国际贸易政策也不断发展和演变,主要表现为管理贸易政策和战略性贸易政策。

4.2.6.1 管理贸易政策(20世纪80年代以后)

管理贸易政策(Managed Trade Policy)是一种介于自由贸易和保护贸易之间,以协调为中心,以政府干预为主导,以磋商为手段,政府对对外贸易进行干预、协调和管理的贸易制度。有人称它为"不完全的自由贸易"和"不断装饰的保护贸易"。管理贸易具有如下基本特点:

1. 将国际贸易政策纳入法制管理的轨道

为使对外贸易的管理合法化和制度化,各发达国家加强贸易立法,使国家管理对外贸易的法律由过去的单行法律发展为以外贸法为中心、与其他国内法相配套的法律体系。例如,美国1974年贸易法案中的"301条款"授权总统对一些向美国出口实施不公平待遇的国家进行报复;1988年的《综合贸易法》更以反对一切不公平贸易为由,加强保护色彩。美国是使管理贸易合法化的代表,其涉及外贸管理的法律达1 000多种。

2. 在不放弃多边协调的同时,更多地采用单边管理和双边协调

由于世界经济区域化、集团化倾向的加强,国际多边贸易体制受到削弱。为此,主要发达国家,尤其是美国,更多地借助双边贸易谈判,必要时不惜采取单边贸易制裁,以达到"公平、互惠"的目的。

3. 管理措施以非关税为主,行政部门拥有更大的裁量权

各发达国家的非关税措施大多由行政机构来执行,在非关税措施的使用日益广泛的情况下,行政机构对贸易政策的影响必然越来越大。

4. 跨国公司在管理贸易中的地位不断上升

随着跨国公司经济实力的日渐壮大,它对发达国家的社会经济影响举足轻重。因此,各发达国家都通过跨国公司的经营活动来贯彻其对外贸易政策,跨国公司逐渐成为各国实行管理贸易的主角。

4.2.6.2 战略性贸易政策(20世纪80年代以后)

20世纪80年代以后,经济全球化的趋势在世界范围内日益增强,各国经济发展受外部经济环境的推动和制约。一些发达国家在国际市场竞争加剧的背景下,加强了对本国战略性产业的支持,产生了战略性贸易政策。

战略性贸易政策(Strategic Trade Policy)是指在规模经济的条件下,政府通过采用关税和出口补贴等手段保护本国市场,并且扶植本国的战略性产业,从而增强本国产品的国际竞争力,增强国家竞争优势。例如,美国曾多次采用单方面的贸易制裁等手段扶持其战略性产业。

战略性贸易政策的实施通常选取高技术产业作为战略性产业进行扶植。高技术产业的发展能够带来外部经济效应,对国内其他产业的发展产生有利的影响,并且能够促进社会科技进步和经济发展。但是,高技术产业的发展通常需要大量的研发费用,而大量的成本支出却难以通过市场得到补偿,因此,政府必须通过关税保护和出口补贴等手段对战略性产业进行扶持,以提高该产业的国际竞争力,进而提升本国的福利水平。

政府在战略性贸易政策的实施上起着关键性的作用,因而,政府必须正确的选择战略性产业,在掌握完备和可靠的信息基础上制定有效的战略性政策。在政府的独立决策机制基础上实施的战略性贸易政策,在实践中确实可以起到扶植相应产业发展的作用。但是,在国际分工日益深化的背景下,战略性贸易政策在实施过程中往往会招致其他国家的报复,这将使战略性贸易政策难以获得预期的经济收益。

4.3 发展中国家对外贸易政策的发展

全世界众多发展中国家的经济发展水平相差悬殊,在不同时期内推行的政策措施更是各不相同,因此,并无整齐划一的贸易政策可言。但纵观二战后多数发展中国家所实施的外贸政策,大致可分为进口替代战略和出口导向战略两种形式。目前,发展中国家的对外贸易政策是根据本国和世界经济的发展不断调整和变化的。

4.3.1 进口替代的贸易战略

进口替代(Import Substitution Strategy)是指以国内生产的产品来替代主要的进口品,有意识地促进国内工业的成长与扩大。这一战略是由阿根廷经济学家普雷维什于1950年提出的,其基本目的是为了减少进口和依赖,节约外汇,平衡国际收支,保护幼稚工业。其目标是要通过限制工业制成品进口,扶植本国的新建工业,进而改变发达国家与发展中国家的不平等关系,改善贸易条件,改变二元经济结构,建立初步的工业体系,进而实现工业化。20世纪60年代以来,绝大多数发展中国家都不同程度地把经济发展与工业化等同起来,将进口替代战略作为占主导地位的经济发展战略。

进口替代一般经历两个阶段:

第一阶段以发展加工业、一般消费品工业为主,目标是建立初步的工业体系。在这一阶段,由于发展中国家需要从国外进口必要的资本、机器设备、中间产品和技术,再加上缺乏熟练劳动力和管理经验,缺少规模效益,产品价格高于同类进口价格等原因,国内企业根本不能和国外厂商竞争,因此,往往采取进口替代战略。发展中国家为了扶持进口替代工业需要采取保护措施。保护措施有以下几种:一是实行保护关税,对国内生产必需的资本品、中间产品等所需投入成本的进口征收低税或减税、免税,以降低进口替代品的生产成本;二是实行进口限额、许可证制度等手段,限制非必需消费品,特别是奢侈品的进口;三是实行本币升值,以减轻必需品进口造成的外汇压力;四是对进口替代工业在资本、劳动力、技术、价格、收益等方面给予优惠,使它们不被外国产品挤垮。通过这些保护措施扶植幼稚的进口替代工业逐步成长、成熟。

第二阶段以发展耐用消费品、资本品和中间产品为主。这个阶段需要花费大量投资用于机器制造、机床生产、炼钢、轧钢、石化等工业,在生产中尽量多地使用原料和其他投入,目标是建立全面的工业体系,以工业化带动整个经济的发展。

如果运用得当,进口替代贸易战略可以对发展中国家的工业化和经济发展起到积极的推动作用,这主要表现在:第一,由于提供了一个有保护的、有利可图的市场,使这些发展中国家的工业,特别是制造业得到了迅速的发展。第二,进口替代工业的发展,还有利于促进培养本国的管理技术人员,带动教育、文化事业的发展,获得工业化带来的动态利益。第三,进口替代的贸易保护政策,可能促使发达国家增加对发展中国家的直接投资,以绕过发展中国家的贸易壁垒。外资的流入,对经济发展无疑有积极作用。第四,由国内生产来替代进口,可明显减少外汇开支,减轻国际收支压力。

但是,随着进口替代工业的发展,这种贸易模式也对经济的发展产生了消极的影响。这主要表现在:第一,在资本形成方面,由于实行进口替代战略的国家是在加强对国内人民剥削的基础上积累资本的,所以加剧了国内的两极分化,限制了国内市场的扩大,使进口替代工业出现市场不足、生产力闲置的情况。第二,忽视对基础工业,尤其是农业的建设。贸易保护政策着眼于进口替代工业,特别是制造业的发展,而对电力、能源和基础设施常常注意不够,并且忽视农业的发展。具体表现在:国内制成品保持高价,而农产品价格却被压在很低的水平上,引发了通货膨胀;农业生产所必需的化肥和其他投入品生产以及进口所需的资金和外汇也常常不能满足需求;政府对农民的捐税过重,这一切都严重损害了这些国家的农业发展和粮食生产,使粮食自给率下降,进口的粮食越来越多。第三,未能改善国际收支上的困难,加重外汇短缺问题。进口替代固然使对国外工业消费品的进口大大减少,从而节约了外汇,但是机器设备、中间产品和原材料的进口急剧上升。同时,贸易保护措施和汇率措施,使工业品成本高、质量低而缺乏出口竞争能力,传统的初级产品出口也因本币高估而受到影响。结果,进口替代不但没有缓和国际收支上的困难,反而使情况日趋恶化。在20世纪60年代中期前后,许多国家发生了严重的外汇危机,大大影响了经济的增长速度。

由此可见,进口替代政策本身是有其内在缺陷的,而"封闭性"的进口替代政策缺陷更大。因此,一些发展中国家,尤其是新兴工业化国家和地区的政府及其经济学者在实践中认识到扩大制成品出口的重要性。因此,从20世纪60年代中期以后,许多发展中国家特别是小的发展中国家,开始实行出口导向政策,以此促进工业化和民族经济的发展。

【专栏4.2】

智利进口替代的终结

智利是第一批放弃进口替代工业化战略的国家之一。20世纪70年代以前,智利这个具有特殊强烈民主传统和相对富裕的发展中国家一直采取同拉丁美洲其他国家相同的政策。在严格的进口限制下,制造业开始发展,但该国的大部分出口仍然由传统产品特别是铜组成。70年代初,该国的军队把持了政权,之后就开始残忍地和血腥地镇压反抗者。

新政府带来了在当时颇不寻常的对自由市场政策的信仰。进口限制被取消,代之以低关税税率政策。不管是不是由于这些政策(全世界铜价大跌给智利带来了巨大的灾难)的原因,70年代中期,智利整个经济渡过了一段相当艰苦的时期。继70年代末期与80年代初期的恢复之后,智利陷入了全球债务危机,经济出现了第二次严重下滑。但是,到了80年代中期以后,智利的经济开始表现出令世界瞩目的变化。新的出口产品,包括运往北半球冬季市场的夏季水果、逐渐增多的高质量葡萄酒和家具等制成品,已使该国摆脱了对铜的依赖。智利的经济开始以前所未有的速度增长,超过了其他拉美国家,并几乎接近于亚洲国家的发展状况。因此,原来极不受人们认可并被视为智利军政府的严酷法令的自由贸易政策开始获得广泛的政治上的支持。

1990年,智利军政府退出了政治舞台。然而,过去17年的经济政策已被普遍肯定,这些政策引导智利走向了繁荣。所以,自由当选的政府并没有改变原来的经济政策。智利的经济成功一直在持续,从1990~1994年,智利的经济增长率高达6.9%,大大超出其他拉美国家。

资料来源:(美)保罗.克鲁格曼,茅瑞斯.奥尔斯法尔德:《国际经济学》.理论与政策(第六版).北京:中国人民大学出版社,2006。

4.3.2 出口导向的贸易战略

出口导向战略(Export-oriented Strategy)也称出口替代战略,它是指一国采取各种措施和手段来促进出口工业的发展,用工业制成品和半制成品的出口代替初级产品出口,促进出口产品的发展多样化,以增加外汇收入,并带动工业体系的建立和经济的持续增长。

20世纪60年代中期前后,东亚和东南亚一些国家和地区最先转向出口替代政策。在它们的示范影响下,其他国家和地区也相继仿效。由于各国具体条件不同,实施这一政策的措施和策略也不尽相同。大致来看,有三种表现类型:第一种是拉美国家的做法,如巴西、墨西哥、阿根廷等国,它们一般是在原进口替代的基础上发展出口替代工业,即把出口替代与进口替代结合起来。第二种是原来出口初级产品的国家,日益增加对初级产品的加工出口,提高附加值,如马来西亚、泰国、科特迪瓦等国。第三种是亚洲"四小龙"国家,它们充分利用其劳动力资源发展劳动密集型的装配加工工业。

出口替代政策对一些发展中国家,特别是对新兴工业化国家和地区的工业化和工业制成品的出口起了一定的积极作用。这主要表现在:第一,对外贸易增长较快,出口商品中制成品的比例迅速上升。例如,20世纪60年代发展中国家(石油生产国除外)的出口年平均增长率为6.7%,其中一些制成品的主要出口国出口年平均增长率达到7.9%。1970~1980年,发展中国家(石油生产国除外)制成品出口占全部商品的比重从24.9%上升到38.4%,在同期的世界制成品出口总额中所占份额从5%增至9.72%。从具体的国家来看,1972年,巴西工业制成品出口仅占出口总额的24%,而到1981年已上升为60%。第二,增加了资金积累,使国民经济出现较快的增长。新兴工业化国家制成品出口增长,不仅为这些国家和地区积累了资金,同时也直接推动了与出口工业相关的经济部门的发展,带动了国民经济的发展。1980年这些国家和地区的内部积累率为:巴西20%,泰国22%,韩国23%,菲律宾25%,墨西哥26%,马来西亚32%,新加坡30%,已达到甚至超过同期发达国家的国内积累率(22%)的水平。1986年,新兴工业化国家和地区的国内生产总值年平均增长率大大高于整个发展中国家和发达国家。第三,制造业所创造的价值在国内生产总值中所占比重显著上升,同时制造业从劳动密集型向资本密集型和技术密集型逐步转化。例如,1960~1979年,新加坡该比重的数值由12%提高到28%,韩国则由14%提高到27%。

但是,各国实施出口替代政策也产生了不少问题。主要体现在以下三个方面:第一,出口替代使一国市场容易受到世界市场波动的冲击。在出口战略下建立起来的工业,主要是为了出口,这使得这些国家和地区的经济严重依赖于世界市场。由于这些国家的制成品大多是轻纺产品,市场竞争比较激烈,因此,如果西方发达国家市场出现较大波动,就会直接影响这些国家的商品出口。20世纪70年代中期,随着西方发达国家新贸易保护主义的兴起,这些国家制成品生产和出口遇到了严重困难。第二,出口替代还会加剧国内经济发展的不平衡。由于发展中国家往往对出口产业实施较多的优惠政策,因此,不可避免地使其他产业受到排挤,从而出现出口替代部门发展较快,而面向国内的中小型工业和农业部门发展迟缓的局面,加剧了发展中国家二元经济结构的形成。第三,少数实施出口替代政策的国家,由于片面追求出口增长,忽视国内消费,造成国内消费品短缺,加上为刺激出口而使货币贬值,致使国内货物和进口货物的价格上涨,通货膨胀率上升。

不过总的说来,出口替代比进口替代更有利于发展中国家的经济发展。世界银行1985年年度报告在对发展中国家的对外贸易政策进行了广泛的考察后也认为,出口替代战略要优于进口替代战略,这是符合实际的。同时,也要看到,这两种贸易发展战略是相互联系、相辅相成的。进口替代是出口替代的先导,没有进口替代建立起的工业基础,是不可能实施出口替代战略的;而出口替代战略是进口替代战略的结果,且出口替代可为更高层次的进口替代提供外汇和技术支持,最终建立起本国先进的工业体系。战后,凡实施出口替代战略并取得成功的国家和地区,几乎无一例外地经历过一个或长或短的进口替代的内向发展时期。

【专栏4.3】
韩国的出口导向战略

1961年以前,韩国曾经试图走进口替代路线,发展内向型经济。其初衷是鼓励非耐用消费品的生产,手段是实行配额制和进口限制。然而,20世纪50年代末,内向发展就到达了极限:资金、技术、资源缺乏,不得不扩大设备及原材料进口;狭小的国内市场限制了生产和消费资料的销路,对生产形成根本性制约。韩国当时的经济非常贫穷,人均GNP不足100美元。鉴于领土狭小,资源匮乏,缺乏资金和技术,内部市场的容量有限,劳动力市场供过于求等客观条件,朴正熙政权毅然决定让韩国走上"出口导向型"发展道路。

从1961年到1971年,韩国开始实施"出口导向战略"的第一步。其中心是,价格与国际接轨,利用比较优势,出口劳动密集型产品,发展竞争优势。支持出口成为一项最优先考虑的经济政策。这个时期的促进出口的主要措施有:改革了贸易政策,给出口行业生产资金、设备资金、海外市场开辟资金及出口奖励资金等多种补贴;调整了汇率;进行了利率改革,对出口生产行业以及进口替代行业进行低利率贷款,并且对出口必需的生产资金自动给予银行贷款;对出口生产必需的中间产品,进口不受限制并免税。

这个时期的出口导向战略运行的相当好。1962年,韩国出口达5 200万美元,1964年达1亿美元,1970年为10亿美元,出口的增长极大地推动了GDP增长。1960~1972年间制造业增产了4倍多,其中19%是来自于出口生产。如果把出口的间接影响也考虑进去,那就上升到了26%。另外,幸运的是,当韩国的出口产品在空前贸易自由化的时期进入国际市场之时,工业发达国家还没有设立诸多的进口壁垒以阻止发展中国家出口。

从1972年到1979年,韩国开始转变一些战略思想。它在坚持外向型发展战略的同时,也对一些行业采取进口替代政策。韩国继续推动出口扩张,将产业发展重心转移到替代进口上,加速发展重化学工业;政府加强对经济的广泛干预,包括削减对劳动密集型出口工业的投资,建立政府投资基金会,以低利贷款对重化工业进行大规模投资,并对这些工业建立和保持高保护关税壁垒和进口控制,还为技术工人培训和技术开发提供优惠;建立综合商社。

资料来源:陈寒含.以韩国为例看出口导向战略的内容和绩效.《理论纵横》,2007(7).

4.3.3 进口替代和出口导向相结合的政策

发展中国家或地区的对外贸易政策的制定一般从实行进口替代战略开始,通过国内工业的发展奠定国民经济发展的基础后,再开始实施出口导向的贸易战略。但是由于在政策转换的过程中存在一定的时滞,并且在时间上也难以把握,因此,有的发展中国家在制定对外贸易战略时,采取将进口替代和出口导向相结合的政策。一方面对国内工业的发展给予政策支持,满足国内对工业制成品的市场需求,另一方面扩大国内经济的开放程度,鼓励本国工业制成品的出口。

发展中国家在制定对外贸易政策的过程中,根据本国具体行业的发展水平制定相应的贸易政策。对国内的幼稚工业实施进口替代,通过关税和非关税壁垒等手段扶植其发展。对于国内具有竞争力的行业,实施出口导向的政策,采取取消出口关税、创建出口加工区、放开出口管制等措施,扩大产品的出口,增强本国的出口竞争力。

4.3.4 进口替代型直接投资政策和出口导向型直接投资政策

随着二战后国际资本流动的快速发展,发展中国家开始采取将利用外资纳入到对外贸易政策的制定体系之中。利用外资对于发展中国家经济发展将发挥重要作用,将解决发展中国家工业发展过程中的资金和技术相对匮乏的问题。在发展中国家实施的进口替代和出口导向战略的过程中,通常将利用外资与二者相结合,表现为进口替代型直接投资和出口导向型直接投资。

进口替代型直接投资是发展中国家在制定吸收外资政策的过程中,鼓励投资者将资金投向本国优先发展的产业,尤其是进口替代型工业。发展中国家通过制定吸引外资的优惠政策等措施,正确引导外资投向,通过外资企业生产的工业制成品替代东道国本应进口的产品。通过这种贸易战略的实施将会使东道国吸引外国的先进技术和管理经验,增加东道国的就业水平,并且能够起到节省外汇和减少贸易摩擦的作用。

出口导向型直接投资是指发展中国家鼓励外资进入面向出口的产业,用外资企业生产的工业制成品的出口替代初级产品的出口,优化出口贸易商品结构。东道国重视跨国公司在本国设立分支机构。通过让外资进入出口行业,将会发挥出口贸易的动态经济效应,一方面带动东道国相关产业的发展,另一方面扩大东道国的就业水平,并且改善东道国的国际收支状况。

【本章小结】

1. 对外贸易政策是各国在一定时期内对进出口贸易所实行的政策。它是依据国内和国际的经济、政治、外交等因素而制定的,是为达到保护本国市场和增强本国产品竞争力等经济目标而服务的。它的内容一般包括总政策、商品政策、关税政策和国别政策。

2. 从对外贸易的产生与发展上看,对外贸易政策的基本类型主要有自由贸易政策和保护贸易政策两种。在资本原始积累时期,欧洲发达国家实行了重商主义政策;在自由竞争时期,英国带头实行了自由贸易政策,美国、德国则实行了保护贸易政策;在两次世界大战期间,资本主义国家普遍实行了超保护贸易政策;第二次世界大战以后,出现了全球范围内的贸易自由化,20世纪70年代中期以后,在贸易自由化的同时又出现了新贸易保护主义;在20世纪80年代后,发达国家大多采用管理贸易政策和战略性贸易政策。

3. 第二次世界大战以后,发展中国家的对外贸易政策基本上可归纳为两种基本类型,即进口替代战略和出口导向战略。目前,发展中国家的对外贸易政策主要是在进口替代和出口导向战略的基础上,实施进口替代型直接投资政策和出口导向型直接投资政策。

【思考题】

1. 制定对外贸易政策的目的是什么?
2. 对外贸易政策的基本类型有哪些?它们的基本特征是什么?
3. 贸易自由化的主要表现是怎样的?
4. 简述发展中国家对外贸易政策的发展。
5. 简述发达国家对外贸易政策的新趋势。

【案例分析】

美重新调整对华贸易政策

2008年9月15日,拥有158年历史的美国第四大投资银行雷曼兄弟公司轰然崩塌,这被视为国际金融危机全面爆发的标志性事件。

但就在国际金融危机暴发一周年之际,全球经济开始闪现复苏迹象时,波折再度出现,两个被全世界寄予厚望的经济复苏"带头人"——中美两国却因美方突然宣布将对中国输美轮胎采取特殊保障措施而发生不快。就此事件,商务部新闻发言人姚坚指出,美方对中国输美轮胎采取特保措施,是违背 WTO 规则,滥用贸易救济措施的错误做法。商务部副部长钟山则透露,中国政府将认真听取企业的呼声和建议,协调解决企业经营中遇到的问题,尽力帮助企业克服困难。

美国总统奥巴马于 2009 年 9 月 12 日作出"连续三年对中国轮胎征惩罚性关税"的决定,当各方开始纷纷揣测中国将以何种措施应对美国特保裁定时,中国商务部仅隔一天便发布消息,宣布对原产于美国的部分进口汽车产品和肉鸡产品启动反倾销和反补贴立案审查程序。

为向国内相关企业通报特保案情况,商务部和工业信息化部在京联合召开通报会。钟山在会上介绍说,自 2009 年 4 月美国对中国轮胎发起特保调查起,中国政府就开展了多层次、全方位的应对工作,向美方表明了中国政府反对贸易保护主义和维护中国企业正当权益的坚定立场,也得到了许多美国业界及相关人士的理解与支持。但美政府迫于国内政治压力,在磋商中提出了超越轮胎产品之外的过高要价,这是中方无法接受的。

钟山指出,美方最终裁定的特保税率,虽然比美国国际贸易委员会所提的建议税率有所降低,但仍然是严重的贸易保护主义行为,中方坚决反对这一做法。钟山说,希望相关企业优化出口结构,依靠技术进步,提升产品质量和技术服务,把开发生产高附加值轮胎作为主攻方向,推动出口轮胎向中高档发展,形成具有自主知识产权的拳头产品。政府也将积极研究政策,予以相应的支持。

据了解,中方已就美方对中国输美轮胎产品采取的特殊保障措施要求与美方进行 WTO 争端解决项下的磋商。"中方要求与美方磋商,是行使 WTO 成员权利的正当举动,是维护自身利益的切实行动。"姚坚说。提出磋商要求是世贸组织争端解决程序的第一步。磋商期一般为 60 天,如果通过磋商仍无法解决争端,则中方有权采取第二步行动,即要求世贸组织成立专家组就美方措施展开调查并进行裁决。

资料来源:http://news.sohu.com/20090915/n266733778.shtml.

案例思考:

请运用所学知识分析美国调整对华贸易政策的原因,并提出应对的策略。

【本章荐读书目及网上资源】

1. (美)保罗.克鲁格曼,茅瑞斯.奥尔斯法尔德:《国际经济学》,第 2 篇"国际贸易政策". 北京:中国人民大学出版社,1998.

2. 张鸿,文娟. 国际贸易——原理、制度、案例. 上海:上海交通大学出版社,2006.

3. http://www.jcsw.gov.cn/UploadFile/2006316175042363.doc 战略性贸易政策.

4. http://old.cen.ccer.edu.cn/dongtai/nianhui/paper/Shengbin.doc 中国工业贸易保护结构政治经济学的实证分析.

Chapter 5

关税措施

【学习目的与要求】

通过本章的学习,掌握关税的分类、作用及特点;了解关税保护率、关税水平的计量;掌握关税的征收制度;了解关税减让谈判权的确定和关税减让谈判的方式。

【本章关键术语】

关税(Customs Duties,Tariff);进口税(Import Duties);出口税(Export Duties);过境税(Transit Duties);进口附加税(Import Surtaxes);海关税则(Customs Tariff)

当今贸易自由化虽然是国际贸易的主旋律,但关税仍是一国对外贸易中的一种重要的贸易壁垒。它可以在一定程度上保护国内产业的发展,对一国的国民经济产生重大影响。

5.1 关税概述

关税(Customs Duties)是指进出口货物经过一个国家的关境时,由一国政府设置的海关向进出口商所征的税收。这里所指的关境也称之为关税领域,是海关所管辖并执行有关法令和规章的区域。

5.1.1 关税的起源

关税是一个历史悠久的税种。早在古罗马、古希腊时代就已开始征收关税。在英文中,关税有两个专用名词"Customs"和"Tariff"。它们是由关税起源的两个不同说法而产生的。古代欧洲,封建主对过往其领域的客商征收一种捐税,客商缴纳了这种捐税可免遭抢劫。后来城市的封建主把这种捐税作为进入市场交易的入市税,由此而产生了关税的名称"Customs"。另一种说法是古代欧洲在地中海西部有一被海盗盘踞的港口叫做"Tariff",进出地中海的商船须向"Tariff"海盗缴纳一笔税费方可免遭抢劫,于是"Tariff"就成为关税的另一名称。

5.1.2 关税的特点

关税是国家税收的一种,因此,关税与其他国内税种一样具有强制性、无偿性、固定性的特征,但关税同国内税相比,又具有以下特点:

1. 关税是一种间接税

根据纳税人的税赋转嫁与归宿,税收可以分为两类:直接税和间接税。前者由纳税人依法缴纳并直接承担,税赋不能转嫁他人;后者由纳税人依法缴税,但可通过契约关系或交易过程将税赋部分或全部转嫁给他人。关税属于间接税,它虽然是对进出口商品征税,但是进出口商交纳关税后,会将其作为成本的一部分加在货物的价格上,在货物出售时转嫁给买方或消费者。

2. 关税的税收主体是进出口商,税收客体是进出口货物

按照纳税人与课税对象的标准,税收可分为税收主体和税收客体。税收主体也称课税主体或纳税人,它是指根据税法规定,负责纳税的自然人或法人。因此,关税的税收主体自然就是进出口商。税收客体也称课税对象或课税客体,它是指被消费者生产消费或使用的物品等。因此,关税的税收客体自然就是进出口的货物。根据海关税法与有关规定,对各种进出口商品制定不同的税目和税率,征收不同的税收。

5.1.3 关税的作用

关税最初只是作为政府增加财政收入的渠道之一,而后,随着资本主义生产方式建立以后,其保护作用逐渐被发现并且加以重视起来。目前,虽然在世界贸易组织框架下,其成员国都需要减让关税,在关税的制定上也要遵守世界贸易组织的规则,但是各个国家在一定程度上也有自己的关税制定权,因此,关税在各国的经济发展中具有重要的作用。

1. 增加财政收入

海关征收关税后即上缴国库,成为国家财政收入。随着世界经济的发展,各个国家发展的不平衡,以增加财政收入为目的的国家主要集中在发展中国家;而对于发达国家而言,关税收入在财政收入中的比重已降至3%左右。中国在入世后逐步降低关税水平,关税收入在财政收入中的比重也在逐步下降,基本维持在10%~20%之间。

2. 保护本国的产品和市场

对进口商品征收关税,提高了进口商品的国内价格,同时削弱了它与本国同类商品的竞争力,进而可以减少进口数量,最终保护了本国的产品和市场。经济较为落后的国家往往通过制定高进口关税来保护本国的幼稚产业。

3. 调节进出口商品结构

进出口商品结构是指一个国家或地区在一定时期内,各类进出口商品在其对外贸易中所占的比重。通过制定和调整关税税率可以调节进出口商品结构以利于本国经济贸易的发展。例如,对于非必需品或奢侈品的进口制定高关税,达到限制这类商品的进口;通过关税来调节贸易收支,即当一国贸易逆差过大,可以提高进口关税税率或加征附加税,减少贸易逆差。

4. 发展对外关系的重要手段

关税是争取对外友好贸易关系的手段,也是开展对外经济斗争,反对贸易歧视,在平等互利的基础上进行贸易合作的武器。对某些国家实施优惠的关税政策,可以改善国际关系,而实行关税壁垒或关税的差别待遇可以限制进口,并在对外谈判中向对方施压,迫使对方让步。

【专栏5.1】

碳关税——降低碳排放的"妙药"还是新贸易战的"导火索"

碳关税,这个概念最早由法国前总统希拉克提出,用意是希望欧盟国家应针对未遵守《京都协定书》的国家课征商品进口税,否则在欧盟碳排放交易机制运行后,欧盟国家所生产的商品将遭受不公平之竞争,特别是境内的钢铁业及高耗能产业。

碳关税目前在世界上并没有征收范例,但是欧洲的瑞典、丹麦、意大利以及加拿大的不列颠和魁北克省在本国及地区范围内征收碳税。2009年6月底,美国众议院通过的一项征收进口产品"边界调节税"法案,实质就是从2020年起开始实施"碳关税"——对进口的排放密集型产品,如铝、钢铁、水泥和一些化工产品,征收特别的二氧化碳排放关税。

美国征收"碳关税",对中国的影响必定会很大。从中国对美贸易的总体情况来看,美国"碳关税"的征收,无论是出口还是进口均将产生负面影响,比较而言,对美出口的影响要略大于进口的影响。出口方面,若征收30美元/吨碳的关税,将会使得中国对美国出口下降近1.7%,当关税上升为60美元/吨碳时,下降幅度增加为2.6%以上;进口方面,若征收30美元/吨碳的关税,将会使得中国对美国进口下降1.57%,当关税上升为60美元/吨碳时,下降幅度增加为2.59%。美国对华征收"碳关税"还将对中国就业、劳动报酬以及居民福利造成负面效应。

"碳关税"的征收不仅违反了WTO的基本规则,也违背了《京都议定书》确定的发达国家和发展中国家在气候变化领域"共同而有区别的责任"原则,是"以环境保护为名,行贸易保护之实"。

"碳关税"不仅不可能真正抑制碳排放,反而会增加一个新的贸易壁垒,而这个贸易壁垒与WTO现行规则有直接冲突。WTO基本原则中有一条"最惠国待遇"原则,而征收"碳关税",各国环境政策和环保措施都不同,对各国产品征收额度也必然差异甚大,这就会直接违反最惠国待遇原则,破坏国际贸易秩序。

继美国征收"碳关税"问题提出之后,有专家便指出,可以预料的是,全球气候政治的激烈博弈不会随着哥本哈根大会的结束而停止,而是会在一个相当长的时期内继续作为国际政治经济领域的重要议题,被探讨、谈判乃至争执。很多专家看来,"碳关税"是以往西方国家对发展中国家出口产品实施"绿色壁垒"的新变种,是限制发展中国家贸易能力的新设想。

资料来源:http://www.chinanews.com。

5.1.4 关税的分类

按照不同的标准,关税可以分为不同的种类。

1. 按照征收对象或商品流向分类

按照征收对象或商品流向将关税分为进口税、出口税和过境税。

(1) 进口税。进口税(Import Duties)是指一国海关在外国商品进口时,对本国进口商所征收的关税。一般来说,进口税在外国商品进入关境时征收,或是当外国商品由自由港、自由贸易区或保税仓库等经济特区出来,然后进入进口国的市场时征收。进口关税可以是常规性的,也可以是临时在征税以外额外加征的附加税,它一般具备限制商品进口的保护作用,可以根据征税国与其贸易伙伴关系性质的不同实行有差别的进口商品关税税率。

为了提高进口关税的保护程度,各国都制定了升级式的关税结构。例如,对进口工业制成品征收高关税,而对原料型商品或国内短缺商品征收较低进口税甚至免税。

(2) 出口税。出口税(Export Duties)是指一国海关在本国商品出口时,对本国出口商所征收的关税。目前,很多国家为了鼓励出口,都很少征收出口关税,尤其是西方发达国家。但是一些国家尤其是发展中国家也征收一部分出口税,其原因在于:①增加财政收入。如对本国资源丰富、出口量大的商品征收出口税。②对出口的原料征收出口税以保障国内生产的需要和增加国外商品的生产成本,增强本国产品的竞争能力。如瑞典、挪威对于木材出口征收较高的关税,以保护其纸浆及造纸工业。③控制和调节某些商品的出口流量。由于出口过快增长会在一定程度上恶化贸易条件,因此某些国家通过征收出口税控制出口,从而改善该国的贸易条件。

(3) 过境税。过境税(Transit Duties)又称通过税或转口税,是指一国对通过其关境运往他国的外国货物所征收的关税,其目的主要是增加国家财政收入。过境税在重商主义时期盛行于欧洲各国,如当时的德国,由于尚未统一,所以货物每经一个小邦国都要征收一道关税,也就是所谓的过境税。随着资本主义的发展,税种的增加,到19世纪后半期,大多数国家相继废除了过境税。二战后,《关税与贸易总协定》提出了"自由过境"的原则,规定缔约方对通过其领土的过境运输,应免征关税、过境税和有关过境的其他费用。目前,大多数国家不征收过境税,对过境商品只征收少量的签证费、印花费、登记费和统计费等费用。

2. 按照征收目的分类

按照征收目的,关税可分为保护关税、财政关税、收入再分配关税和混合关税。

(1) 保护关税。保护关税(Protective Tariff)是指以保护本国产业和市场为主要目的而征收的关税。保护关税税率一般都比较高,这样可以提高进口商品的国内销售价格,削弱进口商品的价格竞争力,从而达到保护本国产业和市场的目的。

一般来说,发展中国家都重视对保护关税政策的使用,如对本国能生产且能满足需要的产品,进口税率制定的比较高;对国内有生产,但满足不了国内需求的商品,税率稍微高一些;而对国内无法生产但需求量大的商品,进口关税的税率就比较低甚至是免税。

保护关税也是一些实行贸易保护的发达国家所采取的重要措施,例如,有些国家为保护本国农业,征收农业保护关税。二战后,欧共体国家就通过农业保护关税保护其农业的发展。

(2) 财政关税。财政关税(Revenue Tariff)是指以增加国家的财政收入为主要目的而征收的关税。为了达到增加财政收入的目的,在对进口商品征收关税时,要具备以下三个条件:①进口货物必须是国内无法生产或没有替代品而必须从国外进口的;②进口货物在国内应有大量的消费需求;③税率应该适中,过高过低都不利于实现增收的目的。

征收财政关税应考虑到本国消费者的负担能力以及税率对对外贸易额的影响。虽然是为了增加财政收入,但是财政关税的税率水平一般应订在较低的水平,因为如果税率过高会无形中增加了本国消费者的负担,进而引起国内进口商品需求量减少,从而阻碍进口,最终无法达到增加财政收入的目的。目前,征收财政关税的国家一般多为经济发展水平较低的国家。

(3) 收入再分配关税。收入再分配关税(Redistribution Tariff)是指用以调节国内各阶层收入而征收的关税。如对奢侈品(高档手表、钻石等)进口征收高额关税,而对生活必需品进口征收低关税或免征关税;对进口有暴利的商品征收高关税,而对进口低利或无利的商品征收低关税或免征关税。

(4) 混合关税。混合关税是指出于几个不同的目的而设置的关税。例如,既有财政性质又有保护性质的混合关税。从实际情况来看,单一目的的关税不多,绝大多数的关税事实上都是混合关税。

3. 按照差别待遇和特定的实施情况分类

按照差别待遇和特定的实施情况,关税可分为进口附加税、最惠国关税、特惠关税、普遍优惠税和差价税。

(1) 进口附加税。进口附加税(Import Surtaxes)又称特别关税,它是指在某些特殊情况下,进口国除征收一般进口税外,再额外加征临时性的进口税。这里所指的特殊情况主要有:国际收支逆差、进出口失衡、倾销、对某些国家实施贸易报复等。

一般来讲,征收进口附加税只是针对某些个别商品,这类进口附加税主要以反倾销税、反补贴税两种最为常见。

① 反倾销税。反倾销税(Anti-dumping Duty)是对具有倾销事实的外国货物征收的一种进口附加税。目的在于抵制货物倾销,保护本国市场。通常由受损害产业的有关当事人提出出口国进行倾销的事实,请求本国政府机构核查。政府机构对该项产品价格状况及产业受损害的事实与程度进行调查,确认进口国低价倾销时,即征收反倾销税。政府机构认为必要时,在调查期间,还可先对该项商品进口暂时收取相当于税额的保证金,如果调查结果倾销属实,即作为反倾销税予以征收;倾销不成立时,即予以退还。有的国家规定基准价格,凡进口价格在此价格以下者,即自动进行调查,不需要当事人申请。

反倾销税的征收也须具备以下两个条件:一是一国产品以低于"正常价值"的办法挤入另

一国市场;二是由此对该进口国国内已经建立起来的某项工业造成实质性的威胁或实质性损害。这里"正常价值"的确定基本上有以下几种方法:一是出口国国内市场上的实际销售价格;二是出口国向第三国出口该种产品或相似产品的价格;三是当前两种办法不能采用时,可根据该出口产品在原生产国的生产成本加上合理费用的结构价格。

除反倾销税和反补贴税以外,进口附加税还包括紧急关税、惩罚关税及报复关税。使用这三种进口附加税的情况不多,在此仅作简单介绍。紧急关税是指为了消除外国商品在短期内大量进口对国内同类产品生产造成重大损害或重大威胁而征收的一种进口附加税。惩罚关税是指出口国某商品违反了与进口国之间的协议,或者未按照进口国海关规定办理进口手续时,由进口国海关向该进口商征收的一种临时性的附加税。报复关税则是指一国为报复他国对本国商品、船舶、企业等方面的不公正待遇而对从该国进口的商品课征的进口附加税。

②反补贴税。反补贴税(Countervailing Duty)是指对接受直接或间接奖金或补贴的进口商品所征收的进口附加税,是一种超过正常关税的特殊关税。反补贴税的目的在于为了抵消国外竞争者得到奖励和补助产生的影响,从而保护本国的制造商。

征收反补贴税应同时具备以下两个条件:一是直接或间接的奖金或补贴确实存在;二是补贴的后果已经对本国国内经济造成重大损害或产生重大威胁。通常情况下,满足以上两个条件便可征收反补贴税,但一般反补贴税的税额不超过补贴数额。

【专栏5.2】

我国关于反倾销税和反补贴税的规定

根据《对外贸易法》,1997年3月25日,国务院颁布了《中华人民共和国反倾销和反补贴条例》。随着中国加入世贸组织,这种将反倾销条例与反补贴条例合并规定于一部法律之中的做法也不符合国际上对这两个法律单独立法的做法。2001年11月26日,国务院又公布了《反倾销条例》与《反补贴条例》,这两个条例于2002年1月1日起实施。虽然我国有关反倾销和反补贴的法律体系出台较晚,但其基本原则与WTO的相关规则是一致的。

第一,关于反倾销税的规定。反倾销税是在终裁时确定进口产品存在倾销,并对国内产业造成损害的基础上征收的。其征税的幅度不高于确定的倾销幅度,征收反倾销税由商务部提出建议,国务院关税税则委员会根据商务部的建议做出决定,由商务部予以公告,海关自公告规定实施之日起执行。反倾销税的纳税人为倾销进口产品的进口经营者。反倾销税的税率是根据对不同的应诉公司所确定的不同倾销幅度而定的,实行分别税率,但特殊的市场情况下也可以采取统一税率。对于未应诉公司或不合作公司,可以实行单一的针对进口来源地的税率。

第二,关于反补贴税的规定。反补贴税是在终裁时确定补贴存在,并对国内产业造成损害的基础上征收的。征收反补贴税应当符合公共利益。征收反补贴税由商务部提出建议,国务院关税税则委员会根据商务部的建议做出决定,由商务部予以公告,海关自公告规定实施之日起执行。反补贴税的纳税人为补贴进口产品的进口经营者。反补贴税税额不超过终裁决定确定的补贴金额,反补贴税应当根据不

> 同出口经营者的补贴金额分别确定。对实际上未被调查的出口经营者补贴的进口产品,需要征收反补贴税的,应当迅速审查,按照合理的方式确定对其适用的反补贴税。
>
> 资料来源:http://china.findlaw.cn.

(2)最惠国关税。最惠国关税(Most-favored Nation Tariff)是指一个国家为了发展与特定国家的贸易关系,缔结最惠国待遇条款,给予对方比普通关税低的关税待遇。由于目前多数国家已经通过签订多边或双边的贸易协定,相互给予了最惠国待遇,所以,现在多数国家都采用最惠国税率。最惠国待遇是双向的,当一国停止或取消给对方的最惠国待遇时,自己享受的最惠国待遇也被随之取消。

最惠国待遇往往不是最优惠的待遇,最惠国待遇关税也不是最优惠的关税,而只是一种非歧视性的关税待遇。各国在最惠国待遇的关税税率之外往往还有更低的优惠税率,如特惠关税。

(3)特惠关税。特惠关税(Preferential Duty)是指对特定国家或地区进口的全部商品或部分商品,给予特别优惠的低关税或零关税待遇的一种优惠税制。特惠关税一般是在签订了友好协定、贸易协定等国际协定或条约的国家之间实施的,任何第三国不得根据最惠国待遇条款要求享受这一优惠待遇。特惠关税有的是互惠的,有的是非互惠的(单向的)。例如,中国为扩大从非洲国家的进口,促进中非双边贸易的进一步发展,自2005年1月1日起,对贝宁、布隆迪、赞比亚等非洲25个最不发达国家的部分输华产品给予特惠关税待遇;对涉及水产品、农产品、药材、石材石料、矿产品、皮革、钻石等十多个大类的190种商品免征关税,其中宝石或半宝石制品的关税由35%降至零,以上情况就属于非互惠的特惠税。而欧盟成员之间、北美自由贸易协定成员之间、中国与东盟国家之间依据贸易协定实行的特惠关税则属于互惠的特惠关税。

(4)普遍优惠税。普遍优惠税(Generalized System of Preferences, GSP)又称普惠制税,它是发达国家对发展中国家或地区出口的制成品和半制成品(包括某些初级产品)给予普遍的、非歧视的、非互惠的一种关税制度。其目的是增加发展中国家或地区的外汇收入,加速发展中国家的经济增长。

普惠制有三条基本原则:普遍性、非歧视性、非互惠性。普遍性是指发达国家应对从发展中国家或地区进口的制成品或半制成品给予普遍的优惠;非歧视性是指所有发展中国家都应无一例外地享受普惠制待遇,而不应有歧视;非互惠性是指发达国家单方面给予发展中国家或地区的关税优惠而不要求发展中国家或地区提供相同的优惠。

目前已有30个国家实行了普惠制,受惠国家和地区达170多个。普惠制的给惠国都是通过各自的普惠制方案来提供普惠制待遇的,这些普惠制方案虽各不相同,但在以下几个方面是共同的。

①对受惠国家或地区的规定。普惠制在原则上应对所有发展中国家或地区都给予无歧

视、无例外的优惠待遇,但鉴于给惠国各自的政治利益,通常由给惠国根据发展中国家的经济和政治状况单方面决定。

②对受惠产品范围的规定。普惠制要求对受惠国或地区的制成品和半制成品普遍实行关税减让,但实际上许多给惠国都做不到,各普惠制方案一般按照《商品名称及编码协调制度》列有给惠产品清单和排除产品清单,并且给惠国根据本国经济贸易的政策需要对该清单经常进行调整。

③对给惠产品减税幅度的规定。给惠产品减税幅度是以最惠国税率与普惠税率的差额为标准的,最惠国税率越高,普惠税率越低,减税幅度就越大。给惠国均按照一定的标准对不同的给惠产品给予不同的减税幅度,一般而言,农产品的减税幅度小,工业品的减税幅度较大。

④对给惠国的保护措施的规定。在普惠制方案中,一般都设有保护措施以保护本国某些产品的生产与销售。这些保护措施主要有以下几类:第一类是免责条款,又称例外条款,它是指当受惠国进口量增加到对本国同类产品或有竞争关系的产品已造成或即将造成重大损害时,给惠国对该项产品的进口可以完全取消或部分取消关税优惠待遇。第二类是预定限额,它是指给惠国预先规定一定时期内某项受惠产品的关税优惠进口限额,对超过限额的进口部分按规定征收最惠国税。第三类是竞争需要标准,它是指对来自受惠国的某种进口货物,如超过当年规定的进口限额,则取消下一年度该种货物的关税优惠待遇。第四类是毕业条款,又称毕业机制或取消制度,它是指当受惠国的某项受惠产品或整体经济已发展到较高的程度,在世界市场上显示出了较强的竞争力时,则取消该项受惠产品或全部受惠产品享受普惠制待遇的资格。取消某项产品或部分产品的受惠资格称为"产品毕业";取消全部产品的受惠资格称为"国家毕业"。

⑤对原产地规则的规定。为保证把优惠关税给予真正取自、收获、生产或制造于该受惠出口国的产品,各给惠国都制定了详细的原产地规则,其目的是确保发展中国家或地区的产品利用普惠制扩大出口,防止非受惠国的产品利用普惠制的优惠扰乱普惠制下的贸易秩序。各给惠国的普惠制方案中的原产地规则一般包括原产地标准、直接运输规则和原产地证书三部分。原产地标准规定来自受惠国的产品必须符合下列条件之一:一是不含任何进口成分,全部由受惠国生产、制造、加工的产品;二是含有进口成分,但经过实质性变化的产品。直接运输规则要求受惠产品必须从受惠国直接运往给惠国,其目的是为了保证原产于受惠国的产品在运输途中不被伪装或再加工。因地理条件的限制或运输困难,受惠产品可以通过邻国领土转运,但必须在海关监管之下。原产地证书是受惠国的原产品出口到给惠国享受普惠制减免关税待遇的官方凭证,适用于一切有资格享受普惠制待遇的产品。该证书由受惠国政府授权的机构签发。

(5)差价税。差价税(Variable Levy)又称差额税,它是指当本国生产的某种产品的国内价格高于同类进口商品的价格时,为削弱进口商品的竞争力,保护本国生产和国内市场,对进口商品按照国内价格与进口价格之间的差额征收的关税。差价税税额随着国内外市场价格的变动而变动,国内外市场价格差额是多少就征多少差价税,因此,差价税是一种滑动关税。

实行差价税的一个典型的例子是欧盟国家对农产品进口征收的关税。欧盟成立后,为促进本地区农业的发展和保护农场主的利益,实施共同农业政策(CPA),制定了农产品的目标价格(目标价格高于世界市场价格)作为干预农产品的市场标准。为了免受外来低价农产品的冲击,欧盟对农产品实行差价税。具体做法是,用目标价格减去从内地中心市场到主要进口港的运费,确定可接受的最低进口价格,称为门槛价格,然后计算农产品从世界主要市场运至欧盟主要进口港的成本加运费加保费价(CIF),通过比较确定差价税的征收幅度,即差价税=门槛价格-CIF。实行差价税后,进口农产品的价格和欧盟内部的最高价格一致,从而丧失了竞争优势,欧盟正是借此有力地保护了其内部的农业生产。

关税的分类复杂,下面用简图5.1概括不同的分类标准。

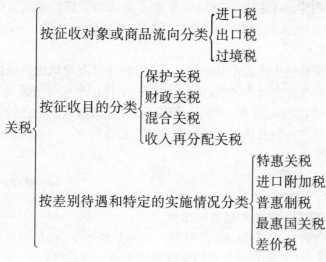

图 5.1 关税分类

5.2 关税的保护程度及测定

目前,各国通常以关税保护率来表示关税对某种或某类商品的保护程度,以平均关税水平来比较各国之间关税水平的高低。

5.2.1 关税保护率

对本国同类产业的保护程度通常用关税保护率来反映。关税保护率可分为名义保护率和有效保护率两种类型。

1. 名义保护率

名义保护率(Nominal Rate of Protection, NRP)是指由于实行保护而引起的国内市场价格

超过国际市场价格的部分与国际市场价格的百分比。其公式为

$$NRP=(P'-P)/P$$

其中：P 表示进口商品国际市场价格；

P' 表示进口商品国内价格。

从以上的公式可以看出,在其他条件相同或不变的条件下,名义保护率越高,对本国同类产业的保护程度就越高。现实经济中,影响进口商品国内外市场价格的因素有很多,除关税外,还有进口许可证、配额、外汇管制等,这些都可能使同一商品在国内外市场形成不同的价格。因此,名义保护率是这些保护措施或影响因素共同形成的对国内生产的保护作用。但是考虑到关税是国际贸易中传统的、主要的保护手段,并且通常假定关税是一国在国际贸易中唯一的保护措施,从而,一国进出口税则中的某种商品的法定税率常被认为是该国的名义保护率。严格地讲,法定税率应称为真正的名义保护率,即通常所说的名义关税。

2. 有效保护率

名义保护率对保护完全用本国原材料生产的产品是适用的,但它并没有将国内生产同类制成品所用进口原料的进口税率包括在考察范围之内,因此,采用有效保护率来测量关税的保护程度更为科学。有效保护率(Effective Rate of Protection,ERP)是指在关税或其他保护措施作用下引起的国内增值的提高部分与自由贸易条件下增值部分相比的百分比。有效保护率公式为

$$ERP=(V'-V)/V$$

其中：V 表示自由贸易条件下某一生产过程的增值；

V' 表示在关税或其他保护措施作用下该生产过程的增值。

例如,在自由贸易时,某种商品的价格为1 000元,其中600元为原料成本,若对同类产品征收进口税10%,对原料征收进口税5%。那么该产品的有效保护率为：

$$V=1\,000-600=400$$
$$V'=1\,000\times(1+10\%)-600\times(1+5\%)=1\,100-630=470$$
$$ERP=(V'-V)/V=(470-400)/400=17.5\%$$

5.2.2 关税水平的计量

关税水平(Tariff Level)是指一国各种商品的平均进口税率。关税水平可以大体衡量或比较一个国家进口关税的保护程度。它的计算方法主要有以下两种：

1. 简单算术平均法

公式为

$$t=\sum t_i/n$$

其中,t 表示总体关税水平；

t_i 代表个别关税税率；

n 代表税率的个数。

简单算术平均法计算简单,但它很难全面地反映一国关税对其经济的保护程度,它忽视了进口商品的数量和价格等因素。

2. 加权算术平均法

此种方法以该国进口征收关税的商品价值量为权数,结合税率计算出来。

公式为:
$$t = \sum t_i f_i$$

其中:t 代表总体关税水平;

t_i 代表个别关税税率;

f_i 代表某一关税率的进口商品占总进口商品的比例,其总和为1。

加权算术平均法的缺点是对于禁止性关税和高关税几乎没有给予考虑。

关税水平反映的只是一国或某一产业的整体水平,而实际上进行关税保护也不是对所有的商品都实行保护。但关税水平的计量,尤其是加权平均法计量关税水平仍然被很多国家所采用。

5.3 关税的征收制度

5.3.1 征收关税的方法

关税的征收方法又称为关税征收标准,是各国海关计征进出口商品关税的标准和计算的方法。按照征税的标准,可以分为从量税、从价税、复合税和选择税四种。从量税和从价税是关税征收的两种基本方法,在此基础上,又使用复合税和选择税。征收关税的方法或标准不同,计算税款的方法就不一样,征收关税的税额也就不同,所以在进出口时要注意征收关税的方法或标准。

1. 从量税

从量税(Specific Duties)是按照商品的重量、数量、容量、长度和面积等计量单位为标准计征的税收。其中重量是较为普遍采用的计量单位。从量税额计算的公式可以写成:

从量税额 = 商品数量 × 每单位从量税

从量税的优点在于征收手续简便,课税标准一定,只需将商品数量计算出来,再乘以相应税率即可。缺点在于税负不合理,同种类的货物无论等级高低,均按相同的税率征收,而且其税额也不能随物价的变动而调整,这使得征税有失公平。从使用从量税的保护作用看,从量税对质量次、价格低的低档商品与高档商品征收同样的关税,对低档商品的进口不利,所以征收从量税可以控制低价商品的大量涌入。为此,有的国家大量使用从量关税,尤其被广泛适用于食品、饮料和动、植物油的进口方面。然而,当有通货膨胀时,由于物价上涨,从量税就不能很好的发挥应有的保护作用。二战后,随着通货膨胀的出现,并且工业制成品贸易比重的加大,征收从量税的保护作用减弱,因此很多国家纷纷放弃完全按从量税的征收方法,而是采用多种计征方法。目前,完全采用从量税的发达国家仅有瑞士一个。我国对啤酒、原油、感光胶片等进口货物采用从量税的课税标准。

2. 从价税

从价税(Ad Valorem Duties)是按照进口商品的价格为标准计征的关税。其税率表现为货物价格的百分比。其计算公式为

$$从价税额 = 完税价格 \times 从价税率$$

征收从价税的一个重要问题是确定进口商品的完税价格。所谓完税价格是指海关审定的作为计征关税依据的货物价格。由于完税价格标准的选择直接关系到对本国的保护程度,各国都对此十分重视,因此关于完税价格各国也都有不同的海关估价标准,大致有以下三种:第一种是以装运港船上交货价格(FOB)作为征税价格标准;第二种是以成本、保险费加运费价格(CIF)作为征税价格标准;第三种是以法定价格或进口国的官方价格作为征税价格标准。美国、加拿大等国采用FOB作为完税价格,而西欧等一些国家采用CIF作为完税价格,也有很多国家甚至故意抬高进口商品完税价格,以此增加进口商品成本,把海关估价变成一种阻碍进口的非关税壁垒措施。

从价税的优点在于:一是税负合理,同类商品质高价高,税额也高;反之税额就低,而对于奢侈品,价高税额也高,相应的保护作用较大。二是从价税率按百分数表示,便于各国之间的比较。从价税的缺点在于:一是从价税的完税价格不易确定,征税的手续相对复杂。二是按当前国际上较常用的估价方法,完税价格的依据基本上是货物的成交价格,由于进口商申报的商品价格不同,同种商品的税额也会出现差别。

3. 复合税

复合税(Compound Duties)又称混合税(Mixed Duties),它是指对某一进出口货物或物品既征收从价税,又征收从量税,即同时使用两种税率计税。复合税可以分为两种:一种是以从量税为主加征从价税;另一种是以从价税为主加征从量税。复合税的计算公式:

$$复合税额 = 从量税额 + 从价税额$$

复合税率大多用于耗用原材料较多的工业制成品。例如,美国对男士羊绒衫(每磅价格在18美元以上)每磅从量税征收37.5美分,加征从价税15.5%。复合税的优点在于当物价上涨时,所征税额比单一从量税多,而物价下跌时,所征税额比单一从价税高,从而增加了关税的保护程度。其缺点是手续复杂,征收成本高,从量税与从价税的比例难以确定。

4. 选择税

选择税(Alternative Duties)是指对某种商品同时订有从量税和从价税两种税率,征税时由海关选择其中一种征税,作为该种商品的应征关税额。一般是选择税额较高的一种税率征税,在物价上涨时使用从价税,物价下跌时使用从量税。有时,为了鼓励某种商品的进口,或给某出口国以优惠待遇,也可以选择税额较低的一种税率来征收关税。

5.3.2 关税的征收依据

各国征收关税的依据是海关税则。

1. 海关税则的概念

海关税则(Customs Tariff)又称关税税则,它是指一国对进出口商品计征关税的规章和对进出口的应税与免税商品加以系统分类的一览表。

海关税则一般包括两个部分:一部分是海关征税规章;另一部分是关税税率表。前者是指海关征收关税的各种规章制度及说明,后者则包括税则号列、货物分类目录和税率三个部分。

2. 海关税则的分类

海关税则中的同一商品,可以用一种税率征税,也可以用两种或两种以上的税率征税。

(1)根据关税税率栏目的多少,海关税则可分为单式税则和复式税则。单式税则是指一个税目下只有一个税率,对来自任何国家和地区的商品均以同一税率征收,没有差别待遇。目前只有少数发展中国家如委内瑞拉、巴拿马、冈比亚等仍实行单式税则。

复式税则是指同一个税目下设有两个或两个以上的税率,对来自不同国家或地区的商品采取不同税率的差别待遇。其中,普通税率是最高税率,特惠税率是最低税率,在两者之间,还有最惠国税率、协定税率和普惠制税率等。目前,大多数国家都采用复式税则。

(2)根据制定税则的权限不同,海关税则可分为自主税则、协定税则和混合税则。自主税则又称国定税则,它是指一国立法机构根据关税自主原则单独制定而不受对外签订的贸易条约或协定约束的一种税率。

协定税则是指一国与其他国家或地区通过贸易与关税谈判,以贸易条约或协定的方式确定的关税税率。

混合税则是指一国关税税则的制定同时采取自主税则和协定税则两种方式。一国税则的制定以自主制定应税税目的税率为基础,结合与其他国家通过贸易条约或协定的方式确定的应税税目的税率组合而成。

3. 海关税则的商品分类与《协调制度》

各国海关在商品名称、分类标准及税则号列的编排方法上存在差异,同一商品在不同国家的税则上所属的类别号列互不相同。为了减少各国海关在商品分类上的矛盾,先后出现了《国际贸易标准分类》、《海关合作理事会商品分类目录》、《商品名称及编码协调制度》等标准。由于关贸总协定(世贸组织)也以《商品名称及编码协调制度》(简称《协调制度》)目录统计的数据作为关税减让谈判的基础,因而,我国自1992年1月1日起也正式实施了以《协调制度》为基础编制的新的《海关进出口税则》和《海关统计商品目录》。

《协调制度》是一个新型的、系统的、多用途的国际贸易商品分类体系。它除了用于海关税则和贸易统计外,对运输商品的计费与统计、计算机数据传递、国际贸易单证简化以及普遍优惠制的利用等方面,都提供了一套可使用的国际贸易商品分类体系。

《协调制度》的成功之处在于它是国际上多个商品分类目录协调的产物,是通过协调去适合国际贸易有关各方的需要,是国际贸易商品分类的"标准语言"。它的特点在于:第一,它能将当前国际贸易主要商品品种分类列出;第二,它能遵循科学的原则,将商品按人们所了解的自然属性、用途和组成成分等分类方法列出;第三,它在国际上已为上百个国家使用,具有可比性;第四,它能使各个项目范围清楚明了,不交叉重复。

《协调制度》将商品分为21类、97章,第97章留空备用,章以下设有1 241个四位数的税目,5 019个六位数的子目。其中1~21章为农副产品,25~97章为加工制成品。由于《协调制度》是一个系统的国际贸易商品分类表,它的编排是有一定规则的。以类为例,它基本上是以社会生产分工来划分的,例如,农业为第一、二类,化工为第六类,纺织工业为第十一类等;从章来看,主要按商品的自然属性来划分,有些则按商品的用途或功能来划分。

5.3.3 关税的征收程序

关税征收的程序又称通关手续或报关手续,它是指出口商或进口商向海关申报出口或进口,接受海关的监督与检查,履行海关规定的手续。办完通关手续,结清应付的税款和其他费用,经海关同意,货物即可通关放行。关税征收的程序包括货物的申报、单证的审核、查验、征税和放行,现以进口为例做简单介绍。

1. 货物的申报

货物的申报是指进口商在进口商品时要向当地海关申报进口,并提交有关单据及证明。相关单据包括:进口货物报关单;对外贸易管理部门签发的进口货物许可证和国家规定的其他批准文件;提货单、装货单和运单;外贸合同、发票、装箱单等单据。

2. 单证的审核

当进口商填写和提交有关单证后,海关按照海关法令与规定,审查核对有关单证。审核有关单证的具体要求是:

(1)应交验的单证必须齐全、有效。

(2)报关单填报的内容必须正确、全面。

(3)所报货物必须符合有关政策与法规的规定。

审核单证时,如发现有不符合上述各项规定时,海关通知申报人及时补充或更正。

3. 货物的查验

查验是指海关按照有关法令,查验审核有关单证及货物是否相符,防止非法进口。查验货物一般是在码头、车站、机场的仓库、场院等海关监管场所内进行。

4. 货物的征税与放行

海关在审核单证、查验货物后,照章办理收缴税款等费用。进口税款用本国货币缴纳,如使用外币,则应按本国当事汇率折算缴纳。货物到达时,如发现货物"缺失"一部分,可扣除缺失部分的进口税。当一切海关手续办妥以后,海关即在提单上盖上海关放行章以示放行。

进口商要在货物到达后规定的工作日内办理通关手续,如果是某些特定的商品,如水果、蔬菜等易腐烂商品,要求货到时即刻从海关提出的,可以在货到前办理提货手续,预付一笔进口税,日后再结算进口税。如果进口商想延期提货,可以把货物存入海关的保税仓库,暂时不缴纳进口税。如果进口商没有在规定日期内办理通关手续,海关有权将货物存入候领货物仓库,期间产生的费用一律由进口商负责,如果存仓货物在规定期间仍未办理通关手续,海关则有权处理该批货物。

5.4 关税减让谈判

从历史到现今,关税一直被作为保护国内产业的一项贸易措施而广泛使用,同时它又是影响国际贸易正常进行的主要障碍之一。在关贸总协定举行的八轮多边贸易谈判中,关税减让都是其中必不可少的内容。关贸总协定把达成互惠互利的"关税减让"作为一项重要职能。继承发展关贸总协定所有成果和重要原则的世贸组织,也把关税减让及谈判作为规范货物贸易的一个重要规则,其目的是,既减少贸易障碍,又实现成员之间权利与义务的平衡,为货物贸易的市场准入提供安全稳定的税收及价格机制。

5.4.1 关税减让的含义

关税减让是指通过谈判,互相让步,承担减低关税的义务。关贸总协定与世贸组织所指的"关税减让",具有以下几方面的含义:一是关税保护。世贸组织允许其成员使用关税作为保护国内产业的政策工具,因为它具有较高的透明度,主张将关税作为唯一的保护手段。二是削减关税。在承认关税保护存在的历史现实性和一定关税保护的合理性的同时,要求其成员通过互惠互利的谈判不断降低关税和进出口其他费用水平。三是关税约束。其约束方式有三种:①对现行税率加以约束,如某一产品现行的实施关税为10%,谈判中承诺今后约束在10%;②对减让后的税率加以约束,如承诺将某产品的关税从20%减为10%,即以此作为约束关税率;③采用"上限税率"来约束关税,即将关税约束在高于现行税率(也可以是削减后的税率)的某一特定水平,各方承诺其实施的税率不能超出这一水平。四是零关税。如乌拉圭回合谈判中,美国、欧盟、日本、加拿大、澳大利亚、奥地利、芬兰等发达成员间在药品、医疗器械、建筑、矿山钻探机械、农用机械等部门达成了零关税协议。

5.4.2 关税减让谈判的基础与原则

5.4.2.1 关税减让谈判的基础

关税减让谈判必须有两个基础:一是商品基础,二是税率基础。

1. 商品基础

关税谈判的商品基础是各国的海关进口税则,在谈判中要通过协调税则、税号确定商品范围,以使谈判具有共同语言。

2. 税率基础

税率基础是关税减让的起点,每一次谈判的税率基础是不同的,一般是以上一次谈判确定的税率即约束税率,作为进一步谈判的基础。

5.4.2.2 关税减让谈判的原则

1. 互惠互利

互惠互利是关税谈判的指导思想,各方只有在互惠互利的基础上才能达成协议。互惠互利应服从整个国家的贸易发展,不能仅局限在具体的关税谈判上,互惠互利也并不意味着在所有的关税谈判中,谈判双方都要做出减让承诺,如在加入世贸组织谈判时,做出承诺减让的只有申请加入的一方,但申请方加入世贸组织后,可以从成员方在多边谈判中已作的关税减让承诺中得到利益。

2. 应考虑对方的需要

关税谈判应充分考虑每个成员、每种产业的实际需要,充分考虑发展中国家使用关税保护本国产业、增加财政收入的特殊需要,还应顾及各成员经济发展等其他方面的需要。

3. 对谈判情况予以保密

一般情况下,一个成员要与若干个成员进行关税谈判,但具体的谈判是在双边基础上进行的。因此,双方应对谈判承诺的情况保密,以避免其他成员在谈判中互相攀比要价。

4. 按照最惠国待遇原则实施

关税谈判达成的谈判结果,应按照最惠国待遇原则,对WTO所有成员实施。

5.4.3 关税减让谈判权的确定

根据世贸组织规定,只有享有关税谈判权的成员才可参加关税谈判,凡具备以下条件之一者,可享有关税谈判权。

1. 产品主要供应利益方

在谈判前的一段合理期限内,一个世贸组织成员如果是另一个世贸组织成员进口某项产品的前三位供应者,则该成员对这项产品享有主要的供应利益,被称为主要供应利益方,又称主要供应方。主要供应方有权向对方提出关税谈判的要求。

2. 产品实质供应利益方

在谈判前的一段合理期限内,一个世贸组织成员某项产品的出口在另一方进口贸易中所占比例达到10%或10%以上,则该成员对这项产品享有实质供应利益,被称为实质供应利益方,有权向被供应方提出关税谈判的要求。

3. 最初谈判权方

一个世贸组织成员与另一方就某项产品的关税减让进行了首次谈判,并达成协议,则该成员对这项产品享有最初谈判权,被称为最初谈判权方。当做出承诺的一方要修改或撤回这项关税减让时,应与有最初谈判权方进行谈判。

最初谈判权的规定,是为了保持谈判方之间权利与义务的平衡。最初谈判权方一般都具有主要供应利益,但具有主要供应利益方,不一定对某项产品要求最初谈判权。

5.4.4 关税减让谈判的方式

关税谈判的方式主要有三种,即产品对产品谈判、公式减让谈判、部门减让谈判。

1. **产品对产品谈判**

产品对产品谈判是指一个世贸组织成员根据对方的进口税则产品分类,向谈判方提出自己具有利益产品的要价单,被要求减让的一方根据有关谈判原则,对其提出的要价单按其具体产品进行还价。

2. **公式减让谈判**

公式减让谈判是指对所有产品或所选定产品的关税,按某一议定的百分比或按某一公式削减的谈判。公式减让谈判是等百分比削减关税,因而对高关税削减幅度会较大,对低关税削减幅度较小。

3. **部门减让谈判**

部门减让谈判是指将选定产品部门的关税约束在某一水平上的谈判。部门减让的产品范围,一般按照《商品名称及编码协调制度》的6位编码确定。

在关贸总协定和世贸组织的关税谈判中,这几种谈判方式可以交叉使用,没有固定模式,通常是以部门减让及产品对产品谈判方式为主。通过部门减让谈判,解决成员方关心的大部分产品问题;通过产品对产品谈判,解决个别重点产品问题。

5.4.5 关税减让表

如果关税减让谈判没有失败,则会形成一个谈判结果为所有成员接受的减让表,或者形成一个仅对签署成员有约束力的诸边协议。值得注意的是,作为关税减让谈判结果的税率,与各成员实际征收的税率不一定相同。减让谈判结果的税率是约束税率,而实际征收的税率是各成员公布的法定适用税率。对于发达国家而言,约束税率一般是实际征收的税率,而大多数发展中国家则将税率约束在高于实际征收税率的水平上,将约束税率作为关税上限。各成员实际征收的关税水平,均不得高于其在减让表中承诺的税率及逐步削减的水平。

某一成员国不一定约束所有产品的关税,它可以随时、不受限制地提高未被约束产品的关税。若产品的关税受到约束,它可以自由的实施低于该约束水平的税率。如果某一成员国要将某产品的关税税率提高到约束水平之上,则需要按照有关条款规定的程序进行谈判。经过谈判确定的修改结构,重新载入关税减让表。表5.1是中国关税减让表的一个例子。

表 5.1 中国关税减让格式表

商品描述	税号	最初配额量和配额内税率	最终配额量和配额外税率	实施期	最初谈判权	其他条款和条件
小麦	10011000	7 884 000 吨 1%	9 636 000 吨 1%	2004	AU,CA,US	(1) 国营贸易比例=90% (2) 年关税配额量： 年份 关税配额量 2002 8 468 000 吨 2003 9 052 000 吨 2004 9 636 000 吨
	10019010	1%	1%			
	10019090	1%	1%			
	10010000	6%	6%			
	11031100	9%	9%			
	11032100	10%	10%			
玉米	10051000	5 175 000 吨 1%	7 200 000 吨 1%	2004	AR,US	(1) 国营贸易比例=71%至60% (2) 年关税配额量： 2002 5 850 000 吨 2003 6 525 000 吨 2004 7 200 000 吨 (3) 年国营贸易比例 2002 68% 2003 64% 2004 60%
	10059000	1%	1%			
	11022000	9%	9%			
	11031300	9%	9%			
	11042300	10%	10%			
大米,中短粒		1 662 500 吨	2 660 000 吨	2004	AU,TH,US,UY	国营贸易比例=50%

【专栏5.3】

我国进出口税率2010年进行调整,关税总水平维持在9.8%左右

2010年1月1日起,我国将降低鲜草莓等6种产品的进口关税,进出口税目总数将由今年的7 868个增至7 923个。调整后,我国关税总水平不变,至此,我国加入世界贸易组织的降税承诺全部履行完毕。

除了降低6种产品进口关税以外,财政部还明确,明年将继续对小麦、玉米、稻谷、大米、糖、羊毛、毛条、棉花等7种农产品以及尿素、复合肥、磷酸氢二铵等3种化肥实施关税配额管理,并对关税配额外进口一定数量的棉花继续实施滑准税,税率维持不变,对尿素、复合肥、磷酸氢二铵继续实施1%的暂定配额税率。对冻鸡等55种产品,也将继续实施从量税或复合税,税率维持不变。

由于降税涉及商品少、税率降幅小,此次调整对我国关税水平影响不大。关税调整后,我国关税总水平与2009年相同,仍为9.8%,其中农产品平均税率为15.2%,工业品平均税率为8.9%。

同时,为推动经济结构调整,促进能源资源节约和生态环境保护,2010年我国将对600多种产品实施较低的年度进口暂定税率。此外,出于适应科学技术进步、产业结构调整、贸易结构优化的需要,我国对部分税目进行了调整,增列了硫酸羟胺、重组人胰岛素、食品级冰乙酸、速凝永磁片等税目。财政部表示,加入世界贸易组织以来,我国认真履行承诺的关税减让义务,得到了国际社会的广泛好评,维护了国家信誉,树立了负责任大国的良好形象。

据介绍,我国自2002年起逐年调低进口关税,关税总水平由15.3%调整至目前的9.8%,农产品平均税率由18.8%调整至目前的15.2%,工业品平均税率由14.7%调整至目前的8.9%。其中,2002年大幅调低了5 300多种商品的进口关税,关税总水平由2001年的15.3%降低至12%,是入世后降税涉及商品最多、降税幅度最大的一年;2005年降税涉及900多种商品,关税总水平由2004年的10.4%降低至9.9%,是我国履行义务的最后一次大范围降税;此后的几次降税涉及商品范围有限,对关税总水平的影响均不大。

财政部指出,2006年7月1日,我国降低了小轿车等42个汽车及其零部件的进口关税税率,最终完成了汽车及其零部件的降税义务,我国汽车整车及其零部件税率分别由入世前的70%~80%和18%~65%降至25%和10%。2001年降低鲜草莓等6个税目商品进口关税后,我国加入世界贸易组织承诺的关税减让义务全部履行完毕。

资料来源:http://www.zgjrjw.com.

【本章小结】

1. 关税是指进出口货物经过一个国家的关境时,由一国政府设置的海关向进出口商所征的税收。对进出口货物征收关税,可以起到增加财政收入、保护本国同类产品和市场、调节进出口商品结构、发展对外关系四方面的作用。

2. 根据不同的标准,关税可以分为不同的种类。按照征收对象或商品流向,关税可分为进口税、出口税和过境税;按照征收目的,关税可分为保护关税、财政关税、混合关税和收入再分配关税;按照差别待遇和特定实施情况,关税可分为进口附加税、最惠国关税、特惠关税、普惠制税和差价税。

3. 各国通常以平均关税水平来比较各国之间关税水平的高低。关税水平有简单算术平均法和加权算术平均法两种计量方法。在考察关税对某行业的保护程度时,不仅要看名义保护率,还要看有效保护率。

4. 关税的征收方法有从量税、从价税、复合税和选择税。关税的征收依据是海关税则。它是指一国对进出口商品计征关税的规章和对进出口的应税与免税商品加以系统分类的一览表。关税的征收程序包括货物的申报、单证的审核、查验、征税和放行。

5. 关税减让谈判的两个重要方面是关税减让谈判权的确定和关税减让谈判的方式。如果谈判取得成功,就会形成一个谈判结果为所有成员接受的减让表,或者形成一个仅对签署成员有约束的诸边协议。

【思考题】

1. 什么是关税?征收关税的作用有哪些?
2. 按照差别待遇和特定的实施情况,关税可分为哪几类?
3. 什么是反倾销税,构成倾销的条件有哪些?
4. 什么是普惠制关税,普惠制关税有哪些特点。
5. 关税的征收方法有哪些?各种方法有哪些优缺点?
6. 简述关税的征收程序。

【案例分析】

对我国关税减免中关税保护作用的思考

在20世纪90年代初,我国的关税总水平达45%以上,如此高的关税提高了进口商品在我国市场的价格,限制了进口商品的数量,从而对我国国内企业的产品进行了较好的保护。但是从另一个方面来看,随着当今世界经济全球化的发展,我国的高水平关税税率已经在诸多方面影响了我国的开放,尤其是在加入WTO方面已经成为一个障碍。

近年来,我国的关税税率不断降低,算术平均关税税率已由1992年43.2%下降到目前的15.3%。当然,大幅度降低关税,有利于市场的开放和与国际的接轨,可是能否有效保护我国的市场呢?这就不能一概而论了,而是应当从关税结构、名义保护率和有效保护率等方面来分析。

关税结构是指一国关税税则中各类商品关税税率之间高低的相互关系。世界上大多数国家在关税结构方面都有一个显著特点,就是关税税率随产品加工程度的逐渐深化而不断提高,也就是说制成品的关税税率比中间产品的关税税率高,而中间产品的关税税率又比初级产品的关税税率高。名义关税税率是指一国实行保护使某商品的国内市场价格高于国际市场价格的百分比。而有效保护率则是指一国实行保护使本国某产业加工增值部分被提高的百分比。由于有了有效保护的概念,我们在看待一个国家关税对某一产业的保护程度时,不能单纯从一个产业产品进口税率高低来判断,而应该综合分析关税对该产业的产出与投入所负担的进口关税的影响,即要分析关税使该产业产品增值部分提高的程度。据此我们可以分析世界上大多国家关税结构的特点。当原材料和中间产品的进口税率与其制成品的进口税率相比越低时,一国对其加工制造业成品的有效保护率就会越高。因此,只要一国对其制成品征收高关税,而对中间投入品征收低关税时,就能对此产业进行有效的保护。相反,如果一国对成品征收的关税低于其中间投入品,那么就不能很好地保护本国市场。我国随着减税幅度的加大,能否更加有效的保护我国的市场呢?

一直以来,我国在制造业方面的名义保护率都比较高,但是因为我国大部分初级产品的相对保护水平不高,比较有利于我国进口原材料等初级产品,从而促进我国加工制造业的进一步发展,所以我国对制造业的有效保护程度比较高,这也是我国制造业发达的一个原因。再看看发达国家的情况,在20世纪60年代,发达国家普遍的平均名义保护率在第一加工阶段为4.5%,在第二加工阶段为7.9%,在第三加工阶段为16.2%,在第四加工阶段为22.2%,而有效保护率分别为4.6%、22.2%、28.7%和38.4%。由此我们可以看出,发达国家虽然名义保护率比较低,可是它们的有效保护率却不低。

因此,我们国家为了更好地对市场进行保护,在逐步减让关税的时候,更应该考虑的是如何调整关税结构。一方面,我国应该大大降低名义关税水平,因为名义关税率过高不利于我国与世界的接轨,反而在一定程度上还会助长走私活动,不利于我国关税制度的推行以及社会的安定。如果我们下调了名义关税税率,将会把走私的根切断,这对我国国内市场秩序的整顿是有很大益处的。另一方面,我们在现行总体关税水平下降的前提下,可以适当提高有效保护率。

另外,在制定关税减免政策时,我们还应该注意到,我国当前的一个现实就是名义税率与实际税率之间差距过大的问题。我国的名义关税水平和发达国家相比虽然比较高,可是在现实中,由于我国对很多产品都实行关税减免优惠政策,实行不同程度的出口退税等奖励措施,再加上走私的猖獗,使得我国对税收的实际征收情况并不理想。这一方面不利于我国财政收入的增加,不利于国内企业间的公平竞争,另一方面,实际征收水平的低下,不但起不到保护作用,更加谈不上有效保护。因此,我国在调整关税税率结构时,还应该考虑逐步缩小关税优惠的范围,更加严格的把好关税优惠这一关。

总的来说,我国是发展中国家,经济总体竞争力不强,尤其是在面临经济全球化和一体化的情况下,我国企业的竞争压力尤其大。因此我国在逐步降低关税水平的同时,更应该注重国内企业的发展,使其在日益激烈的国际竞争中更好的生存发展下去。

资料来源:筱灵.对我国关税减免中关税保护作用的思考.博客动力,2005-6-22.

案例思考:

通过分析案例,谈谈如何在关税减免的同时,有效的发挥关税的保护作用。

【本章荐读书目及网上资源】

[1] 薛荣久.国际贸易——新编国际经贸核心精品课程教材[M].北京:对外经济贸易大学出版社,2006:260-289.

[2] 范爱军.国际贸易学[M].第3版.北京:科学出版社,2009:122-142.

[3] http://www.mofcom.gov.cn/ 中华人民共和国商务部网站.

[4] http://www.customs.gov.cn/ 中国海关.

Chapter 6

非关税措施

【学习目的与要求】

通过本章的学习,掌握非关税措施的含义、特点及其影响;掌握主要的非关税措施;了解其他非关税措施。

【本章关键术语】

非关税壁垒(Non-tariff Barriers,NTBs);进口配额制(Import Quota System);"自愿"出口配额制(Voluntary Export Restraints,VERs);进口许可制(Import License System);外汇管制(Foreign Exchange Control);技术性贸易壁垒(Technical Barriers to Trade,TBT)

关税与贸易总协定和后来的世界贸易组织成立后,在多边贸易体制的推动下,发达国家的关税水平已经大幅度减低,再用关税措施推行贸易保护主义已经没有很大的空间,再加上关税措施在限制进口方面的无法克服的局限性,因此,非关税措施在贸易保护中的作用日益突出,目前已成为世界各国实施贸易保护的主要措施。

6.1 非关税措施概述

非关税措施又称非关税壁垒(Non-tariff Barriers,NTBs),它泛指一国政府为了调节、管理和控制本国的对外贸易活动,从而影响贸易格局和利益分配而采取的除关税以外的各种限制进口的一切措施。这种措施可以通过国家法律、法令以及各种行政措施来实现。

6.1.1 非关税措施的产生与发展

非关税措施是资本主义国家争夺世界市场的产物。1929~1933年的经济危机,使各资本主义国家的生产骤降、价格猛跌、失业剧增,为了摆脱经济危机,缓解国内市场的矛盾,各国纷纷在提高进口关税的同时,也使用了以限制进口数量为主要形式的非关税壁垒。1931年,法国首先对化肥的进口实施进口配额制,后来对农产品和燃料等的输入也采取了相同的限制措施,其他资本主义国家也纷纷效仿。到1934年,采用进口配额制的国家已达到20多个。1933年,澳大利亚首先对工业制成品实行进口许可证制,而后,法国、西班牙、比利时等国也相继对许多进口商品实行进口许可证制。同时,很多国家实施外汇管制以限制进口。

二战以后,在《关税与贸易总协定》的主持下,经过几轮的贸易谈判,各成员国的关税水平不断下降。经济的迅速增长也使贸易的自由化程度大大提高,许多非关税措施被废除。而后,20世纪70年代的经济危机,使各国加强了对国内市场的保护措施,形成贸易保护的压力。但关贸总协定成员方受到关税减让谈判成果履行的约束,关税不能随意变动和提高。所以各国更多地采用非关税壁垒,受非关税壁垒保护的商品也越来越多。

20世纪90年代以来,随着社会的进步、人们生活水平的提高、环保意识的增强及科学技术的发展,非关税措施从限制商品数量价格等转向国民健康、安全和环保等方面的非关税壁垒。当前,非关税措施呈日益加强的趋势,主要表现在:第一,非关税措施的项目日益增多。据统计,非关税措施的项目的数量已由20世纪60年代的几百项增加到目前的几千项。第二,非关税措施的适用范围不断扩大。各种非关税措施用于限制进口商品的范围已经从纺织品、服装和鞋类等逐步扩大到汽车、钢材、农产品、电子产品等大量产品。第三,受非关税措施限制和损害的国家日益增多,不仅包括发展中国家,而且也包括发达资本主义国家。

6.1.2 非关税措施的分类

6.1.2.1 从对进口限制的作用上分类

从对进口限制的作用上,非关税措施可分为直接的非关税措施和间接的非关税措施两大类。前者指进口国直接对进口商品规定进口的数量或金额或迫使出口国按规定的出口数量或金额限制进口,如进口配额制、进口许可证制和"自动"出口限制等。后者指进口国未直接规定进口商品的数量或金额,而是对进口商品制订种种严格的条例,间接地影响和限制商品进口,如进口押金制、最低限价制、海关估价制、苛刻的技术标准、卫生安全检验和包装标签规定等。

6.1.2.2 从对进口的不同法令和实施上分类

从对进口的不同法令和实施上,非关税壁垒可分为以下几类:
(1)从直接限制进口数量和金额的实施上分,有进口配额制、"自动"出口配额制、进口许可证制等；

(2) 从国家直接参与进出口经营上分,有进出口国家垄断、政府采购政策等；

(3) 从外汇管制的实施上分,有数量性外汇管制和成本性外汇管制等；

(4) 从海关通关程序上和对进口价格的实施上分,有海关估价制、繁琐的通关手续、征收国内税和进口最低限价等；

(5) 从进口商品的技术、卫生检疫等标准上分,有进口商品技术标准、卫生安全检疫规定、商品包装和标签规章等。

6.1.3 非关税措施的特点

非关税措施和关税措施都有限制进口的作用,但非关税措施与关税措施相比较又具有以下几个特点：

1. 更大的灵活性和针对性

一般来讲,各国关税的制定,必须经过立法程序,如果调整和更改税率,需要经过繁琐的法律程序和手续,这种法律程序和手续往往难以适应紧急限制进口的情况。同时,关税税率一般受到多边或双边贸易协定的约束,因此,关税税率很难做出灵活性的调整。而在制定和实施非关税贸易壁垒上,通常采取行政程序,手续简便迅速,并能随时针对某国、某种商品采取相应的限制措施,较快地达到限制进口的目的。

2. 更直接、更有效地达到限制进口的目的

关税壁垒是通过征收高额的进口关税,提高进口商品的成本和价格,削弱其竞争力,间接地影响进口量,达到限制进口的目的。如果出口国采取出口补贴、商品倾销等办法降低出口商品的成本和价格,关税往往难以有效地阻止进口,达到其限制的目的。但一些非关税贸易壁垒,如进口配额等预先规定了进口的数量和金额,超过限额即禁止进口,直接限制了超额的进口商品,达到了关税未能达到的限制进口的目的。

3. 更具有隐蔽性和歧视性

一般来讲,关税税率确定后,往往以法律的形式公布于众,依法执行,它具有较高的透明度,出口商比较容易把握有关商品的税率。但一些非关税壁垒往往不公开,或者规定极为繁琐复杂的标准和手续,而且经常变化,出口商往往难以预测和无法适应。同时,一些国家还针对个别国家采取相应的限制性的非关税壁垒措施,结果,大大加强了非关税壁垒的差别性和歧视性。

非关税壁垒名目繁多,内容复杂。传统的非关税壁垒侧重商品数量和价格限制,更多地体现在商品和商业利益上。而现代的非关税贸易壁垒更多地考虑商品对于人类健康、安全以及环境的影响,体现的是社会利益和环境利益。

6.1.4 非关税措施的影响

6.1.4.1 对国际贸易的影响

一般说来,非关税壁垒对国际贸易的发展起着重大的阻碍作用。在其他条件不变的情况下,世界性的非关税壁垒加强的程度与国际贸易增长的速度成反比关系。当非关税壁垒趋向加强,国际贸易的增长将趋向下降;反之,当非关税壁垒趋向缓和或逐渐拆除时,国际贸易的增长速度将趋于加快。第二次世界大战后的50年代到60年代初,在关税大幅度下降的同时,发达资本主义国家还大幅度地放宽和取消了进口数量限制等非关税措施,因而在一定程度上促进了国际贸易的发展。从1950年到1973年间,世界贸易量年平均增长率达到7.2‰。但从20世纪70年代中期以后,非关税壁垒逐渐加强,形形色色的非关税壁垒措施层出不穷,形成了一个以直接进口数量限制为主干的非关税壁垒网,严重地阻碍着国际贸易的发展。目前,以技术壁垒为核心的新型非关税壁垒已成为阻碍国际贸易发展的重要因素。

非关税壁垒在一定程度上还影响国际贸易商品结构和地理方向的变化。第二次世界大战后,特别是70年代中期以来,农产品贸易受到非关税壁垒影响的程度超过工业制成品,劳动密集型产品贸易受到非关税壁垒影响的程度超过技术密集型产品;同时,发展中国家或地区和社会主义国家对外贸易受到发达资本主义国家非关税壁垒影响的程度超过发达资本主义国家本身。这种情况阻碍和损害了发展中国家和社会主义国家对外贸易的发展。与此同时,发达资本主义国家之间以及不同的经济集团之间相互限制彼此的某些商品进口,加强非关税壁垒,使它们之间的贸易摩擦和冲突不断加剧。

6.1.4.2 对进口国的影响

第二次世界大战以后,由于关税税率的大幅度下降,关税作为保护手段的作用已经大大降低,非关税措施成为进口国替代关税降低的一种保护手段,也是进口国实施贸易歧视的重要手段。进口国可以通过限制进口,保护和发展本国国内特定产业,给国内产品设置一个保护圈。另外,随着人民生活水平的提高和环保意识的增强,人们越来越追求的是有益于身体健康、生态平衡的高质量的商品,进口国通过实施技术贸易壁垒和环境贸易壁垒等措施,在一定程度上达到保护国民身体健康和保护生态环境的目的。目前,非关税措施还成为了涉外谈判的一种手段,有时和政治外交交织在一起,互为手段和目的。如在中美人权问题、知识产权等问题的谈判中,非关税措施就被美国作为向中国施加压力和实施贸易报复的一种手段。

但是,非关税壁垒的加强会使进口国消费者付出巨大的代价,他们要付出更多的金钱去购买所需的商品。同时,随着国内市场价格的上涨,其出口商品的成本与出口价格也将相应提高,从而削弱了出口商品的竞争能力。为了增加出口,政府只有采取出口补贴等措施,从而增加了国家预算支出和加重人民的税收负担。

6.1.4.3 对出口国的影响

进口国加强非关税壁垒措施,将直接或间接地使出口国的商品出口数量和价格受到严重影响,造成出口商品增长率或出口数量的减少及出口价格的下跌。

一般来说,如果出口国的出口商品的供给弹性较大,则这些出口商品的价格受进口国的非关税壁垒影响而引起的价格下跌将较小;反之,如果出口国的出口商品的供给弹性较小,则这些商品的价格受进口国的非关税壁垒影响而引起的价格下跌将较大。由于大部分的发展中国家的出口产品供给弹性较小,所以,世界性非关税壁垒的加强使发展中国家受到严重的损害。

6.2 主要的非关税措施

非关税措施作为一种限制进口的措施,随着其运用的日益广泛,种类也日益增多,运用频率较高的非关税措施主要有以下几种:

6.2.1 进口配额制

进口配额制(Import Quota System)是指一国政府在一定时期内(通常为1年)对某些"敏感"商品的进口数量或金额加以直接限制,在规定的期限内,配额以内的货物可以进口,超过配额的则不准进口,或者征收较高的关税和罚款后才能进口。进口配额制主要有以下两种:

1. 绝对配额

绝对配额(Absolute Quota)是指在一定时期内(通常为1年)对某些商品的进口数量或金额规定一个最高限额,达到这个数额后,便不准进口。这种配额在实际的业务操作中,又有以下两种方式:

(1) 全球配额。全球配额(Global Quota)是进口国在规定了进口总限额后,对来自世界任何国家和地区的商品,在没有国别和地区限制的情况下分发配额。任何国家或地区的商品都可以申请,政府主管部门通常根据各国进口商提出申请的先后顺序,或过去某一时期的实际进口额分给各国进口商一定的额度,直到总配额发放完毕为止,超过总配额就不准进口。全球配额有利于进口国对进口产品的价格、质量和信誉进行选择。

(2) 国别配额。国别配额(Country Quota)是在总配额内按国别或地区分配给固定的配额,超过规定的配额不准进口。为了区分来自不同国家和地区的商品,在进口商品时进口商必须提交原产地证书。

国别配额又可以分为自主配额(Autonomous Quota)和协议配额(Agreement Quota)。自主配额又称单方面配额,是由进口国家完全自主地、单方面强制规定在一定时期内从某个国家或地区进口某种商品的配额,这种配额不需征求出口国的同意。协议配额又称双边配额,是由出口国家和进口国家政府或民间团体之间协商确定的配额。协议配额是由双方协商确定的,通常不会引起出口方的反感和报复,并可使出口国对于配额的实施有所谅解与配合,较易执行。

2. 关税配额

关税配额(Tariff Quota)是对进口商品的绝对数额不加限制,而在一定时期内,对配额以内的进口商品给予低税、减税或免税待遇,对超过配额的进口商品则征收较高的关税、进口附加税或罚款。关税配额是关税与配额相结合的贸易限制措施,它以关税税率变化为其存在条件,故有学者称其为"条件配额"。

按照商品进口的来源,关税配额可分为全球性关税配额和国别关税配额。按照征收关税的目的,关税配额可分为优惠性关税配额和非优惠性关税配额。优惠性关税配额即在关税配额内进口的商品,给予较大幅度的关税减让甚至免税,对超过配额的进口商品征收原来的最惠国税率。非优惠性关税配额即在关税配额内征收原来的进口税,对超过配额的进口商品征收很重的附加税或罚款。

关税配额与绝对配额的最大区别在于:绝对配额规定一个最高限额,超过限额不得进口。而关税配额在额度内可以享受优惠关税或免税,超过额度仍可进口,只不过超额部分的待遇不同而已。目前大多数发达国家对从发展中国家进口的制成品或半制成品,在配额内的给予普惠制待遇,超过配额的给予最惠国待遇。

6.2.2 "自愿"出口配额制

"自愿"出口配额制(Voluntary Export Restraints,VERs)又称"自动"出口限制,它是指出口国在进口国的要求和压力下,单方面或经双方协商规定某种或某些商品在一定时期内(一般为3~5年)对该进口国出口的最高数量限额,在限额内出口国自行安排出口,达到限额即停止出口。"自愿"出口限制一般被看成是进口配额的一种特殊形式。"自愿"出口配额制是20世纪60年代以来非关税壁垒中非常流行的一种形式,几乎所有先进工业发达国家在各种长期贸易项目中都采用了这种形式。"自愿"出口限制是美国的发明,早在1956年,美国认为日本的纺织品破坏了美国国内市场,便与日本达成协议,由日本承诺其对美国出口的纺织品加以"自愿"限制,目前使用这种方式限制的商品范围扩大到钢铁、小汽车、彩电、电子元件、船舶、农产品等行业。"自愿"出口配额制主要有两种形式:

1. 非协定的"自愿"出口配额

非协定的"自愿"出口配额不受国际协定的约束,而是出口国迫于进口国的压力,单方面自行规定出口配额,以限制商品出口。在这种配额制下,出口商必须向有关机构申请配额,领取出口授权书或出口许可证才能输出商品。

2. 协定的"自愿"出口配额

协定的"自愿"出口配额是指进出口双方通过谈判签订"自限协定"或"有秩序销售协定",规定一定时期内某种商品的出口配额,出口国根据配额发放出口许可证或实行出口配额签证制,自动限制出口,进口国则根据海关统计进行监督检查。目前,"自愿"出口配额大多属于这一种。

"自愿"出口配额制与绝对进口配额制在形式上略有不同。前者表现为出口国方面直接控制某些商品对指定国家的出口,而后者表现为进口国方面直接控制某些商品的进口配额。但是,就进口国方面来说,"自愿"出口配额像绝对进口配额一样,起到了限制商品进口的作用。从表面上看,好像"自愿"出口配额制是出口国家出于自愿,但在实质上它却具有明显的强制性。进口国往往以商品大量进口使其有关产业受到严重损害,造成所谓"市场混乱"为由,要求有关国家"自愿"限制商品的出口,否则进口国就会单方面地采取限制进口的措施。可见,"自愿"出口配额制实际上是进口国家为限制进口,保护国内工业而对出口国施加压力的结果,因而是一种特殊形式的进口配额。

6.2.3 进口许可证制

进口许可证制(Import License System)是一种凭证进口制度。在实行进口许可证制的国家,进口商在进口商品前必须向本国有关政府机构提出申请,经批准并发给许可证后,方能办理报关手续,没有许可证一律不准进口。进口许可证上必须注明有效期与进口商品名称、来源、数量及金额等内容。进口许可证制与进口配额制一样,是一种进口的数量限制,是国家政府对进口贸易实行的一种行政管理措施与直接干预。

从进口许可证与进口配额的关系上看,进口许可证可以分为两种:一种是有定额的进口许可证,即国家的有关机构预先规定有关商品的进口配额,然后在配额的限度内,根据进口商的申请进行审批,并发给有关进口商一定数量和金额的进口许可证,当进口配额用完就不再发放进口许可证。进口许可证一般由进口国当局颁发给向本国提出申请的进口商,有的国家将此权限交给出口国自行分配使用,进而又转化为出口国依据配额发放的出口许可证。另一种是无定额的进口许可证,即不与进口配额相结合的进口许可证,它是指政府管理当局预先不公布进口配额,发放有关商品的进口许可证只是在个别考虑的基础上进行,对申请者个别发放某种商品的进口许可证。因为这种许可证没有公开的标准,在执行上具有很大的灵活性,因而给正常贸易的进行造成更大的困难,起到更大的限制进口的作用。

从对进口商品有无限制上看,进口许可证又可分为两种:一种是公开一般许可证,又称公开进口许可证、一般进口许可证或自动进口许可证,它是指对国别或地区没有限制的许可证。凡属公开一般进口许可证项下所列的商品,进口商只要填写此许可证即可获准进口。此类商品实际上是"自由进口"商品,填写许可证只是履行报关手续,供海关统计和满足监督需要。另一种是特种许可证,又称非自动进口许可证,即进口商必须向有关当局提出申请,须经审查获准后才能进口,一般大多数要指定进口国家和地区。特种许可证适用于实施配额管理的商品以及某些特殊商品或特定目的的申请,如烟、酒、军火武器或某些禁止进口的物品。

6.2.4 外汇管制

外汇管制(Foreign Exchange Control)是一国政府通过法令对国际结算和外汇买卖实行限

制来平衡国际收支和维持本国货币汇价的一种制度。

在实行外汇管制时,出口商必须将出口得到的外汇收入按官定汇率卖给外汇管制机关;进口商进口商品需要使用外汇时也必须在外汇管制机关按官定汇率申请购买外汇。本国货币以其他方式出入境也受到严格的限制。这样,国家有关政府机构就可以通过确定官定汇率、集中外汇收入和控制外汇供应数量的办法来达到限制进口商品品种、数量和控制进口国别等。

外汇管制的方式很多,常见的有以下三种:

1. 数量性外汇管制

数量性外汇管制是指一国外汇管理机构对外汇买卖的数量直接进行限制和分配。实施数量性外汇管制时,往往规定进口商必须获得进口许可证,外汇管理机关才能按照许可证上所载明的商品数量所需的金额批给外汇,这样,政府通过开展外汇的供应数量来掌握进口商品的种类、数量和来源国别。实施数量性外汇管制的目的在于集中外汇收入、控制外汇支出、实行外汇分配,从而起到限制进口的作用。

2. 成本性外汇管制

成本性外汇管制是指国家外汇管理机构对外汇买卖实行多重汇率制度,利用外汇买卖成本的差异,间接地影响不同商品的进出口。多重汇率制度是指一国货币有两个以上的汇率。各国实行多重汇率制不尽相同,但主要原则大致相似。在进口方面,一般都规定进口机器设备、重要的原材料和生活必需品按较低的汇率供应外汇,进口非生活必需品和奢侈品按照较高的汇率供应外汇;在出口方面,出口缺乏竞争力的商品适用优惠的汇率,出口一般的商品适用一般的汇率。实行多重汇率制的目的在于利用汇率的差异限制或鼓励某些商品的进口和出口。

3. 混合型外汇管制

混合型外汇管制是指一国同时采用数量性和成本性外汇管制,即一国外汇管理机构不仅对外汇买卖的数量直接进行限制和分配,而且通过实行多重汇率制度,利用外汇买卖成本的差异,间接地影响不同商品的进出口,对外汇实行更为严格的控制,以对商品的进出口进行更为严格的管理。

外汇管制是资本主义货币金融危机和国际收支危机的产物。1931年世界金融危机爆发后,许多国家都实行外汇管制。二战之后,由于经济的发展,发达国家很少实行外汇管制,而一些外汇短缺的发展中国家还经常使用外汇管制。

6.2.5 歧视性政府采购政策

歧视性政府采购政策(Discriminatory Government Procurement Policy, DGPP)是指一国政府通过颁布法令政策,规定政府机构在采购时要优先购买本国产品的做法。

许多国家都制定了不同类型的"国内购买法"。例如,英国政府曾规定,政府机构使用的通讯设备和电子计算机必须是英国产品。日本有几个省曾规定,政府机构需要的办公设备、汽车、计算机、电缆、导线、机床等不得采购外国商品。美国的《购买美国货法》要求：凡是美国联邦政府机构所要采购的货物，应该是美国制造的或是用美国原料制造的。只有在美国自己生产的数量不足，或者是国内产品价格过高，或者是不购买外国货就不符合美国利益的情况下，才可以购买外国货。

在国际贸易中，歧视性政府采购政策是一种常见的非关税贸易壁垒。"东京回合"多边贸易谈判于1979年4月12日在日内瓦签订了《政府采购协议》，该《协议》规定，除了基于国家安全而采购的必要物品，或是根据维持公共秩序、卫生防疫上的需要而采购的商品外，各国政府采购应实行公开竞争的国际招投标，但是，目前各国政府的歧视性采购行为仍然很严重。

6.2.6 技术性贸易壁垒

技术性贸易壁垒（Technical Barriers to Trade，TBT）是指商品进口国以维护生产、消费安全以及人民健康为理由，制定并执行具有强制性或非强制性的商品标准、法规以及商品检验的合格性评定要求，从而对贸易形成的障碍。近几年，随着关税水平的不断降低以及传统非关税壁垒的使用受到了限制，各国的贸易保护逐步地转向隐蔽性更强的技术性贸易壁垒，技术性贸易壁垒措施已经成为当前国际贸易中一种重要的非关税壁垒形式。

6.2.6.1 技术性贸易壁垒的内容

技术性贸易壁垒主要由技术法规和标准、卫生检疫标准、商品包装和标签规定及信息技术壁垒四个方面构成。

1. 技术法规和标准

这是进口国为了保证商品的进口质量符合一般的技术要求而做出的规定。技术标准主要适用于工业制成品。发达国家普遍对制成品规定了严格、繁杂的技术标准，不符合技术标准的商品不准进入其市场。例如，联邦德国禁止在国内使用车门从前往后开的汽车，而这种汽车正是意大利菲亚特500型汽车的式样，联邦德国通过这一技术标准来限制意大利汽车的进口。法国规定，进口的玩具、电子游戏机、家用电冰箱、煤气仪表等，必须符合法国生产和销售的技术标准，否则禁止在法国市场上销售。

2. 卫生检疫标准

这是一国对进口的动植物及其制品、食品、化妆品等所实施的必要的卫生检疫，以防止疾病或病虫害传入本国。随着资本主义贸易战的加剧，发达资本主义国家更加广泛地利用卫生检疫的规定来限制商品的进口，要求卫生检疫的商品越来越多，卫生检疫的规定越来越苛刻。例如，加拿大、英国、日本等国家要求花生中的黄曲霉素的含量不得超过0.002%，花生酱中的黄曲霉素的含量不得超过0.001%；英国规定蜂蜜的含铝量不得超过0.0002%；日本规定茶叶农药残留量不得超过0.00002%～0.00005%；超过规定者一律不准进口。从发展趋势上看，发达国家的卫生检疫标准将持续地提高，从而使很多出口商品因达不到其卫生检疫标准而被迫退出市场。

3. 商品包装和标签规定

这是通过对包装标识进行强制性规定来达到限制或者禁止进口的目的。主要发达国家在包装标识制度上都有明确的法规和规定。例如,美国食品与药品管理局要求销售的强化食品应按规定加附营养标签。营养标签的信息应包括:食品单位、每盒份数、使用与该食品形态相似的词语、膳食成分信息等。修改后的法规对强化食品标签的格式、字体大小、线条粗细等都作了明确而具体的规定。许多商品为了符合有关国家的这些规定,不得不重新包装和改换标签,因而费时费工,增加了商品的成本,削弱了商品的竞争力。

4. 信息技术壁垒

信息技术壁垒是指进口国利用在信息技术上的优势,通过制定信息技术应用标准、信息技术应用的法规体系及合格评定程序,对国际贸易的信息传递手段提出要求,从而造成贸易上的障碍,达到贸易保护的目的。

从信息技术的使用角度来说,信息技术壁垒就是与贸易有关的信息技术发展不平衡或者信息传递标准不一致而产生的贸易障碍。信息技术发展不平衡,如因特网的技术与普及差异。信息传递标准不一致,如计量单位、商品标识的语言或形式与进口成员的习惯不符等。

信息技术壁垒之所以被我们称为壁垒,是因为某些国家在正常、合理利用信息技术之外,单方面提高标准,或是强制性采取不必要的认定程序,使得国际贸易过程复杂化,增加了出口国的出口成本,实际上是借降低成本、提供便捷之名,行贸易保护之实。发展中国家则由于信息技术落后,以致在国际贸易中处于被动地位,甚至被"边缘化"。

6.2.6.2 技术型贸易壁垒发挥限制进口作用的方式

技术型贸易壁垒主要是通过以下方式发挥其限制进口的作用的:

(1) 技术、环保法规和标准有时通过影响进口商的成本来达到保护本国市场的目的。技术型贸易壁垒的实施,增加了出口商的有关检测、认证等手续并产生相关的费用。而出口标签、外观包装等的调整,增加了出口产品的中间费用和附加费用,使企业的营销成本上涨,最终企业将失去价格竞争优势。

(2) 由于各国的文化背景、生活习惯、环保等方面存在着不同的价值观念,各国的科技发展水平、消费水平、相关资金投入也存在着差异,从而导致各国技术、环境法规和标准上存在着差异,于是一些国家人为地故意扩大这些差异以限制进口。此外,一些进口国为了保护本国的特定产业,限制一些国家的特定产品的进口,有目的、有意识地制定某些技术、环保法规和标准,以限制进口。

(3) 技术、环保标准在执行的过程中可能产生限制作用。当进口国与出口国因某种产品发生争议时,常常会经历复杂的、旷日持久的调查、辩护、裁定等程序。即使最终裁定进口商品符合规定而准许进口,也会造成该产品成本的增加,从而失去竞争力或已错失了销售时机。

【专栏6.1】

中国蜂产品出口欧盟遭遇技术性贸易壁垒

2002年1月25日,欧盟理事会以浙江舟山地区的冻虾仁氯霉素含量超标为由,通过《关于对产自中国的进口动物产品实行某些保护性措施的决议》(2002/69/EC),决定自1月31日起暂停从中国进口供人类消费或用作动物饲料的动物源性产品,受到进口限制影响的中国产品包括兔肉、禽肉、蜂蜜、软体动物肉类、甲壳类、冻虾、对虾和宠物食品等。

欧盟提出,蜂蜜中氯霉素检出量不得超过0.1ppb,即10万吨蜂蜜中氯霉素含量不能超过1克,这个标准比原先严格了100倍。随后,英国食品标准局在市场抽样检测中查出我国蜂蜜含欧盟禁用药物——氯霉素残留。2月20日,英国食品标准局发布公告,建议英国商店停售所有产自中国的蜂蜜。与此同时,英国蜂蜜进口协会也建议所有的会员停止销售任何含有中国蜂蜜的混合蜂蜜,寻找其他蜂蜜进口渠道,直到中国的蜂蜜达到标准。2月底,欧盟通知其各成员国,对所有工厂、仓库及以包装上市的中国蜂蜜进行强行检查。

欧盟的这一禁令,引起其他国家纷纷仿效,导致我国蜂产品出口严重受阻。2002年2月初,沙特宣布禁止进口中国蜂蜜;2月初,日本也开始对进口的中国蜂蜜进行10%的抽样检验氯霉素等抗生素残留;2月20日,加拿大开始对中国蜂蜜加强抗生素检验,并要求对进口蜂蜜中苯酚和19种磺胺等残留进行检测;5月,美国FDA宣布中国蜂蜜氯霉素残留检测限为0.3ppb。墨西哥农业部6月2日下令把扣留的356吨受污染的中国蜂蜜销毁或退回中国,主要是因为在抽样检查中,发现这些蜂蜜中含有链霉素等一些有毒物质的残留物和一些"对人体健康和国家养蜂业造成危险"的污染物。

蜂产品的技术性标准的改变,形成了新的贸易壁垒,极大地影响了我国的蜂产品出口。2002年我国对欧盟蜂蜜出口额减少83%,损失2960万美元,对美国出口约7614吨,比2001年下降52.35%,出口额约809万美元,下降43.56%。浙江省是我国最大的蜂产品出口省份,全省年蜂产品出口贸易额为2000万美元左右。因此停止对欧盟的出口对浙江蜂农收入的直接影响很大。2002年1月至11月,浙江省蜂产品出口欧盟同比减少271万美元,下降63.61%。

资料来源:http://www.wtociq.gov.cn/wto1/show.jsp。

6.2.7 环境贸易壁垒

环境贸易壁垒(Environmental Trade Barriers)又称绿色贸易壁垒(Green Trade Barriers),它是指各国以保护自然资源、生态环境和人类健康为名,通过制定一系列苛刻的环保制度和标准,对来自其他国家和地区的产品及服务设置障碍、限制进口,以保护本国市场为目的的新型非关税壁垒。

20世纪90年代以后,国际贸易中的环境贸易壁垒开始盛行,它是新贸易保护主义和环境保护理性相结合的产物。环境贸易壁垒的主要形式有以下几种:

1. 环境许可证制度

该制度要求在取得许可证的基础上才能允许进口或出口商品,这种做法源于《濒危野生动植物物种国际公约》等国际绿色规范。该公约规定,对于不加保护就有消失危险的野生动植物的贸易应受到严格限制,在管理当局批准取得出口许可证的基础上才允许出口,进口国只能在出口国颁发出口许可证的前提下才进口。

2. 禁止进口与环境贸易制裁

环境贸易制裁是环境贸易壁垒中极端严厉的措施,轻者实施禁止输入,重者则实施报复。国际上对违反环保规则采取强制性措施的案例很多,如1990年,美国根据其《海洋哺乳动物保护法》和《保护海豚消费者资讯法》,宣布禁止从墨西哥进口金枪鱼,理由是墨西哥船队使用超过美国标准的大型渔网,在捕获金枪鱼的同时,也捕杀了应受保护的海豚。

【专栏6.2】

美国墨西哥金枪鱼——海豚案

在太平洋中,常有成群的黄鳍金枪鱼在海豚群下游,这使得网捕金枪鱼时会将海豚一起捕杀。1972年,美国制定了《海洋哺乳动物保护法》,目的是保护包括海豚在内的海洋哺乳动物。该法令规定了捕杀海豚的渔网网眼规格,以及与金枪鱼捕猎量相适应的海豚捕杀数量。该法令适用于美国领海和经济区,在国际水域上行驶的并在美国注册的船只,也受这个法令的约束。法令规定,对违反美国标准而捕获的金枪鱼实施进口禁令,授权可以禁止进口未遵守该领域协定的国家的所有鱼类。

1990年10月,美国政府发布命令,禁止从墨西哥进口金枪鱼及金枪鱼制品,理由是墨西哥没有实行保护海豚的作业规范。墨西哥辩称,墨西哥也有保护海豚的措施,而且这些措施与国际上普遍接受的做法相一致,只是与美国的规范相比还有距离。但美国对此不予理睬,坚持实施禁止进口的命令。

1991年2月6日,墨西哥上诉到GATT。1991年3月GATT成立专家组处理此事,美国引用了GATT第20条例外情况的规定"为保障人民和动植物的生命或健康所必需的措施"可作为例外。GATT专家组认为:GATT第20条只适用于对限制进口的国家境内动物的保护,美国不得享有域外法权;而且美国的措施也不是"必需"的,因为还有其他符合GATT规则的可行方法,如通过国际合作保护海豚资源等;而且,GATT的规定只适用于产品本身,并不适用于产品的生产方法。因此美国的做法违反了GATT的规定,美国的进口限制措施被视为非法。

资料来源:张锡嘏. 外国技术性贸易壁垒及其应对. 北京:对外经济贸易大学出版社,2004.

---

3. 绿色补贴制度

对于企业而言,特别是发展中国家的企业而言,治理污染的费用十分高昂、环境成本很高,发展中国家绝大部分企业无力承担治理环境污染的费用。当企业无力支付治理污染的费用时,政府往往通过专项补贴、使用环境保护基金和低息贷款的形式给予企业环境补贴,以共同治理环境污染。经济与合作发展组织(OECD)允许其成员政府根据"污染者付费原则"提供环境补贴。但是,这类补贴行为也引起了一些进口国因其造成价格扭曲而违反WTO自由贸易原则为由,征收相应的反补贴税,从而导致因围绕环保补贴问题而引起的贸易纠纷。例如,20世纪90年代,美国就曾以环境补贴为由对来自巴西的人造胶鞋和来自加拿大的速冻猪肉提出了反补贴诉讼。

4. 环保技术标准

发达国家在保护环境的名义下,通过立法手段,制定严格的强制性技术标准,限制国外商品进口。这些标准均按照发达国家的生产和技术水平制定,对于发展中国家来说很难达到。例如,在欧美实施的绿色食品标准中,要求绿色食品不能使用人工合成肥料、农药、生长调节剂和饲料添加剂。另外,在1994年,美国环保署规定,在美国9大城市出售的汽油中硫、苯等有害物质的含量必须低于一定的标准,对此,国产汽油可逐步达到,但进口汽油必须在1995年1月1日该规定生效时达到,否则禁止进口。这种内外有别,明显带有歧视性的规定引起了其他国家的强烈反对。

5. 绿色检验检疫措施

发达国家对食品的安全卫生指标十分敏感,尤其对农药残留、放射性残留、重金属含量的要求日趋严格。欧盟对在食品中残留的22种主要农药制定了新的最高残留限量。日本对农药残留限量方面的标准多达6 000多个。

另外,在海上运输中,集装箱的检验检疫已成为各国出入境法定检疫的重要内容。例如,1998年9月11日,美国要求对所有来自中国的木质包装物采取严厉的检验规定。打开每个从中国进口的集装箱,确保所有纯木材的包装材料都经过高温处理、熏蒸或防护剂处理,否则,所有运来的货物将一律被拒绝入关。这项规定的理由是:在全美20多个仓库中,陆续发现来自中国的木质包装材料里有天牛,而在芝加哥发现一些树木已遭到天牛的破坏。这项决定意味着,中国的出口商必须使用经过热处理或防护剂处理的木头制作的木箱,否则就只能改用其他包装物。自1998年12月17日起,所有未经处理的木制包装箱一律不得进入美国境内。

6. 绿色包装和标签制度

一些国家基于包装材料对环境所造成的负面影响和标签所带来的危害,对二者做出了严格的规定。绿色包装的内容为4R,即Reduce——减少材料消耗量;Refill——大型容器的再填充使用;Recycle——可循环使用;Recovery——可回收使用。目前,很多国家都以立法的形式规定生产者必须使用绿色包装。

美国的食品标签法在1992年12月12日实施。1993年开始实施新的食品标签法,从1994年5月起,美国所有包装食品,包括全部进口食品都必须强制使用新的标签。对标签上应包括的具体信息及具体的格式都做了详细的规定。

7. 绿色环境标志和认证制度

环境标志是贴在商品或其外包装上的一种图形。它是根据有关的环境标准和规定,由政府管理部门或民间团体依照严格的程序颁发给厂商,附印在产品及包装上。其目的是向消费者表明,该产品或服务,从研制、开发到生产、使用甚至回收利用,整个过程均符合环境保护的要求,对生态系统和人类无危害或危害极小。1978年,德国率先推出"蓝色天使"计划,以一种画着蓝色天使的标签作为产品达到一定生态环境标准的标志。而后,发达国家纷纷仿效,如加拿大有"环境选择"标志,日本有"生态标志"等。环境标志制度现已成为商品进入市场的通行证。

认证制度又称为合格评定程序,它是指任何直接或间接用以确定是否达到技术性法规或者标准中有关要求的程序。从20世纪80年代起,欧洲的许多国家纷纷开展环境认证活动,由第三方予以证明企业的环境绩效。国际标准化组织(ISO)于1993年6月成立了ISO/TC3207环境管理技术委员会,正式开展环境管理系列标准的制定工作,形成了ISO14000环境管理系列标准。许多国家和企业要求进口商品不仅有ISO9000质量认证,还要有ISO14000环保认证,否则禁止进口。

6.3 其他非关税措施

6.3.1 进口押金制

进口押金制(Import Advanced Deposit System)又称预先进口存款制,即进口商必须在规定时间按进口金额的一定比例,预先在指定的银行无息存入一笔现金,方能获准报关进口,存款需经一定时期后才能返还给进口商。

进口押金制增加了进口商的资金负担,从而起到限制进口的作用。进口存款所造成的利息损失,相当于对进口商品征收了进口附加税。例如,意大利曾对本国的400多种进口商品实行这种制度,规定进口商从任何一个国家进口,必须先向中央银行存放相当于进口货值50%的现款押金,无息冻结半年。据统计,这相当于征收5%以上的进口附加税。

但进口押金制对进口的限制具有很大的局限性。如果进口商以押款收据为担保,在货币市场上获得优惠利率贷款,或者国外出口商为了保证销路而愿意为进口商分担押金金额时,这种制度对进口的限制作用就微乎其微了。

6.3.2 海关估价制度

海关估价制度(Customs Valuation System)是进口国海关对进口货物的价格进行审核,可以通过人为地提高进口货物的海关估价来增加进口货物的关税负担。以美国为例,为了防止外国商品与美国同类商品的竞争,美国海关当局曾对煤焦油产品、胶底鞋类、蛤肉罐头、毛手套等商品,依"美国售价制"这种特殊的估价标准进行征税。这些商品都是国内售价很高的商品,以这种标准征税,使这些商品的进口纳税额大幅度地提高。"美国售价制"引起了其他国家的强烈不满,直到"东京回合"签订了《海关估价协议》以后,美国才不得不废除这一做法。

过去,国际贸易中的海关估价制度相当混乱。各个国家都有自己的海关估价的价格依据,这导致了很多国家利用海关估价提高进口货物的关税负担,限制商品的进口。1979年的关贸总协定第七轮多边贸易谈判把海关估价作为一种非关税壁垒措施提出来进行讨论,缔结了《海关估价协议》。这个协议规定了六种不同的依次采用的新的估价法:一是基于成交价格的海关估价;二是基于"相同货物"之比照方法的海关估价;三是基于"相似货物"之比照方法的海关估价;四是基于"计算方法"的海关估价;五是基于"推行方法"的海关估价;六是基于"合理方法"的海关估价。《海关估价协议》第一次较全面地统一了各国和各地区实施海关估价的规则,使进出口商可以事先较准确地确定其进出口货物的海关估价,避免人为地提高进口货物的海关估价。

6.3.3 进出口国家垄断

进出口国家垄断(State Monopoly of Import and Export)也称国营贸易,它是指在对外贸易中,某些商品的进出口由国家直接经营,或者把这些商品的垄断权给予某些组织。经营这些受国家专控或垄断的商品的企业,称为国营贸易企业。

发达国家对进出口贸易的国家垄断主要集中以下三类商品上:第一类是对烟和酒的垄断,并从中获得巨大的财政收入;第二类是对农产品的垄断,发达国家往往把对农产品的对外垄断销售作为国内农业政策措施的一部分;第三类是对军火武器的垄断。

一些发展中国家为了打破外商在对外贸易上的垄断,成立国营贸易机构,直接控制进出口业务和主要进出口商品的品种和数量。有些发展中国家对其他国家国营贸易机构的贸易往来,采取了由国营贸易机构直接经营的办法。

6.3.4 歧视性国内税

歧视性国内税(Discriminatory Internal Taxes)是指进口国通过对进口商品征收与国内商品有差别的国内税,增加进口商品成本来阻碍进口。例如,2006年之前,越南对国产汽车和进口汽车征收有差别的奢侈品税税率,具体的税率标准为:进口不满5座的汽车车辆的奢侈品税税率为80%,进口6座至15座的汽车车辆的奢侈品税税率为50%,进口16座至24座的汽车车辆的奢侈品税税率为25%,而国产汽车的奢侈品税税率则分别为40%、25%和12.5%。另外,越南还对进口的香烟、生啤酒等商品实行歧视性的奢侈品税税率,以此增加进口奢侈品的成本,阻碍其进口。

歧视性国内税与关税不同,它的制定与执行属于本国政府和地方政府的权限,通常不受国际多边或双边贸易条约和协定的约束,因此,它是一种比关税更灵活、更隐蔽的贸易限制手段。歧视性国内税与WTO的国民待遇原则是相违背的,所以,往往遭到出口国的反对。

6.3.5 最低限价和禁止进口

最低限价(Minimum Price)是指一国政府规定某种进口商品的最低价格,进口货物价格低于规定的最低价格则征收进口附加税或禁止进口。进口最低限价制在一定程度上类似于差价税,都是为了使进口商品的价格达到某一水平,低于最低限价的进口商品原则上是不准进口的。如在金融危机的驱使下,阿根廷自2009年9月25日起,对原产于中国、印度和印度尼西亚的聚酯纤维和纺线采取临时限定每公斤 1.55 美元的离岸最低价格,有效期为 4 个月。

禁止进口(Prohibitive Import)是一国政府对进口贸易采取的一种极端措施。当一国政府感到实行进口数量限制不足以解决国外商品对国内市场的冲击时,便直接颁布法令禁止某些商品的进口。

6.3.6 国产化程度要求

国产化程度要求(Local Content Requirement)是指最终产品中必须有一定比例的原材料和零部件是在本国购买和生产的。这一比例可以以物理单位来表示,也可以以价值标准来表述,即要求产品价格有一定的份额反映的是国内附加值。目的是限制外国的原材料和零部件的进口,保护本国的相关产业。国产化程度要求被发展中国家广泛地使用,试图以此来促进本国中间产品的生产,摆脱简单地加工组装进口零部件的分工地位。

与国产化程度要求有密切联系的非关税壁垒为混合购买要求,即要求进口商在进口的同时,必须购买一定比例的本地产品。国产化程度要求和混合购买要求这两种措施的受益者是被保护的本国生产者,政府没有获得任何收入,而消费者以更高的价格付出了代价。

6.3.7 社会壁垒

社会壁垒(Social Barriers)是指以劳动者劳动环境和生存权利为借口采取的贸易保护措施。为了削弱发展中国家企业因低劳动报酬、简陋工作条件所带来的产品的低成本竞争优势,1993 年在新德里召开的第 13 届世界职业安全卫生大会上,欧盟国家代表德国外长金克尔明确提出了把人权、环境保护和劳动条件纳入国际贸易范畴,对违反者予以贸易制裁,促使其改善工人的经济和社会权利,这就是当时颇为轰动的"社会条款"事件。此后,在北美和欧洲自由贸易区协议中也规定,只有采用同一劳动安全卫生标准的国家和地区才能参与贸易区的国际贸易活动。

目前,在社会壁垒方面颇为引人注目的标准是 SA8000,即社会道德责任标准。该标准的主要内容包括:童工、强迫性劳工、健康与安全、组织工会的自由与集体谈判的权利、歧视、惩戒性措施、工作时间、工资、管理体系。"儿童劳工"是该标准的核心要素之一,该要素的原则如下:公司不能支持剥削性使用儿童劳工,公司应建立有效的文件化的方针和程序,从而推进未成年儿童的教育,这些儿童可能是当地义务教育法范围内应受教育者或正在失学的未成年儿童。标准规定了具体的保证措施,如:在学校正常上课时间,不得使用未成年儿童劳工;未成年儿童劳工的工作时间、在校时间、工作与学习活动往返时间每天不得超过 8 小时;不得使用儿童劳动力从事对儿童健康有害、不安全和有危险的工作。

【专栏6.3】

社会壁垒对中国外贸的影响

客观地说,制定社会条款(或社会责任标准)的出发点是好的,是为了确保劳工的权益,规范企业的道德标准和社会责任。但在关税壁垒和一般非关税壁垒不断被削弱的今天,社会责任标准非常容易被贸易保护主义者利用,成为限制发展中国家劳动密集型产品出口的有效工具。不得不承认,企业社会责任已经开始成为针对中国的一项新的贸易壁垒。具体地说,社会壁垒对中国外贸的影响如下:

一、社会壁垒对中国外贸产生的不利影响

1. 从短期影响看,社会壁垒使中国出口量下降。据美国相关商会组织的调查显示,目前有超过50%的跨国公司和外资企业表示,如果社会壁垒的SA8000标准实施,将重新与中国企业签订采购合同。未经认证的中国国内企业将失去订单,这直接导致中国产品出口量降低。

2. 从长期影响看,社会壁垒将不断推动中国出口产品成本上升,使中国产品的国际竞争力不断下降,并引发外国投资减少、劳动力闲置、产业结构调整难度增加等一系列问题。另外,从潜在影响来看,社会壁垒可能会使中国劳动力成本优势全部丧失,甚至变成劳动力劣势,而且过多的剩余劳动力得不到安置将严重影响中国经济发展。

二、社会壁垒对中国外贸产生的积极作用

尽管社会壁垒有限制发展中国家劳动密集型产品出口的目的,但是实施企业社会责任是经济全球化下一种必然的发展趋势,人们应该重视并自行加入这个潮流,那种以牺牲劳工利益为代价吸引外资的做法是不可取的。依靠廉价劳动力获得的产品竞争力并不能保证中国经济的协调发展,如果这种状况继续下去的话,不仅会影响企业与劳动者关系的稳定,而且会危害社会经济和政治的稳定。所以,从长远来看,社会壁垒作为一种外力,能促进企业在追求生产效益的同时,也在环境保护和劳动保护上下工夫,实现经济效益、环境效益和社会效益的统一。它能为中国外贸企业带来多方面的价值:一是提高企业的社会形象;二是使出口产品获得竞争优势;三是提高生产率,有效地吸引人才并使员工发挥出较高的绩效;四是使中国产品能顺利通向国际市场。所以,企业在取得利润时需要承担社会责任,国家在发展经济的同时应维护社会公平。

资料来源:http://www.hudong.com/wiki.

【本章小结】

1. 非关税措施又称非关税壁垒,它是指除关税以外,用来限制进口的一切措施。这种措施可以通过国家法律、法令以及各种行政措施来实现。非关税措施和关税措施都有限制进口的作用,但非关税措施与关税措施相比较又具有以下几个特点:更大的灵活性和针对性;更直接更有效地达到限制进口的目的;更具有隐蔽性和歧视性。

2. 非关税措施的实施对国际贸易、进口国和出口国都会产生一定的影响。一般说来,非关税壁垒对国际贸易发展起着重大的阻碍作用。此外,非关税措施还在一定程度上影响国际贸易商品结构和地理方向的变化。对进口国而言,非关税措施成为进口国替代关税降低的一种保护手段,而非关税壁垒的加强又会使进口国消费者付出更多的金钱去购买所需的商品。对出口国而言,非关税措施将直接或间接地使出口国的商品出口数量和价格受到严重影响,造成出口商品增长率或出口数量的减少及出口价格的下跌。

3. 主要的非关税措施包括:进口配额制、"自愿"出口配额制、进口许可制、外汇管制、技术性贸易壁垒、环境贸易壁垒等。其他的非关税措施包括:进口押金制、海关估价制度、进出口国家垄断、歧视性国内税、最低限价和禁止进口、国产化程度要求、社会壁垒等。

【思考题】

1. 非关税措施的含义及特点?
2. 非关税措施的影响有哪些?
3. 主要的非关税措施有哪些?
4. 技术型贸易壁垒内容包括哪些方面?
5. 什么是进口许可证制?
6. 什么是进口配额制?绝对配额与关税配额有何区别?

【案例分析】

浙江纺织品服装企业遭遇绿色贸易壁垒

浙江一家专门从事女装出口的制衣公司将一批成衣按订单要求发往德国时,却被拒之门外。纳闷不已的经营者被告知:不是服装尺寸不对路,而是小小的纽扣出了大问题——不符合环保要求。

浙江绍兴雪尔服饰有限公司董事长蒋国良告诉记者,纺织品出口在欧盟国家的检验中有几项重要的指标就是染料中的偶氮和19种分散染料(染料的几种有害化学成分)是否超标。入世后,作为纺织大县的绍兴出现了空前的出口好势头,但不少绍兴纺织品在欧洲国家屡屡受挫,多数问题出在染料上。要解决这个问题,光印染企业、服装厂急还不行,而是要从为印染提供染料的化工行业抓起。

中国化工网总裁孙德良说,虽然国内有数百家生产染料的企业,但环保型的活性染料市场有6成以上被德国巴斯夫等国外大公司所控制,其价格相当于国内企业的2倍。由于国内同类染料的性能不够稳定,纺织品出口企业还是忍痛花高价买进口染料,而采用进口染料,我国纺织品的原有价格优势就岌岌可危。绍兴县委宣传部长章长胜认为,虽然我们通过千辛万苦的谈判加入了世贸组织,纺织品的配额问题开始得到解决,但如果在绿色壁垒上不突破的话,我们仍然继续会受制于人,与巨大的商机擦肩而过。

1998年,绍兴钱清镇的永通染织集团有一批价值100万元的纺织品出口到欧洲。结果在检测中出了问题,说是布料里有一种化学成分对人体有害,要求退货。这批货又漂洋过海回到了国内,退货中转的各种费用差不多超过布料本身的价格了。100万元莫名其妙地打了水漂,企业上下都感到不可思议:布料是好的,颜色也是对路的,怎么会在染料上出问题?

按照当地其他企业的做法,"一朝遭蛇咬,十年怕井绳",永通人可能再也不敢冲进欧洲市场了。但在广泛调查基础上摸清了原由的永通人发现,绿色环保、对人体无害是一种世界潮流,如果这一关过不了,最后肯定会被世界市场尤其是欧美高档市场淘汰。要抢占国际市场的制高点,必须强化产品的"绿色"意识。

痛定思痛,永通集团积极寻求破解绿色壁垒之法。当初,国内化工行业还没有环保染料,永通就用国外的,尽管在大力开源节流之后,成本还是高了30%,出口几乎无利可图,但是永通人下定决心,要在世界市场上打响这张"绿色"牌。集团不仅将染料全部改为环保型产品,还斥资200多万元在企业内部建立了检测中心。

破解了绿色壁垒后的永通集团如同掌握了阿里巴巴"芝麻开门"的秘诀一样,顺利打开了欧洲市场,并牢牢占据了世界市场中的份额。这家10多年前还名不见经传的民营企业,已经在全国印染行业中创下了产量、销售、出口三项全国冠军,外贸出口超过1亿美元,产品行销75个国家,其中,欧美国家占了40%。如今,随着国内环保染料价格的总体走低,永通集团的效益显著提高。总经理李传海深有感触地说:"绿色壁垒不可怕,关键是要'破壁'。"

资料来源:http://www.chinacourt.org.

案例思考:

本案例对我国纺织品服装企业应对绿色贸易壁垒有什么启示?

【本章荐读书目及网上资源】

1. 蒋得恩.非关税措施.北京:对外经济贸易大学出版社,2006.
2. 汪尧田.乌拉圭回合多边贸易谈判成果.上海:复旦大学出版社,1995.
3. http://www.cacs.gov.cn/DefaultWebApp/index.htm/ 中国贸易救济网网站.
4. http://chinawto.mofcom.gov.cn/技术性贸易措施.

第 7 章
Chapter 7

出口鼓励措施与出口管制

【学习目的与要求】

通过本章的学习,掌握鼓励出口的主要措施以及促进出口的服务措施;掌握出口管制的商品和措施;了解促进出口的经济特区措施以及出口管制的目的和形式。

【本章关键术语】

出口信贷(Export Credit);出口信贷国家担保制(Export Credit Guarantee System);出口信用保险(Export Credit Insurance);出口补贴(Export Subsidies);商品倾销(Dumping);外汇倾销(Exchange Dumping);出口管制(Export Control)

为了贯彻一国的对外贸易措施,世界上许多国家除了利用关税和非关税措施限制和调节外国商品进口外,还采取了各种鼓励出口的措施,以扩大出口,提高本国商品在国际市场上的竞争力。同时,出于政治、经济或军事方面的原因,一些国家对某些商品实施有针对性的出口管制。

7.1 鼓励出口的主要措施

鼓励出口措施是指出口国政府通过经济、行政和组织等方面的措施,促进本国商品的出口,以开拓和扩大国外市场。在当今国际贸易中,各国鼓励出口的措施很多,涉及经济、政治、法律等许多方面,运用了财政、金融、汇率等经济手段和政策工具。鼓励出口的措施主要有以下几种:

7.1.1 出口信贷

出口信贷(Export Credit)是一国为了支持和扩大本国商品的出口,增强国际竞争力,通过本国的信贷机构直接向本国出口商或外国进口商或进口方银行提供的优惠贷款。出口信贷主要用于出口成套设备、船舶、飞机等交易金额大、生产期限长的产品。

从借贷关系上看,出口信贷的主要形式有两种,即卖方信贷和买方信贷。

1. 卖方信贷

卖方信贷(Supplier's Credit)是指出口方银行向本国出口厂商提供的贷款。它通常用于大型成套设备、船舶等交易项目,因为这些商品所需要的资金额较大,交货时间较长,进口商一般要求采用延期付款的方式支付货款,而出口商为了加速资金的周转,维持生产正常进行,往往需要取得银行的贷款。因此,卖方信贷是银行直接资助本国的出口商向外国进口商提供延期付款的优惠条件以促进商品出口的一种方式。

卖方信贷的一般做法是:在一项延期付款的商品买卖合同签订以后,进口商先支付合同金额的5%~15%作为履约保证金,在分批交货、验收和保证期满时,再分期支付10%~15%的货款,其余的货款在全部交货后若干时期内分期偿还,并付给延期付款期间的利息。出口厂商把所得的款项与利息按贷款协议的规定偿还给本国的供款银行。

卖方信贷一般由专业银行提供,其资金由政府预算拨付,因此贷款条件比较优惠,利率较低,期限较长。有时专业银行也向商业银行提供低息贷款,由后者直接向出口商提供卖方信贷。

采用卖方信贷鼓励出口对进出口商有利也有弊。对出口商来说,卖方信贷使其获得了急需的周转资金,有利于其业务活动的正常开展。对进口商来说,虽然这种做法比较简便,便利了进口贸易活动,但却使支付的商品价格明显提高。因为出口商报价时,除了出口商品的成本和利润外,还要把从银行借款的利息和费用以及外汇风险的补偿加在货价内。因此,利用卖方信贷进口的成本和费用较高。据测算,利用卖方信贷进口机器设备等产品与用现汇进口相比,其价格可能要高3%~4%,个别情况下甚至可能高8%~10%。

2. 买方信贷

买方信贷(Buyer's Credit)是指出口方银行直接向进口方或进口方银行提供的贷款,进口商可以用这笔贷款以支付现汇的方式从贷款国进口商品。这种贷款只能用于购买债权国的商品,因此,它是一种约束性贷款。

买方信贷在具体运用时有两种形式:第一种是出口方银行直接把贷款提供给外国的进口厂商。其具体的做法是,在进口商与出口商签订贸易合同后,进口商先交付相当于货价15%的现汇定金,然后进口商再与出口商所在地的银行签订贷款协议(该协议以上述贸易合同为基础。如果进口商不购买出口国的设备,则进口商不能从出口商所在地银行得到此项贷款)。进口商用其借得的贷款,以现汇付款条件向出口商支付货款。进口商对出口商所在地银行的欠款,按贷款协议的条件分期偿付。第二种是出口方银行直接将贷款提供给进口方银行,这是更为普遍的一种买方信贷方式。其具体做法是,进口商与出口商洽谈贸易,签订贸易合同后,进口商先交付相当于15%的现汇定金。进口方银行与出口方银行签订贷款协议,进口方银行以其借得的款项,贷给进口商,然后进口商以现汇条件向出口商支付货款。进口方银行根据贷款协议分期向出口方银行偿还贷款。进口商与进口方银行间的债务按双方商定的办法在国内清偿结算。

以上两种方式,对出口商都比较有利,因为他们既可以较快地得到货款,又避免了风险,便于其资金周转。由于买方信贷有很多优点,目前较为常用。比如,1988年美国进出口银行为帮助本国的两家公司击败来自法国、日本等国家的竞争,使其得到向两家中国企业出口机器设备的合同,向中国两家企业提供了9 020万美元的贷款。其中8 020万美元的贷款提供给中国某玻璃制造厂以购买纽约康宁玻璃公司的机器设备;另外的1 000万美元则提供给中国一家聚氯乙烯企业以购买宾夕法尼亚州西方化学公司的机器设备。中国也经常利用买方信贷的方式促进产品出口。比如,中国进出口银行于1996年3月向秘鲁共和国提供了7 000万美元的买方信贷,此项贷款专门用于支持中国外贸公司向秘鲁出口铁路设施和机车。

此外,为了搞好出口信贷业务,发达国家一般都设立有专门的银行来办理与进出口有关的信贷业务。如美国的"进出口银行"、日本的"输出入银行"、法国的"对外贸易银行"等,这些银行所需的资金一般由政府预算来拨付。

7.1.2 出口信贷国家担保制

出口信贷国家担保制(Export Credit Guarantee System)是指各国为了扩大出口,对于本国出口厂商或商业银行向外国进口厂商或银行提供的信贷,由国家设立的专门机构出面担保的一种制度。当外国的债务人不能付款时,该国家机构便按照承保的金额予以赔偿。这是一国为了扩大出口,代替出口商承担风险,争夺国外市场的一种主要手段。

出口信贷风险由国家来承担的原因有两个:第一,出口信贷涉及的金额一般都比较大,往往是私人保险公司无力承担的,为了促进出口,发达国家纷纷拨出资金,设立专门机构出面为出口信贷保险,如美国的"出口信贷保险协会"、"海外私人投资保险公司"和"美国商品信贷公司"、英国的"出口信贷担保局"、法国的"法兰西对外贸易保险公司"、日本通产省的"出口担保局"都从事这项业务。我国的"中国进出口银行"除了办理出口信贷业务外,也办理出口信用保险和信贷担保业务。第二,为了最大限度地减少出口信贷保险的风险,保险人必须全面准确地了解和把握进口国国内政治、经济状况和变化以及进口商的资信程度和经营情况。这项工作也是一般的保险公司所难以做到的,所以通常在国家承担经济责任的前提下,政府把信贷保险业务交给专门的出口信贷保险机构经营。也有很少数国家是委托本国私人保险公司代理出口信贷保险业务,但其经济责任也是由国家承担的。

出口信贷国家担保制的主要内容有:

1. 担保的项目和金额

通常私人商业保险公司不愿承保的出口风险项目,均可向该担保机构进行投保。这些风险主要有两类:

(1) 政治风险。即由于进口国发生政变、革命、暴乱、战争以及政府实行禁运、冻结资金或限制对外支付等种种原因所造成的经济损失,这种风险的承保金额一般为合同金额的85%~95%。

(2) 经济风险。即由于进口商或借款银行破产倒闭、无力偿付、货币贬值或通货膨胀等经济原因所造成的损失,这种风险的承保金额一般为合同金额的70%~85%。

目前,各国普遍加强了出口信贷国家担保制,对于某些出口项目的承保金额已经达到100%。

2. 担保对象

出口信贷国家担保制的担保对象主要有两种:

(1) 对出口厂商的担保。出口商出口商品时提供的信贷可以向国家担保机构申请担保。有些国家的担保机构本身不向出口商提供出口信贷,但可以为出口商取得出口信贷提供有利条件。例如,有的国家采用保险金额的抵押方式,即允许出口商将所获得的承保权利以"授权书"的方式转移给供款银行而取得出口信贷。

(2) 对银行的直接担保。通常银行提供的出口信贷都可申请担保,这种担保是担保机构直接对供款银行承担的一种责任。有些国家为了鼓励出口信贷业务的开展和提供贷款安全保障,往往给银行更加优惠的待遇。

3. 担保的期限和费用

根据出口信贷的期限,担保的期限通常可以分为短期、中期、长期。短期信贷担保期为6个月左右。承保范围往往包括出口商所有海外的短期信贷交易。中、长期信贷担保期通常为2~15年,最长的可达20年。承保时间可以从出口合同成立日或货物装运出口时起到最后一笔款项付清为止。

出口信贷国家担保制的主要目的是降低出口商和供款银行的风险,以扩大本国商品的出口,因此收费不高。保险费率一般根据出口担保的项目内容、金额大小、期限长短和输往国别和地区的差别而有所不同。另外,各国的保险费率也不同,英国一般为0.25%~0.75%,德国为1%~1.5%。

中国自20世纪90年代以后也对出口信贷实行国家担保制。如1996年7月19日,中国人民保险公司与山东机械设备进出口集团公司就向印度尼西亚某公司出口水产冷冻成套设备提供出口卖方信贷保险签署了合同。该笔出口业务金额为800万美元,采用延期2年付款方式,中国进出口银行为该项目提供出口卖方信贷,中国人民保险公司提供出口卖方信贷保险。这是我国的银行、保险和出口企业密切配合,共同完成机电产品出口的一个典型范例,也是山东省出口企业中首例利用国家出口信贷政策顺利完成出口的项目。

7.1.3 出口信用保险

出口信用保险(Export Credit Insurance)也称出口信贷保险,它是指各国政府为提高本国产品的国际竞争力,推动本国的出口贸易,保障出口商的收汇安全和银行的信贷安全,促进经济发展,以国家财政为后盾,为企业提供风险保障的一项政策性支持措施。

出口信用保险诞生于上世纪初,起源于欧洲一些国家的国内信用保险。德国政府于1926年制定了出口信用保险计划,并委托一家私营保险机构承担这项任务。后来,一些发达国家也纷纷建立类似的机构,鼓励本国出口。第二次世界大战以后,随着世界贸易的发展,出口信用保险在发达国家得到了迅速的发展。20世纪60年代以后,各发展中国家也逐渐意识到出口信用保险的重要性,纷纷地建立出口信用保险机构。目前,全球贸易额的12%~15%是在出口信用保险的支持下完成的,出口信用保险已经成为一种国际通行的贸易促进工具。

出口信用保险具有以下的特点:

(1)出口信用保险承保的是被保险人在国际贸易中,因境外原因不能出口或发货后而收不回货款的风险。该风险有两种:一种是进口企业破产、拒付等带来的商业风险;一种是因进口国实施外汇管制、发生战争等带来的政治风险。

(2)出口信用保险是政府鼓励发展出口贸易的重要措施。因为有些政治风险,诸如进出口外汇管制、战争、罢工、外交抵制等,都不是民间财力所能承担的。所以这种保险一般由政府来经营;或者由政府委托民间保险公司代为承办,而后由政府予以全额再保险。

(3)出口信用保险属于国家政策性保险,因此在各国的出口信用担保法中都明文规定:凡商业性保险机构可给予承保的风险,均不在这种保险的承保范围之内。

(4)出口信用保险属于非盈利性保险。在各国出口信用保险拓展的决策上,均做出明文规定:出口信用保险不以盈利为目的,而以收支平衡为原则;只要业务经营不亏损,政府应当尽量降低保险费率;在不影响出口商出口成本的原则下,合理收取保险费,以承担出口商可能遭致的商业和政治风险。

出口信用保险和出口信贷国家担保制的不同之处在于:第一,出口信用保险保障的是出口商的收汇风险,出口商是保险合同的直接受益人;而出口信贷国家担保制保障的是提供出口信贷融资的银行的收款风险,融资银行是担保合同的直接受益人。第二,出口信用保险合同以出口合同的存在为前提条件,保险人的责任在一定程度上依附于出口合同,所以出口信用保险合同在某种程度上是出口合同的从属合同;而出口信贷国家担保合同则具有独立性,它独立于基础合同,出口信贷担保人不享有基础合同在债务人所拥有的抗辩权。第三,出口信用保险是债权人(出口商)主动投保的,保险费由债权人缴纳;而出口信贷国家担保是贷款银行要求借款人提供的还款保证,担保费用直接由债务人承担,债权人、借款银行没有任何费用支出。第四,出口信用保险人履行赔偿责任是有条件的,出口商必须举出进口商违约并且确实不能履行付款责任的证明,保险人才对出口商实际遭受的承保范围内的损失负责赔偿;而出口信贷国家担保制是无条件的,不管出口商是否违反保单的规定,融资银行都可以获利赔偿,并且担保人不能以债务人根据基础合同产生的抗辩来对抗债权人,也不能以债权人未就债务人的财产强制执行为理由而拒绝履行担保义务,所以出口信贷担保人承担的是第一性的付款责任。

【专栏7.1】

中国出口信用保险公司

中国于1988年创办信用保险制度,由中国人民保险公司设立出口信用保险部,专门负责出口信用保险的推广和管理。1994年,中国进出口银行成立,其业务中也包括了出口信用保险业务。2001年,在中国加入WTO的大背景下,国务院批准成立专门的国家信用保险机构——中国出口信用保险公司,由中国人民保险公司和中国进出口银行各自代办的信用保险业务合并而成。中国出口信用保险公司(简称中国信保,英文Sinosure)是我国唯一承办出口信用保险业务的政策性保险公司,于2001年12月18日正式揭牌运营,注册资本为40亿元人民币,资本来源为出口信用保险风险基金,由国家财政预算安排。中国信保现有15个职能部门,营业机构包括总公司营业部、12个分公司和7个营业管理部,已形成覆盖全国的服务网络,并在英国伦敦设有代表处。

中国信保的主要任务是:积极配合国家外交、外贸、产业、财政、金融等政策,通过政策性出口信用保险手段,支持货物、技术和服务等出口,特别是高科技、附加值大的机电产品等资本性货物出口,支持中国企业向海外投资,为企业开拓海外市场提供收汇风险保障,并在出口融资、信息咨询、应收账款管理等方面为外经贸企业提供快捷、完善的服务。

中国信保承保国家风险和买方风险。国家风险包括买方国家收汇管制、政府征收、国有化和战争等;买方风险包括买方信用风险(拖欠货款、拒付货款及破产等)和买方银行风险(开证行或保兑行风险)。

中国信保的主要产品包括:短期出口信用保险、国内贸易信用保险、中长期出口信用保险、投资保险、担保业务;新产品包括:中小企业综合保险、外派劳务信用保险、出口票据保险、农产品出口特别保险、义乌中国小商品城贸易信用保险和进口预付款保险;主要服务有:融资便利、国际商账追收、资信评估服务以及国家风险、买家风险和行业风险评估分析等。

出口信用保险对我国外经贸事业的支持作用日益显著。2002年至2008年,中国信保累计支持的出口和投资的规模为1 748亿美元,为数千家出口企业提供了出口信用保险服务,为数百个中长期项目提供了保险支持,包括高科技出口项目、大型机电产品和成套设备出口项目、大型对外工程承包项目等。同时,中国信保还带动90余家银行为出口企业融资3 697亿元人民币。

资料来源:http://baike.baidu.com。

7.1.4 出口补贴

补贴一般分为两种类型:生产补贴(Production Subsidies)和出口补贴(Export Subsidies)。生产补贴即国内补贴,是指一国政府就某类商品的生产给予国内企业的补贴,不论该产品是否出口,只要企业生产了按规定应给予补贴的产品,政府就给予补贴。一般情况下,生产补贴不会对贸易产生影响。但如果接受补贴的产品是进口产品的替代品,则接受补贴的产品往往在国内市场上比进口产品具有价格优势,这就直接影响了国际贸易的正常发展。因此,生产补贴也具有阻碍外国商品进口,保护国内产业的作用。

这里,我们主要介绍出口补贴。

出口补贴是一国政府为了降低出口商品的价格,提高其产品在国际市场上的竞争力,而给予出口商的现金补贴或财政上的优惠待遇。

政府对出口商品可以提供的补贴范围非常广泛,但主要有两种形式:

1. 直接补贴

直接补贴即出口某种商品时,直接付给出口商的现金补贴。这样做的目的在于弥补出口商品国内价格高于国际市场价格所带来的亏损,或者补偿出口商所获利润率低于国内利润率所造成的损失。关贸总协定和世界贸易组织禁止对工业品出口进行直接补贴,因此这种形式主要存在于农产品贸易中。直接补贴可以采取价格补贴的形式,例如,美国和西欧的一些国家为了鼓励农产品的出口,对出口农产品的国际市场与国内市场的差价进行补贴。直接补贴还可以采用收入补贴,即政府对企业的出口亏损进行补偿。如1995年,美国和欧盟对出口小麦和玉米的补贴总额高达230亿美元。

2. 间接补贴

间接补贴是指政府对有关出口商给予财政上的优惠待遇。这是由于对工业品的直接出口补贴受到有关国际条例的限制,一些国家不得不纷纷寻求变相的补贴形式。其具体形式很多,主要有:出口退税,即政府对出口商品的原料进口税和其在国内生产及流转过程中已缴的国内税税款全部或部分地退还给出口商;出口减税,即政府对出口商品的生产和经营减免各种国内税和出口税;出口奖励,即政府对出口商按其出口业绩给予各种形式的奖励,其目的在于鼓励出口商进一步扩大出口规模,增加创汇能力。

目前,间接的出口补贴发展得更为隐蔽和多样化。例如,政府对出口商品的国内运输减免收费或提供低价运输工具;通过允许加速折旧等措施来减税、免税,如马来西亚规定出口值占其产值20%以上的出口企业实行加速折旧制度,以促进其扩大投资,实现设备和技术现代化;对出口产品的技术研究开发给予援助或政府直接组织有关研究工作;对出口产品开发国外市场提供补贴,如澳大利亚规定企业开发国外市场,尤其是新市场时,其费用的70%由政府提供,加拿大政府则为企业开发市场的经费提供50%的补贴等。

7.1.5 商品倾销

商品倾销(Dumping)是指以低于国内市场的价格,甚至低于生产成本的价格,在国外市场上抛售商品,打击竞争者以占领国际市场的行为。

从表面上看来,商品倾销会使出口商利润减少甚至亏损,但从长远来看却带来了出口国更重要的长期、整体的政治经济利益。况且,这些短时间的利润损失还可以通过以下几种办法得到补偿:一是通过贸易壁垒维持国内市场上的垄断高价,以弥补对外倾销的损失;二是通过国家有关机构提供各种出口补贴来补偿倾销亏损;三是现在损失将来补,即在国外倾销商品,等到打垮外国竞争者，垄断了国外市场后再抬高价格，以弥补过去倾销的损失。

按照倾销的具体目的与时间的不同，商品倾销又可分为以下几种：

1. 偶然性倾销

这种倾销通常是因为销售旺季已过，或因公司业务转向，在国内市场上无法售出"剩余货物"，而以倾销的方式在国外市场抛售。这种倾销对进口国同类产品的生产会造成不利的影响，但由于时间短暂，进口国家通常较少采用反倾销措施。

2. 间歇性或掠夺性倾销

这种倾销是以低于国内价格，甚至低于成本的价格，在某一国外市场上倾销商品，在击垮了全部或大部分竞争对手并垄断市场后，再大幅度提高价格。其目的是占领、垄断或掠夺国外市场，获取高额利润。这种倾销严重地损害进口国的利益，因此许多国家都采取征收反倾销税等措施进行抵制。

3. 长期性倾销

这种倾销是长期以低于国内市场的价格，在国外市场出售商品。由于这种倾销持续时间较长，其出口价格至少应高于边际成本，否则商品出口将长期亏损。因此，倾销者往往采用"规模经济"，扩大生产以降低成本。有的出口厂商还通过获取本国政府的出口补贴来进行这种倾销。

4. 隐蔽性倾销

这种倾销是出口商按照国际市场上的正常价格出售商品给进口商，而进口商则以倾销性的低价在进口国市场上抛售，其亏损部分由出口商给予补偿。

从经济影响来看，倾销行为对进口国经济最明显的影响在于，进口国的那些生产相同或类似产品的生产商受到了损害，体现在国内生产商逐步丧失国内市场、开工不足、利润下降、工人失业甚至是破产。商品倾销损害了进口国的利益，是一种不公平的贸易行为。为此，关贸总协定做出严格规定加以规范，授权进口国可以通过征收反倾销税来进行抵制。

7.1.6 外汇倾销

外汇倾销（Exchange Dumping）是指一国利用本国货币对外贬值来扩大出口、限制进口的措施。当一国货币贬值后，出口商品以外国货币表示的价格降低，从而提高了其在国际市场上的竞争力，有利于扩大出口。例如，1995年2月16日～3月16日，美元与日元的比价由1美元等于98.35日元跌到89.5日元，假如一件价格为10美元的美国商品输往日本，过去售价为983.5日元，汇率变动后，可折合为895日元。这时候出口商有三种对自身有利的选择：第一，把价格降至895日元，增强出口商品价格上的优势，在保持收益不变的情况下大大增加了出口额；第二，继续按983.5日元的价格在日本市场出售该商品，按新汇率计算，每件商品可多收入88.5日元的外汇倾销利润，出口额不变；第三，在895～983.5日元间酌量减价，既有一定的倾销利润，又会扩大出口额。

使用外汇倾销手段来扩大出口需要具备一定的条件，外汇倾销的条件有：

(1)货币贬值的程度大于国内物价上涨的程度。货币贬值一般会引起一国国内物价的上涨。如果国内物价上涨的程度赶上或超过货币贬值的程度,外汇倾销的效果随即消失。

(2)其他国家不同时实行同等程度的货币贬值或采取其他报复性措施。如果其他国家也实行同等程度的货币贬值,汇价仍处于贬值前的水平,对外贬值的利益就不可能得到。如果外国采取提高关税等其他限制进口的报复性措施,也会起到类似的抵消作用。

(3)出口商品的价格需求弹性比较大。一国货币对外贬值后,其对出口作用的大小还要受到出口商品价格需求弹性大小的制约。即随着商品价格的下跌,需求量会大增,则需求弹性大。如果出口商品价格需求弹性大,出口数量增加的幅度超过价格下跌的幅度,则货币贬值对商品出口的促进作用相应也比较大;如果出口商品价格需求弹性较小,则对出口的促进作用不明显。

同时,货币贬值后,贬值国家进口的商品用本币表示时价格上涨,这就削弱了外国商品在本国市场上的竞争力,从而起到限制进口的作用。可见,货币贬值能同时起到促进出口和抑制进口的双重作用。

在浮动汇率制下,政府有意识地使本国货币的对外汇价明显下浮,以扩大产品的出口,同样是外汇倾销。

7.2 鼓励出口的其他措施

7.2.1 促进出口的服务措施

许多国家除了采用以上的金融与财政措施促进出口外,还积极地实施各种促进出口的服务措施,以扩大产品的出口。

1. 加强政府的服务职能

(1)制定科学的贸易政策。为了扩大出口,许多国家的政府日益重视政府在促进出口中的作用和职责。主要包括:结合本国国情和世界经济的发展,制定科学的对外贸易政策;通过双边和多边的谈判为本国出口产品创造更广阔的市场准入条件;采取有利于贸易扩展的财政和金融政策;采取各种方法刺激企业扩大出口。

(2)改善对外贸易环境。改善对外贸易环境的措施主要包括以下几个方面:第一,积极参与国际性的经济、金融和贸易组织,比如,国际货币基金组织、世界银行和世界贸易组织等。第二,组建和参加地区性的经济贸易集团,比如,北美自由贸易区、亚太经合组织等,以加强地区性的经贸合作。第三,签订各种双边和多边的贸易协定与协议,保证贸易的稳定发展。第四,参加各种商品协定与生产国组织,维护和发展贸易利益。第五,积极协调和解决各种贸易摩擦,促进贸易的健康发展。

2. 加强出口促进组织的作用

(1)设立有权威性的综合协调机构。为了扩大出口,许多国家都设立了专门的综合协调机构。例如,美国在1960年成立了"扩大出口全国委员会",其任务就是向美国总统和商业部长提供有关改进鼓励出口的各项措施的建议和资料;1973年又成立了"出口委员会"和跨部门的"出口扩张委员会";1979年5月还成立了"总统贸易委员会"和"贸易政策委员会",这些组织主要是为美国制定对外贸易政策、扩大出口服务的。韩国在1965年建立了"出口扩大振兴会议"制度,会议每月召开一次,由总统亲自主持,参加者包括经济企划院长官、商工部长和外交部长等官员,该会议专门研究扩大出口的问题。欧洲国家和日本为了扩大出口也成立了类似的组织。

(2)成立专门的促进出口的服务机构。为了扩大出口,许多国家还设立了专门的促进出口的服务机构,在海外设立商情网,负责向出口厂商提供所需的商业信息和资料。例如,英国于1972年成立了海外贸易委员会,其任务主要是在海外贸易方面为政府提供咨询和出口帮助。海外贸易委员会设有出口信息服务部,提供包括海外市场、产品、贸易对象等信息。出口信息服务部还与英国的驻外机构进行联系,在接到驻外使馆、商务机构发来的信息后,将信息输入电脑进行分析,然后按不同性质分类并分发给有关厂商。出口厂商要想迅速获得信息,需要向服务总部进行登记,将本企业的要求输入电脑。一般国外报送回来的信息在72小时内可以送达有关厂商,紧急消息48小时内即可送到。据调查,1982年英国公司由于服务部提供的信息而获得10亿英镑的订单。

(3)建立贸易中心,举办贸易博览会。贸易中心是永久固定性的设施,可为出口商提供商品陈列展览场所、办公地点和咨询服务等。贸易展览会是流动性的展出,许多国家都十分重视这项工作,有些国家一年可组织多达15~20次的国外展出,费用由政府补贴。例如,意大利对外贸易协会向参加由其发起的展出的参展公司支付80%的费用,对参加其他国际贸易展览会的公司也给予其费用30%~35%的费用补贴。我国近些年来也比较重视这方面的促销措施,国内以"广交会"为龙头的各类交易展览洽谈会为促进我国出口贸易做出了巨大的贡献。

【专栏7.2】
中国进出口商品交易会

中国进出口商品交易会,俗称广交会,创办于1957年春季,每年春秋两季在广州举办,迄今已有五十余年历史,是中国目前历史最长、层次最高、规模最大、商品种类最全、到会客商最多、成交效果最好的综合性国际贸易盛会。自2007年4月第101届起,广交会更名为"中国进出口商品交易会"。

中国进出口商品交易会由48个交易团组成,有数千家资信良好、实力雄厚的外贸公司、生产企业、科研院所、外商投资企业、外商独资企业、私营企业参展。

中国进出口商品交易会以进出口贸易为主,贸易方式灵活多样,除传统的看样成交外,还举办网上交易会,开展多种形式的经济技术合作与交流,以及商检、保险、运输、广告、咨询等业务活动。来自世界各地的客商云集广州,互通商情,增进友谊。

资料来源:http://www.cantonfair.org.cn.

(4)组织贸易代表团出访和接待来访。为了发展一国的对外贸易,许多国家经常组织贸易代表团出访,其出访的费用大部分来自政府补贴。另外,许多国家还设立专门的机构接待来访团体,比如,英国海外贸易委员会设有接待处,专门接待地方代表团和协助公司、社会团体,接待来访的工商界人士,从事贸易活动。

(5) 组织出口商的评奖活动。第二次世界大战以后,许多国家对出口商给予精神奖励的做法日益盛行。对扩大出口成绩卓越的厂商,国家授予奖章、奖状,并通过授奖活动推广他们扩大出口的经验。例如,美国设立了总统"优良"勋章,得奖厂商可以把奖章式样印在他们公司的文件、包装和广告上。日本政府将每年的2月28日定为贸易纪念日,由通商产业大臣向出口贸易成绩卓越的厂商和出口商社颁发奖状。

7.2.2 促进出口的经济特区措施

经济特区(Special Economic Zone)在各国的经济贸易中占有重要的地位,它是指一国为了促进对外经济贸易的发展,加快经济建设而在国内设立的特殊区域,在这个区域内,采取比其他地区更开放、更灵活、更优惠的政策和管理体制,以吸引外资和引进外国先进的技术设备。它在对外贸易、利用外资和引进技术方面比其他地区规模更大、效能更高。

7.2.2.1 经济特区的由来和发展

经济特区是商品经济和对外贸易发展的产物。世界上较早的经济特区出现在资本主义早期的西欧。其起源可追溯到15世纪末,德国北部几个商业城市建立了"汉萨同盟",为了促进同盟内部的优惠通商,他们曾选定汉堡和不来梅作为自由贸易区。16世纪中叶以后,欧洲一些国家为了活跃对外贸易,先后把沿海港口开辟为自由港,并将一些著名的沿海城市划出一部分地区成立自由贸易区。19世纪末20世纪初,英国、法国和荷兰等国家,为了加强资本输出和开拓市场,在殖民地和半殖民地建立各种形式的经济特区,先后将直布罗陀、丹吉尔、亚丁、吉布提、新加坡和中国的香港、澳门等开辟为自由港或自由贸易区;有些资本主义国家,除自身的商业利益外,还因历史传统的沿袭,在本国设置自由港和自由贸易区。第一次世界大战以后,世界经济特区又进一步得到发展,到第二次世界大战以前,世界上有26个国家和地区,建立了不同类型的经济特区约75个,主要集中在发达国家,大都属于商业性和贸易型的经济特区。

第二次世界大战以后,新独立的国家为了取得经济上的独立和繁荣,也纷纷建立和发展面向出口的、以加工工业为主的经济特区。例如,巴拿马的科隆自由贸易区和爱尔兰香浓国际机场的自由贸易区等。20世纪60年代到70年代是世界出口加工区大力发展的时期,马来西亚、新加坡、菲律宾、韩国和中国台湾等建立的出口加工区经济效益较为显著。到1981年,世界已有70多个加工区分布在40多个发展中国家和地区。同时,发达国家也兴建出口加工区。20世纪80年代中期,发达国家的出口加工区已发展到90多个。

20世纪70年代以后,随着新的科技革命的发展,世界经济特区逐步由劳动密集型向技术和知识密集型发展,由单一功能向综合性发展。以发展高技术为主的科学园在发达国家内迅速兴起。一些发展中国家的经济特区也开始升级换代,有的也建立了发展高科技的园区。例如,1980年台湾省建立"新竹科学工业园区",1984年新加坡建成"肯特岗科技园区"等。

进入21世纪,世界上各类经济特区仍保持发展的态势,许多国家继续把发展经济性特区作为一项重要的经济开发战略。经济特区在许多国家仍然成为扩大出口、增加外汇收入、吸引外资和外国技术以及提供就业的有效手段。

7.2.2.2 经济特区的类型

各个国家和地区建立的经济特区类型很多,主要有以下几种:

1. 贸易型的经济特区

贸易型的经济特区是以发展转口贸易为主要目的的经济特区,主要形式包括自由港、自由贸易区、保税区等。

(1) 自由港或自由贸易区。自由港(Free Port)又称自由口岸,是全部或绝大多数外国商品可以豁免关税自由进口、出口的港口。自由港一般具有优越的地理位置和港口条件,它必须是港口或港口的一部分。自由贸易区(Free Trade Zone)是由自由港发展而来的,它是以自由港为依托,将范围扩大到自由港的邻近地区。其主要目的是方便转口和对进口货物进行简单加工,并以转口到邻近国家和地区为主要目的。

自由港和自由贸易区都是划在一国关境之外,因此外国商品进港时除了可以免缴进口关税外,还可以在港内进行自由存储、展览、拆卸、改装、重新包装、整理、加工和制造等业务。进口商品只有在越过关境进入所在国的国内市场时才需纳税。

(2) 保税区。保税区(Bonded Area)是指由海关所设置的或由海关批准设置的受海关监督的区域。外国商品进入保税区,可以暂时不缴纳进口税,如果进入国内市场,就应照章缴纳关税;如果再出口,可免交出口税。运入区内的商品,可以进行储存、改装、分类、混合、展览、加工、制造等。如果划定的范围只限于一个仓库内,则称之为保税仓库。设立保税区或保税仓库的目的是为了发展转口贸易,增加外汇和其他费用收入,同时给予外商贸易和经营上的便利,便于其货物待机出售。因此,保税区或保税仓库起到类似于自由港和自由贸易区的作用。有些国家没有设立自由港或自由贸易区,而实行保税区制度,如日本、荷兰等。

保税区或保税仓库的存储期限,各国的规定不同,有的几个月,有的可长达2~3年。逾期不取者,海关可进行拍卖,所得的货款,除抵偿仓租、关税和其他杂费外,余数归还货主。

我国提出保税区的设想是在1984年。进入20世纪90年代,我国沿海地区逐渐建立起保税区,1990年,我国决定开发上海浦东时,确定在上海外高桥设立中国的第一个保税区。1992年又批准在大连、青岛、宁波、深圳、海口等地设立保税区,目前我国共有15个保税区。

2. 工贸型的经济特区

工贸型的经济特区是指以优惠条件吸引外国直接投资、生产以出口为主的制成品的区域,主要形式有出口加工区、自由边境区等。

(1) 出口加工区。出口加工区(Export Processing Zone)是一个国家或地区在其港口或临近港口、国际机场的地方,划出一定的范围,新建或扩建码头、车站、道路、仓库和厂房等基础设施以及提供免税等优惠待遇,鼓励外国企业在区内投资设厂,生产以出口为主的制成品的加工区域。

出口加工区主要分为两种类型,即综合性出口加工区和专业性的出口加工区。综合性出口加工区是指在区内可以经营各种出口加工工业,如菲律宾的巴丹出口加工区,其经营的项目包括服装、鞋类、电子或电器产品、食品生产、光学仪器和塑料产品等。专业性的出口加工区是指在区内只准经营某种特定的出口加工产品,例如,印度在孟买的圣克鲁斯机场附近建立的电子工业加工区,其经营的项目只是电子产品。

出口加工区脱胎于自由港和自由贸易区,采用自由港和自由贸易区的一些做法。但它们又有所不同:自由港和自由贸易区是以发展转口贸易,取得商业方面的收益为主,主要是面向商业的;而出口加工区是以发展出口加工业,取得工业方面的收益为主,是面向工业的。

2000年4月,我国国务院批准在全国首次设立15个出口加工区,昆山出口加工区在同年10月正式封关运作,成为我国第一个出口加工区。之后,国务院又在2002年6月、2003年3月、2005年6月分批增设出口加工区,目前我国经批准设立的出口加工区多达57个。

(2)自由边境区。自由边境区(Free Perimeter)一般设在本国的一个省或几个省的边境地区,对区内使用的机器、设备、原材料和消费品都可以免税或减税进口。如果从区内转运到本国其他地区销售,则需照章纳税。外国商品可在区内进行储存、展览、混合、包装、加工和制造等业务活动。

自由边境区与出口加工区的主要区别在于自由边境区的进口商品加工后大多是在区内使用,只有少数用于再出口,设立自由边境区的目的是开发边区经济。因此,有些国家对优惠待遇规定了期限,当边区生产能力发展后,就逐步取消某些商品的优惠待遇,甚至废除自由边境区。拉丁美洲的一些国家设有自由边境区,我国在中俄边境、中越边境也有少量的自由边境区。

3. 科技型的经济特区

科技型的经济特区是以科技为先导,以生产技术密集型和知识密集型的出口产品为主的自由经济区。

第二次世界大战以后,随着资本主义生产国际化和新科技革命的发展,各国经济与产业结构不断调整和升级,各国为了促进各自高技术产品的研制、生产和贸易,在其拥有的自由经济区的基础上,开始逐步向多元化、高层次化方向发展,一种将科研、教育、生产和贸易相结合的科技型经济特区——科学工业园区(Science-based Industrial Park)脱颖而出。

由于地区、内外部环境和开发动因不一,科学工业园区形成了如下不同的类型:第一,新型工业技术与大学、研究中心相结合的科学园区,例如美国犹他州首府盐湖城附近的"仿生谷";第二,大学与科研机构相结合的科学园区,例如日本的"筑波科学城";第三,以吸引外资为主并作为经济性特区组织形式出现的科学园区,例如台湾省的"新竹科学工业园区",韩国的"大德科学工业园区";第四,高技术产业与科研单位、大学所在空间地理位置上相结合的地理结合型的科学园区，如美国的"波士顿128号公路区"，英国的"剑桥科学公园"。

4. 综合性经济特区

综合性经济特区是指一国在其港口或港口附近等地划出一定的范围，新建或扩建基础设施或提供减免税收等优惠待遇，吸引外国或区外企业在区内从事外贸、加工工业、农牧业、金融保险和旅游业等多种经营活动的区域。我国所设立的经济特区就属于这一种。

从1979年以来，我国先后在深圳、珠海、汕头、厦门和海南设立这种综合性的经济特区。这是我国贯彻与实行对外开放政策所采取的一系列重要措施中的一个组成部分。我国的这种中国式的经济特区具有以下几个基本特点：

(1) 它是社会主义类型的经济特区。实行在国家的统一领导下，以国有经济成分为主导，多种经济成分并存的经济体制。

(2) 它是综合性多种经营的经济特区。经营范围包括工业、农药、商业、房地产、旅游、金融、保险和运输等行业。

(3) 经济特区的经济发展资金主要靠利用外资，产品主要供出口。

(4) 对前来投资的外商，在税收和利润汇出等方面给予特殊的优惠和方便，并努力改善投资环境，以便吸引较多外资，促进特区的对外贸易和经济的发展。

(5) 实行外引内联，加强特区和非特区之间的协调和合作，共同促进全国社会主义市场经济的建设和发展。

7.2.3 促进出口的资本措施

资本措施是指出口国政府通过资本输出来带动本国出口贸易的发展。资本输出包括生产资本输出即对外直接投资(FDI)和借贷资本输出即对外间接投资(包括有价证券投资和直接对外贷款)。资本输出之所以能推动输出国出口贸易的发展，主要表现在以下几个方面。

(1) 资本输出国在输出资本时往往要求资本输入国接受一些附加条件，这些条件通常都是承诺从资本输出国购买一定数额的商品，而这些商品一般是资本输出国的过剩产品。

(2) 生产资本的输出是在国外进行直接投资，目前大部分采取了跨国公司的形式，而这些跨国公司海外子公司和分公司的建立往往要求配套输出本国生产的设备、材料和零配件等，这也就意味着资本输出国一定规模的出口，这种出口甚至在进入资本输入国时可享受免税或优惠关税的待遇。

(3) 对外直接投资在他国生产的产品总有一部分会在投资所在国获取销售市场，也就是说这部分产品已经跨过了该国对进口产品设置的各种关税和非关税壁垒；如果这些产品用于对外出口，那么它们还将享受投资所在国所给予的有关鼓励本国产品出口的优惠。

(4) 借贷资本输出也能促进出口。借贷资本输出有很多是对外国进口商或进口国银行的约束性贷款，即前面所提到的出口的买方信贷，而贷款接受国通常对买方信贷持欢迎态度，并提供一些优惠或便利。这种情况下资本输出和出口增长的相关率达到1:1，资本输出完全表现为出口增长。

20世纪90年代以来,资本输出已被广大发达国家所利用,作为推动本国出口的重要手段。资本输出的重点转为直接对外投资,流向已由原来的发展中国家转为发达国家及亚太新兴工业化国家和地区,且呈现出大规模流入高技术产业和服务行业的趋势,这些都表现了强烈的以资本输出替代出口的倾向。资本输出作为一种较为隐蔽的出口鼓励政策越来越受到出口国和进口国的重视。许多国家也已经采取以"国产化要求"为代表的措施来阻碍别国借资本输出为名的大规模出口。

7.3 出口管制措施

出口管制(Export Control)是指出口国政府通过各种经济和行政的措施,对本国的出口贸易进行管制的行为。许多国家处于政治、经济、外交和军事上的需要,往往对某些商品,特别是战略物资、重要资源和先进技术等实行管制和限制。

7.3.1 实施出口管制的目的

1. 维护本国的政治经济利益

各国由于政治和经济发展的不平衡,社会制度、意识形态和价值观念的差异,再加上各国可持续发展的需要,国家之间存在着很多的戒备和担忧。为了维护本国的经贸权益,增强本国的可持续发展能力,确立和维持本国的政治经济地位,各国在鼓励和促进出口的同时,也对某些产品的出口,尤其是战略物资和高科技产品的出口实行管制,限制或禁止这些产品对某些国家的出口。

2. 防止某些商品流向敌对国家

很多国家以维护本国的政治经济利益为名,实施出口管制,而实际上,出口管制是对外实行贸易歧视政策的重要手段,以防止某些商品流向敌对国家。在美国商务部出版的《美国出口管制规章摘要》中写到:管制战略物资是"针对共产党国家",管制短缺物资是"为了保护国内经济、减轻严重的通货膨胀的压力"。

7.3.2 出口管制的商品

出口管制的商品一般包括:

1. 战略物资、尖端技术及其产品

这类商品包括武器、军事设备、军用飞机、军舰、先进的计算机、重要的机器设备及有关技术资料、核能矿物、可用于核武器研制的技术设备、可用于生化武器研制的原料及技术设备。大多数国家对上述产品实行特种许可证制,必须领取特种许可证才能出口。

2. 国内生产所需的原材料、半制成品及国内供应不足的商品

对这类商品的出口,一般实行限制出口。例如,英国规定对某些化学品、石油、药品、活牛、

活猪等出口必须领取出口许可证;日本规定对某些矿产品、肥料及食品控制出口;瑞典限制废金属、生铁等出口。

3. 重要的历史文物、艺术品、黄金、白银等特殊商品

大多数国家规定该类商品的出口比须经特许才能出口。例如,英国规定古董和艺术品的生产或制作年代比出口日期早100年以上的,必须领取出口许可证才能出口。

4. 对某国实行制裁而禁止向其出口的商品

处于政治、军事、经济或外交上的目的,对某些特定国家和地区实行出口管制和禁运,进行制裁。例如,20世纪70年代美国曾对前苏联实行过控制粮食出口管制。

5. "自动"控制出口的产品

为了缓和与进口国之间的贸易摩擦,在进口国的要求和压力下,实行"自动"限制出口。例如,发展中国家根据"自限协定"自行控制纺织品的出口。

【专栏7.3】

美国对华的高科技产品出口管制

美国新的对华高科技产品出口管制从2007年6月19日起开始执行。此次高科技产品出口管制名单经过了前后一年多的论证,最终涉及20个大类、31个条款。这20类产品包括:航空器及航空发动机、惯性导航系统、激光器、光学纤维、贫铀、水下摄像机及推进系统、先进复合材料以及高科技通信器材。美国商务部长古铁雷斯发表声明说,出台这些举措是为了美国的"国家安全",维护美国出口商的利益及保护就业。

美国对华的高科技产品出口管制同时也授权部分中国"获信任用户"无需每次购买高科技产品时都申请许可,经美国政府审核后,它们可更容易地购买到美国的高科技产品,条件是这些"获信任用户"不能和中国军方有联系,并接受美方人员的"现场调查"。

美国商务部曾于2006年7月提出加强对华出口管制提案,在原来出口管制清单上增加了新的项目,如先进雷达、高性能计算机和可以升级反坦克武器的贫铀等。美国商务部称,同2006年7月的提案相比,2007年6月15日出台的管制清单已经做了让步。

由于高科技产品出口同美国对华贸易逆差密切相关,中国一直要求美国放松对高科技产品出口的管制。在最近两次的中美战略经济对话中,这一议题均被提及。

复旦大学美国研究中心潘锐教授表示,从2001年至今,美国对华高科技产品出口管制一直没有放松。在美国一再要求对华"贸易平衡"的背景下,这种管制只会使美国的商业利益受到损害。他举例说,以2001年至2006年占中国高科技进口产品总额中的比例为例,2001年美国对华高科技产品出口占当年中国高科技产品进口总额的18.3%,而这一比例到2006年下降到9.1%。这说明,6年间,美国总共因出口管制损失了700多亿美元的贸易额。

相反,欧洲和日本对华高科技出口则呈增长态势。欧洲和日本虽然也有对华出口管制,但都没有美国严格。美国商务部官员表示,美国的这些盟友并没有听从美国的建议,但"我们还是选择这样做,因为我们认为这是非常重要的"。

> 美国政府的一意孤行遭到不少美国企业的反对。这些美国公司抗议说,扩大对中国出口的管制,伤害的是美国企业的利益,因为许多产品即使美国不出口,中国也可以从其他供应者处买到。
>
> 尽管如此,潘锐表示,由于美国国内对中国处处设防的舆论环境,加上一些右翼政治力量的推动,将使高科技出口管制一直成为中美经贸关系和战略合作的障碍。
>
> 资料来源:http://www.irfid.cn/viewnews-23320.html。

7.3.3 出口管制的形式

出口管制的形式主要有以下两种:

1. 单方面出口管制

单方面出口管制是指一国根据本国的出口管制法案,设立专门的执行机构,对本国某些商品的出口实行管制。例如,美国政府根据国会通过的有关出口管制法案,在美国商务部设立贸易管制局,专门办理出口管制的具体事务,美国绝大多数出口管制的商品都在该局办理出口许可证。

受到管制的商品一般都是按国家公布的目录,由出口商向主管机关提出申请,取得出口许可证后才能办理出口手续。单方面管制是由一国单方面决定并实施的,因此,为了加强管制,许多国家根据国内外形势和对外政策的变化,随时调整或修改出口管制法令和条例。例如,为了加快我国纺织品出口增长方式的转变,稳定纺织品出口经营秩序,商务部依据《中华人民共和国对外贸易法》和《中华人民共和国行政许可法》制定了《纺织品出口临时管理办法(暂行)》。该《办法》规定:从2005年7月起,出口企业在获得商务部分配的出口欧盟10个涉限类别和出口美国21种纺织品配额数量后,根据该《办法》,企业还必须申请领取输出欧盟或输出美国纺织品的出口许可证、产地证和临时出口许可证。

2. 多边出口管制

多边出口管制是指几个国家政府通过一定的方式,建立国家性的多边出口管制机构,商讨和编制多边出口管制货单和出口管制国别,规定出口管制的办法等,以协调彼此的出口管制政策和措施,达到共同的政治、军事和经济的目的。

1949年11月在美国的操纵下成立的"输出管制统筹委员会",即"巴黎统筹委员会",简称"巴统",就是一个国际性的多边出口管制机构。这个委员会的决策机构是由参加国的高级官员担任,组成咨询小组,商讨对当时社会主义阵营国家的出口管制问题。1950年初,这个小组下设调查小组,主管对前苏联、东欧和中国等国家的"禁运"。1952年又增设了所谓"中国委员会",以加强对我国的非法"禁运",妄图通过"经济封锁"和"禁运"扼杀我国社会主义经济建设和发展。东欧剧变、苏联解体后,该组织于1994年4月1日宣布解散。1996年7月12日"新巴统"在维也纳重新召开成立大会,并决定将"巴统"更名为"瓦瑟纳尔协定"。参加"新巴统"活动的有33个国家和地区,其中俄罗斯、波兰、韩国等为新加入的成员国。其工作重点是包括限制常规武器等出口在内,对约 110 种产品出口进行管制。"新巴统"不做出口限制对象国的特别提名,只要求各成员国交换全世界范围内的贸易出口信息。"新巴统"没有法律约束力,对成员国违反了原则也没有惩罚措施。"新巴统"决定,从 1996 年 11 月 1 日起正式实施出口限制。

7.3.4 出口管制的措施

出口管制的措施主要有以下几种:

1. 国家专营

国家专营是指某些商品的生产和交易由政府指定的机构和组织直接掌管。通过国家专营,政府可以控制一些重要或敏感商品的进出口,寻求最佳的出口地理分布和商品生产结构。对出口商品的国家专营主要集中在三类商品上:烟酒、农产品和武器。

2. 征收出口税

通过征收出口税的方式,可以影响商品的国内外价格,提高产品在国外市场的销售价格,达到限制出口量的目的。

3. 出口配额

出口配额是由政府有关部门规定的某些商品的最大限额。通过分配某些商品的出口配额,控制出口。出口配额经常与出口许可证配合使用。

4. 出口禁运

出口禁运是出口配额的一种极端形式,即出口配额为零。大多数情况下,出口禁运仅限于原材料和初级产品。

5. 出口许可证制度

出口商出口商品需要向有关的管理当局提出申请,获得出口许可证方能出口。出口许可证一般只适用于高科技产品、本国需要的原材料和初级产品以及一些生活必需品。

【本章小结】

1. 各国在采取各种贸易壁垒限制商品进口的同时,也采取了多种措施来促进本国的出口。各国鼓励出口的主要措施有出口信贷、出口信贷国家担保制、出口信用保险、出口补贴、商品倾销、外汇倾销等财政与金融措施。

2. 为了促进一国对外贸易的发展,扩大出口,各国采取一系列鼓励出口的服务措施,如加强政府的服务功能和加强出口促进组织的作用。许多国家也设立了不同类型和形式的经济特区以促进出口,经济特区的主要类型有:贸易型经济特区、工贸型经济特区、科技型经济特区和综合性经济特区。

3. 各国为了保护本国政治、经济、军事等方面的利益,采用单方面管制或多边管制的形式,对本国出口的高科技产品、国内供应不足的原材料和半制成品及黄金、白银、文物等特殊商品进行出口管制。出口管制的措施主要有：国家专营、征收出口税、出口配额、出口许可证制度、出口禁运。

【思考题】

1. 什么是出口信贷，可以分为哪几种形式？
2. 一国促进出口的措施主要有哪些？
3. 按照倾销的目的和具体时间划分，商品倾销有哪几种类型？
4. 各国实施出口管制的原因是什么？
5. 一国出口管制的商品有哪些？

【案例分析】

黑龙江省出台政策鼓励机电产品出口

为进一步扩大机电产品出口，促进对外贸易发展，加快推进老工业基地振兴步伐，2005年4月，黑龙江省政府颁布了《关于扩大机电产品出口的若干意见》，力争"十一五"期间全省机电产品出口年递增20%以上，到2010年超过15亿美元，机电产品出口占全省外贸出口比重达到15%以上。

近年来，我国机电产品出口持续高速增长，2004年机电产品出口额占外贸出口总额的54.5%。与此同时，黑龙江省机电产品出口虽然也实现了较快增长，2004年完成4.77亿美元，比上年增长81%，但仅占全省外贸出口总额的13%。总量小、波动大、加工贸易少、经营主体弱、产品技术含量和附加值低的局面没有根本转变，与黑龙江省对外贸易和机电工业发展的客观要求有较大差距。在充分调研的基础上，黑龙江省出台相关政策，鼓励扶持扩大机电产品出口。

《意见》中明确提出，加大对机电产品出口的财政支持力度。从2005年起，扩大黑龙江省外贸发展资金规模，新增的4 000万元主要用于支持扩大机电产品出口。对国家安排拨给黑龙江省的机电产品出口研发资金和机电产品出口技改项目贷款贴息资金按1:1进行配套。有条件的地市也要给予相应的政策支持，设立支持机电产品出口项目贷款担保资金。黑龙江省鑫正投资担保公司贷款担保资金由2004年的4亿元增加到5亿元，增加的1亿元担保资金主要用于机电产品出口项目的贷款担保，为机电产品出口提供优质金融服务。积极争取中国进出口银行哈尔滨代表处和中国出口信用保险公司哈尔滨办事处等国家政策性金融机构的支持，加大对黑龙江省内机电产品出口政策性融资和保险的扶持力度。各商业银行要在信用证抵押、"打包贷款"、进出口结汇、流动资金贷款等方面为机电产品出口企业提供便利，支持机电企业扩大产品出口。此外，《意见》中还就简化机电产品出口企业人员出国（境）审批办法等具体支持政策做了相关规定。

该《意见》的颁布实施，必将对振兴黑龙江省机电工业，培育外向型经营主体，调整产品结构，扩大出口规模起到积极作用。对黑龙江省机电行业来说，应抓住机遇，充分发挥政策促进效应。

资料来源：http://www.sina.com.cn.

案例思考：

结合所学的出口鼓励措施和黑龙江省的机电产业发展现状，谈谈黑龙江省还可以采取哪些有关机电产品的可行的出口鼓励措施？

【本章荐读书目及网上资源】

1. 王关义. 中国五大经济特区可持续发展战略研究. 北京：经济管理出版社，2004.

2. 成思危. 从保税区到自由贸易区. 北京：经济科学出版社，2004.

3. http://finance.sina.com.cn/roll/20070531/23241445470.shtml/ 中国出口鼓励政策及其效应.

4. http://course.shufe.edu.cn/course/gjmyx/dzjc/chapter6/catalog4.htm / 国际贸易电子课本.

Chapter 8

国际资本移动与跨国公司

【学习目的与要求】

通过本章的学习,掌握国际资本移动的含义、原因、类型及跨国公司的经营特征;了解当代国际资本移动的特点及其对国际贸易的影响;理解跨国公司对国际贸易的影响。

【本章关键术语】

国际资本移动(International Capital Movement);跨国公司(Transnational Corporations,TNCs);对外直接投资(Foreign Direct Investment,FDI);对外间接投资(Foreign Indirect Investment)

国际资本流动是资本跨越国界的运动转移过程。在经济全球化的背景下,国际资本流动对世界经济产生了巨大的影响,而以跨国公司为载体的国际资本移动是当今世界经济发展的重要推动力。

8.1 国际资本移动概述

国际资本移动(International Capital Movement)是指资本从一个国家或地区向其他国家或地区移动,并进入商品生产和金融等服务行业的投资活动。

8.1.1 国际资本移动的主要形式

国际资本移动按投资期限的长短可分为短期资本移动和中长期资本移动;按资本持有者的性质可分为私人资本移动和国家资本移动;按投资者是否拥有或参与所投资企业经营管理

可分为对外直接投资和对外间接投资。下面着重介绍对外直接投资和对外间接投资这两种形式。

8.1.1.1 对外直接投资

对外直接投资(Foreign Direct Investment，FDI)是指资本输出者将其资本输出到另一个国家，直接建立企业或公司并开展相关的生产经营活动。进行直接投资的投资者拥有对公司的控制权和企业经营管理权。按照不同的标准，对外直接投资可分为以下几类。

1. 按投资者对投资企业拥有的股权比例的不同分类

按投资者对投资企业拥有的股权比例的不同，对外直接投资可分为独资企业和合资企业两种形式。

(1)独资企业。独资企业是指资本输出者依据东道国的法律，在东道国境内设立的拥有全部股份的企业。投资者独享企业的经营管理权，独立承担企业所有责任和风险。独资企业又包括以下几种形式：一是在国外成立分公司。母公司为扩大其生产规模或经营范围，在东道国依法设立分支机构。分公司与母公司是不可分割的，它在母公司的授权下以母公司的名义开展相关的经营活动。分公司不是独立法人，因此，母公司要对其负有连带责任。二是在国外成立子公司。子公司是母公司投入全部股份资本，在东道国依法成立的独立法人资格的企业。子公司可以以自己的名义进行生产经营活动，母公司无需对其承担连带责任。

(2)合资企业。合资企业是指两国或两国以上的投资者在选定的国家或地区投资，并按照该投资国和地区的有关法律组织建立以营利为目的的企业。其主要特点是共同投资、共同经营、共担风险和共负盈亏。国际合资企业可分为国际股权合资企业和国际契约合资企业两种。国际股权合资企业是指投资各方无论以何种方式出资都将被折算成一定的股权比例，投资各方按股权比例分担风险、分享利益。国际契约合资企业是指投资各方的资本投入以及对于风险的分担、利益的分享都依据合作契约而非股权比例决定。

从投资者的角度上，合资企业有以下几点好处：
①可利用合资对象的销售网络和销售手段进入特定地区市场或国际市场，开拓国外市场；
②合资各方可以在资本、技术、经营能力等方面相互补充，增强合资企业自身的竞争力；
③有利于获得当地的重要原料、资源或生产基地；
④可以吸收对方的经营管理技能，获得有经验的技术、管理和销售人员；
⑤有助于投资者进入某一新的业务领域，取得新技术；
⑥可以扩大企业的生产规模，较迅速地了解国外市场信息和满足国外市场的需求变化；
⑦可获取税收减免等优惠待遇；
⑧分散或减少国际投资中的风险；
⑨可更好地了解东道国的经济、政治、社会和文化，有助于投资者制订正确的决策；
⑩有当地资本投入，可能会避免被征收或被排挤的影响，减少或克服差别待遇和法律障碍，有助于缓解东道国的民族意识和克服企业文化的差异。

当然,合资企业也有一些不利因素,主要表现在:投资各方的目标不一定相同;经营决策和管理方法不一定一致;市场意向和销售意向方面可能产生分歧;投资的长、短期利益难以统一等。因而容易导致投资者之间的摩擦,所以合资企业经营的成功往往取决于投资者各方的共同意愿和共同努力。

2. 按投资者投资组建方式的不同分类

按投资者投资组建方式的不同,对外直接投资可分为收购方式、创建方式、合作经营、利润再投资四种形式。

(1)收购方式。收购方式是指一个企业通过购买投资所在国现有企业的股权而直接对该企业进行经营和管理的方式。

这种方式的好处是:

①投资者能以最快的速度完成对目标市场的进入,特别是对制造业,这一优势更为明显,它可以省掉建厂时间,迅速获得现成的管理人员、技术人员和生产设备;它还可以利用被收购企业在当地市场的分销渠道以及被收购企业同当地客户多年往来所建立的信用,迅速建立国外产销据点,抓住市场机会。

②有利于投资者获得在公开市场上不易获取的经营资源。如通过收购发达国家的企业,获得该企业的先进技术和专利权,提高公司的技术水平;通过收购发展中国家的企业,获得适合当地市场状况的中间性技术和适用性技术。

③迅速扩大产品种类。如果潜在收购对象同收购企业的产品种类差别很大时,收购方式可以迅速增加收购企业的产品种类,尤其是收购企业欲实行多样化经营时,如果缺乏有关新的产品种类的生产和营销方面的经验时,采取收购方式更为妥当。

④收购方式对经营带来的不确定性和风险小,便于企业融通资金,较快地取得收益乃至收回投资。此外,这一方式也可作为资金外逃以避免政治风险的手段。

但是,这种投资方式也存在以下的不足:

①价值评估困难。这是企业收购过程中最复杂的难题。其主要原因有三个:一是不同的国家有不同的会计准则。有些目标企业为了逃税漏税而伪造财务报表,有时财务报表存在这样或那样的问题,这些因素都增加了收购时价值评估的困难。二是有关国外市场的信息难于搜集,可靠性也差,因此对收购后该企业在当地销售潜力和远期利润的估计也较困难。三是企业无形资产(如商业信誉)的价值评估比较困难。

②被收购企业与收购企业在经营思想、管理制度和方法上可能存在较大的差异,当投资企业缺乏合格且胜任的管理人员时,可能无法对被收购企业实行真正的经营控制,甚至造成兼并失败。

③被收购企业的产品、工艺、技术乃至规模和地理位置等,可能同收购企业的战略意图、经营经验不完全符合,如果收购企业缺乏经营调整能力,被收购企业可能会妨碍其长期发展。

(2)创建方式。创建方式是指在投资所在国建立新企业或对其他实际资产进行投资的方式。

这种方式的好处在于：

①企业可选择适当的地理位置进行投资，并按照自己所希望的规模筹建新企业，妥善安排工厂布局，对资本投入和支出实施完全的控制。

②从组织控制的角度来看，创建方式风险小。伴随着新企业的建立，可以实施一套全新的符合投资方管理风格和技术水准的管理制度，这样既便于推行新的信息和控制程式，使派出管理者易于适应，又可以避免收购方式下原有管理人员、职工对外来管理方式的抵制。

③企业可以机器设备、原材料、技术、工业产权等投资方式入股，这样，既能带动投资企业的商品输出，又能使市场转让风险较大的信息、技术得以充分利用。

但是这种方式也存在以下不足：

①进入目标市场缓慢。由于创建方式周期长，在国际市场变化很快的情况下，可能会出现市场对投产产品需求量和品质要求都发生变化，从而使经营风险加大，企业受到损失。

②市场争夺激烈，经营风险大。通过创建方式建立的企业要占据一个市场份额会涉及市场的重新分配，必然会加剧竞争，可能会招致其他企业的报复，经营的风险性加大。

总之，创建新企业能够促进生产能力、产出和就业的增长，而收购方式只是改变一家企业的所有权。一般而言，收购方式的优点往往是创建方式的缺点，而收购方式的缺点往往正是创建方式的优点，因此，收购和创建是对外直接投资的两种可交替使用的两种投资方式。

(3) 合作经营。合作经营是指国外投资者根据投资所在国法律，与所在国企业通过协商签订合作经营合同而设立的契约式企业的投资方式，这类企业也称为合作企业或契约式合营企业。签约各方可不按出资比例，而按合同条款的规定，确定出资方式、组织形式、利润分配、风险分担和债务清偿等权利和义务。

(4) 利润再投资。利润再投资是指投资者在国外企业获得的利润并不汇回本国，而是作为保留利润额对该企业进行再投资的投资方式。虽然，这种对外投资并没有涉及资本的流出和流入，但也是属于一种直接投资。

【专栏8.1】

海外并购：技术比资源更紧要

在世界经济前景黯淡的局面下，全球并购市场日渐冷清，而相比之下中国的并购市场则略显暖意。经过多年的资本积累，羽翼渐丰的中国企业逐渐开始走向海外，在吸引外资的同时，也在进行资本国际输出。

总体来看，中国企业海外并购多集中在自然资源领域。清科研究中心统计数据显示，2009年以来公布的多个并购案例中，能源、矿产资源领域的并购占了绝对的比重。趁国际资源价格下跌，中国企业出海"抄底"，虽有利于提高全球资源配置能力，但这也透露出中国资源类企业的一丝无奈。在"粗放型"

经济增长模式下,经济增长主要依靠高额的固定资产投资来拉动,从而引发能源、矿产类资源需求高涨。为掌握更多资源,保障企业的平稳运行,海外并购成了资源类企业的现实选择。然而,高能耗、低水平的粗放型增长模式难以实现经济的可持续发展,"集约型"的增长方式才是中国经济发展的正确方向。实现增长方式的转变已经成为当今经济社会的主题,而经济增长速度的放缓恰好为转型创造了有利条件。在当前危机中,淘汰落后产能、提高企业的技术水平,是经济增长模式转型的重中之重。

提高企业的技术水平,无外乎自主研发和外部引进两种途径。自主研发虽然可以从根本上提高企业的技术实力,但是在前期科研投入少、科研实力薄弱的情况下,自主研发耗时较长且风险较大。在目前中国产业急需升级的情况下,采用"拿来主义"直接引进国外已经基本成型的技术未尝不是一种快捷的方式。相对于资源类企业的海外并购,技术型企业的并购金额相对较小,不易引起舆论的抵制,所面临的并购风险也就相对较小。因此,当前的经济环境,也是中国企业海外并购技术型企业的最佳时机。

2009年以来,中国企业海外并购技术型企业主要集中在IT、机械制造等传统行业,被并购企业的技术都是并购方所急需的,并购的规模及影响力都较小。然而,中国电子信息、装备制造、生物医药等行业与国外都存在较大差异,海外并购这些领域具有一定优势的技术型企业存在广阔空间。

资料来源:http://www.wabei.cn/news/201004/359069.html。

8.1.1.2 对外间接投资

对外间接投资(Foreign Indirect Investment)是指投资主体通过向东道国提供贷款或在东道国购买有价证券的方式进行投资。对外间接投资与对外直接投资的根本区别在于对企业的经营活动有无控制权。对外间接投资者并不直接参与国外企业的经营管理活动,而是通过国际资本市场(或国际金融证券市场)进行投资活动。对外间接投资包括借贷资本的输出和证券投资两种方式。

1. 借贷资本的输出

借贷资本的输出是指投资方通过向东道国政府或企业提供贷款或出口信贷等方式进行投资。它包括政府援助贷款、国际金融组织贷款、国际金融市场贷款和出口信贷等形式。

(1)政府援助贷款。政府援助贷款是指资本输出国政府直接向东道国政府贷款。政府援助贷款具有利率低、附加费用少、贷款期限长、赠与成分大等特点,并且多数政府贷款是与项目相联系,例如,1996年,日本政府向中国提供了1 700多亿日元贷款,其贷款主要用于中国环保项目建设。

(2)国际金融组织贷款。国际金融组织贷款是指国际货币基金组织、世界银行以及各大洲开发银行等机构向投资东道国提供的贷款。一般情况下,国际金融组织贷款的贷款条件也比较优惠。

(3)国际金融市场贷款。国际金融市场贷款是某些资本输出国的大银行所提供的商业贷款,其利率相对较高,但是商业银行对贷款国使用贷款没有要求,对用途也没有规定。

(4)出口信贷。出口信贷是指一个国家为了鼓励商品出口,提高商品的国际竞争力,通过银行对本国出口商或外国进口商提供的贷款。一般情况下,这种信贷金额较大、期限较长,例如,对成套设备、大型船舶等商品的出口提供出口信贷。

2. 证券投资

证券投资是指投资者在国际证券市场上购买外国企业或政府的中长期债券,或在股票市场上购买上市的外国企业股票的一种投资活动。证券投资者一般只能取得债券、股票的股息和红利,对投资企业并无管理的直接控制权,因此,它属于间接投资。

8.1.2 国际资本移动的原因

当今世界经济中,存在大量的国际资本的移动,而促使如此之多的国际间资本移动的原因也是多方面的,具体有以下几个方面。

1. 追求更高的资本报酬

企业进行经营是为了追求利润最大化,而作为投资者,其进行国际投资的主要目的自然是为了获得更高的资本报酬。例如,一国的资本报酬率高于其他国家的资本报酬率,那么别的国家居民就会购买该国的债券,也就是说,当在国外投资比在国内投资更有利可图时,资本必然流向国外。因此,追求更高的资本报酬是国际资本移动的原因之一。

2. 规避经营风险

收益与风险是并存的,有收益必然有风险,投资也一样具有风险,比如,企业要面临市场的波动、银行的破产、汇率的变化、政局的不稳等等风险。如此之多的风险的存在影响着资本的收益率。在既定的风险条件下,资本会流向收益率高的地方,在收益率既定条件下,资本则会流向风险较小的地方。所以,在资本国际流动过程中,投资者会综合考虑风险和收益两个因素,采取资本组合的方法,以规避和分散风险。

3. 开拓国际市场、寻求更稳定的资源供应

随着企业经营规模的不断扩大,同时,又有很多其他竞争者相继进入本行业,这些都使得很多大企业必须在拥有国内市场的基础上开拓国际市场,那么,开拓国际市场必然需要资本投资,有些企业以购买国外债券股票的形式投资,有的则是直接投资进行生产经营。

除了开拓国际市场,具有实力的大企业集团也会出于寻求自然资源而进行海外投资,如开发和利用国外石油、矿产以及林业等资源。另外,很多企业通过对外投资生产,利用国外廉价的劳动力降低生产成本。因此,稳定廉价的资源也是促使国际资本移动的重要原因。

4. 受东道国优惠政策的吸引

为了吸引外来投资,加速本国经济发展,东道国会向投资方提供各种优惠的政策,因此,很多企业会在东道国进行直接投资,即投资于生产并进行经营管理,这样可以减少投资风险,降低投资成本,获取高额利润。因此,东道国的鼓励政策对直接投资具有强烈的吸引力。20世纪80年代来,中国、印度等发展中国家相继进行经济体制改革,制定积极的开放政策,尤其是对海外投资给予更多的优惠政策,所以,我们看到,目前中国已经是吸引外资的大国。如表8.1

所示,我国吸引外资额逐年增加。

表 8.1　2001～2010 年中国实际利用外资额(亿美元)

年份	2001	2002	2003	2004	2005	2006	2007	2008	2009	2010
利用外资额	468.46	527.4	535.05	606.30	603.25	630.21	826.58	923.95	900.33	1 057.35

8.2　当代国际资本移动的特点及其对国际贸易的影响

8.2.1　当代国际资本移动的特点

第二次世界大战后,随着世界各国经济的逐步恢复和发展,加之第三次科技革命的兴起和发展,国际贸易发展迅速,国际资本市场也十分活跃。国际资本移动呈现出以下特点:

1. 对外直接投资在国际资本移动中占据主导地位,投资规模迅速扩大

二战后,国际资本移动中对外直接投资占主导地位,这与二战前形成鲜明的对照。1914年,90% 的国际资本移动是以对外间接投资的形式出现的,而二战后,发达国家的国际资本移动的 75% 左右是对外直接投资。

二战后,对外直接投资的发展经历了三个高潮:第一个高潮是 20 世纪 60～70 年代。此时,随着西方国家经济的持续增长,国际水平分工的扩展和新技术革命的出现,对外直接投资出现了前所未有的蓬勃发展势头,年均增长率在 17% 左右。第二个高潮是在 20 世纪 80 年代后期,它与世界范围内的经济高涨和贸易扩张同时出现。据统计,1986～1990 年对外直接投资的流出量平均每年以 34% 的速度增长;每年流出的绝对额也猛增,1985 年为 533 亿美元,1990 年高达 2 250 亿美元;对外直接投资累计总额从 1985 年的 6 836 亿美元,增至 1990 年的 1.7 万亿美元。第三个高潮是 1995～2000 年。1995 年国际直接投资总量达 3 150 亿美元,增长 40%,1996 年达 3 490 亿美元,增长 11%;1997 年达 4 240 亿美元,增长 25%。1997～2000 年,全球对外直接投资额并没有因亚洲金融危机而减少,各国的对外直接投资额仍然在增长。2001 年后,对外直接投资势头明显回落,但其绝对规模仍然远高于 20 世纪 90 年代中期以前的水平。

2. 发达国家仍然是国际资本流动的主体

二战前,国际资本移动几乎全由发达资本主义国家所垄断。二战后,这一格局发生变化,发展中国家在国际资本移动中的作用日益增强,但是,发达国家仍居主导地位,美国、日本、英国、原联邦德国、法国、加拿大六国对外直接投资额约占世界总额的 80% 以上。20 世纪 90 年代中期以来,发达国家的投资环境依然优于发展中国家,投资者自然而然地仍将发达国家作为对外直接投资的主要市场。

3. 新兴工业化国家和地区的资本输入和输出增长迅速

二战后,尤其是20世纪70年代以来,很多新兴发展中国家为发展本国经济、参与国际竞争,纷纷制定优惠政策积极鼓励吸引外商投资。对发展中国家的直接投资逐步集中在那些经济发展较快、市场容量较大、基础设施较好的新兴工业化国家和地区,主要有巴西、墨西哥、亚洲"四小龙"等。随着这些新兴工业化国家和地区的经济实力不断增强,他们也逐渐开始对外进行资本输出。例如,2008年,中国的外资流入达到1 080美元,印度的外资流入量则猛增至420亿美元。这两个最大的新兴经济体的强劲表现,促成了对亚洲乃至整个世界对外直接投资流动格局的重新调整,两国已占东南亚区域外资流入量的一半,占全球外资流量的1/10。另外,中国和印度的对外直接投资也有大幅度增长,作为全球重要投资来源地的地位也在不断增强。2008年,中国的对外投资增长了111%,达到559亿美元,在全世界排名第12位,对外投资与吸收外资的比例已升为1:2。

4. 国际资本移动向高新技术产业和服务业倾斜

二战后初期,发达资本主义国家的对外直接投资大部分用于自然资源开发,如采掘工业等。20世纪60年代中期以来,对外直接投资逐步转向制造业和商业、金融、保险等服务行业,并且主要集中在一些发展迅速、以高技术为特征的新兴工业部门,如电子技术、信息技术、海洋开发、新型材料及生物工程等工业部门。以中国为例,据对世界500强企业在中国投资的调查显示,他们投资的行业主要集中在电子及通信设备、机械、交通运输设备、化学制品等资本密集或技术密集的行业。而我国加入WTO又为跨国公司扩大服务业投资提供了一个良好的契机,根据入世承诺,我国加入WTO后,将逐步开放金融服务业、旅游业、传媒业、批发零售业、保险业等更加广泛的服务业。2007年,我国政府在修订的《外商投资产业指导目录》中也强调,扩大开放领域,鼓励外资投向高端制造业、高新技术产业、现代服务业、新能源和节能环保等产业。

5. 跨国公司成为推动国际资本流动的主角

当代国际资本流动的主角是跨国公司。跨国公司拥有巨额的资本、庞大的生产规模、先进的科学技术、全球的经营战略、现代化的管理手段以及世界性的销售网络,其触角遍及全球各个市场,成为世界经济增长的引擎,对"无国界经济"的发展起着重大的推动作用。跨国公司通过对外直接投资控制世界对外直接投资累计总额的90%,其资产总额占世界总产值的40%,贸易额占世界贸易额的50%,控制工业研究与开发的80%,生产技术的90%,世界技术转让的75%,以及发展中国家技术贸易的90%。

8.2.2 国际资本移动对国际贸易的影响

1. 国际资本移动尤其是对外直接投资的发展加速了国际贸易的发展

二战后,在第三次科技革命的推动下,国际贸易和国际投资都得到了迅速发展。20世纪90年代以后,国际资本移动的速度和规模大幅度提升,资本移动主要以跨国公司为载体的对外直接投资为主。跨国公司通过在其他国家和地区设立生产基地,带动了机器设备的出口。跨国公司母公司与子公司、子公司与子公司之间的协作化生产,增大了中间产品在国际贸易中的流量,加速了国家间贸易的往来。跨国公司通过在发展中国家建立独资和合资企业,加大了对发展中国家原料产地的投资,使原料能够得到长期稳定的供应,并促进了初级产品的生产和贸易。另外,发达国家向发展中国家或私人提供的巨额出口信贷,也是扩大发达国家大型成套机器设备出口的重要手段。

2. 国际资本移动影响了国际贸易地理格局和商品结构

二战前,国际贸易主要是在工业发达国家与殖民地和半殖民地之间进行。二战后,跨国公司75%的对外直接投资集中在发达国家,这种投资格局使发达国家的分工与协作不断加强,促进了发达国家对外贸易的发展,也促进了世界贸易的发展。而到了20世纪90年代,发展中国家吸引投资的比重增加很快,加之新型工业化国家资本的注入都促进了发展中国家工业的发展,在带动发达国家资本设备出口的同时,扩大了发展中国家工业制成品的出口,加强了发展中国家同发达国家之间的贸易关系。

战后,国际资本更多的流入到制造业和新兴工业部门,同时,发达国家的大量对外投资也从初级产品行业转向了商业、金融保险业等服务性部门,由此促进了国际服务贸易的快速发展。可见,国际资本移动的产业流向促进了国际贸易商品结构的变化。

3. 国际资本移动加强了国际贸易中的竞争,推动了国际贸易的自由化

国际资本移动尤其是对外直接投资是大型跨国企业争夺海外市场的重要手段。跨国公司通过国际化生产,利用东道国相对廉价的劳动力,就地生产适销对路的产品,实现产品生产的本地化,同时减少了运输成本和其他销售费用,有效地提高了商品的竞争力。因此,国际直接投资加强了国际贸易中的竞争。

从另一方面分析,跨国公司倡导贸易自由化原则,它们要求东道国政府为其创造良好的自由贸易环境,因此,很多发展中国家通过开放市场、降低关税以及制定优惠的政策来吸引投资,尤其是吸引跨国公司的直接投资,以此带动本国经济的发展和对外贸易的扩大,所以国际资本移动推动了国际贸易的自由化。

8.3 跨国公司概述

对外直接投资是国际资本移动的重要形式,而直接投资的重要载体便是跨国公司。当今世界,跨国公司在国际经济活动中扮演着重要角色,而随着全球化的不断发展,跨国公司将对世界经济产生更为深远的影响。

8.3.1 跨国公司的含义

跨国公司(Transnational Corporations,TNCs)又称多国公司(Multi-national Corporations,

MNCs)。在西方文献中,最早将跨越国界从事经营活动的企业称为"多国企业"(Multinational Enterprises)。该词首先由曾任美国田纳西河流域管理局长的戴维. E. 利连撒尔于1960年4月提出并逐渐为理论界所接受。虽然在60年代对于该类企业仍有其他称呼,如国际公司、全球公司等,但"多国企业"仍是经济文献中描述这类企业最为常用的名词。直到1974年,在联合国经济及社会理事会第57次会议上,部分拉丁美洲国家代表提出,多国企业这一概念容易与安第斯条约组织国家共同创办和经营的多国联营企业相混淆,因此建议使用"跨国公司"取代多国企业,以体现这类企业特有的实际性质与法律性质。这一要求最终被联合国经济及社会理事会所接受。自此以后,跨国公司这一名称得到了各国的一致认可和广泛采用。

由于跨国公司是一种复杂的经济组织,其活动涉及到不同国家的经济、法律以至文化等多个方面,而且在不同情况下表现出不同的特征,因此,关于跨国公司的概念,国际学术界尚未形成统一规范的定义。

联合国跨国公司委员会(现更名为联合国国际投资和跨国公司委员会)的所有成员国认为跨国公司应该满足以下三个要素:

(1)跨国公司是指一个工商企业,组成这个企业的实体在两个或两个以上的国家内经营业务,而不论其采取何种法律形式经营,也不论其在哪一经济部门经营。

(2)这种企业有一个中央决策体系,具有共同的政策,此种政策能反映企业的全球战略目标。

(3)各个实体通过股权或其他方式形成联系,共享资源和信息,共担责任和风险。

因此,根据目前人们普遍认同的标准,所谓跨国公司,就是指在两个或两个以上国家进行投资活动,并因此对一定数量的经营性资产拥有全部或部分控制与管理权的企业。

8.3.2 跨国公司的形成与发展

19世纪中叶,主要的发达国家进入垄断资本主义阶段,同行业和跨行业的垄断组织为了追求垄断利润,开始将资本输出到地价更为便宜、原料更为丰富的国家和地区,在这些地区设立分支机构,从事跨国经营以获取高额垄断利润,于是跨国公司应运而生。1867年,美国的胜家缝纫机器公司在英国的格拉斯哥建立缝纫机装配厂,这标志着世界第一家跨国公司正式成立。此后,欧美一些垄断组织纷纷在国外进行投资,在海外设立分支机构和子公司,开始跨国性经营。例如,西门子、爱迪生电器、英荷壳牌等公司,它们都是现代跨国公司的先驱。

在两次世界大战期间,由于战争和经济危机,发达国家的对外投资停滞不前,跨国公司发展速度较慢,但仍有一些大公司进行海外直接投资活动。在此期间,美国的对外直接投资地位逐步上升,对外直接投资的数额和所占比重都有很大地增加,其跨国公司发展也比较迅速。1938年,美国成为位于英国之后的第二大对外投资国。

第二次世界大战后,特别是20世纪50年代末60年代初,工业发达国家大量的"剩余资本"急需转移到国外寻找更好的、更有利可图的投资地,于是,大量的对外资本转移都以跨国公司为载体,跨国公司也因此获得空前迅速的发展。

20世纪80年代以后,跨国公司在全球经济中已经处于支配的地位。它不仅在发达国家发展迅速,而且在发展中国家的扩张也一样的迅速。它的足迹已经遍及世界的各个国家和地区,在世界舞台上发挥着举足轻重的作用。据联合国贸发会统计,截止2008年,全球跨国公司共有8.2万家,它们拥有约81万家的国外分支机构。2008年的世界性经济危机使全球经济遭到重创,对跨国公司的对外直接投资影响非常大,2009年全世界多达85%的跨国公司声称全球经济下滑导致其减少投资计划,79%的公司声称金融危机是直接原因,即便如此,跨国公司世界100强在所有跨国公司的国际生产总量中仍然占有相当大的比重。可见,跨国公司的发展仍然势不可挡。

8.3.3 跨国公司的类型

根据不同的角度,跨国公司可以划分为不同的类型。

1. 按照经营项目的性质,跨国公司可分为资源开发型、加工制造型、服务提供型三种形式

(1)资源开发型跨国公司。资源开发型跨国公司是以获得母国所短缺的各种资源和原材料为目的,投资主要涉及种植业、采矿业、石油业等领域。早期的跨国公司经常采用这种形式。例如,在资本原始积累时期,英、法、荷等老牌殖民国家的特许公司在19世纪时向美国、加拿大、澳大利亚和新西兰等经济落后而资源丰富的国家进行直接投资,而他们的投资就主要集中在种植业、采矿业和铁路等行业。著名的埃克森-美孚公司(Exxon-Mobil)、英荷壳牌公司(Royal Dutch Shell)都属于资源开发型跨国公司。

(2)加工制造型跨国公司。加工制造型跨国公司主要从事机器设备制造和零配件中间产品的加工业务,以巩固和扩大市场份额为主要目的。这种类型的跨国公司在二战后得到了飞速的发展,已经成为当代跨国公司的一种重要形式。美国通用汽车公司(General Motors)作为世界上最大的汽车制造公司,是加工制造型跨国公司的典型代表。

(3)服务提供型跨国公司。服务提供型跨国公司主要向国际市场提供技术、管理、信息、咨询、法律服务以及营销技能等无形产品。这类公司包括跨国银行、保险公司、咨询公司、律师事务所以及注册会计师事务所等。20世纪80年代以来,随着服务业的迅猛发展,服务业已逐渐成为当今最大的产业部门,服务提供型跨国公司也成为跨国公司的一种重要形式。著名的管理咨询公司麦肯锡(Mckinsey & Company)是服务型跨国公司的典型代表。

2. 按照经营结构,跨国公司可分为横向型、垂直型、混合型三种形式

(1)横向型跨国公司。横向型跨国公司又称水平型公司,它是指母公司和各分支机构从事同一种产品的生产和经营活动的公司。这类跨国公司的特点是母子公司之间在公司内部相互转移生产技术、商标专利等无形资产,有利于增强公司的整体优势、减少交易成本,从而形成强大的规模经济。例如,瑞士的雀巢公司(Nestle)就是典型的横向型跨国公司,它在不同的国家设立子公司,但子公司和母公司都从事速溶饮料的生产经营。

(2)垂直型跨国公司。垂直型跨国公司又称纵向型公司,它是指母公司和各分支机构之间实行纵向一体化专业分工的公司。纵向一体化专业分工又有两种具体形式:一是指母子公司生产和经营不同行业的相互关联产品,如自然资源的勘探、开发、提炼、加工制造与市场销售等;二是指母子公司生产和经营同行业不同加工程序和工艺阶段的产品,如专业化分工程度较高的汽车行业与电子行业等的关联产品。垂直型跨国公司把具有前后衔接关系的社会生产活动国际化,母子公司之间的生产经营活动具有显著的投入产出关系。这类公司的特点是全球生产的专业化分工与协作程度高,各个生产经营环节紧密相扣,便于公司按照全球战略发挥各子公司的优势;而且,由于专业化分工,每个子公司只负责生产一种或少数几种零部件,有利于实现标准化、大规模生产,获得规模经济效益。例如,法国的雪铁龙汽车公司(Citroen)就是典型的垂直型跨国公司,它在国外的84个子公司和销售机构,分别从事铸模、铸造、发动机、齿轮、减速器、机械加工、组装和销售等各工序的业务,实现了垂直型的生产经营一体化。

(3)混合型跨国公司。混合型跨国公司又称多样型公司,它是指母公司和各分支机构生产和经营互不关联产品的公司。混合型跨国公司是企业在世界范围内实行多样化经营的结果,它将没有联系的各种产品及其相关行业组合起来,加强了生产与资本的集中,规模经济效果明显;同时,跨行业非相关产品的多样化经营能有效地分散经营风险。混合型公司是当前跨国公司发展的主要模式。例如,日本的三菱重工业公司(Mitsubishi Heavy Industries Co., Ltd)原是一家造船公司,后改为混合多种经营型公司,经营范围包括:汽车、建筑机械、发电系统产品、造船和钢构件、化学工业、飞机制造业等。

3. 按照战略决策,跨国公司可以分为民族中心型、多元中心型、全球中心型三种形式

(1)民族中心型公司。民族中心型公司的决策是以本民族为中心,其决策行为主要体现母国与母公司的利益。公司的管理决策高度集中于母公司,对海外子公司采取集权式管理体制。这种管理体制强调公司整体目标的一致性,优点是能充分发挥母公司的中心调整功能,更优化地使用资源,但缺点是不利于发挥子公司的自主性与积极性,且东道国往往不太欢迎这种模式。在跨国公司发展初期,一般较多的采用这种传统的管理体制。

(2)多元中心型公司。多元中心型公司的决策是多元与多中心,其决策行为倾向于体现众多东道国与海外子公司的利益,母公司允许子公司根据自己所在国的具体情况独立地确定经营目标与长期发展战略。公司的管理权力较为分散,母公司对子公司采取分权式管理体制。这种管理体制强调的是管理的灵活性与适应性,有利于充分发挥各子公司的积极性和责任感,且受到东道国的欢迎。但这种管理体制的不足在于母公司难以统一调配资源,不利于资源的优化使用。

(3)全球中心型公司。全球中心型公司既不以母公司也不以分公司为中心,其决策是从公司的全球利益最大化来考虑的。相应的,公司采取集权与分权相结合的管理体制,这种管理体制吸取了集权与分权两种管理体制的优点,事关全局的重大决策权和管理权集中在母公司的管理机构,但海外子公司可以在母公司的总体经营战略范围内自行制定具体的实施计划、调配和使用资源,有较大的经营自主权。这种管理体制的优点是在维护公司全球经营目标的前提下,各子公司在限定范围内有一定的自主权,有利于调动子公司的经营主动性和积极性。

8.3.4 跨国公司的经营特征

与其他企业相比,跨国公司有其独特的特征。

1. 推行全球化战略

跨国公司最为突出的特征就是推行全球化战略。跨国公司凭借其雄厚的资金、技术、组织与管理等方面的力量,通过对外直接投资,在海外设立子公司与分支机构,形成研究、生产与销售一体化的国际网络,并在母公司控制下从事跨国经营活动。总部根据全球化战略目标,在全球范围内进行分工并组织生产和销售,而遍及全球的各子公司与分支机构都围绕着全球战略目标从事生产和经营。跨国公司的重大经营决策都以实现全球战略目标为出发点,着眼于全球利益的最大化。

2. 扩大内部贸易

跨国公司的内部贸易是指一家跨国公司内部的产品、原材料、技术与服务在国际间流动,这主要表现为跨国公司的母公司与国外子公司之间以及国外子公司之间在产品、技术、服务方面的交易活动。从事内部贸易可以减少由于外部市场的不完全性所带来的经营风险,降低经营成本,提高运作效率。通过转移价格的运用,还可以增强子公司在东道国的竞争力并且降低总的纳税额。据统计,20世纪70年代,跨国公司内部贸易额仅占世界贸易总额的20%,20世纪80~90年代上升至40%,而目前,世界贸易总额的近80%来自跨国公司的内部贸易。

3. 拥有技术创新和技术领先优势

在科学技术迅猛发展的今天,技术进步已成为垄断资本、获取高额利润、争夺市场、增强自身在国内及国际市场竞争力的重要途径。大型跨国公司拥有雄厚的技术优势和强大的开发能力,是当代技术创新与技术进步的主导力量。而且,跨国公司要在国际分工和国际竞争中保持领先,就必须不断地投入巨额资金,加强技术研究与开发,保持自己的技术优势。技术领先地位带来的丰厚市场回报,又激励着跨国公司不断进行技术创新,推动技术进步。

4. 实施综合的贸易方式

跨国公司的经营活动主要通过直接投资、技术转让以及商品贸易等形式的有机结合来实现。由于实施跨国经营的目的就是实现全球范围内的整体利益最大化,因此,跨国公司要综合考虑各个子公司所在东道国的区位优势,将直接投资、技术转让、设备、成品和零配件的输出与输入有机结合起来,以最大限度地减少纳税负担。

> 【专栏8.2】
> **全球FDI现状与趋势**
>
> 2009年9月17日,联合国贸易和发展组织(UNCTAD)发布了《2009年世界投资报告》,本次报告会介绍了全球对外直接投资(FDI)的现状、趋势和最新特点,其具体内容如下:
>
> 受全球金融危机的影响,2008年全球FDI下降了14%。2009年将会是FDI的低谷,预计将继续下降30%,投资规模大约在9 000~12 000亿美元之间。预计到2010年会出现缓慢回升。2011年会出现较大幅度增长,预计能达到1.8万亿美元。
>
> 未来影响FDI回升的不确定性因素较多,但是主要集中三个方面,一是世界范围内投资保护和贸易保护主义明显抬头,二是汇率可能会大幅度变动,三是世界范围内贸易的严重不平衡。
>
> 虽然全球FDI现状很不乐观,但是,2008年新兴经济体吸收了全球FDI总规模的大约43%,亚洲、非洲、拉丁美洲吸收FDI均达到了历史最高水平。中国2008年吸收全球直接投资增长了30%,达到1080亿美元,成为全球第三大FDI目的地。印度吸收FDI约420亿美元,增长65%,这是新的投资趋势。不过,从2008第四季和2009年第一季的最新数据来看,趋势的延续性并不乐观。
>
> 虽然美国在2008年遭受金融危机的重创,但仍然是FDI的主要受益国之一,其2008年吸收的FDI增长了17%。中国在大规模吸收FDI的同时,也是FDI的重要输出国,2008年中国的对外直接投资增长了111%,达到559亿美元。未来对FDI最有吸引力的前五个国家分别是中国、美国、印度、巴西、俄罗斯。
>
> 据报告预测,随着各国在经济刺激方案中普遍重视对节能环保产业的发展,未来节能环保产业将会是FDI流入的重点产业。此外,制药业和服务业也将是FDI流入的重点产业。
>
> 报告指出,因为经济危机,全球范围内爆发了跨国公司的撤资潮,跨国并购也在大幅度下降,这对中国未来的影响较大。对于中国来说,因为周边新兴国家具备更低廉的成本,中国传统的劳动密集型和高能耗产业正面临激烈竞争,而在以研发为代表的高端产业又面临着发达国家的竞争。如何在既保证国内就业,同时也尽快推动产业升级,这是需要重点注意的地方。
>
> 资料来源:http://www.ahsourcing.gov.cn/zh_CN/OsKnowledge/mod-108300-1094.shtml.

8.4 跨国公司对国际贸易的影响

跨国公司的发展对国际贸易的影响是双方面的,既有积极的影响也有消极的影响。

8.4.1 积极影响

1. 跨国公司的发展促进国际贸易规模的扩大

跨国公司的一个明显特征就是进行大规模的国际化生产,实行跨国跨地区的全球性经营,开展多领域的对外贸易,这些促使其生产能力不断提高,同时促进国际贸易规模的扩大。与此同时,相当数量的跨国公司在国外不断新建或扩建子公司,兼并和收购国外企业,并向国外子公司提供必须的生产设备、原材料和半成品,大大带动了国内产品和技术的出口。另外,由于跨国公司与子公司、子公司与子公司之间生产专业化和协作化程度较高,形成了诸生产要素的内部买卖,不仅加强了国际经济技术的合作与交流,而且使得跨国公司内部的贸易数额不断增加,从而促进世界贸易规模不断扩大。

2. 跨国公司对国际分工的影响

如今,全球化运作的跨国公司将生产分工深入到价值增值的各个链接点上,从而为国际分工的深化提供了微观基础。国际分工只是发生在最终产品之间,而国际贸易则是国际分工实现的唯一途径。在全球化背景下,当跨国公司进入区域一体化,甚至全球一体化经营阶段,分散在海外各地的子公司不再是独立运作或仅与母公司发生联系,而是保持着与母公司及其他子公司间高度一体化的联系。跨国公司依据不同区位建立在要素密集度之上的比较优势,将生产活动和其他功能性活动进行更加细密的专业化分工。由此,跨国公司体系内产品、技术及人员在遍布全球的子公司之间的跨国界流动程度更强,分工联系更为紧密,世界各国的生产过程经由跨国公司分支机构的活动建立起有机的内在联系,形成了世界生产体系的实体部分。

3. 跨国公司对国际贸易规则的影响

跨国公司作为资本和生产国际化的重要经济组织,在参与国际经济技术合作与竞争和全球贸易过程中,形成了一系列规章和条款,促进了经济全球化的发展和完善。跨国公司是其所在国制定对外贸易规则的重要参与者,并对国际性贸易规则的制定和完善也有重要的参考作用。跨国公司在开拓国际市场中,总是率先打破旧的贸易规则,以至于不断改革和完善全球贸易规则。特别是发展中国家的跨国公司为消除贸易壁垒、地区保护主义及贸易歧视性政策而提出的意见和提案,对促进国际性贸易规则更加合理和完善,保护发展中国家对外贸易的正当权益,具有重要价值。

4. 跨国公司有力推动了国际经济技术合作与交流

跨国公司的竞争力首先是表现在它有无形资产和知识资本,包括技术、专长、品牌、商业信誉和营销技巧等,这是他们进行跨国经营的必要条件。因此,跨国公司投入较高的研究和开发费用。同时,跨国公司通过直接投资带来的资产和管理技术,不仅有助于促进新的产业,还可能使原来的产业升级,使内向型产业转向国际型产业,并有利于资本的过渡和转移。

8.4.2 消极影响

1. 某些不正当竞争造成世界贸易摩擦不断

一些跨国公司为了追求高额垄断利润,采取不正当手段,扭曲国际贸易和投资正常开展。目前,一些跨国公司在国家的支持下,滥用管理措施设置技术性贸易壁垒,导致贸易保护主义严重。

2. 转移生态环境污染

一些跨国公司为了母国利益,把一些破坏生态、浪费资源、污染环境的项目和技术转移到东道国,特别是转移到一些发展中国家,导致这些国家环境污染和生态破坏严重。

3. 向东道国转嫁经济危机

接受跨国公司并购和投资规模大的国家,将导致其经济结构和主要产业具有很强的依附性和从属性。一旦跨国公司的母国发生经济危机,这些国家特别是发展中国家就面临更大的风险和困难。

4. 造成一些国家贫富差距扩大

一些跨国公司依靠自己的强大实力,获取别国的各种资源,资本积累膨胀。而一些东道国则廉价出卖资源和劳动力,导致更加贫穷。特别是有些跨国公司对发展中国家在投资、技术转让、资金信贷上附加很多苛刻条件,造成这些国家债务包袱沉重,这就进一步扩大了国家之间的贫富差距。

【专栏8.3】

中国国际跨国公司促进会

中国国际跨国公司促进会(China International Council for the Promotion of Multinational Corporations)的前身是中国国际跨国公司研究会,成立于1993年1月1日,由中华人民共和国商务部主管,是中国专门从事跨国公司工作的非政府组织。

十多年来遵照"改革开放"的基本国策,秉承推动跨国公司成长和发展,促进中外企业交流与合作的宗旨,以政府为依托,企业为主体,服务为使命,中国国际跨国公司促进会联合国内外56家部委、国际组织、商会,举办过"世界经济发展宣言大会"、"中国经济形势报告会"等近三十个大型会议,为政府与国内外企业之间、中外企业的合作与交流搭建了平台。曾为在华跨国公司和中国企业在国内外的发展解决过许多重大问题,就有关跨国公司的问题也为我国政府及有关部委提出过重要意见和建议,为我国的经济建设做出了很大贡献。

具体的工作范围如下:

1. 组织在华跨国公司高管人员培训,贯彻中国的有关方针政策、法律、法规,推动在华跨国公司的健康发展。

2. 组织跨国公司和相关企业促进进出口公平贸易,利用跨国公司与本国政府的关系,协助国家有关部委以民间组织身份协调贸易、知识产权、不正当竞争等相关工作。

3. 组织在华的国际组织、跨国公司与中国有关部委的高层论坛,搭建企业与政府的互动平台。推动企业在开放、竞争、有序的市场体系中平稳、健康和持续发展。同时,为在华跨国公司提供建设性、协调性的服务。

4. 总结推广跨国公司先进管理经验和技术,促进企业体制创新、管理创新、技术创新,提升中国企业的市场竞争力。

5. 承接国家指定或委托的课题,以及有关国际组织、中外跨国公司和著名企业委托的项目,结合实践,组织中外经济学家进行应用性研究,为其提供决策性依据。

6. 协助中国的有关部门培育中国的跨国公司,进一步推动我国"走出去"战略的实施。

7. 组织和引导在华跨国公司与我国的相关企业进行交流与合作,推动我国的对外贸易和招商引资工作。

8. 研究国际进出口商品管理办法和进出口商品目录变动和走向,组织跨国公司和相关企业,采取相应的竞争策略和方法,扩大国际贸易市场份额。

9. 推动"企业国际信用"建设,建立中国企业信用数据库,提升中国企业的国际竞争力。

10. 接受委托,依法为中外跨国公司提供咨询、服务等相关合作。

11. 组织国内外的展览展示,编辑出版有关刊物、书籍。

资料来源:http://www.ciimc.com/article.asp.

【本章小结】

1. 国际资本移动是当今世界经济发展的重要推动力。它的形式主要有两种:对外直接投资和对外间接投资。按投资者对投资企业拥有的股权比例的不同,对外直接投资可分为独资企业和合资企业两种形式;按投资者投资组建方式的不同,对外直接投资可分为收购方式、新建方式、合作经营、利润再投资四种形式。对外间接投资包括借贷资本的输出和证券投资两种形式。

2. 当代国际资本移动呈现出以下特点:第一,对外直接投资在国际资本移动中占据主导地位;第二,国际资本移动的主体仍然是发达国家;第三,新兴工业化国家和地区的资本输入和输出增长迅速;第四,国际资本移动向高新技术产业和服务业倾斜;第五,跨国公司成为推动国际资本流动的主角。

3. 19世纪中叶,随着资本主义由自由竞争阶段进入垄断阶段,垄断组织为获得更多的垄断利润,纷纷投资于国外,于是跨国公司应运而生。二战后,跨国公司发展快速,推动了国际经济一体化和贸易自由化的发展。它的经营特征体现在:一是推行全球化战略;二是扩大内部贸易;三是拥有技术创新和技术领先优势;四是实施综合的贸易方式,把直接投资、技术转让以及商品贸易等形式有机结合起来。

4. 按照经营项目的性质,跨国公司可分为资源开发型、加工制造型、服务提供型三种形式;按照经营结构,跨国公司可分为横向型、垂直型、混合型三种形式;按照战略决策,跨国公司可分为民族中心型、多元中心型、全球中心型三种形式。

5. 跨国公司对外直接投资的迅猛发展,对国际贸易产生的影响是双方面的。它对国际贸易的积极影响体现在:跨国公司的发展促进国际贸易规模的扩大,有力推动了国际经济技术合作与交流,对国际分工和国际贸易规则的制定产生了积极地影响。它对国际贸易的消极影响体现在:跨国公司的某些不正当竞争造成世界贸易摩擦不断,转移了生态环境污染,将经济危机转嫁给东道国并造成一些国家贫富差距的扩大。

【思考题】

1. 国际资本移动有哪几种形式,对各种形式之间的区别作以比较。

2. 国际资本移动对国际贸易有哪些影响？
3. 跨国公司有哪些类型？
4. 跨国公司有哪些经营特征？
5. 简述跨国公司对国际贸易的积极影响和消极影响。

【案例分析】

吉利收购沃尔沃，机遇与挑战并存

中国浙江吉利控股集团有限公司于 2010 年 3 月 28 日在瑞典第二大城市哥德堡与美国福特汽车公司签署最终股权收购协议，吉利集团以 18 亿美元的收购价获得沃尔沃轿车公司 100% 的股权及相关资产，创下中国收购海外整车资产的最高金额纪录。吉利计划利用中国市场的消费潜力及低劳动力成本，使沃尔沃轿车公司在 2011 年前扭亏为盈。

浙江吉利控股集团有限公司是一家以汽车及汽车零部件生产经营为主要产业的大型民营企业集团，始建于 1986 年，经过十八年的建设和发展，在汽车、摩托车、汽车发动机、变速箱、汽车零部件、装潢材料制造、高等教育、旅游和房地产等方面都取得了辉煌业绩，资产总额已经超过 50 亿元；特别是 1997 年进入汽车制造领域以来，凭借灵活的经营机制和不断的观念创新，快速成长为中国经济型轿车的主力品牌。世界品牌实验室发布 2008 年度中国 500 强最具价值品牌，吉利汽车连续四年跻身榜单，并凭借 62.88 亿元排名自主品牌汽车榜首。2008 年，吉利荣获中国企业自主创新"TOP100"第 11 位。它被评为"中国汽车工业 50 年发展速度最快、成长最好"的企业之一。

中国证券网评论认为，13 岁的吉利出海"迎娶"了 80 岁的沃尔沃，这起并购对于中国汽车行业乃至全球汽车产业都是一件影响深远的历史事件。相关专家对此事件也发表了自己的看法，中国汽车技术研究中心主任赵航指出，吉利收购沃尔沃意义重大，一是可以帮助中国自主品牌汽车企业尽快走向国际市场；二是可以嫁接国际知名品牌为我所用；三是可以彰显中国汽车产业的实力。中国汽车技术研究中心产业政策研究室副主任吴松泉指出，1999 年，福特汽车公司花了 64.5 亿美元收购沃尔沃，如今吉利收购沃尔沃的全部净资产，付出的价格不到当年福特收购价的三分之一。吉利不仅收购了沃尔沃的全部股权，买到了沃尔沃的核心技术、专利等知识产权和制造设施，还获得了沃尔沃在全球的经销渠道，这无疑是一笔划算的买卖。中国汽车工程学会秘书长付于武认为，这起并购案将改变未来全球汽车产业格局。此次吉利大手笔收购沃尔沃，对于推动中国汽车产业成长具有历史性作用。

不过，也有专家在肯定了吉利的成就的同时，对吉利并购之后的发展道路表达了担忧。中国社科院工业经济研究所工业发展室主任赵英分析指出，"到目前为止，吉利所完成的只是收购的商务方面，但能否成功地把沃尔沃运营起来，能否把吉利与沃尔沃有机地融合起来，能否充分运用沃尔沃的技术品牌优势提升吉利自身的品牌地位，还将拭目以待。如果用行 100 里路来比喻，吉利现在只相当于走了 20 里，任重而道远。"

资料来源：http://mnc.people.com.cn/GB/index.html。

案例思考：

请运用所学知识解释什么是跨国公司的跨国并购？为什么说吉利收购沃尔沃，机遇与挑战并存？你认为中国企业"走出去"应如何应对机遇与挑战？

【本章荐读书目及网上资源】

[1] 罗肇鸿.跨国并购：特点、影响和对策.中国经济出版社,2006.

[2] 蔡玉彬.国际贸易理论与实务[M].北京：高等教育出版社,2007.

[3] http://www.ciimc.com/ 中国国际跨国公司研究会.

[4] http://mnc.people.com.cn/GB/index.html/ 人民网跨国公司频道.

第 9 章
Chapter 9

国际服务贸易

【学习目的与要求】

通过本章的学习,掌握国际服务贸易的含义、分类及特征;了解国际服务贸易迅速发展的原因及发展趋势;掌握服务贸易壁垒的主要形式;了解《服务贸易总协定》的主要内容;理解服务外包的含义、特点及作用;了解服务外包产业的国内外发展趋势。

【本章关键术语】

国际服务贸易(International Trade in Service);服务业(Service Industry);商业存在(Commercial Presence);服务贸易壁垒(Service Trade Barrier);服务贸易总协定(General Agreement on Trade in Service,GATS);服务外包(Service Outsourcing)

国际服务贸易是国际贸易的重要组成部分,是伴随世界商品贸易的发展而发展起来的。近年来,科学技术的迅猛发展、世界经济结构的变化以及生产资本的国际化加速了服务与其他生产要素的跨国流动,使国际服务贸易得到快速发展。国际服务贸易的蓬勃发展,也反映出世界经济结构的变迁趋势,体现了世界经济和贸易进一步发展的内在要求。

9.1 国际服务贸易概述

9.1.1 国际服务贸易的含义

"服务贸易"一词最早出现在1971年经济合作与发展组织(OECD)的一份报告中,这份报告探讨了GATT"东京回合"谈判所涉及的议题。美国在《1974年贸易法》的"301条款"中,首先使用了"国际服务贸易"一词。在20世纪70年代后期,"服务贸易"成为共同使用的贸易词汇。国际服务贸易(International Trade in Service)泛指国家之间服务的交换,表现为国家之间服务的提供与消费。

迄今为止,有关服务贸易的定义与范围,尚没有一致的看法。但国际社会所普遍认同的是关贸总协定"乌拉圭回合"谈判时达成的《服务贸易总协定》(General Agreement on Trade in Service, GATS)对服务贸易的描述。具体地说,《服务贸易总协定》按提供服务的方式,把服务贸易定义为跨界提供、过境消费、商业存在和自然人流动四种形式。

1. 跨界提供

跨界提供(Cross-border Supply)是指由一个成员方境内向另一个成员方境内提供的服务。在这种形式下,服务提供者和被提供者分别在本国境内,并不移动过境,这种服务提供方式往往要借助于远程通讯手段或者就是远程通讯服务本身。例如国际电话通讯服务、卫星影视服务等。

2. 过境消费

过境消费(Consumption Abroad)是指在一个成员方境内向任何其他成员方的消费者提供的服务。这种方式的主要特点是服务的消费者到达服务提供者所在的国家或地区接受服务。例如服务消费者到服务提供者所在的国家或地区的境内旅游或者求学等。

3. 商业存在

商业存在(Commercial Presence)是指一个成员方的服务提供者在另一成员方境内通过设立商业机构或其他专业机构,为后者境内的消费者提供服务。这种商业机构或其他专业机构实际上就是指外商投资企业,其企业形式可以采取独立的法人形式,也可以是一个分支机构或代表处。这种服务的提供以直接投资为基础,涉及资本与人员的跨国流动。例如一国的银行或者保险公司到另一国境内开设分行或者分公司,提供金融、保险服务等。

4. 自然人流动

自然人流动(Movement of Personnel)是指一个成员方的服务提供者在任何其他成员方境内通过自然人提供的服务。这种形式涉及到提供者作为自然人的跨国流动,与商业存在不同的是,它不涉及投资行为。例如中国某公司请一个国外著名会计师事务所的注册会计师前来作财务咨询或者进行讲学,那么这可以被看做"自然人流动"。如果是通过该会计师事务所在中国设立的分支机构提供相应的服务,则属于"商业存在"。自然人流动方式与设立商业或专业机构的相似之处在于服务的提供者都来到了消费者所在的成员国的领土内。

9.1.2 国际服务贸易的分类

《服务贸易总协定》中的"服务部门参考清单"列出的服务业包括12个部门,即商业、通讯、建筑、销售、教育、环境、金融、卫生、旅游、娱乐、运输及其他服务,这12个部门又进一步被细分为160多个分部门。

1. 商业性服务

商业性服务(Business Services)主要指在商业活动中涉及的服务交换活动,服务贸易谈判小组列出的6类这种服务,其中既包括个人消费的服务,也包括企业和政府消费的服务。

(1)专业性(包括咨询)服务。专业性服务涉及的范围包括法律服务;工程设计服务;旅游机构提供服务;城市规划与环保服务;公共关系服务等,专业性服务中包括涉及上述服务项目的有关咨询服务活动;安装及装配工程服务(不包括建筑工程服务),如设备的安装、装配服务,设备的维修服务指除固定建筑物以外的一切设备的维修服务,如成套设备的定期维修、机车的检修、汽车等运输设备的维修等。

(2)计算机及相关服务。这类服务包括计算机硬件安装的咨询服务、软件开发与执行服务、数据处理服务、数据库服务及其他。

(3)研究与开发服务。这类服务包括自然科学、社会科学及人类学中的研究与开发服务。

(4)不动产服务。指不动产范围内的服务交换,但是不包含土地的租赁服务。

(5)设备租赁服务。主要包括交通运输设备,如汽车、卡车、飞机、船舶等的租赁服务,以及非交通运输设备,如计算机、娱乐设备等的租赁服务,但是不包括其中有可能涉及的操作人员的雇用或所需人员的培训服务。

(6)其他服务。指生物工艺学服务;翻译服务;展览管理服务;广告服务;市场研究及公众观点调查服务;管理咨询服务;与人类相关的咨询服务;技术检测及分析服务;与农、林、牧、采掘业、制造业相关的服务;与能源分销相关的服务;人员的安置与提供服务;调查与保安服务;与科技相关的服务;建筑物清洁服务;摄影服务;包装服务;印刷、出版服务;会议服务;其他服务等。

2. 通讯服务

通讯服务(Communication Services)主要指所有有关信息产品操作、储存设备和软件功能等服务。通信服务由公共通信部门、信息服务部门、关系密切的企业集团和私人企业间进行信息转接和服务提供。主要包括邮电服务;信使服务;电信服务;其中包含电话、电报、数据传输、电传、传真;视听服务;包括收音机及电视广播服务;其他电信服务。

3. 建筑服务

建筑服务(Construction and Related Engineering Services)主要指工程建筑从设计、选址到施工的整个服务过程。具体包括:选址服务,如涉及建筑物的选址;国内工程建筑项目,如桥梁、港口、公路等的地址选择等;建筑物的安装及装配工程;工程项目施工建筑;固定建筑物的维修服务;其他服务。

4. 销售服务

销售服务(Distribution Services)主要指产品销售过程中的服务交换。主要包括:商业销售,主要指批发业务、零售服务;与销售有关的代理费用及佣金等;特许经营服务;其他销售服务。

5. 教育服务

教育服务（Educational Services）主要指各国间在高等教育、中等教育、初等教育、学前教育、继续教育、特殊教育和其他教育中的服务交往，如互派留学生、访问学者等。

6. 环境服务

环境服务（Environmental Services）主要指污水处理服务、废物处理服务、卫生及相似服务等。

7. 金融服务

金融服务（Financial Services）主要指银行和保险业及相关的金融服务活动。包括：

（1）银行及相关的服务。如银行存款服务；与金融市场运行管理有关的服务；贷款服务；其他贷款服务；与债券市场有关的服务，主要涉及经纪业、股票发行和注册管理、有价证券管理等；附属于金融中介的其他服务，包括贷款经纪、金融咨询、外汇兑换服务等。

（2）保险服务。如货物运输保险，其中含海运、航空运输及陆路运输中的货物运输保险等；非货物运输保险，具体包括人寿保险、养老金、伤残及医疗费用保险、财产保险服务、债务保险服务；附属于保险的服务，如保险经纪业、保险类别咨询、保险统计和数据服务；再保险服务。

8. 健康及社会服务

健康及社会服务（Health-related and Social Services）主要指医疗服务、其他与人类健康相关服务，如社会服务等。

9. 旅游及相关服务

旅游及相关服务（Tourism and Travel-related Services）指旅馆、饭店提供的住宿、餐饮服务及相关的服务，以及旅行社及导游服务。

10. 文化、娱乐及体育服务

文化、娱乐及体育服务（Recreational, Cultural and Sporting Services）指不包括广播、电影、电视在内的一切文化、娱乐、新闻、图书馆、体育服务，如文化交流、文艺演出等。

11. 交通运输服务

交通运输服务（Transport Services）主要包括货物运输服务，如航空运输、海洋运输、铁路运输、管道运输、内河和沿海运输、公路运输服务；也包括航天发射以及运输服务，如卫星发射等；客运服务；船舶服务（包括船员雇用）；附属于交通运输的服务，主要指报关行、货物装卸、仓储、港口服务、起航前查验服务等。

12. 其他未包括的服务

9.1.3 国际服务贸易的特征

国际服务贸易自身的复杂性以及与国际货物贸易的差异，使其表现出以下几个方面的特征：

1. 贸易标的具有无形性和不可贮存性

服务的空间形态基本上是不固定的、无形的。一方面,服务提供者通常无法向顾客介绍空间形态确定的服务样品;另一方面,服务消费者在购买服务之前,往往不能感知服务,在购买之后也只能觉察到服务的结果而不是服务本身。但这种无形性不是绝对的,随着科学技术的发展,有些无形的服务变得"有形化"了,比如载有内容的唱片、胶片、软盘等,软盘本身是服务的载体,其价值主体是所承载的服务。

服务一旦被生产出来,一般不能长久搁置。如果服务不被使用,则既不会给购买者带来效用,也不会给提供者带来收益。比如医院、商店、餐馆和银行等行业,如果没有顾客光顾,就会造成巨大的经济损失。当然有些服务也可能体现在某一货物中或者可以和生产者、服务出口者分离,比如购买保险就可以在购买以后的整个有效期内消费,具有一定的贮存性。但是服务贸易的不可贮存性仍然广泛存在。

2. 部分服务具有生产和消费的同时性

由于国际服务贸易中大部分服务是无形的,是不能贮存的,它要求服务的生产和消费同时进行,并要求服务提供者和使用者存在某种形式的接触。也就是说,服务的使用价值的创造过程与服务价值的形成和让渡过程,以及服务使用价值的消费过程往往是在同一时间和地点完成的。如果没有消费者接受服务,原则上服务并不发生。比如开演唱会,随着演唱会结束,服务也提供完毕,而作为服务消费者的听众消费也就此结束。

3. 服务质量的差别性

国际货物贸易中货物的品质和消费效果通常是相同的,比如同一品牌的汽车,其品质和消费效果基本上没有差异,而同一种服务的质量和消费效果往往存在显著差别。这种差别来自供求两方面:第一,服务提供者的技术水平和服务态度往往因人、因时、因地而异,服务质量因而产生差异;第二,服务消费者对服务也时常提出特殊要求,所以同一种服务的一般与特殊的差异是经常存在的,统一的服务质量标准只能规定一般要求,难以确定特殊的标准。

4. 服务贸易市场的高度垄断性

由于国际服务贸易在发达国家和发展中国家的发展严重不平衡,加上服务市场的开放涉及跨国银行、通信工程、航空运输、教育、自然人跨国界流动等,它们直接关系到服务进口国家的主权、安全、伦理道德等极其敏感的领域和问题。因此,国际服务贸易市场具有很强的垄断性,受到国家有关部门的严格控制。

5. 贸易保护方式更具隐蔽性

各国政府对本国服务业进行保护时,往往采用国内立法的形式,在市场准入方面制定限制政策或进入市场后不给予国民待遇等方式。这些保护措施往往不是以地区性贸易保护和"奖出"式进攻型保护为主,而是以行业性贸易保护和"限入"式防御型保护为主。这种以国内立法形式实施的"限入"式非关税壁垒往往缺乏透明度,使国际服务贸易受到的限制和障碍更具隐蔽性。

6. 营销管理具有更大的难度与复杂性

国际服务营销管理无论在国家的宏观管理方面,还是在企业的微观经营方面,都比商品的营销管理具有更大的难度和复杂性。

宏观上,国家对服务进出口的管理,不仅仅是对服务自身的"物"的管理,还必须涉及服务提供者和消费者的人的管理,包括人员签证、劳工政策等一系列更为复杂的问题。国家主要采取制定法规的办法对服务贸易进行调控和管理,而法规管理往往存在时滞,因法律的制定与修订均需要一定时间。

微观上,服务的固有特性使得营销管理过程中的不确定性因素增多、调控难度增大,突出表现在对服务的质量控制和供需调节这两个最为重要的环节上。

7. 服务贸易统计的复杂性

由于服务产业本身复杂多样,国内服务贸易与国际服务贸易统计尚未完全区分开,国际服务统计体系尚未确立,使服务贸易统计难以准确。因此,现有的国际服务统计数字可能大大低于实际数字。

9.2 当代国际服务贸易的发展

9.2.1 当代国际服务贸易的发展特点

1. 国际服务贸易发展的速度加快

新技术革命促进了电讯业和信息产业的发展,也为服务业带来了可贸易性,服务已经成为产品成本的重要组成部分。现代科技的广泛发展和应用,使得单位产值中的劳动力成本和原材料消耗大大降低,服务的比重大大增加并且决定着产品的质量及其在市场上的竞争力。

自 20 世纪 60 年代中期开始,世界服务贸易持续以高于货物贸易的速度发展。1970 年,国际服务贸易的出口额为 710 亿美元,1980 年则增至 4 020 亿美元,1996 年增长到 12 600 亿美元,2002 年达到 15 400 亿美元,2010 年全球服务贸易出口额达 36 650 亿美元。随着新的产业革命完成以及信息经济时代的到来,第三产业、第四产业将更快发展,越来越多的劳动者将从实物生产转移到服务生产,服务贸易的比重将不断增大。

2. 国际服务贸易的范围不断扩大

第二次世界大战以前,服务贸易的主要项目是劳务输出,当时虽然已有电讯服务、金融服务和运输服务,但发展缓慢,所占比重很低。二战以后,随着第三产业革命的完成,电讯、金融、运输、旅游以及信息产业、知识产权保护的迅速发展,服务贸易加快向这些领域扩展。

当前,在服务贸易中,运输、旅游和其他商业服务(主要包括通信服务、建筑服务、保险、金融、计算机和信息服务、专有权利使用和特许、咨询、会计、法律、广告及文体娱乐服务等)是最重要的三大类别。其中其他商业服务是国际服务贸易中贸易额最大、增长最快的类别,已占国际服务贸易出口总额的一半以上。

在服务贸易结构方面,由于技术进步和经济全球化的发展,世界服务贸易结构也进一步完善。不仅运输、旅游、劳工等劳动密集、资源密集的服务业采用了先进技术手段,贸易规模不断扩大,而且许多从制造业中分离出来的、独立经营的新兴服务业发展也很快,尤其是以高新技术为载体的资本密集、技术密集、知识密集型的服务业发展最快,如金融、保险、信息、咨询、数据处理等行业。

3. 国际服务贸易地区发展不平衡持续存在,发达国家占据主导地位

由于科技、经济及服务业发展的不平衡,世界各国的服务贸易水平及在国际服务市场上的竞争实力相差悬殊,服务贸易发展的地区不平衡性突出,并且这种不平衡性将在较长时间内存在。从地区结构看,世界服务贸易主要集中在欧洲、北美和亚洲三大地区,世界服务贸易额的85%左右集中在发达国家和亚洲新兴经济体。目前,世界服务贸易的85%左右集中在发达国家和亚洲新兴经济体,欧洲则保持服务贸易额最大的地位。2010年,欧洲、北美和亚洲的服务出口占世界服务出口总额的88.8%,其中欧洲占47%;同年三大地区服务进口占世界服务进口总额的83.8%,其中欧洲占42.9%,详见表9.1。

表9.1 2005~2010年世界主要地区服务贸易进出口情况 (单位:10亿美元)

	2010年出口额	出口年均增长率(%)				2010年进口额	进口年均增长率(%)			
		2005~2010	2008	2009	2010		2005~2010	2008	2009	2010
世界	3 665	8	13	-12	8	3 505	8	14	-11	9
北美洲	599	7	9	-8	9	471	6	9	-9	9
美国	515	8	10	-7	8	358	6	9	-8	7
中南美洲	111	10	15	-8	11	135	14	21	-9	23
巴西	202	11	23	-23	32	191	20	44	-27	43
欧洲	1 724	6	12	-14	2	1 504	6	12	-13	1
欧盟27国	1 553	6	11	-15	2	1 394	5	12	-13	1
独联体	78	14	27	-17	10	105	12	26	-19	14
俄罗斯	400	10	33	-36	32	248	15	31	-34	30
非洲	86	9	14	-9	11	141	14	30	-12	12
中东	103	-	-	-3	9	185	-	-	-8	9
亚洲	963	12	16	-11	21	961	11	16	-10	20
中国	1 578	16	17	-16	31	1 395	16	18	-11	39
日本	138	6	15	-14	9	155	5	13	-12	6
印度	216	17	30	-15	31	323	18	40	-20	25

资料来源:WTO, International Trade Statistics, 2010年; WTO Press/628, World trade 2010, Prospects 2011, 7 April 2011。

从表 9.1 中可以看出,2005~2010 年间,中南美洲、独联体、非洲和亚洲地区的服务出口年均增长率分别为 10%、14%、9% 和 12%,均高于同期 8% 的世界平均水平;而北美洲和欧洲地区的服务出口年均增长率分别为 7% 和 6%,均低于同期世界平均水平。独联体的服务出口是世界所有地区中增长最快的,但其在世界服务贸易中所占份额最小,2010 年其出口占比仅为 2.1%。总体上看,发展中地区服务贸易增长快于发达地区,但其服务进口额大于出口额,大多处于逆差状态。2010 年,亚洲服务出口和进口增长接近,成为世界增长最快的地区。

从国别构成看,自 2003 年以来,美国、英国和德国一直是世界排名前三位的服务出口国和进口国。美国在世界服务贸易中居绝对主导地位,服务出口和进口均雄居世界榜首,与其巨额的货物贸易逆差相比,美国服务贸易处于顺差状态。德国和英国是欧洲两个最重要的服务贸易国家,长期位居世界第二位和第三位,2010 年英国被中国取代退居世界服务进口的第四位。日本是亚洲地区重要的服务贸易国家。2010 年,在世界服务贸易前十位的国家中,只有中国、印度、新加坡是发展中国家,但它们在世界服务贸易总额中的比重仍较小,合计占比低于美国,具体见表 9.2。

表 9.2 2010 年世界服务贸易进出口额前 10 位排名

位次	出口国/地区	出口额(10 亿美元)	占比(%)	位次	进口国/地区	进口额(10 亿美元)	占比(%)
1	美国	515	14.1	1	美国	358	10.2
2	德国	230	6.3	2	德国	256	7.3
3	英国	227	6.2	3	中国	192	5.5
4	中国	170	4.6	4	英国	156	4.5
5	法国	140	3.8	5	日本	155	4.4
6	日本	138	3.8	6	法国	126	3.6
7	西班牙	121	3.3	7	印度	117	3.3
8	新加坡	112	3.0	8	荷兰	109	3.1
9	荷兰	111	3.0	9	意大利	108	3.1
10	印度	110	3.0	10	爱尔兰	106	3.0

资料来源:WTO, International Trade Statistics,2010 年;WTO Press/628, World trade 2010, Prospects 2011,7 April 2011。

自 20 世纪 90 年代,发展中国家纷纷调整发展战略,加快服务贸易发展。在发展中国家当中,亚洲(主要是东亚)服务贸易发展尤为迅速,其中海上运输业发展最为强劲,其次在旅游、劳务出口方面也取得了显著进步。随着服务外包发展为新的服务贸易方式,印度、巴西、中国、墨西哥、菲律宾等发展中国家承接服务外包与离岸服务贸易的能力迅速提高。但是,与发达国家相比,发展中国家整体服务贸易发展滞后,在贸易规模、贸易结构、贸易方式等方面还有相当大差距,在国际分工中仍处于相对劣势,发展中国家在世界服务贸易中所占比重远低于在世界货物贸易中的水平。

4. 国际服务贸易市场呈多元化

随着世界经济的发展,近年来对国际服务贸易的需求及范围日益扩大,地理分布也日趋扩大。20世纪70年代以前,西方国家是最主要的劳务输入市场;20世纪70年代后期,中东和北非几个主要产油国,每年吸收大批的劳动力,成为服务人员输入的主要市场;20世纪80年代以后,亚、非、拉美地区一些国家的经济迅速增长,对境外服务的需求增加;进入20世纪90年代,亚洲地区已成为世界经济增长的热点,特别是普遍的开放性政策带来大量的境外服务进口。以中国为首的发展中国家在实施开放性经济发展战略过程中,对发达国家的高技术含量的服务需求强劲,无论是工程建筑,还是专业服务中的咨询、会计、计算机处理、广告和法律服务,或者电信、金融等服务都需要外商的参与和合作。

在服务出口市场方面也呈现多元化态势,尽管总体上发达国家占有优势,但是这种状况正在逐渐被打破。比如传统服务出口大国美国,在国际建筑服务市场中的份额逐年下降,发展中国家相应的份额逐年增加。

5. 国际服务贸易保护主义盛行

国际服务贸易市场竞争日趋激烈,各国为了自身的经济利益或者出于国家主权、文化、社会稳定方面的需要,对服务进口往往施加各种限制性法规及政策,以保护本国服务业及促进自己的服务出口。这种情况不仅出现在服务业欠发达的发展中国家,在服务贸易占绝对优势的发达国家也同样如此,整个世界在服务贸易方面存在着一个巨大的多重的贸易壁垒。比如美国为保护国内印刷业,禁止进口美国作者在海外印刷的作品;阿根廷、澳大利亚、加拿大等对外国制作的广播和电视作品有严格限制;韩国、马来西亚和菲律宾不允许外国银行扩展分支机构等。

9.2.2 国际服务贸易迅速发展的原因

1. 世界产业结构升级的驱动

按照发展经济学的经济增长阶段论,随着国家经济能力的增长,该国的产业结构将依次提升,逐步由农业经济过渡到工业经济,再由工业经济发展到服务经济。20世纪60年代初,主要西方国家都已完成了本国的工业化进程,开始步入后工业化的发展阶段,即国内经济重心向服务业偏移。由各国经济能力增长所带动的产业升级使得世界产业结构发生大规模的调整。在这一过程中所形成的新的世界经济结构不平衡,导致了对国际服务的更大规模的需求,使全球服务性产业的贸易总额有了高速增长的潜力。

2. 科学技术进步的有力推动

科技进步极大地提高了交通、通讯和信息处理能力,为信息、咨询和以技术服务为核心的各类专业服务提供了新的服务手段,使原来不可能发生贸易的许多服务领域实现了跨国贸易。

比如原来不可贸易的知识、教育服务现在可以存储在光盘中,以服务产品的形式交易或者通过卫星电视、因特网直接发送。信息技术和通讯技术的发展使得银行、保险、商品零售等行业可以在全球范围内开展业务,为跨国服务带来了机遇。新技术不仅为附加服务提供了贸易机会,而且使高新技术服务成为一些跨国公司的核心竞争力。

随着科技的进步,发达国家的产业结构逐渐向技术密集和资本密集的高科技产业转移,把劳动密集型产业转移到新兴工业化国家和部分发展中国家,使这些国家和地区能够利用本地区丰富的廉价劳动力资源,赚取外汇服务收入,形成大规模的服务输出。

3. 跨国公司国际化经营活动的开展

跨国公司的海外扩张,带动了资本、技术和人才的国际流动,促进了与其相关或为其服务的国际服务贸易的发展,具体表现在以下几个方面:

(1)跨国公司在世界范围扩张过程中所带动的大量追随性服务,如设立为本公司服务的专业性公司,这些服务子公司除满足本公司需求之外,也向东道国的消费者提供服务,从而促进了东道国服务市场的发展。

(2)跨国公司在国际服务市场上提供的银行、保险、会计、法律、咨询等专业服务,也随着跨国公司的进入在东道国市场上获得渗透和发展。

(3)制造业跨国公司对海外的直接投资,产生了"企业移民",这种企业移民属于服务跨国流动的一种形式,随着设备技术的转移,其技术人员和管理人员也产生流动,因而带动了服务的出口。

4. 国际服务需求的迅速扩大

从需求的角度来看,随着世界经济的发展,各国人民生活水平普遍提高,对各种服务的需求迅速增长。与此同时,人们对环境和可持续发展的关注随着收入的提高也日益加深。服务行业大都属于绿色行业,污染轻、能源消耗少,各国政府普遍把服务业作为重点发展产业之一。另外,发展服务业也是解决失业和平衡国际收支的需要。传统服务行业(如餐饮业等)属于劳动密集型产业,可以解决大量的就业问题;新型服务行业的发展进一步拓宽了社会就业渠道,服务业已成为许多国家出口创汇的重要行业。

5. 国际货物贸易高速增长的带动

二战后,国际货物贸易流量不断扩大,远远超过了同期世界工业生产和国民生产总值的增长速度。在货物贸易高速增长的带动下,同货物进出口直接关联的传统服务贸易项目,如金融、保险业和运输业等,都相应的在规模上、数量上成倍增长。

6. 发展中国家积极参与国际服务贸易

发展中国家为了发展经济,普遍采取了开放型经济政策,积极地从发达国家引进资金和技术。为增加外汇收入,实现本国经济现代化,发展中国家也积极参与国际服务贸易。随着外贸政策不断趋向自由化和经济实力的增强,发展中国家的贸易范围不断扩大。近年来,发展中国家除积极参与国际运输、劳务输出外,还大力发展旅游业,积极扩大其他服务出口,推动了国际服务贸易的发展。

9.2.3 国际服务贸易的发展趋势

随着世界产业结构升级和国际产业转移,服务贸易作为服务经济发展的标志之一,已经成为国际贸易和投资中越来越重要的组成部分。近年来,国际服务贸易的发展呈现出一些新趋势。

1. 国际服务贸易仍将持续快速发展

随着经济全球化的加深和国际产业结构的调整,世界各国的服务贸易活动日益频繁,全球服务贸易出口规模持续扩大。在2000~2010年,世界服务贸易出口额从1.435万亿美元增加到3.665万亿美元,增长了1.55倍。目前国际服务贸易出口已占全球贸易总额的20%左右。随着全球经济的复苏、世界产业结构的升级、科技的迅速发展以及服务贸易壁垒的逐渐削减,国际服务贸易将继续保持快速增长。

2. 其他商业服务的比重将继续加大

在世界服务贸易发展中,贸易结构呈现出由传统服务贸易逐渐向现代服务贸易倾斜的趋势。这表现为运输、旅游等传统服务贸易所占比重下降,而以其他商业服务(主要包括通信、建筑、保险、金融、计算机和信息服务、专有权利使用和特许、咨询、广告宣传、电影音像和其他商业服务)为代表的现代服务贸易发展迅速,增长强劲,所占比重提升。自21世纪初以来,服务贸易结构趋向高级化的变化趋势更加明显,其他商业服务已成为世界服务贸易中贸易额最大、增长最快的类别,年贸易额占世界服务出口总额的一半以上。

WTO统计显示,2000~2009年间,其他商业服务持续快速增长,年均增长率达到12%,高于同期世界服务贸易整体9%的平均增幅,比年均增长8%的运输服务、年均增长7%的旅游服务分别高出4个和5个百分点。2005~2010年间,世界服务出口额年均增长8%,其中运输服务增长7%,旅游服务增长6%,其他商业服务增长9%,详见表9.3。

表9.3 2000~2010年世界服务贸易分类别的增长情况

	2010年出口额(10亿美元)	出口年均增长率(%)					
		2000~2009	2005~2010	2007	2008	2009	2010
世界服务贸易	3 663.8	9	8	20	13	-12	8
运输	782.8	8	7	20	16	-23	14
旅游	935.7	7	6	15	10	-9	8
其他商业服务	1 945.3	12	9	23	13	-8	6

资料来源:WTO,International Trade Statistics 2010年

服务贸易增长速度的差异导致了服务贸易结构发生变化。在2000~2010年间,运输服务在世界服务贸易中所占比重基本保持稳定,2000年为23.4%,2009年略降到20.9%,2010年

回到21.4%;旅游服务所占比重呈下降之势,由2000年的32.1%下降到2005年的27.7%,2010年为25.5%;而其他商业服务所占份额显著提升,2000年为44.5%,2006年占比首次超过50%,2009和2010年进一步提高到53.1%,详见表9.4。

表9.4　2000～2010年各类服务占世界服务出口总额的比重(单位:%)

	2000年	2005年	2006年	2007年	2008年	2009年	2010年
世界服务贸易	100.0	100.0	100.0	100.0	100.0	100.0	100.0
运输	23.4	23.3	22.9	22.9	23.7	20.9	21.4
旅游	32.1	27.7	27.1	25.7	25.1	26.0	25.5
其他商业服务	44.5	49.0	50.0	51.4	51.1	53.1	53.1

资料来源:WTO,International Trade Statistics,2010年

其他商业服务的比重加大,主要是因为发达国家凭借经济实力、科技水平等方面拥有强大优势,在金融、信息、技术、广告和咨询等具备广阔前景的新兴知识密集型服务业占据明显的领先优势。与货物贸易相比,发展中国家在世界服务贸易中处于更加相对不利的境地,而且与发达国家的差距日益加大。总体而言,发展中国家的服务贸易主要依靠旅游、运输等传统服务业,如劳务输出、建筑工程承包及部分旅游服务。但就规模而言,即使是实力较强的发展中国家与发达国家相比也相去甚远。随着发达国家在新兴知识密集型服务业的领先优势逐步扩大,其他商业服务的比重必将继续加大。

3. 国际投资倾向于商业存在方式

随着世界范围的产业结构调整和转移进一步升级,外国直接投资大多流入服务业,尤其是金融、电信和房地产业等服务部门从外国直接投资的迅猛增长中获益最大,流入制造业的份额相对下降。国际投资加速向服务业转移,使得通过商业存在实现的服务贸易规模日益扩大。据WTO估计,目前通过商业存在实现的服务贸易大约是跨境提供的1.5倍。由外国直接投资产生的和通过商业存在所实现的国际服务贸易规模在服务贸易四种提供模式中的所占比重约为50%。其主要原因是由于服务产品具有无形性、不可储存性的特点,因而,在消费国内部通过商业存在模式提供服务,有利于服务提供者的批量生产,取得规模效益。

4. 国际服务贸易的区域性不平衡将继续存在

目前,全球服务贸易的85%左右集中在发达国家和亚洲新兴工业国家或地区。发达国家占全球服务贸易进出口总额的3/4左右,其中,美、英、德三国就占了全球服务贸易总额的近30%。随着全球服务贸易自由化的推进,虽然发展中国家的服务贸易也获得一定发展,在国际服务贸易中的地位趋于上升。但与发达国家相比,发展中国家整体的服务贸易发展滞后,而且,多数发展中国家服务贸易处于逆差状态,其中最大的逆差项目是其他商业服务,其次是运输,尽管旅游有一定顺差,但所占比重也不大。因此,在较长时期内,发达国家仍将占据国际服务贸易的主导地位,这种区域性不平衡将在较长时间内继续存在。

5. 全球服务外包迅猛发展

20世纪90年代之后,随着经济一体化、专业分工的日益细化,以及市场竞争程度的不断提高,越来越多的企业纷纷将非核心服务活动外包给其他企业,以达到降低成本、优化产业链、提升企业核心竞争力的目的。作为一种新的国际商务模式,全球服务外包已成为国际服务产业转移的重要形式以及一些国家扩大服务贸易出口的重要途径。从近期看,据全球知名的信息技术研究与顾问咨询公司高德纳公司预测,到2012年全球服务外包市场规模可达9750亿美元。从长远看,据印度的产业组织估计,未来全球服务外包产业将保持30%~40%的增长率,到2020年仅信息技术外包的规模就将达1.5万亿~1.6万亿美元。

从发包国来看,美国、日本、欧洲是主要的发包方,提供了全球服务外包业务的绝大多数份额。美国占了全球市场的64%,欧洲占18%,日本占10%。从承接国来看,服务外包承接国数量激增,但是发展不均衡。从发达国家来看,服务外包承接大国澳大利亚、新西兰、爱尔兰、加拿大等,国内服务外包行业成熟,已经形成了一定的产业规模和发展优势,但是和发展中国家相比,人力资源优势已经不复存在,因此其在最近几年的发展中明显落后。从发展中国家来看,最近几年承接服务外包的发展中国家数量激增,中国、印度、菲律宾承接了全球服务外包60%以上的份额,已经成为全球服务外包市场上重要的承接方。同时,拉美的巴西、墨西哥等国也是世界上重要的服务外包承接国,2010年拉美的服务外包IT市场规模达到了2300多亿美元,2011年的增长率达到9.2%。另外,近几年许多中小贫困、落后国家,如柬埔寨、肯尼亚、斯里兰卡等,国内的服务外包行业得到了飞速的发展。

6. 服务贸易自由化趋势明显,服务贸易壁垒日趋隐蔽化

随着服务贸易在全球贸易中的重要性不断加强,世界各国对取消服务贸易壁垒、推进国际服务贸易自由化进程显得越来越迫切。特别是欧美等发达国家利用其服务贸易的领先发展优势,通过各种多边、双边的谈判要求别国开放服务贸易市场,以此来扩大服务贸易的出口。鉴于服务贸易不易征收关税、不容易监管等特殊性,各国都在不同程度上存在着非关税壁垒和大量复杂的规定与措施,以此来保护本国的国家安全、本国的民族服务业和本国的文化及传统的价值观。即使在世界上服务产业最为发达、标榜自由贸易、市场开放的美国也不例外。目前,在投资设立商业服务机构和服务市场准入方面依然存在大量的贸易壁垒和不公平做法,而且这些壁垒有越来越隐蔽的趋势。

9.3 国际服务贸易壁垒与《服务贸易总协定》

服务贸易自由化的利益是明显的,而面对明显的经济利益,为什么还有很多国家仍然对服务贸易设置各种壁垒,主要的原因可以概括为以下几点:第一,政府出于本国经济独立性的考虑。许多服务部门,如交通运输、通讯、电力、金融等都属于一国经济的关键部门,一旦开放服务市场,这些部门被外国所控制,一国经济的独立性就会受到极大的威胁;第二,政府出于安全的考虑,对外国资本进入本国的基础性服务领域心存疑虑。第三,政府认为对国内幼稚服务部门的必要扶持是一国获取长期经济与政治利益的一个重要选择。

国际服务贸易壁垒(Service Trade Barrier)是指一国政府对外国服务或外国服务提供者设置或实施的有障碍作用的政策与措施。服务贸易壁垒以增加国外服务生产者的成本达到限制贸易扩大的目的。这种壁垒可以是通过对进口的服务征收歧视性的关税形式,也可以是通过法规的形式使国外的服务生产者增加不必要的费用。

9.3.1　国际服务贸易壁垒的形式

按关贸总协定统计,国际服务贸易壁垒多达 2 000 多种,常见的服务贸易壁垒有产品移动壁垒、资本移动壁垒、人员移动壁垒和商业存在壁垒四种形式。

1. **产品移动壁垒**

产品移动壁垒包括数量限制、当地成分、本地要求、政府补贴、政府采购、歧视性技术标准和税收制度等。数量限制,如给予一定的服务进口配额;当地成分,如规定服务厂商必须在当地购买设备,使用当地的销售网或只能租赁而不能全部购买等;本地要求,如德国、瑞士等国禁止在东道国以外处理的数据在国内使用;政府补贴,如研究和开发补贴、环保补贴等;政府采购,如规定公共领域的服务只能向本国厂商购买,或政府以亏损出售方式对市场进行垄断,排斥外国竞争者;歧视性技术标准和税收制度,如对外国服务厂商使用设备的型号、大小和各类专业证书进行限制,对外国服务厂商征收更多的交易附加税和经营所得税。

2. **资本移动壁垒**

资本移动壁垒的主要形式有外汇管制、浮动汇率和限制投资收益汇出等。外汇管制是指政府对外汇在本国境内的持有、流通和兑换,以及外汇的出入境采取各种控制措施;浮动汇率会影响到绝大部分外向型经济部门,不利的汇率将严重削弱外国服务厂商在该国的服务竞争优势,不仅增加了经营成本,而且也提高了价格,从而削弱了消费者的购买力;限制投资收益汇出包括限制外国服务厂商将投资收益汇回母国,或限制外国资本抽调回国,或限制汇回利润的额度等措施。这些措施大量的使用在一定程度上限制了服务贸易的发展。

3. **人员移动壁垒**

人员移动壁垒包括限制外国服务提供者入境和限制本国服务消费者出境两种方式。在一些专业服务如管理咨询服务中,能否有效地提供高质量服务常常取决于能否雇佣到技术熟练的人员。而各种移民限制和出入境繁琐的手续将大大减少入境的外国劳动力,进而限制了这些专业服务的入境。2009 年,印度在外籍劳工使用方面出台限制规定,在一个项目的全体工作人员中,仅有 1% 允许是外国人;在电力项目上,上限是 40 名熟练工人。该限制措施致使中国电力企业在印度的承包工程受到较大影响。

一些国家为扭转国际收支逆差,采取限制颁发出境护照、提高机场启程税、征收出境税、限制货币携带出境量等措施,设置出境壁垒。例如,印尼通过大幅度提高机场启程税的方式,限制为购物而前往新加坡的本国居民数量。

4. 商业存在壁垒

商业存在壁垒又称为生产者创业壁垒,即限制市场准入,它是指对外国服务业厂商在本国开设企业或公司进行诸多的限制,禁止和限制外国服务提供者以商业存在的形式进入本国服务市场,包括禁止和限制外商进入部门、企业形态、使用雇员和投资比例等措施。比如,规定外国银行在国内开设银行的数量不得超过预定比例;外国服务业厂商在东道国设立分支机构时,当地政府通过就业法规定本地劳工的就业比例或职位;限制外国服务提供者在企业中的股份、权益和投票权。有些国家还规定外国专业人员开创企业之前,必须接受当地教育或培训,以此来增加本国服务贸易的出口,限制他国服务贸易的进口。

9.3.2 国际服务贸易自由化与《服务贸易总协定》

9.3.2.1 国际服务贸易自由化的进程

随着服务业在世界范围内的迅速发展及其作用的日益提高,服务贸易壁垒越来越普遍。这些壁垒在维护一国国家主权、安全和社会利益的同时,也不可避免地分割了世界服务市场,限制了外国服务的进入和世界服务贸易的发展,背离了世界经济一体化和服务贸易世界化的发展趋势。因此,包括发展中国家在内的许多国家,都要求通过签订双边和多边条约来达到开放服务市场、实现服务贸易自由化的目的。

20世纪50年代,欧洲经合组织在成员国内部推行并完善了《无形贸易自由化法案》。20世纪70年代起,面对巨额的货物贸易逆差和同样巨额的服务贸易顺差,美国开始积极推动服务贸易自由化。在美国和欧盟的协调下,在1986年9月开始的关贸总协定乌拉圭回合多边贸易谈判中,服务贸易终于被列入了谈判议题。经过长达7年多的谈判,于1993年12月15日达成了《服务贸易总协定》,1995年,该协定开始生效。随着世界贸易体制由关贸总协定向世贸组织的转变,服务贸易自由化随即被纳入世贸组织的管辖和监督。1997年,世贸组织又通过了三项重要的服务贸易方面的协议,即《基础电信协议》、《金融服务协议》和《信息技术协议》,这标志着国际服务贸易自由化又进入了一个崭新阶段。

9.3.2.2 《服务贸易总协定》

《服务贸易总协定》(General Agreement on Trade in Service,简称GATS)是关贸总协定乌拉圭回合多边贸易谈判达成的、第一部管理全球服务贸易的、具有法律约束力的多边协议,也是《建立世界贸易组织协定》的重要组成部分。

《服务贸易总协定》的宗旨是为服务贸易建立一个多边框架,在透明度和逐步贸易自由化条件下扩大服务贸易,促进所有贸易伙伴和发展中国家的经济增长和发展。

1.《服务贸易总协定》的适用范围

《服务贸易总协定》从四个方面对国际服务贸易进行了规定:即跨境提供、过境消费、商业存在和自然人流动。《服务贸易总协定》适用于以商业为基础提供服务的私有部门、企业以及政府,但在行使政府权限时提供的服务(如驻外大使馆、领事馆人员提供的服务)除外。为履行协定所列的义务和手续,《服务贸易总协定》要求各成员应采取所有可能的措施以确保其境内的地方政府或当局及非政府机构(如行业协会、商会、同业公会等)遵守该协定。也就是说,服务贸易的范围包括除政府当局实施政府职能所提供的服务以外的所有部门的一切服务。

2.《服务贸易总协定》的主要内容

《服务贸易总协定》由三大部分组成:一是协定条款,二是部门协议;三是各成员的市场准入承诺单。《服务贸易总协定》的条款由序言和六大部分共计29项条款组成。第一部分为范围和定义,主要界定服务贸易的适用范围及其活动方式;第二部分为一般义务和纪律,主要是确定服务贸易应共同遵循的基本原则;第三部分是具体承诺,主要是规定市场准入和国民待遇这两项必须通过谈判减让的实质性内容;第四部分是逐步自由化,主要是安排具体承诺的进程以及承诺表的制定和修改;第五部分是机构条款,主要是涉及磋商和争端解决机制、服务贸易理事会和技术合作等事项;第六部分是最后条款,主要是给出缔约方拒绝给予利益的各种情形以及若干重要概念和定义。协定条款的前28项条款为框架协议,规定了服务贸易自由化的原则和规则,第29项条款包括8个附件。8个附件是:关于第二条豁免的附件;关于根据本协定自然人移动提供服务的附件;关于空运服务的附件;关于金融服务的附件一;关于金融服务的附件二;关于海运服务谈判的附件;关于电信服务的附件;关于基础电讯谈判的附件。

其他有关文件是:关于体制安排和某些解决争端程序的部长决定;关于第14条(第6款)、关于基础电信、金融服务和专业服务的谈判;关于人员移动和海运服务以及金融服务承诺谅解书。

3.《服务贸易总协定》的主要原则

(1)最惠国待遇原则。最惠国待遇条款规定,各缔约方应立即、无条件的给予其他缔约方的服务和服务提供者以优惠待遇,并不少于给予任何别的国家相同服务和服务提供者的优惠待遇。这一原则适用于服务贸易的各个部门,任何成员方是否开放某一服务贸易部门,在何种程度上开放以及对来自国外的服务和服务提供者实行何种限制等问题,都不能使另一成员方处于低于第三方的地位。如果某一缔约方无法取消与上述规定不符的措施,则应申请最惠国待遇的例外。

(2)透明度原则。《服务贸易总协定》规定各成员方应立即向其他成员公布其采取的所有与服务贸易有关或对服务贸易协议产生影响的法律、法规或管理条例等措施。

(3)发展中国家的更多参与原则。《服务贸易总协定》承认发展中国家成员的服务业发展与发达国家成员的服务业发展相比是不平衡的,这一情况在服务贸易自由化的谈判中应予以考虑。为帮助发展中国家发展服务业，《服务贸易总协定》规定发达国家成员对于发展中国家成员具有出口利益的交付方式和服务部门给予自由准入的优先权；发达国家将建立一些联系点，向发展中国家的服务提供者提供市场准入的有关信息等；允许发展中国家根据国内政策目标和服务业发展水平，逐步实现服务贸易自由化，逐步扩大市场的开放程度；允许发展中国家对于外国服务或服务提供者进入本国市场设置条件。

（4）国内规定原则。《服务贸易总协定》尊重各国国内法规，但要求各成员方国内法规规定的有关措施应在合理、客观和公正的原则基础上实施，以免国内的有关规定影响服务贸易的正常进行或对服务的提供者构成不必要的障碍。

（5）对服务提供者所需资格的相互承认原则。提供服务的公司和个人需要取得允许进入行业的证书、许可或其他授权。由于各国对于学历和工作经历的不同要求，外国服务提供者往往难以得到此种授权。为了克服这种困难，《服务贸易总协定》规定这种相互承认的体系应是开放的，如果其他成员的国内标准和要求与该体系涉及的标准和要求相匹配，应允许其加入。

（6）市场准入原则。市场准入是《服务贸易总协定》的一个关键条款，它是一种经过谈判而承担的义务，实施对象既包括服务也包括服务提供者。每一成员方给予其他成员方服务和服务提供者的待遇，应不低于根据其承诺单中同意和规定的限制条件。

（7）国民待遇原则。服务贸易领域的国民待遇是一项特定义务，各成员方只在自己承诺开放的服务部门中给予外国服务和服务提供者以国民待遇。即成员方在采取与提供服务有关的措施时，对满足承诺单中所列服务部门或分部门及所列条件和限制的服务或服务提供者，应给予其不低于本国相同服务和服务提供者的待遇。

（8）逐步推进贸易自由化进程原则。《服务贸易总协定》规定所有成员方应在协定生效之日起不迟于5年内开展连续的多轮谈判，不断减少或取消不利于服务贸易市场准入的各种措施，在互利的基础上促进所有成员方的利益，推进服务贸易自由化。《服务贸易总协定》还要求，服务贸易自由化进程应考虑到各成员方的政策目标以及其整体和各个服务部门的发展水平，对于发展中国家给予适当的灵活性。

（9）约束垄断和专营服务提供者原则。《服务贸易总协定》规定任何成员方任何一种服务的垄断和专营服务提供者，均不得滥用其垄断地位，其行为也不能违背《服务贸易总协定》的最惠国待遇原则以及该成员方在其承诺单中承诺的具体义务。如果某一成员已经就某种服务的提供做出了具体承诺，可是后来又对该种服务的提供授予了垄断经营权，从而否认或损害了其已有的承诺，那么它必须做出补偿。

【专栏9.1】

《服务贸易总协定》产生的背景和谈判过程

1. 发达国家积极倡导服务贸易自由化

在经历 1979~1982 年经济危机后,美国经济增长缓慢,在国际货物贸易中赤字日增,而在服务贸易领域却占据明显优势,连年顺差。作为世界最大的服务贸易出口国,美国急切地希望打开其他国家的服务贸易市场,通过大量的服务贸易出口来弥补贸易逆差、推动经济增长,而各国对服务贸易的不同程度的限制成为美国利益最大化的障碍。

美国国会在《1984 年贸易与关税法》中授权政府就服务贸易等内容进行谈判,并授权对不在这些问题上妥协的国家进行报复。发展中国家和一些发达国家抵制美国的提议,欧盟起初对美国的提议持疑虑,但经过调查发现,欧共体的服务贸易出口量要高于美国,转而坚决地支持美国。日本虽然是服务贸易的最大进口国,呈逆差形势,但由于在国际贸易中呈现顺差,加之为调和与美国之间日益尖锐的贸易摩擦,也始终支持美国。

2. 发展中国家对服务贸易自由化由坚决抵制到逐步接受

当美国开始提出服务贸易问题时,绝大多数发展中国家都坚决反对服务贸易自由化,理由是:第一,服务业中的许多部门,如银行、保险、证券、通讯、信息、咨询、专业服务(如法律、会计等),都是一些资本和知识密集型行业,在发展中国家,这些行业是很薄弱的,不具备竞争优势;第二,发展中国家的服务部门尚未成熟,过早地实行服务贸易自由化会挤垮这些尚处于幼稚阶段的民族服务业;第三,有些服务行业还涉及国家主权、机密和安全。随着发达国家在服务贸易谈判问题上的认识逐步统一,发展中国家坚决抵制的立场也有所改变。首先,一些新兴的发展中国家和地区某些服务业已取得相当的优势,如韩国的建筑工程承包就具有一定的国际竞争力,新加坡的航空运输业在资本、成本和服务质量上也具有明显的优势,这些国家希望通过谈判扩大本国优势服务的出口。其次,大部分发展中国家一方面迫于来自发达国家的压力,另一方面也认识到如果不积极地参与服务贸易的谈判,将会形成由发达国家制定服务贸易的规则,而自己只能成为被动的接受者,其利益将会受到更大的损害。因此,许多发展中国家也先后表示愿意参加服务贸易谈判。

1986 年 9 月,埃斯特角部长宣言中将服务贸易作为三项新议题之一列入乌拉圭回合多边贸易谈判议程,拉开了服务贸易首次多边谈判的序幕。

3. 乌拉圭回合关于服务贸易的谈判

乌拉圭回合服务贸易谈判大体可分为三个阶段。

第一阶段从 1986 年 10 月 27 日正式开始到 1988 年 12 月中期审议前为止。谈判的主要内容包括服务贸易定义;适用服务贸易的一般原则、规则;服务贸易协定的范围;现行国际规则、协定的规定;服务贸易的发展及壁垒等。这一阶段各国的分歧很大,主要集中在对国际服务贸易如何界定的问题上。多边谈判最终基本采取了欧共体的折中意见,即不预先确定谈判的范围,根据谈判需要对国际服务贸易采取不同的定义。

> 第二阶段从中期审议至1990年6月为止。谈判的重点集中在透明度、逐步自由化、国民待遇、最惠国待遇、市场准入、发展中国家更多参与等服务贸易的基本原则，此后的工作主要集中于通讯、建筑、交通运输、旅游、金融和专业服务各具体部门的谈判。与此同时，各国代表同意采纳一套服务贸易的准则，以消除服务贸易中的诸多障碍。
>
> 第三阶段从1990年7月至1993年12月。1990年12月的布鲁塞尔部长级会议上，服务贸易谈判组修订了"服务贸易总协定多边框架协议草案"文本，但由于美国与欧共体在农产品补贴问题上的重大分歧而没能最终结束谈判。经过进一步谈判，在1991年底形成了《服务贸易总协定》草案，基本上确定了协定的结构框架。1993年12月5日，贸易谈判委员会在搁置了数项一时难以解决的具体服务部门谈判后，最终通过了《服务贸易总协定》。
>
> 1994年4月15日，各成员方在马拉喀什正式签署《服务贸易总协定》，它于1995年1月1日和世界贸易组织同时生效。至此，长达8年的乌拉圭回合谈判终于宣告结束，虽然有几个具体服务部门的协议尚待进一步磋商谈判，但《服务贸易总协定》作为多边贸易体制下规范国际服务贸易的框架性法律文件，它的出现是服务贸易自由化进程中的一个里程碑。
>
> 资料来源：http://www.txrzx.com/content_index.asp。

9.4 服务外包

自20世纪90年代以来，国际服务外包在全球范围内得到了迅速的发展。起初，服务外包通常在英美等发达国家之间进行，紧接着在西欧等国家间迅速成长起来，伴随着WTO条款的促进，越来越多的发展中国家参与到了国际服务外包当中，服务外包已成为国际经济与贸易中的一项重要内容。

服务外包（Service Outsourcing）是指企业为了将有限资源专注于其核心竞争力，以信息技术为依托，利用外部专业服务商的知识劳动力，来完成原来由企业内部完成的工作，从而达到降低成本、提高效率、提升企业对市场环境迅速应变能力并优化企业核心竞争力的一种服务模式。用通俗的话来说：做你认为最好的，而把其他非核心的业务及服务交给更专业的公司去做。

9.4.1 服务外包的分类

1. 根据服务的内容，服务外包可分商业流程外包、信息技术外包和知识流程外包

（1）商业流程外包。商业流程外包（Business Process Outsourcing，BPO）是企业将某部分业务的过程完全委托给一个第三方机构进行管理和服务，让它按照一整套定义好的服务规范来拥有、管理、运作整个业务流程，从而提高企业流程自动化的能力，进而达到企业降低运营成本、提高服务质量的目的。其服务内容包括企业内部管理服务、企业业务运作服务、供应链管理服务体系等。

(2) 信息技术外包。信息技术外包(Information Technology Outsourcing, ITO)是指把企业和个人的信息化建设工作交给专业化IT服务公司来做,可以是产品支持与专业服务的组合,用于向客户提供IT基础设施或企业应用服务,或同时提供这两方面的服务,从而确保客户在业务方面取得成功。某些IT基础管理服务可进一步细分成数据中心、桌面、网络与企业应用外包等。

(3) 知识流程外包。知识流程外包(Knowledge Process Outsourcing, KPO)是指将企业内部具体的业务承包给外部专门的服务提供商,服务提供商以技术专长而非流程专长为客户创造价值,是比商业流程外包更为高端的知识工作的外包,包括研究、设计、分析、咨询、策划、制定规程等服务。这些服务需要有广泛教育背景和丰富工作经验的专家们完成,工作的执行要求专家们对某一特殊领域、技术、行业或专业具有精准、高级的知识。

2. 根据承接商的地理分布状况,服务外包可分为离岸外包、近岸外包和境内外包

(1) 离岸外包。离岸外包是指转移方与为其提供服务的承接方来自不同国家,外包工作跨境完成。

(2) 近岸外包。近岸外包是指转移方和承接方来自于邻近国家,近岸国家很可能会讲同样的语言、在文化方面比较类似,并且通常提供了某种程度的成本优势。

(3) 境内外包。境内外包是指转移方与为其提供服务的承接方来自同一个国家,外包工作在境内完成。

此外,服务外包按其繁简程度,可分为以下五个层次:一是后勤办公,如数据输入和转化、文件管理等;二是顾客服务,如呼叫中心、在线顾客服务、远程营销等;三是普通公司业务,涉及金融、会计、人力资源、采购、信息技术服务等,如印度的ZAPAPP公司是美国FIRST AMERICAN的子公司,主要从事员工调查、保险、财务等业务,目前该公司占有"员工调查"全球市场70%的份额,美国市场90%的份额,掌握的美国公民资料可能比美国政府更完整;四是知识服务和决策分析,如研究咨询、保险索赔、风险管理等;五是研究开发,如软件开发、数据中心、医药检测分析、技术系统设计等。

9.4.2 服务外包的特点及作用

服务外包作为现代高端服务业的重要组成部分,具有科技含量高、附加值大、资源消耗低、环境污染少、吸纳就业能力强等特点。服务外包是人脑加电脑的产业,除电力消耗外,就是人的脑力消耗。它是绿色产业,不会带来废水、废气的排放;它也是环境友好型产业,服务外包产业园区、高校聚集区、城市公共文化设施与居民生活社区,可以形成和谐有机的共同发展的整体。

从企业的角度看,随着市场竞争的加剧,企业必须将核心资源集中到企业的核心业务上,剥离分散企业核心业务能力的干扰要素,专注自己的核心业务,形成企业核心竞争力。通过专业化的分工,减少冗员,达到降低企业成本、增加效益的目的。从外包承接国的角度看,承接外包服务,特别是吸收出口导向性服务业的外国直接投资,会给国家带来巨大的经济和社会发展利益。这些利益包括提升产业结构、增加税收、提高外资质量、扩大就业、培养创新能力、增强国家整体竞争力和综合实力等。

9.4.3 服务外包产业的发展趋势

9.4.3.1 国际趋势

1. 服务外包成为新一轮全球产业转移的重点

根据产业转移的规律,当制造业转移达到一定程度的时候,跨国公司必然逐步将内部服务转移出去,以专注提高核心竞争力。近年来,随着跨国公司的战略调整以及系统、网络、存储等信息技术的迅猛发展,由业务流程外包(BPO)和信息技术外包(ITO)组成的服务外包正逐渐成为服务贸易的重要形式。世界发达国家和地区是主要服务外包输出地,在全球外包支出中,美国占了约2/3,欧盟和日本占近1/3,其他国家所占比例较小。发展中国家是主要的服务外包业务承接地,其中亚洲是承接外包业务最多的地区,约占全球外包业务的45%。在世界最大的1 000家公司中,大约70%的企业尚未向低成本国家外包任何商务流程,服务外包市场潜力巨大。同时,世界服务外包的规模将继续扩大。国际著名投资机构麦肯锡前不久发布报告预测,如果中国像曾经把握住制造业向发展中国家转移的机遇一样,抓住全球服务外包转移的机遇,2010年外包规模有望达到180亿美元,2015年将达到560亿美元,超过现今全球外包产业的规模。

2. 零成本的海量宽带使信息无处不在

随着电信基础设施的日趋完善,通讯速度越来越快,交易成本越来越低,宽带成本趋近于零,每比特/秒的价格以1990年为基期100,2005年只有基期的5%,预计到2015年接近免费,这将有利于服务外包产业的迅速发展。

3. 一部分发达国家已经面临或即将面临合格劳动力数量大幅度下滑的局面

世界许多国家的适龄劳动力增长速度越来越慢,从2003年起,日本、德国、俄罗斯、匈牙利等很多国家的适龄劳动力就出现了负增长。到2015年,日本、德国的适龄劳动力增长速度将是-0.8和-0.5。这些发达国家由于本国适龄劳动力的不足,如果不充分发挥离岸外包的作用,将很难维持GDP的增长。

4. 发展离岸外包的共识增加

全球财富1 000强中,95%的公司已制定公司离岸战略,美国通用电气(GE)就曾提出,公司外包业务的70%将采用离岸模式。全球企业对于离岸外包日益加深的认知和接受程度,以及日益成熟的离岸条件将推动离岸业务的进一步发展。

9.4.3.2 国内趋势

改革开放30年使中国成为世界制造工厂,随着"中国制造"不断走向全球,"中国服务"已悄然来到我们身边。近年来,随着跨国公司一步步转移自己的非核心业务,中国的服务外包得到发展,并且正在逐渐成为跨国公司选择外包的主要市场。

从政策层面看,各级政府都相当重视服务外包的发展,2009年2月,国务院办公厅下发了《关于促进服务外包产业发展问题的复函》,批复了商务部会同有关部委共同制定的促进服务外包发展的政策措施,批准20个城市为中国服务外包示范城市,包括北京、天津、上海、重庆、大连、深圳、广州、武汉、哈尔滨、成都、南京、西安、济南、杭州、合肥、南昌、长沙、大庆、苏州、无锡,同时,认定共84个全国服务外包示范园区,这些城市和园区基本涵盖了中国主要省会和经济发达城市,中央政府和地方政府对20个试点城市在宏观政策、规划设计、招商引资、综合协调等方面给予支持,并通过专项扶持基金,用于公共信息平台建设、基地内人力资源培养、基础设施和投资环境建设等方面。中国政府提出到2013年,实现承接国际服务外包业务300亿美元,新增100万大学生就业,这为投资者进入这个领域提供了无限商机。目前,20个试点城市为承接国际外包服务业,相继颁布了相关优惠措施,展开了紧锣密鼓的招商行动。例如,大连市将软件和信息服务业作为城市未来的支柱产业进行扶持,其发展目标是成为"东北亚软件及信息服务中心",即业务面向日、韩等东亚地区,辐射北美欧洲等其他相关地区,成为国际、国内软件外包和信息服务企业集中区,成为中国最大的软件出口基地、中国最大的软件专业人才培养基地。而商务部将与大连共同打造"大连服务"品牌,共同推动服务外包发展。广东在大力发展国际服务外包的规划中,大打"粤港澳合作"这张王牌,成为该省服务外包产业的一大特色。上海以浦东为"桥头堡",成立了10多个承接国际服务外包的国家级基地,集聚了数千家外资、国有、民营的专业服务提供商。

从产业升级层面看,近年来,随着我国加工贸易和制造业吸收外资规模的逐年扩大,我国作为世界制造业中心的地位不断得到提升。然而,我们必须看到,我国发展制造业主要依赖劳动力资源优势,而继续发展制造业尤其是重化工业,能源消耗大,环保成本增加,因此,仅仅停留在"世界工厂"的位置上,不仅使我国的产业结构难以优化,更影响我国经济和社会的可持续发展。我国经济可持续发展需要新的增长点,而发展服务业就是一个最好的战略选择。与制造业相比,现代服务业属于无烟工业,既没有污染,资源消耗又少,而且可以安置大量就业人口。随着我国加入世贸组织过渡期的逐渐结束,服务业市场更加开放,外资涌入并根据企业的价值链管理理念进行服务外包,使我国经济结构调整面临着新机遇。根据"引进来"与"走出去"相结合的原则,发展我国服务业,提升我国产业水平,无疑是承接新一轮产业转移的战略抉择。

【专栏9.2】

服务外包示范城市的优势与特色

中国的服务外包产业发展至今,已呈遍地开花之势。目前,很多服务外包示范城市都在结合自身的资源条件优势,努力走特色化的发展道路。

苏州、无锡:区位优越,政策扶持得力,制造业基础雄厚

苏州、无锡作为中国民营经济的前沿阵地,其政府官员的思想观念更为开放和务实,其行政系统的运行效率比较高,更加贴近企业需求的政府服务,给企业提供了良好的发展环境。此外,浓厚的外资氛围使得城市文化更加多元化,这有利于从事离岸外包企业的生存和发展。苏州、无锡区域位置优越,交通十分发达。苏州有多个优良港口,成为其经济发展的重要优势。由于苏州、无锡靠近上海,因而它们能充分接受上海的经济辐射。在成本因素的推动下,服务外包企业会由上海向周边城市转移,由此苏州、无锡将会获得一定机会。另外,苏州、无锡强大的制造业必然产生相关业务的专业化剥离,这也为当地的企业提供大量在岸外包机会。

结合自身的优势和产业基础,这两个城市的服务外包产业除了软件开发,正重点发展研发设计、动漫创意、金融后台外包、生物医药研发、物流和供应链管理等附加值相对较高的外包业务。

西安:人力资源优势明显,科研力量雄厚

西安是中国重要的科研、高等教育、国防科技工业和高新技术产业基地,综合科技实力居中国城市第三位。西安在航空、航天、兵器、电子、机械、光学、仪器仪表、生物医药等行业都占有领先地位。特别是西安在航空航天领域具备明显优势,航天科技进步对西安市经济增长的贡献率高达50%。如能依托该优势拓展服务外包业务,可以形成无法复制的特色。

西安是中国重点高等院校最为集中的城市之一,在校学生人数仅次于北京、上海,居全国第三位。因为地域和文化的因素,西安不仅人力资源总量十分丰富,更为难得的是人力成本在中国20个服务外包示范城市中具有明显优势,人才流失率保持在较低的水平上。

大庆:依托资源禀赋优势,走最有特色的产业发展道路

大庆是中国最大的石油、天然气基地和重要的石化基地,理所当然要依托这一资源禀赋优势发展独具特色的服务外包产业。大庆的相关企业在国内外承担的大量油田勘探、开发等石油工程技术服务业务,每年服务性收入约100亿元人民币,有测算认为其中约40%为服务外包项目。此外,石油石化行业应用软件研发也是大庆服务外包产业的一大特色。2008年的数据显示,大庆市115家服务外包企业中,大约有一半是从事石油石化领域软件研发的。目前,大庆市已初步构筑了以石油石化技术服务为主体、软件开发和信息处理服务为两翼的服务外包产业发展格局。

杭州:全力打造金融外包之城

杭州作为经济颇为发达的沿海城市,其政府开明度和行政效能也比较高。而且杭州也拥有得力的产业扶持政策。

杭州现已拥有成为金融外包交付中心城市的基本条件。有数据显示,杭州市的金融总量位列北京、上海、深圳、广州之后,排在全国城市第5位,已相当于国内中等发展程度的一个省的金融总量。杭州有适合金融服务外包的环境优势和产业基础,已拥有包括花旗银行、汇丰银行、三井住友银行等各类金融机构近200家。此外,杭州还把服务外包公司组织起来,与大学对接,办各种外包实训的培训班,培养服务外包人才。杭州已形成了一定的产业集聚,拥有包括浙大网新、恒生电子、美国道富等一批有影响的服务外包企业。

长沙:发达的文化产业成就独特的外包品牌

卡通动漫与影视制作是长沙市文化产业的主体,也是长沙市服务外包产业的特色。长沙是中国的"国家动漫游戏产业振兴基地"。2008年长沙全市原创动漫2.6万分钟,占全国总产量21%,实现销售额20亿元,居全国首位。在长沙软件园,原创卡通动漫产业共汇集了卡通创意、研发、创作、制作、教育和传播运营机构26家,动画工作室200多家,从业人员2万多人。长沙影视制作则是中国电视娱乐节目的重要生产基地,湖南卫视收视率一直位居全国省级卫视第一名。长沙发达的文化产业成就了其独特的外包城市品牌,其差异化定位十分明确。

资料来源:http://chinasourcing.mofcom.gov.cn.

【本章小结】

1. 国际服务贸易是指涉及跨界提供、过境消费、商业存在和自然人流动的服务交易活动。国家服务贸易自身的复杂性以及与货物贸易的差异,使其表现出以下几个方面的特征:贸易标的具有无形性和不可贮存性;部分服务具有生产和消费的同时性;服务质量具有差别性;服务贸易市场具有高度垄断性;贸易保护方式更具隐蔽性;营销管理具有更大的难度与复杂性;服务贸易统计具有复杂性。

2. 二战后,国际服务贸易的发展速度非常迅猛,主要表现在:国际服务贸易的发展速度加快;国际服务贸易的范围不断扩大;国际服务贸易的发展在世界范围内不平衡;国际服务贸易市场呈多元化;国际服务贸易保护主义依然盛行。

3. 当代国际服务贸易的发展呈现出如下的新趋势:国际服务贸易继续以较快的速度发展;其他商业服务的比重将继续增加;国际投资倾向于商业存在方式;国际服务贸易的区域性不平衡将继续存在;全球服务外包迅猛发展;服务贸易自由化趋势明显,服务贸易壁垒日趋隐蔽化。

3.《服务贸易总协定》在促进服务贸易自由化,促进各国在服务贸易领域的交流与合作以及对发展中国家的照顾方面都发挥了重要作用。

4. 服务外包是指企业为了将有限资源专注于其核心竞争力,将非核心业务剥离出来,外包给专业服务商来完成。服务外包作为现代高端服务业的重要组成部分,具有科技含量高、附加值大、资源消耗低、环境污染少、吸纳就业能力强等特点。服务外包现已成为新一轮全球产业转移的重点。中国的服务外包产业迅速发展,开始进入成长期,发展潜力巨大。

【思考题】

1. 与货物贸易相比,服务贸易有什么特点?

2. 当代国际服务贸易发展有哪些特点？
3. 简述国际服务贸易的发展趋势。
4. 服务贸易壁垒的形式有哪些？
5. 服务贸易壁垒产生的原因是什么？
6. 《服务贸易总协定》的基本原则有哪些？
7. 中国发展服务外包产业的优势有哪些？

【案例分析】

WTO服务贸易第一案——2004年美墨电信服务案

1997年之前，墨西哥的国内长途和国际电信服务一直由Telmex公司所垄断，1997年之后，墨西哥政府授权多个电信运营商可以提供国际电信服务，但根据墨西哥国内法，在国际电信市场上对外呼叫业务最多的运营商有权利与境外运营商谈判线路对接条件，而Telmex公司作为墨西哥对外呼叫业务最多的运营商，自然就享有了该项谈判权利，事实上它也拥有了排除外部竞争者的权力，从而引发了希望大举进入墨西哥市场的美国电信业巨头的不满。

2000年8月17日，美国以墨西哥的基础电信规则和增值电信规则违背了墨西哥在《服务贸易总协定》中的承诺为由，向墨西哥提出磋商请求。之后，美墨双方进行了两次磋商，但未能达成共识。2002年4月17日，根据世贸组织《关于争端解决规则与程序的谅解》(DSU)第6款，成立了专家组，因双方未能在规定期限内就专家组的组成达成一致，2002年8月26日，世贸组织总干事最终任命了以Ernst-Ulrich Petersman为首的三人专家组，另有澳大利亚、巴西、加拿大、欧共体、古巴、日本、印度、危地马拉、洪都拉斯和尼加拉瓜等十国提交了他们的书面意见。专家组分别于2003年11月21日和2004年4月2日提交了中期报告和最终报告，2004年6月1日，经过再次磋商，墨西哥放弃了上诉，正式接受了专家组的最终报告，并最终就电信服务争端与美国达成协议。协议中，墨西哥同意废除本国法律中引起争议的条款，并同意在2005年引进用于转售的国际电信服务；美国同意墨西哥继续对国际简式电信服务进行严格限制以组织非授权的电信传输。

资料来源：http://tradeinservices.mofcom.gov.cn/h/2008-05-06/34834.shtml.

案例思考：

请运用所学知识分析本案对我国电信服务企业有何启示？

【本章荐读书目及网上资源】

1. 李国安. WTO服务贸易多边规则. 北京大学出版社,2006.
2. 裴长洪. 中国服务业与服务贸易. 社会科学文献出版社,2008.
3. 曹 亮,马瑞婧. 国际商务与服务贸易. 人民出版社,2005.
4. http://tradeinservices.mofcom.gov.cn/中国服务贸易指南网.
5. http://www.catis.org.cn/中国服务贸易网.
6. http://chinasourcing.mofcom.gov.cn/中国服务外包网.

Chapter 10

区域经济一体化与国际贸易

【学习目的与要求】

通过本章的学习,掌握区域经济一体化的基本含义和组织形式;掌握关税同盟理论、大市场理论、协议性国际分工理论的主要内容;了解欧盟、北美自由贸易区、亚太经济合作组织及东南亚国家联盟的形成与发展;掌握区域经济一体化对国际贸易的影响。

【本章关键术语】

区域经济一体化(Regional Economic Integration);优惠贸易安排(Preferential Trade Arrangements);自由贸易区(Free Trade Area);关税同盟(Customs Union);共同市场(Common Market);经济联盟(Economic Union);完全经济一体化(Complete Economic Integration);贸易创造效果(Trade Creating Effect);贸易转移效果(Trade Diverting Effect)

第二次世界大战之后,区域间的经贸合作发展迅速。20世纪50年代和60年代出现了大批经贸集团,20世纪70年代至80年代初期发展停滞,从20世纪80年代中期至今,区域经济一体化组织如雨后春笋般地在全球涌现,形成了一股强劲的新浪潮。据世界银行统计,全球只有12个岛国和公国没有参与任何区域贸易协议,区域经济一体化组织已覆盖了大多数国家和地区。区域经济一体化已成为当今世界经济的显著特征,对国际贸易产生了深远的影响。

10.1 区域经济一体化概述

10.1.1 区域经济一体化的含义

"一体化"一词英文为"Integration",最初来源于企业之间的联合。虽然区域经济一体化已成为当今国际经济关系中最引人注目的趋势之一,但国内外对经济一体化尚无统一的定义。

经济一体化的定义最早是由荷兰经济学家丁伯根(J. Tinbergen)在1954年提出的。他认为,经济一体化就是将有关阻碍经济最有效运行的人为因素予以消除,通过相互协调与统一,创造最适宜的国际经济结构。丁伯根把经济一体化分为消极一体化和积极一体化。他认为,消除歧视和管制制度,引入经济交易自由化是消极的一体化;而运用强制的力量改造现状,建立新的自由化政策和制度是积极的一体化。

美国经济学家贝拉·巴拉萨(Bela Balassa)在其名著《经济一体化理论》一书中对"经济一体化"的定义也做了明确的阐述。他认为,经济一体化既是一个过程,又是一种状态。就过程而言,它包括采取种种措施消除各国经济单位之间的歧视;就状态而言,则表现为各国间各种形式差别的消失。巴拉萨的这一定义在西方经济学中具有经典性意义,但是,巴拉萨的定义是从行为或手段的角度来描述经济一体化,却没有指出经济一体化的目的或效果是什么。

另外一位美国经济学家维多利亚·柯森(Victoria Curson)对巴拉萨定义中的"过程"解释为趋向全面一体化的成员国间生产要素再配置;对定义中的"状态"解释为完成一体化的国家间生产要素最佳配置。

经济学家彼得·罗布森(Peter Robson)则强调,区域经济一体化是一种手段,而不是目的,并认为区域经济一体化的安排应该体现三个方面的特征:第一,在某种条件下,成员国之间歧视的消失;第二,维持对非成员国的歧视;第三,成员国之间在企图拥有持久的共同特性和限制经济政策工具的单边使用上有一致的结论。

还有经济学家将其定义为单独的经济整合为较大的经济的一种状态或过程;或者将一体化描述为一种多国经济区域的形成,在这个多国经济区域内,贸易壁垒被削弱或消除,生产要素趋于自由流动。所谓"区域"是指一个能够进行多边经济合作的地理范围,这一范围往往大于一个主权国家的地理范围。

综合上述思想,结合一体化组织的实践,可以认为:区域经济一体化(Regional Economic Integration)就是指地理区域上比较接近的两个或两个以上的国家,通过协商并缔结经济条约或协议的形式组成国家与国家间的经济联合,制定共同的政策措施,实施共同的行为准则,规定较为具体的共同目标,取消妨碍各国生产要素在区域内自由移动的障碍,实现成员国的产品、生产要素在本区域内自由流动与优化配置,促进区域内的专业分工,发挥规模经济效益,发展生产技术,不断提高成员国的经济福利。

10.1.2 区域经济一体化的形式与实质

10.1.2.1 区域经济一体化的形式

按照经济一体化的发展程度的高低,区域经济一体化可分成优惠贸易安排、自由贸易区、关税同盟、共同市场、经济联盟和完全经济一体化六种形式。

1. 优惠贸易安排

优惠贸易安排(Preferential Trade Arrangements)又称特惠关税区,它是指成员国之间通过协定或其他形式,对全部或部分商品规定特别的关税优惠。1932年英国与英联邦成员国建立的英联邦特惠制、第二次世界大战后初建的东南亚国家联盟、美加汽车产品协定、非洲木材组织等都属于此种一体化组织。优惠贸易安排是经济一体化中最低级、最松散的一种形式,成员国的经济还看不出整合为一体的迹象,但成员国已经开始了以降低关税为手段的整合国际商品市场的趋向。由于优惠贸易安排一体化的发展程度较低,现在许多区域经济一体化组织大多直接以自由贸易区为起点进行经济一体化。

2. 自由贸易区

自由贸易区(Free Trade Area)是指一些国家通过签订自由贸易协定组成的贸易区,在成员国之间取消了商品贸易的关税壁垒与数量限制,使商品在区域内完全自由流动,但每个成员国仍保持对非成员国的贸易壁垒。自由贸易区也属于松散的经济一体化形式,其基本特点是用关税措施突出成员国与非成员国之间的差别待遇。例如,1960年成立的欧洲自由贸易联盟(EFTA),1994年建立的北美自由贸易区(NAFTA)都属于此种一体化组织。

【专栏10.1】

中国与哥斯达黎加签署自由贸易协定

2010年4月8日,中国商务部部长陈德铭与哥斯达黎加外贸部长鲁伊斯在北京分别代表两国政府签署了《中国-哥斯达黎加自由贸易协定》(以下简称《协定》)。该《协定》是中国与中美洲国家签署的第一个一揽子自由贸易协定,是两国关系发展史上新的里程碑。

《协定》实施后,在货物贸易方面,中哥双方将对各自90%以上的产品分阶段实施零关税,中方的纺织原料及制品、轻工、机械、电器设备、蔬菜、水果、汽车、化工、生毛皮及皮革等产品和哥方的咖啡、牛肉、猪肉、菠萝汁、冷冻橙汁、果酱、鱼粉、矿产品、生皮等产品将从降税安排中获益。《协定》会让双方的消费者以更优惠的价格享受来自异国的消费品。比如,中国苹果汁将在《协定》实施后直接进军哥方市场,而不用缴纳关税。哥斯达黎加的咖啡品质享誉世界,《协定》实施后,我国咖啡的进口关税将10年内降为零,我国咖啡爱好者将能以较低的成本享受高品质的咖啡。

在服务贸易方面,在各自对世贸组织承诺的基础上,哥方有45个服务部门进一步对中国开放,中国则在7个部门对哥方进一步开放。与此同时,双方还在原产地规则、海关程序、技术性贸易壁垒、卫生和

> 植物卫生措施、贸易救济、知识产权等众多领域达成广泛共识。比如,哥方旅游资源丰富,每年一到雨季,旅游市场便呈现出一派繁荣景象。在导游服务市场准入承诺中,哥方承诺没有限制,这意味着中国企业可以进入哥方国内提供导游服务,分享这块蛋糕。
>
> 中哥自由贸易协定谈判是在 2008 年 11 月胡锦涛主席访哥期间,由胡主席和哥总统阿里亚斯共同宣布启动。中哥双方经过六轮谈判,于 2010 年 2 月圆满结束谈判。近年来,中哥两国在双边贸易、投资、承包劳务等领域进行了良好的合作,双边经贸往来呈现出高速发展的态势。哥斯达黎加已经成为中国在中美洲地区的重要贸易伙伴,中国也成为继美国之后哥斯达黎加全球第二大贸易伙伴。据中国海关统计,2008 年中哥双边贸易额达到 28.9 亿美元,是 2001 年双边贸易额的 32 倍。特别是在 2009 年,受金融危机冲击,全球各主要经济体对外贸易普遍陷入衰退,中哥双边贸易额却逆势上扬,达到 31.8 亿美元,比上年增长了 10.2%。双方同意,将争取在两国完成相关批准程序后于 2010 年下半年开始实施此协定。
>
> 《协定》的签署表明了两国在全球经济危机的背景下坚持对外开放、反对贸易保护的坚定决心。这将进一步促进两国互利双赢,为两国共同应对世界金融危机、调整产业结构、加快发展步伐发挥重要作用,并将为两国经贸合作带来更为广阔的发展空间。
>
> 资料来源:http://fta.mofcom.gov.cn.

3. 关税同盟

关税同盟(Customs Union)是指两个或两个以上的国家完全取消关税或其他壁垒,并对同盟外的国家实行统一的关税税率而缔结的同盟,关税同盟外的商品不论进入同盟内的哪个成员国都将被征收相同的关税。它在一体化程度上比自由贸易区又近了一步。它除了包括自由贸易区的基本内容以外,而且对同盟外的国家建立了共同的、统一的关税税率,组成了共同的对外关境。结盟的目的在于使同盟国的商品在统一关税以内的市场上处于有利地位,排除非同盟国商品的竞争。关税同盟开始带有一定的超国家性质,是实现全面经济一体化的基础。例如 2009 年 6 月 7 日建立的东南非共同市场关税同盟(COMESA)就属于此种一体化组织。

4. 共同市场

共同市场(Common Market)是指成员国之间不仅在商品贸易方面废除了关税和数量限制,对非成员国商品进口征收共同关税,还取消了对生产要素流动的限制,允许资本、劳动力等在成员国间自由流动。例如欧洲经济共同体在 1992 年底建成的统一大市场,其主要特征就是实现商品、人员、劳务、资本在成员国之间的自由流动。

5. 经济联盟

经济联盟(Economic Union)是指成员国之间不仅实现商品与生产要素的自由流动,建立共同对外关税,并且制定和执行统一对外的经济政策和社会政策,如财政政策、货币政策、产业政策、区域发展政策等,逐步消除各国在政策方面的差异,使一体化程度从商品交换,扩展到生产、分配乃至整个国民经济,形成一个庞大的经济实体。例如欧洲联盟(European Union)属于此类经济一体化组织。在理论上,应在多大的经济政策范围内实现统一才能称得上经济联盟,尚没有明确界定。但是货币政策的统一作为一个重要标志是具有共识的,即成员国之间有统一的中央银行、单一的货币和共同的外汇储备。目前,只有欧洲联盟达到这一阶段。

6. 完全经济一体化

完全经济一体化(Complete Economic Integration)是指成员国在实现了经济联盟目标的基础上,进一步实现经济制度、政治制度和法律制度等方面的协调,乃至形成统一的经济体的一体化组织形式。如果说其他五种形态是经济一体化过程的中间阶段,那么,完全经济一体化就是经济一体化的最终和最高阶段。完全经济一体化就其过程而言,是逐步实现经济及其他方面制度的一体化,从结果上看,完全经济一体化类似于建立一个联邦制国家的经济一体化组织,超国家的经济一体化组织的权利大于各成员国的权利。目前世界上尚无此类经济一体化组织。

总的来说,优惠贸易安排、自由贸易区、关税同盟、共同市场、经济联盟、完全经济一体化是处在不同层次上的区域经济一体化组织,根据它们让渡国家主权程度的不同,一体化组织也从低级向高级发展。但是区域经济一体化组织形式的分级排列并不意味着一个区域性组织在向一体化深度发展时必须是由低级向高级逐级发展,它们可以由成员国根据具体情况决定,经过一段时期的发展之后是停留在原有的形式上,还是向高一级的经济一体化组织过渡。区域经济一体化的关键问题是各成员国需要权衡自己的利弊得失。

区域经济一体化的基本形式与合作特征如表10.1所示。

表10.1 区域经济一体化的基本形式及合作特征

基本形式 \ 合作特征	相互给予贸易优惠	成员国间自由贸易	共同的对外关税	生产要素自由流动	经济政策的协调	统一的经济政策
优惠贸易安排	※					
自由贸易区	※	※				
关税同盟	※	※	※			
共同市场	※	※	※	※		
经济同盟	※	※	※	※	※	
完全经济一体化	※	※	※	※	※	※

10.1.2.2 区域经济一体化的实质

总体上看,全球范围内的区域经济一体化浪潮的兴起和发展同整个世界经济和政治格局的多极化是相一致的。可以说,区域经济一体化的实质是世界经济多极化和世界政治多极化。

1. 世界经济多极化

区域经济一体化的新浪潮折射出世界经济多极化的趋势。从发展中国家来看,随着经济全球化的深入,新兴工业化国家和包括中国、印度在内的发展中国家的经济,已经逐步在世界经济中占据一席之地。然而发展中国家作为单个经济仍显弱小,因此希望通过参加区域经济一体化组织来维护自身的经济利益和经济安全。尽管许多区域经济一体化组织往往都由大国主导,但是发展中国家仍可能从参与区域经济一体化中获得自己的利益。

从发达国家来看,由于此轮区域经济一体化以经济全球化为背景,一方面,全球化伴随着科技进步和生产力巨大发展的要求,生产体系和市场体系在全球范围不断扩张,而充当其中载体和推动力量的是跨国公司;另一方面,由于民族、国家利益的存在,全球竞争不断加剧,因此,发达国家期望通过建立区域经济一体化组织来保证自己的生产体系和市场规模的扩大,以增强自身的竞争实力,确保在更多的获利过程中立于不败之地。

2. 世界政治多极化

区域经济一体化的新浪潮也反映了世界政治多极化的趋势。一方面,自20世纪80年代末90年代初开始,世界政治多极化趋势加强。东欧剧变、苏联解体,宣告美苏两极格局瓦解;美国虽然成为当今唯一的超级大国,拥有经济、科技、军事以及国际影响力等方面的绝对优势,但已无力建立由美国主宰的单极世界;欧洲国家积极推进内部合作,并努力朝着政治军事一体化的方向发展;日本仍然保持世界经济大国的地位,并试图成为军事、政治大国;俄罗斯资源能源丰富,科研基础也颇具优势,加之军事优势,正力图重振大国雄风;中国自改革开放以来,经济迅速发展,在国际政治舞台上发挥着日益重要的作用。在世界政治多极化趋势不断加强的大背景下,区域经济一体化的发展顺理成章。

另一方面,经济是政治的基础和前提,政治上的国际联盟也需要相应的经济联盟作保障。例如,欧洲各国合作的目的是通过经济合作走向政治联合,实现欧洲的长久稳定和安全;中国与东盟于2003年确立了战略伙伴关系后,双方政治关系也得到了显著改善;在中国与东盟启动自由贸易区进程之后,日本也加快了与东盟国家谈判自由贸易区的步伐,其政治含义也是明显的;美国也是利用自由贸易协议实现政治目的的典型国家。

10.1.3　区域经济一体化形成与发展的主要原因

区域经济一体化的形成与发展是有其深刻的历史、政治和经济原因的。

1. 区域经济一体化是历史发展的必然

第二次世界大战结束后,各国为恢复遭受战争重创的国内经济,重建国际经济秩序,纷纷朝着贸易自由化的方向努力。在各国的努力下,出现了两种国际经济合作形式:一种是世界性的,如国际货币基金组织(IMF)、世界银行(IBRD)及关税与贸易总协定(GATT)等;另一种是区域性的,如比荷卢关税同盟、欧共体等。

2. 相邻近的地理位置是区域经济一体化形成与发展的重要原因

由于邻国在历史、民族习惯、宗教信仰、消费偏好等方面较为相似,加之地理位置邻近,因而具有建立和发展彼此间经济贸易往来的基础,国际间最初的经济贸易往来几乎都是以地缘经济为基础发展起来的。

3. 科技与社会生产力的发展是区域经济一体化形成与发展的基础

以原子能工业、电子工业和高分子合成、生物工程为标志的第三次科技革命大大地促进了社会生产力的发展,也进一步促进了世界范围内的生产社会化。发达国家之间的国际分工和专业化生产日益发展,越来越多的商品、资本、劳动力、科技信息进入国际领域,进行交流。经济生活日益国际化,社会生产力迅猛发展所导致的国际依赖性为区域经济一体化的形成与发展提供重要条件,社会生产力的发展要求各国打破国界,在彼此之间进行经济协调与联合。

4. 维护民族经济利益与政治利益是区域经济一体化形成与发展的内在动因

各国积极参与经济一体化,究其根本原因是从维护自身的经济利益及政治利益出发,为本国经济发展和综合国力的提高创造良好的外部环境。第二次世界大战以后,殖民体系瓦解,原来的殖民地附属国纷纷取得政治上的独立,并开始致力于民族经济的发展。但是广大发展中国家与地区在经济发展中遇到诸多问题,诸如物质和技术能力薄弱、资金短缺、国内市场狭小、经济结构单一、无力单独建设大型工业项目等,这种状况迫使这些国家和地区在保持和发展与宗主国经济联系的同时,努力加强彼此之间的经济合作,走区域经济一体化的道路。比如,东南亚国家联盟(ASEAN)、西非国家经济共同体(ECOWAS)、中非国家经济共同体(ECCAS)、加勒比共同体(CARICOM)、中美洲共同市场(CACM)等发展中国家间建立的经济一体化组织,反映了发展中国家或地区共同努力发展经济的强烈愿望。为了维护自身的经济利益和政治利益,发达国家也在积极地推动区域经济一体化的进程。例如,西欧国家组成经贸集团与美国抗衡,并不断地吸纳新成员以发展壮大集团的实力;美国发起成立北美自由贸易区,并参与跨地区的亚太经合组织,意图在于抗衡不断扩大的欧盟;而欧盟希望作为一个更强大的整体,用一个强音在国际上更有力地与美、日等大国抗争,它不但在拉美和亚洲等地区积极开展经济合作,加紧对外经济扩张,而且致力于"大欧洲自由贸易区"的构想;日本则极力在亚太地区推行"雁阵模式",巩固和扩大"大东亚经济圈",这也体现出了日本在政治上的意图。

5. 多边贸易体制的局限性及其提供的条件使区域经济一体化获得发展

由于多边贸易体制在某些涉及成员国国内重大政治和经济利益的领域,并不能全面满足其他成员国的需要,而拥有地缘政治、经济发展模式与发展水平类似、成员数目少、想法容易协调一致等优势的区域性经济贸易合作安排成为许多国家的选择。区域性经济贸易合作作为地区的"多边贸易体系",对多边贸易体制形成有力的补充。

近年来世贸组织多边贸易谈判所遭遇的挫折和困难,客观上也刺激了区域经济一体化的发展。根据世贸组织"一揽子接受"方式,其成员对各项议题的谈判只有在一致同意的基础上才能进行,从而注定了短时间内所有成员达成共识和消除矛盾并非易事。比如,2001年在多哈发起的首轮多边回合谈判一直举步维艰。多边贸易谈判前景的不可预测性为双边和区域性贸易协议提供了发展的空间与机遇。

10.1.4 区域经济一体化的发展趋势

1. 大多数区域经济一体化组织对成员资格采取开放式态度

区域经济一体化组织对成员资格是否采取开放的、宽容的态度,是衡量该区域经济是否为排他性的重要标准之一。从多边贸易体制与区域经济合作的关系实践来看,WTO一再呼吁各区域经济在充分考虑非成员利益与要求的同时,应对吸收接纳新成员采取开放的态度。其目的在于:一是保持本区域经济的活力,扩大区域经济合作地理范围,建立更广阔的统一市场,实现规模经济效应;二是保持非排他性的姿态,避免引起非成员的报复和国际社会的指责。从目前各区域经济一体化组织的情况来看,对第三国加入大都采取了开放的态度,只要非成员提出加入申请,一般在适当时间内均能获得成员资格。

2. 合作领域由单纯货物贸易扩展至服务贸易、投资和知识产权等领域

随着多边贸易体制主导的世界贸易自由化范围的扩大与程度的加深,以及各区域经济一体化组织内部的经济贸易政策的调整,区域经济的合作领域也在逐步扩大和深入。一般而言,单纯发展中国家间的区域经济合作主要集中于货物贸易领域,发达国家之间以及发达国家和发展中国家之间的区域经济合作的内容,一般均从货物贸易领域扩展至服务贸易、投资和知识产权等领域,有的甚至涉及到环境保护与劳工权利标准等最新问题。这种合作领域的扩大,有的是通过签署新的区域经济协定来取代旧的,有的是通过在原有协议基础上加以修改、补充和完善。比如,北美、欧盟以及其他一些区域一体化协议中,很多都涉及物流、海关合作、服务、知识产权、投资、争端解决机制、劳工权益和竞争政策等条款。

3. 合作形式和层次由低级向高级发展

区域经济合作的动向是与合作领域的日益扩大密切相关的,而且多边贸易体制的规定和关税谈判的巨大成果,也使那类单纯集中在关税减让和选择性贸易自由化方面的优惠贸易安排形式对区域经济合作丧失了有效性和吸引力。鉴于此,许多国家放弃或基于原有的单项或数项产品的优惠安排而成立了自由贸易区或关税同盟,有的从关税同盟发展成为共同市场。到目前为止,真正实现关税同盟的区域经济一体化组织的数量有限,这说明,整个世界区域经济合作的领域虽逐步扩大与加深,但区域经济之间的发展水平还是不平衡的。

4. "跨地区"合作与"多重"区域经济一体化组织成员身份的出现

进入20世纪90年代,区域经济合作的构成基础发生了较大变化。区域经济合作打破了狭义的地域相邻概念,出现了跨洲、跨洋的区域合作组织。不同社会制度、不同发展水平的国家开始组建区域经济一体化组织。比如,日本相继与墨西哥、新加坡签署了自由贸易协议,中国已经与智利、秘鲁、哥斯达黎加、新加坡、新西兰等国签订了双边自由贸易协定,目前正在积极地与澳大利亚、挪威、冰岛等国就建立双边自由贸易区进行谈判。

同时,区域合作出现了多层次性,成员身份交错重叠。一些较大区域经济一体化组织内部出现了次区域经济组织,彼此互相联系互相影响,而一个国家加入两个或两个以上区域经济一体化组织的情况也是屡见不鲜的。

5. 区域经济合作与多边贸易体制关系日趋紧密

纵观当前各类区域经济合作的发展与实际运行,组成区域经济一体化组织的主要成员几乎全部为多边贸易体制的成员,要确保各自在多边贸易体制中的权利与义务的平衡,必须使区域经济一体化组织的运行与其在多边贸易体制项下的义务相适应。因此,绝大多数区域经济一体化组织都公开声明支持多边贸易体制的原则与精神,有的区域经济一体化组织是在其协议的前言或序言中明确写入了WTO的基本原则或笼统表述多边贸易体制的非歧视、公开与开放精神;有的虽未明确写出,但在随后的部长或首脑会议的决定和宣言中一再重申奉行了多边贸易体制的原则。

另一方面,由于区域经济一体化的发展,各个经济一体化组织在多边贸易谈判中的力量得到了一定程度上的平衡,这样的平衡有利于形成照顾各方利益的多边贸易体制。发达国家通过组成区域经济一体化组织,实力大增,它们可以和个别超级经济大国抗衡,从而打破少数的超级经济大国控制多边贸易规则制定的局面;发展中国家通过组成区域经济一体化组织,联合起来,也有利于争取更多的利益。

10.2 主要的区域经济一体化组织

10.2.1 欧洲联盟

欧洲联盟(European Union, EU)简称"欧盟",其前身是欧洲共同体(European Communities, EC),它是迄今为止发展程度最高的区域经济一体化组织。该组织的最终目标不仅是经济上的联合,而且要建立一个政治、经济和军事上完全一致的统一体。

10.2.1.1 欧洲联盟的成立

1946年9月,英国首相丘吉尔曾提议建立"欧洲合众国"。1950年5月9日,法国外长罗伯特·舒曼提出欧洲煤钢共同体计划(即舒曼计划),旨在约束德国。1951年4月18日,西欧六国(法国、德国、意大利、荷兰、比利时、卢森堡)在法国巴黎签订了为期50年的《关于建立欧洲煤钢共同体的条约》(也称《巴黎条约》),成立了欧洲煤钢共同体。1955年6月1日,参加欧洲煤钢共同体的六国外长在意大利举行会议,建议将煤钢共同体的原则推广到其他经济领域,并建立共同市场。1957年3月25日,西欧六国政府在意大利罗马签订了《建立欧洲原子能共同体条约》和《欧洲经济共同体条约》,这两个条约合在一起统称为《罗马条约》。《罗马条约》于1958年1月1日生效,同时,欧洲原子能共同体和欧洲经济共同体(European Economic Communities, EEC)正式成立。

1965年4月8日,六国签订了《布鲁塞尔条约》,并于1967年7月1日生效。六国决定将欧洲煤钢共同体、欧洲原子能共同体和欧洲经济共同体统一起来,统称为欧洲共同体,简称

"欧共体"。

1991年12月,在荷兰马斯特里赫特城举行了欧共体成员国首脑会议,决定正式签署《马斯特里赫特条约》(简称《马约》,又称《欧洲联盟条约》)。1993年11月1日,《马约》正式生效,欧共体正式更名为欧洲联盟。

10.2.1.2 欧洲联盟一体化的发展

1. 建立关税同盟,取消内部关税

按照罗马条约的规定,关税同盟应在1958年至1969年底的12年内完成。这12年的过渡期分三个阶段,每个阶段为4年。每个阶段逐步削减成员国之间的关税以实现自由贸易,调整成员国的对外关税以实现共同的对外关税。1968年,西欧六国提前达到了罗马条约的预定目标,完成了关税同盟的建设,实现了对内取消关税,对外统一关税。在这10年期间,各成员国之间的贸易和对其他国家的贸易得到了飞速发展,各成员国之间的贸易额翻了两番,成员国之间贸易的增长速度是对其他国家贸易增长速度的两倍;同一时期,欧共体国家的国内总产值的年平均增长率达到5%,高于同期英国、美国等国家的经济增长速度。

2. 实行共同农业政策

共同农业政策的基本内容是:制定了统一的农产品价格管理制度;对农产品实行"奖出限入"政策。通过共同农业政策使欧共体实现了农业现代化,农业劳动生产率有了明显的提高,农业生产持续增长,农产品自给率大大提高,农业人口的收入水平有了很大提高。

3. 建立共同市场

1985年起,欧共体执行委员会主席德洛尔提出了在1992年底建成统一大市场的具体计划。该计划不仅得到各成员国首脑的批准,而且实施得也比较顺利。到1992年底,各国基本撤除了各种阻碍商品和要素自由流动的壁垒,一个统一大市场基本形成,这也意味着欧共体从关税同盟进入了共同市场。

4. 创建欧洲货币体系

1999年1月1日,欧元正式诞生,奥地利、芬兰、德国、法国、意大利、比利时、卢森堡、爱尔兰、挪威、西班牙、葡萄牙11个国家将欧元作为它们的官方货币。2001年希腊加入欧元区。2002年1月1日,欧元正式流通。至此,除英国、丹麦和瑞典等三国外,欧盟实现了货币的统一。欧盟成员国要加入欧元区必须达到下列标准:首先,每一个成员国削减不超过国内生产总值3%的政府开支;第二,国债必须保持在国内生产总值的60%以下或正在快速接近这一水平;第三,在价格稳定方面,通货膨胀率不能超过三个最佳成员国上年通货膨胀率的1.5%;第四,该国货币至少在两年内必须维持在欧洲货币体系的正常波动幅度以内。欧盟对成员国加入欧元区的时间并没有固定的要求,每一个成员国将根据自己国家的情况,按照自己的时间表加入。

5. 向政治一体化迈进

在20世纪50年代签署的《罗马条约》中就达成了在实现经济一体化到一定阶段时,即开始规划政治一体化,建立"欧洲政治联盟"。1974年成立的"欧洲理事会"使各国首脑直接参与了欧共体的事务,开始向政治一体化的目标迈进了一大步,成为事实上的欧共体最高决策机构。1991年12月,在荷兰马斯特里赫特城举行了欧共体成员国首脑会议,决定正式签署《马斯特里赫特条约》,这个条约由《经济和货币联盟条约》和《政治联盟条约》组成。前者的最终目标是实现欧洲统一货币和成立欧洲中央银行;后者的目标是建立共同外交、防务、社会政策等方面的国家联盟。1993年11月1日,《马斯特里赫特条约》正式生效,这标志着欧共体从经济实体向经济政治实体过渡。2004年10月,欧盟25个成员国的领导人在罗马签署了欧盟历史上的第一部宪法条约,这标志着欧盟在推进政治一体化方面迈出了重要的一步。

6. 成员国数量不断增加

20世纪70年代,英国、爱尔兰和丹麦加入欧共体;20世纪80年代,希腊、葡萄牙和西班牙加入欧共体;20世纪90年代,芬兰、奥地利和瑞典加入了欧盟;2004年5月,东欧10国波兰、捷克、匈牙利、斯洛伐克、斯洛文尼亚、拉脱维亚、爱沙尼亚、立陶宛、塞浦路斯和马耳他正式加入欧盟;2007年1月1日保加利亚和罗马尼亚加入欧盟。欧盟共经历了6次扩大,成为一个涵盖27个国家,总人口超过5亿的当今世界上经济实力最强、一体化程度最高的国家联合体。

10.2.2 北美自由贸易区

在当今世界上,与欧盟的发展具有同样重要意义的是由美国、加拿大和墨西哥组成的北美自由贸易区(North American Free Trade Area,NAFTA)的发展,它使得北美地区成为了目前世界上最大的自由贸易区。

10.2.2.1 北美自由贸易区的产生和发展

1985年3月,加拿大总理马尔罗尼在与美国总统里根会晤时,首次正式提出美、加两国加强经济合作、实行自由贸易的主张。由于两国经济发展水平及文化、生活习俗相近,交通运输便利,经济上的互相依赖程度很高,所以,自1986年5月开始,经过一年多的协商与谈判,两国于1987年10月达成了协议,次年1月2日,双方正式签署了《美加自由贸易协定》。经美国国会和加拿大联邦议会批准,该协定于1989年1月生效。

《美加自由贸易协定》规定两国将立即或在5~10年内逐步取消商品进口关税和非关税壁垒,取消对服务业的关税限制和汽车进出口的管制,开展公平、自由的贸易,并于1999年1月形成自由贸易区。《美加自由贸易协定》的签署,使身为发展中国家的墨西哥在北美经济大格局中面临边缘化的危险。为了不在日益激烈的竞争中落后,墨西哥开始把与美国开展自由贸易区的问题列上了议事日程。1986年8月,两国领导人提出双边的框架协定计划,并于1987年11月签订了一项有关磋商两国间贸易和投资的框架原则和程序的协议。在此基础上,两国进行多次谈判,于1990年7月正式达成了《美墨贸易与投资协定》,同年9月,加拿大宣布将参与谈判,三国于1991年6月12日在多伦多召开第一次部长级会议,经过14个月的谈判,于1992年8月12日达成了《北美自由贸易协定》,该协定于1994年1月1日正式生效,北美自由贸易区宣告成立。

1994年12月10日,美洲34个国家的领导人在美国的迈阿密签订协议,同意建立"美洲自由贸易区",并将2005年12月31日确定为建立自由贸易区的最后期限。美洲自由贸易区如果建成,将成为拥有8亿人口和10多万亿美元GDP的最大的自由贸易区,可与欧盟形成对峙之势。在2001年举行的第三届美洲首脑会议上,这一倡议再次得以明确,从2003年开始,美洲自由贸易区谈判陆续取得实质性进展。但由于美国与阿根廷、巴西、巴拉圭等国在农产品补贴、农产品市场准入等问题上存在严重分歧,美洲自由贸易区谈判进展缓慢,最终没能在2005年底达成协议。目前,作为替代模式,一些国家纷纷与美国开展了双边和多边自由贸易谈判,美国先后与智利、危地马拉、尼加拉瓜、萨尔瓦多、洪都拉斯和哥斯达黎加等国签署自由贸易协定。

10.2.2.2 北美自由贸易区的宗旨、目标及《北美自由贸易协定》的内容

1. 北美自由贸易区的宗旨和目标

《北美自由贸易协定》明确表示美国、加拿大和墨西哥三国将根据自由贸易的基本精神,秉承国民待遇、最惠国待遇和透明度的原则,建立自由贸易区。其宗旨是:取消贸易壁垒,创造公平竞争的条件,增加投资机会,保护知识产权,建立执行协定和解决贸易争端的有效机制,以及促进三边和多边合作。其目标是经过15年的过渡期,到2008年建成一个取消所有商品和贸易障碍的自由贸易区,实现要素在区内的完全自由流动。

2.《北美自由贸易协定》的内容

北美自由贸易协定的主要内容有:(1)将用15年的时间,分3个阶段取消关税及其他贸易壁垒,实现商品和劳务的自由流通,在三国贸易的9 000多种产品中,约50%的商品的关税立即取消,15%的商品的关税在5年内取消,其余的大部分商品的关税在10年内取消,少数商品的关税在15年内取消;(2)取消大部分阻碍跨国界的服务贸易壁垒;(3)保护知识产权;(4)取消三个成员国之间对外直接投资的大部分限制;(5)实行国家环境标准,不允许为了吸引投资而降低标准;(6)成立一个三边委员会,以解决三国之间在商业、环境、捕鱼权等问题上的纠纷;(7)对白领工人的流动限制将予以放宽;(8)墨西哥将逐步对美国和加拿大的投资商开放其金融部门,到2007年取消壁垒。

从《北美自由贸易协定》的内容可以看出,它不仅限于贸易自由化,在资本流动、服务贸易、人员流动等方面也实行了程度不等的自由化,这是一个涉及内容非常广泛的协定。

10.2.3 亚太经济合作组织

亚太经济合作组织(Asia-Pacific Economic Cooperation,APEC)简称"亚太经合组织"。该组织成立之初是一个区域性经济论坛和磋商机构,经过十几年的发展,已逐渐演变为亚太地区重要的经济合作论坛,也成为亚太地区最高级别的政府间经济合作组织。

10.2.3.1 亚太经济合作组织的产生和发展

20世纪80年代末,随着冷战的结束,国际形势日趋缓和,经济全球化、贸易投资自由化和区域集团化的趋势逐渐成为潮流。欧洲经济一体化进程加快,北美自由贸易区已显雏形,与此同时,亚太地区政治相对稳定,经济呈高速增长,在世界经济中的比重明显上升。面对东亚的崛起和欧洲的日渐强大,美国调整了其对外经济政策,提出了加强亚太地区经济合作的设想,欲以亚太为依托抗衡欧洲并牵制日本。日本则欲凭借其经济实力,确立自己在亚太的重要地位,与美欧形成三足鼎立之势。东盟对日渐增长的贸易保护主义深感忧虑,探求维护自身利益的途径,加之当时"乌拉圭回合"谈判困难重重,全球贸易体制前途未卜,加强合作、互相协调已成为各方的共识。在此背景下,1989年1月,澳大利亚总理霍克倡议召开"亚洲及太平洋国家部长级会议",讨论加强相互间经济合作问题。

1989年11月,亚太地区的12个国家(美国、日本、澳大利亚、加拿大、新西兰、韩国、马来西亚、泰国、菲律宾、印度尼西亚、新加坡、文莱)在澳大利亚堪培拉举行第一届部长会议,正式成立了亚太经济合作组织,拉开了亚太地区广泛开展区域经济合作的序幕。1991年11月,亚太经合组织第三届部长级会议在韩国首都汉城通过了《汉城宣言》,正式确立了该组织的宗旨与目标是:相互依存,共同利益,坚持开放的多边贸易体制和减少区域贸易壁垒。

在成立之初,亚太经合组织是一个仅由各成员国外交部长和贸易部长参加的部长级区域论坛。从1993年起,每年举行一次成员国首脑非正式会议。成员国首脑非正式会议不仅扩大了亚太经济合作组织的国际影响,而且为今后亚太经济合作组织向贸易投资和技术一体化方向的发展注入了政治推动力。经过多年的发展,亚太经济合作组织形成了领导人非正式会议、部长级会议、高官会、委员会和专题工作组、秘书处等多个层次的工作机制,涉及贸易投资自由化、经济技术合作、宏观经济政策对话等广泛的合作领域。其中最重要的是领导人非正式会议,会议形成的领导人宣言是指导亚太经合组织各项工作的重要纲领性文件。

截至2009年11月,亚太经合组织共有21个成员:澳大利亚、文莱、加拿大、智利、印度尼西亚、日本、韩国、马来西亚、墨西哥、新西兰、巴布亚新几内亚、秘鲁、菲律宾、俄罗斯、新加坡、泰国、美国、越南和中国及中国香港、中国台湾两个地区。其中,澳大利亚、文莱、加拿大、印度尼西亚、日本、韩国、马来西亚、新西兰、菲律宾、新加坡、泰国、美国12个成员是于1989年11月APEC成立时加入的;1991年11月,中国、中国台北和中国香港加入;1993年11月,墨西哥、巴布亚新几内亚加入;1994年智利加入;1998年11月,秘鲁、俄罗斯、越南加入。东盟秘书处、太平洋经济合作理事会和太平洋岛国论坛为该组织观察员,可参加亚太经合组织部长级及其以下各层次的会议和活动。APEC接纳新成员需全部成员的协商一致。1997年温哥华领导人会议宣布APEC进入十年巩固期,暂不接纳新成员。

10.2.3.2 亚太经济合作组织的作用

亚太经济合作组织自诞生以来,在推动区域贸易投资自由化,加强成员间经济技术合作等方面发挥了不可替代的作用。

1. 促进世界经贸的发展

亚太经济合作组织成员中大多数是世界贸易组织成员,其中美国和日本更是重量级发达国家,而中国是最大的发展中国家,在全球多边贸易谈判中具有较大的影响力。当多边谈判进程遇到阻力时,亚太经合组织的领导人会议通常会发生推动作用。该组织在推动世贸组织多哈回合谈判达成框架协议方面,做出了积极贡献。

2. 解决实质性的经贸问题

在贸易投资自由化和便利化以及经济技术合作等领域中,许多实质性问题是通过亚太经合组织会议与成员间的合作解决的。2004年,在东道主智利的主持下,亚太经合组织成员围绕"一个大家庭:我们的未来"的主题,继续在贸易投资自由化和便利化以及经济技术合作等领域开展合作,取得了积极的成果。尽管亚太经合组织的领导人宣言和协议不具约束力,但许多软性规定实际上已经成为经贸界人士在实践中参考的规则。

3. 推动多边和双边外交

领导人定期会晤有助于成员就国际和地区问题进行交流和磋商。2001年,美国发生"9.11"恐怖袭击事件,随后的亚太经合组织第九届领导人非正式会议为成员提供了加强政治和安全合作的平台,各方就反恐合作问题交换了看法,达成了共识。另外,领导人在年会期间的会晤也是成员增进理解,深化共识,加强多边和双边关系,促进交往的重要机会。

4. 促进政府与企业间沟通

亚太经合组织是政府间的论坛,但每年有关经济和贸易的部长级会议以及工商领导人会议已经成为政府与企业间沟通的桥梁,有关的合作项目也推动了公共与民营部门间的合作。

【专栏10.2】

亚太经合组织历次领导人非正式会议

亚太经合组织领导人非正式会议是亚太经合组织最高级别的会议,迄今已举行了17次。以下是历次领导人非正式会议的举办地、主要议题和成果:

第一次:1993年11月在美国西雅图举行。议题是21世纪亚太地区经济展望、促进亚太经合组织内部和区域间合作以及有关机制和手段等,发表了《亚太经合组织领导人经济展望声明》。

第二次:1994年11月在印度尼西亚茂物举行。议题是在亚太地区实现贸易和投资自由化,以及实现这一目标的时间表问题,通过了《茂物宣言》。

第三次:1995年11月在日本大阪举行。议题是关于亚太经合组织成员之间实现贸易与投资自由化、开展经济技术合作,通过了《大阪宣言》和《大阪行动议程》。

第四次:1996年11月在菲律宾苏比克举行。议题是落实根据亚太经合组织贸易和投资自由化时间表所制定的单边行动计划和集体行动计划,讨论加强成员间的经济技术合作问题,通过了《马尼拉行动计划》和《亚太经合组织经济领导人宣言:从憧憬到行动》,批准了《亚太经合组织经济技术合作原则框架宣言》。

第10章 区域经济一体化与国际贸易

第五次:1997年11月在加拿大温哥华举行。议题是贸易投资自由化、经济技术合作以及东南亚发生的金融危机等,通过了《亚太经合组织经济领导人宣言:将亚太经合组织大家庭联合起来》。

第六次:1998年11月在马来西亚吉隆坡举行。议题是克服亚洲金融危机、推进贸易和投资自由化、加强经济和科技合作等,发表了《亚太经合组织经济领导人宣言:加强增长的基础》,通过了《走向21世纪的亚太经合组织科技产业合作议程》和《吉隆坡技能开发行动计划》等文件。

第七次:1999年9月在新西兰奥克兰举行。议题是贸易投资自由化和便利化进程的执行情况、推进亚太地区经济合作、亚太经合组织未来走向等,会议发表了《亚太经合组织经济领导人宣言:奥克兰挑战》,批准了《亚太经合组织加强竞争和法规改革的原则》和《妇女融入亚太经合组织框架》等文件。

第八次:2000年11月在文莱首都斯里巴加湾举行。议题是经济全球化、新经济、亚太地区经济发展、次区域合作、亚太经合组织合作现状及其前景等,通过了《亚太经合组织经济领导人宣言:造福社会》和《新经济行动议程》。

第九次:2001年10月在中国上海举行。议题是全球及地区宏观经济形势、人才资源能力建设和APEC未来发展方向等,通过了《亚太经合组织经济领导人宣言:迎接新世纪的新挑战》《上海共识》和《数字亚太经合组织战略》等文件,并发表了《反恐声明》。

第十次:2002年10月在墨西哥洛斯卡沃斯举行。议题是反恐、支持多哈回合谈判、促进经济增长、促进中小企业发展、促进地区贸易和投资自由化以及经济技术合作等议题,通过了《亚太经合组织经济领导人宣言》等文件。

第十一次:2003年10月在泰国曼谷举行。议题是国际和地区形势、推动多哈回合谈判、促进贸易投资、推动亚太经济增长、反恐合作、亚太经合组织改革等,通过了《亚太经合组织经济领导人宣言》。

第十二次:2004年11月在智利圣地亚哥举行。议题是多边贸易体制、地区贸易安排、贸易投资自由化和便利化、经济技术合作、可持续发展、人类安全、反恐和反腐败等,通过了《圣地亚哥宣言》。

第十三次:2005年11月在韩国釜山举行。议题是支持多哈回合谈判、区域内贸易协定及自由贸易协定、加强经济技术合作、反恐合作、防控禽流感、亚太经合组织改革等,通过了《釜山宣言》等文件。

第十四次:2006年11月在越南河内举行。议题是支持多哈回合谈判、实现茂物目标、区域贸易安排、经济技术合作、亚太经合组织改革等,通过了旨在实现茂物目标的《河内行动计划》,与会领导人还签署了《河内宣言》。

第十五次:2007年9月在澳大利亚悉尼举行。议题是气候变化和清洁发展、区域经济一体化、支持多哈回合谈判、贸易投资自由化和便利化等,发表了《亚太经合组织领导人关于气候变化、能源安全和清洁发展的宣言》。

第十六次:2008年11月在秘鲁利马举行。议题是国际经济金融形势、地区经济一体化、推动多哈回合谈判、贸易投资自由化和便利化等,发表了《利马宣言》。

第十七次:2009年11月在新加坡举行。议题是如何推动可持续增长、抵制保护主义、支持多边贸易体制、加快区域经济一体化、加强经济技术合作、促进人类安全、打击腐败、提高管理水平和透明度、以及加强APEC作用等,会议发表了《促进持续增长,密切区域联系——亚太经合组织第十七次领导人非正式会议宣言》(简称《新加坡宣言》)。

资料来源:www.apec.org.

10.2.4 东南亚国家联盟

东南亚国家联盟(Association of Southeast Asian Nations,ASEAN)简称东盟。东盟的前身是马来亚(现马来西亚)、菲律宾和泰国于1961年7月31日在曼谷成立的东南亚联盟。1967年8月,印度尼西亚、泰国、新加坡、菲律宾四国外长和马来西亚副总理在曼谷举行会议,发表了《东南亚国家联盟成立宣言》,即《曼谷宣言》,正式宣告东南亚国家联盟的成立。

《东南亚国家联盟成立宣言》确定的宗旨和目标是:以平等与合作精神共同努力促进东南亚地区的经济增长、社会进步与文化发展;遵循正义、国家关系准则和《联合国宪章》,促进本地区的和平与稳定;促进经济、社会、文化、技术和科学等问题的合作与相互支援;在教育、职业和技术及行政训练和研究设施方面互相支援;在充分利用农业和工业、扩大贸易、改善交通运输、提高人民生活水平方面进行更有效的合作;促进对东南亚问题的研究;同具有相似宗旨和目标的国际和地区组织保持紧密和互利的合作,探寻与其更紧密的合作途径。

东南亚国家联盟在其成立之初主要是出于政治与本地区安全的目的,后来推出优惠贸易安排计划,但各国考虑自身利益较多,并未带来预期的效果。1992年东盟决定推动成立东盟自由贸易区的进程,但由于各成员国降低关税的步伐不一致,使得期限延长。1994年11月的亚太经合组织首脑非正式会议,加快了东盟贸易和投资自由化的步伐。

为了早日实现东盟内部的经济一体化,东盟自由贸易区于2002年1月1日正式启动。自由贸易区的目标是促进东盟成为一个具有竞争力的基地,以吸引外资;消除成员国之间关税与非关税障碍,促进本地区贸易自由化;扩大成员国之间互惠贸易的范围,促进区域内贸易,建立内部市场。

2007年11月20日,参加第13届东盟首脑会议的东盟成员国领导人签署了对东盟而言具有划时代意义的《东盟宪章》。它是东盟成立以来第一份对所有成员国具有普遍法律约束力的文件,《东盟宪章》的签署是东盟在发展历程中迈出的重要一步。宪章首次对东盟发展的目标、原则、地位以及组织机构等做出了明确规定。

1. 目标

维护并加强本地区和平、安全与稳定,保持本地区无核武化,支持民主、法制和宪政,为东盟居民提供公正、民主与和谐的和平环境;致力于经济一体化建设,构建稳定、繁荣和统一的东盟市场和生产基地,实现商品、服务和投资自由流动,促进商界人士、技术人才和劳动力的自由往来;增强合作互助,在本地区消除贫困,缩小贫富差距;加强开发人力资源,鼓励社会各部门参与,增强东盟大家庭意识。

2. 原则

继续坚持不干涉内政的基本原则;尊重各成员国的独立、主权、平等、领土完整和民族特性;坚持以和平手段解决纷争;不干涉成员国内政;就涉及关系东盟共同利益事宜加强磋商机制,依照东盟条约和国际惯例解决纷争,棘手问题将交由东盟首脑会议协商决定。

3. 地位

《东盟宪章》对各成员国具有约束力,赋予东盟法人地位。

4. 组织机构

东盟首脑会议为东盟最高决策机构,每年举行两次会议。东盟成员国领导人在峰会上决定有关东盟一体化的关键问题,决定发生紧急事态时东盟应采取的措施,任命东盟秘书长。东盟秘书处设在印度尼西亚首都雅加达。东盟秘书长由东盟各国轮流推荐资深人士担任,任期5年。

设立4个理事会,其中一个由外长组成,负责协调东盟重要事务,另外3个分别负责政治安全、经济一体化和社会文化事务;每个理事会各由一名副秘书长负责。此外,东盟还成立一个人权机构,致力于改进本地区人权状况。

截至2009年底,东盟的成员国有:文莱、柬埔寨、印度尼西亚、老挝、马来西亚、缅甸、菲律宾、新加坡、泰国、越南共10个国家。

【专栏10.3】

历次东盟与中日韩(10+3)领导人会议

东盟与中日韩(10+3)领导人会议,是指东盟10国领导人与中国、日本、韩国3国领导人举行的会议。会议是东盟于1997年成立30周年时发起的,迄今已举行了12次。以下是历次东盟与中日韩(10+3)领导人会议的举办地、主要议题和成果:

第一次:1997年12月15日在马来西亚首都吉隆坡举行。东盟各国和中日韩3国领导人主要就21世纪东亚地区的前景、发展和合作问题坦诚、深入地交换了意见,取得了广泛共识。江泽民主席在会上发表了题为《携手合作,共创未来》的重要讲话,回顾了东亚国家近二三十年来所发生的深刻变化和取得的巨大进步。

第二次:1998年12月16日在越南首都河内举行。东盟各国和中日韩3国领导人就如何加强东亚国家之间的合作,克服金融危机的影响,维护地区的和平、稳定与发展交换了意见。他们一致认为,这种会议非常重要,有利于加强东盟各国和中日韩三国之间的合作。胡锦涛在会上发表讲话,就东亚如何摆脱金融危机、恢复经济增长提出了中方的建议。

第三次:1999年11月28日在菲律宾首都马尼拉举行。在这次会议上,东盟各国和中日韩领导人一致认为,面对新的世纪,东亚国家有必要加强彼此之间的了解、信任与合作。东亚合作的重点应该在经济、金融、科技等领域。朱镕基总理在会上就东亚合作的方向和领域等问题提出了中方的主张和具体建议。会议结束时发表了《东亚合作联合声明》。

第四次:2000年11月24日在新加坡举行。与会各国领导人主要围绕东亚的前景和加强东亚合作交换了看法。朱镕基总理在会上阐述了中国对当前东亚形势和合作前景的看法,并提出了加强合作的具体建议。

第五次:2001年11月5日在文莱首都斯里巴加湾市举行。与会各国领导人讨论了《东亚展望小组报告》,重点就加强东亚在各个领域的合作与交流广泛交换了意见。朱镕基总理在会上提出了推进东亚合作的五点新建议。

第六次:2002年11月4日在柬埔寨首都金边举行。与会各国领导人讨论东盟与中日韩三国如何进一步推动东亚合作问题。朱镕基总理在会上表明了中国参与地区合作的决心和积极态度。

第七次:2003年10月7日在印度尼西亚巴厘岛举行。与会各国领导人讨论了10+3的发展方向及扩大各领域的合作等问题。温家宝总理发表了题为《共同谱写东亚合作新篇章》的重要讲话。

第八次:2004年11月29日在老挝首都万象举行。各国领导人就加强10+3合作的方式、机制和未来发展方向,以及地区和国际政治、经济事务交换了意见。温家宝总理在会上对10+3合作所取得的进展做出了积极的评价,提出了推动东亚合作全面深入发展的七项倡议。

第九次:2005年12月12日在马来西亚首都吉隆坡举行。东盟10国和中日韩三国领导人共商东亚合作发展大计。温家宝出席会议并发表题为《中国的和平发展与东亚的机遇》的重要演讲。会后,各国领导人签署了《吉隆坡宣言》。

第十次:2007年1月14日在菲律宾中部城市宿务举行。与会各国领导人表示应继续坚持10+3合作在东亚合作中的主渠道地位,同时,实行开放的地区主义,使10+3机制与东亚峰会相互补充,共同促进本地区的共同发展与繁荣。温家宝总理在会上发表重要讲话,就进一步提升10+3合作的层次与水平提出5点倡议。

第十一次:2007年11月20日在新加坡举行。会议通过了第二份东亚合作联合声明及2007年至2017年10+3合作计划。温家宝总理在会上发表题为《凝聚共识,再创辉煌》的重要讲话。

第十二次:2009年10月24日在泰国华欣举行。与会各国领导人就应对国际金融危机、深化务实合作深入交换了意见。温家宝总理倡议制定2011年至2015年《落实中国-东盟面向和平与繁荣的战略伙伴关系联合宣言的行动计划》,推动中国与东盟关系迈上新台阶。

资料来源:www.mofcom.gov.cn。

10.3 区域经济一体化理论

第二次世界大战后,区域经济一体化现象引起广泛关注,许多经济学家对其进行研究和探讨,提出了很多理论和学说。

10.3.1 关税同盟理论

关税同盟理论是由美国经济学家范纳(J. Viner)和李普西(R. G. Lipsey)提出的。按照范纳的观点,完全形态的关税同盟应具备三个条件:一是完全取消成员国之间的关税;二是对来自非成员国或地区的进口设置统一的关税;三是通过协商方式在成员国之间分配关税收入。范纳和李普西关于关税同盟的建立对成员国及非成员国影响的分析结论可以归纳为两个方面:一是关税同盟的静态效果,二是关税同盟的动态效果。

10.3.1.1 关税同盟的静态效果

关税同盟建立后,关税体制成为对内取消关税、对外设置差别待遇的共同关税,产生了以下静态效果。

1. 贸易创造效果

贸易创造效果(Trade Creation Effect)由生产利得和消费利得构成。关税同盟成立后,在比较优势的基础上实行专业化分工。这样,关税同盟某成员国的一些国内生产品便被其他生产成本更低的进口的产品所替代,从而使国内资源的使用效率提高,扩大了生产所带来的利益;同时,通过专业化分工,使本国该项产品的消费支出减少,而把资本用于其他产品的消费,扩大了社会需求,结果使贸易量增加。贸易创造的效果使关税同盟国的社会福利水平提高。

如图 10.1 所示,假设在一定固定汇率下,某一商品 M 在甲国用货币表示的价格为 40 元,在乙国为 30 元,在丙国为 25 元,设甲、乙两国形成关税同盟后相互取消关税,对同盟外商品执行共同的关税政策。

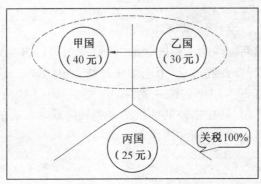

图 10.1 贸易创造效果图

从图 10.1 可以看出,在缔结关税同盟前,甲国凭借征收 100% 的高关税有效地阻止来自丙国的 M 商品,乙国亦同样如此,则甲、乙、丙三国间的贸易被高关税隔断了。甲、乙两国建立关税同盟后,互相取消关税,并对同盟外商品仍征收 100% 的关税。甲国便从乙国进口并停止生产 M 商品,把生产 M 商品的资源用于生产其他商品,这样就充分利用了要素资源。对乙国而言,由于甲国市场消费的 M 商品均由乙国生产,使其生产规模扩大,生产成本降低,乙国可获得生产规模扩大的好处。因此,在甲乙两国缔结关税同盟后,创造出了从乙国向甲国出口的新的贸易和国际分工(专业化生产),这就是所谓的贸易创造效果。另外,由于甲乙两国结成关税同盟而增加收入,对同盟外商品的需求也会有所增加,因此对丙国而言,亦有利可图。所以,建立关税同盟对整个世界都是有利的。

2. 贸易转移效果

假定缔结关税同盟前,关税同盟成员国不生产某种商品而是通过自由贸易免税(或关税很低)从生产成本最低的国家进口产品;关税同盟成立后,同盟成员国的该产品转由同盟内生产成本最低的国家进口。如果同盟内生产成本最低的国家并不是世界上生产成本最低的国家,则进口成本较同盟成立前增加,消费支出扩大,使同盟国的社会福利水平下降,这就是贸易转移效果(Trade Diversion Effect)。

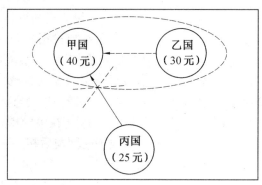

图 10.2 贸易转移效果图

如图 10.2 所示,甲乙两国缔结关税同盟前,假设甲国可以自由地从乙、丙两国进口,甲国自然会从成本和价格最低的丙国进口。甲乙两国缔结关税同盟后,假定同盟按丙国 25 元与乙国 30 元的价格差距,制订 20%以上的统一关税。于是,甲国把 M 商品的进口从关税同盟以外的丙国转移到同盟内的乙国,从成本较低的供给来源转向成本较高的供给来源,这就是所谓的贸易转移效果。在这一过程中,甲国和丙国都受到损失,同时,因不能有效地分配资源而使整个世界福利降低。

3. 贸易扩大效果

成立关税同盟后,甲国 M 商品的价格在贸易创造和贸易转移的情况下都要比成立前降低。如果甲国 M 商品的需求弹性大于 1 时,则甲国 M 商品的需求就会增加,并使其进口数量增加,这就是贸易扩大效果(Trade Expansion Effect)。

贸易创造效果和贸易转移效果是从生产方面来考察关税同盟对贸易的影响,而贸易扩大效果则是从需求方面来进行分析。关税同盟无论是在贸易创造还是在贸易转移情况下,由于都存在使需求扩大的效应,从而都能产生扩大贸易的效果。因而,从这个意义上讲,关税同盟的建立可以促进贸易的扩大,增加贸易国的经济福利。

4. 可减少行政支出

关税同盟建立后,由于成员国之间废除了关税,货物可以自由移动,取消或减少关卡,使政府及企业均减少支出、节省开支。

5. 可以减少走私

关税同盟建立后,货物可以在同盟国之间自由移动,使高关税诱发的走私活动能较好地得到抑制。这样,不仅可以减少查禁走私的费用支出,还有助于提高社会的道德水平。

6. 可增强同盟国对外谈判的实力

关税同盟的建立,使同盟国作为一个整体与其他国家或地区进行经贸谈判,这必然使其谈判力量大大增强,讨价还价能力提高,较好地维护成员国的经贸利益。

10.3.1.2 关税同盟的动态效果

从性质上来说,关税同盟对成员国的福利影响不都是静态的,因为它影响着成员国的长期经济增长,因此会产生动态效果。

1. 提高资源使用效率

关税同盟的建立使成员国的市场竞争加剧,专业化分工向广度和深度拓展,使生产要素和资源配置更加优化。

2. 获取规模经济利益

关税同盟成立后,成员国国内市场向统一的大市场转移,自由市场扩大,从而使成员国获得专业化与规模经济利益。

3. 刺激投资

关税同盟建立以后,市场的扩大、投资环境的改善会吸引成员国厂商扩大投资,也能吸引非成员国的资本向同盟成员国转移。对同盟成员国而言,为提高商品竞争能力、改进产品品质、降低生产成本,需要增加投资。对非成员国而言,为了突破同盟成员国的歧视性贸易措施,它们会到同盟成员国内设立避税工厂,以求获得关税豁免的利益。

4. 促进技术进步

关税同盟建立后,市场扩大、竞争加强、投资增加、生产规模扩大等因素促使厂商愿意投资于研究和开发活动,推动技术不断革新与进步。

5. 提高要素的流动性

关税同盟建立后,市场趋于统一,生产要素可在各成员国间自由移动,要素的配置更加合理,降低了要素闲置的可能性,从而使产量增加,提高了经济效益。

6. 加速经济发展

关税同盟建立后,由于生产要素可在成员国间自由移动,市场趋于统一,竞争加剧,投资规模扩大,促进了研究与开发的扩大和技术的进步,必将加速各成员国经济的发展。

10.3.2 大市场理论

共同市场的建立,实现了商品及生产要素的自由流通,把原来被保护政策分割的单个国家的市场扩大成一个由多个国家组成的大市场,这种市场范围的扩大给区域经济带来影响。西方经济学家们对此做了大量的研究,提出了许多理论,其中最有影响力和说服力的是大市场理论,其代表人物是西托夫斯基(T. Scitovsky)和德纽(J. F. Deniau)。

大市场理论的核心内容是:第一,通过国内市场向统一的大市场延伸,市场的扩大使得市场上的竞争更加激烈,而市场的优胜劣汰必将促进企业之间的分化,一些经营不善的小企业被淘汰,一些具有技术优势的企业则最终在竞争中获胜并且扩大了经营的规模,实现了规模经济和专业化生产;通过市场扩大,创造激烈的竞争环境,进而达到实现规模经济和技术利益的目的。第二,企业生产规模的扩大以及激烈的市场竞争必将降低商品生产的成本和销售价格,而价格的下降会导致市场购买力的扩大和居民实际生活水平的提高,最后市场购买力的扩大和居民实际生活水平的提高反过来又会进一步促进投资的增加和规模的扩大,最终会使经济开始滚雪球式的扩张。因此,大市场的形成会促进和刺激经济的良性循环,带动经济蓬勃发展。

大市场理论为共同市场提供了有力的理论基础,但仍然不十分完备,其主要不足在于:第一,该理论无法解释国内市场规模较大的国家也积极地与其他国家实行区域经济一体化;第二,根据大市场理论,建立共同市场是为了克服企业家的保守态度,但从国内经济政策入手,克服国内的行业垄断弊端,即使不建立共同市场,也可以使市场更具竞争力;第三,将竞争激化的规模经济作为共同市场产生的依据有些勉强。

10.3.3 协议性国际分工原理

日本一桥大学教授小岛清(Kiyoshi Kojima)在考察了经济共同体内部分工的理论基础以后,提出了协议性国际分工原理。协议性国际分工是指一国放弃某种商品的生产并把国内市场提供给另一国,而另一国则放弃另外一种商品的生产并把国内市场提供给对方,即两国达成相互提供市场的协议,实行协议性国际分工。协议性分工不能通过价格机制来自动实现,而必须通过当事国的某种协议来加以实现,也就是通过经济一体化的制度把协议性分工组织化。

小岛清认为,以前的国际经济学所讲的只是在成本递增情况下通过比较优势、市场竞争形成国际分工和平衡,而对成本递减或成本不变的情况却没有论及。但世界经济发展的客观现实证明,成本递减是一种普遍现象。经济一体化的目的就是要通过大市场化来实现规模经济,这实际上也就是成本长期递减的问题。因此,可以实行协议性国际分工,即各成员国各自生产一部分产品,而将另外一些产品的市场让给其他成员国,这样各国的生产规模都会成倍地扩大,商品的成本与价格会大幅度下降,市场需求量也会增加,这种分工使成员国获得较好的规模经济利益。但是要达成协议性分工,必须具备以下条件:

第一,两个(或多数)国家的资本、劳动禀赋没有多大差别,工业化水平和经济发展阶段大致相等,协议性分工的对象商品在哪个国家都能进行生产。在这种情况下,在互相竞争的各国之间扩大分工和贸易,既是关税同盟理论所说的贸易创造效果的目标,也是协议性国际分工理论的目标。

第二,作为协议分工对象的商品,必须是能够获得规模经济的商品。规模经济的获得,在重工业和化学工业中最容易,在轻工业中较难,而在第一产业几乎难以获得。

第三,不论对哪个国家而言,生产协议分工的商品所得到的利益差别不大。也就是说,本身实行专业化的产业和让给对方的产业之间没有优劣之分,否则就不容易达成协议。

上述条件说明经济一体化在经济发展处在同等阶段的国家之间更容易建立;在发达国家

间,可以进行协议性分工的商品范围较广,利益也较大;生活水平和文化等互相类似、互相接近的国家或地区容易达成协议并能够保证相互需求的均等增长。

10.3.4 综合发展战略理论

综合发展战略理论是由鲍里斯·塞泽尔基在《南南合作的挑战》一书中提出并进行论述的,该理论主要对发展中国家经济一体化的现象做出了解释,主要内容如下:

10.3.4.1 综合发展战略理论的主要原则

(1) 经济一体化是发展中国家的一种发展战略,它不限制市场的统一,也不必在一切情况下都寻求尽可能高级的其他一体化形式。

(2) 在发展中国家的一体化进程中,为了避免出现两极分化,保证一体化的正常运作和各国经济的均衡发展,必须建立强有力的共同机构制定相应的政策,由各成员国政府来共同实施。

(3) 鉴于私营部门在发展中国家一体化进程中是导致其失败的重要原因之一,因此有效的政府干预对于经济一体化的成功至关重要。

(4) 发展中国家的经济一体化是集体自力更生的手段和按新秩序逐渐改变世界经济的要素。

10.3.4.2 发展中国家地区经济一体化的主要因素

1. 经济因素

(1) 区域内经济发展水平及各国间的差异;
(2) 各国间经济的相互依赖程度;
(3) 新建经济区的最优利用情况,特别是资源与生产要素的互补性及其整体发展的潜力;
(4) 与第三国经济关系的性质,外国经济实体(尤其是跨国公司)在特定的经济集团及各国经济中的地位;
(5) 区域集团所选择的一体化政策模式和类型的适用性。

2. 政治和机构因素

(1) 各国间社会政治制度的差异;
(2) 各国间有利于实现一体化的"政治意志"状况及稳定性;
(3) 区域集团对外政治关系模式;
(4) 共同机构的效率及其有利于集团共同利益的创造性活动的可能性。

10.3.4.3 制定经济一体化政策应注意的问题

(1) 各成员国的发展战略和经济政策应有利于经济一体化发展;
(2) 生产和基础设施是经济一体化的基本领域,集团内的贸易自由只应是这一进程的补充;

(3) 在形势允许时,经济一体化应包括尽可能多的经济和社会活动;
(4) 应特别重视通过区域工业化来加强相互依存性,并减少发展水平的差异;
(5) 通过协商来协调成员国利用外资的政策;
(6) 对较不发达成员国给予优惠待遇,以减轻一体化对成员国两极分化的影响。

综合发展战略理论突破了以往经济一体化理论的研究方法,它认为以自由贸易和保护贸易理论来研究发展中国家的经济一体化过于狭窄,主张运用与发展理论紧密相联系的跨学科的研究方法,把一体化作为发展中国家的发展战略,不限于市场的统一,主张经济一体化的基础是生产及基础设施领域,强调有效的政府干预。同时,该理论充分考虑了发展中国家经济一体化过程中国内外的制约因素,把一体化当作发展中国家集体自力更生的手段和按新秩序变革世界经济的要素。此外,在制定经济一体化政策时,该理论主张综合考虑经济因素、政治和机构因素。综合发展战略理论比较切合发展中国家的实际,故受到发展中国家普遍的欢迎,成为发展中国家经济一体化的重要依据。

10.4 区域经济一体化对国际贸易的影响

区域经济一体化是世界政治、经济发展的必然产物,它对世界经济和贸易产生了非常重要的影响。

10.4.1 积极影响

1. 促进了区域内部贸易的增长

区域经济一体化组织的成员国之间通过削减关税或免除关税,取消贸易的数量限制,削减非关税壁垒,形成区域性的统一市场,使组织内成员国之间拥合良好的贸易环境,从而促进了成员国之间的贸易迅速增长,区域内部贸易在成员国对外贸易总额中的比重明显提高。在世界贸易中,50%左右的贸易是在各个区域经济一体化组织内部进行的,如中国与APEC成员的贸易额占中国贸易总额的2/3。

2. 促进了区域内部国际分工与规模经济的发展

区域经济一体化的建立有助于区域内部分工和技术合作,促进区域内的科技一体化。区域内妨碍生产要素自由流动的各种障碍逐步减弱或消除后,生产要素得到合理配置,各企业将充分利用和发挥自己的比较优势,扩大专业经营规模。区域内部大市场的建立,不仅解决了高度发展的生产力与狭隘的国域之间的矛盾,而且通过企业间互相兼并和采取优化组合以及更为合理的专业分工,成员国之间经济上的互补性越来越强,因此,区域经济一体化的发展必然促使国际分工向着纵深方向发展,在国际技术合作方面有着突出的表现。

3. 促进了区域内部的产业结构调整与投资自由化

区域经济一体化形成后,内部的市场进一步扩大、统一,给成员国企业提供了更多的商机,竞争亦随之加剧,促使成员的产业结构调整的步伐加快,各成员国将根据专业分工的需要去调整其产业结构。为了获得长期经济利益,在产业结构调整过程中,各成员国扬长避短,争取从市场上获取最大限度的经济利益,以促进经济长期稳定的发展。

区域经济一体化也促进了组织内部投资的发展。市场开放度加大,降低了交易费用,产品更容易进入其他成员国的市场。产品标准的相互协调和税收制度的简化,使集团成员的企业能够将生产活动安排在成本要素和技能组合的最佳地点,从而节约了成本。

4. 提高了区域经济一体化组织及其成员国在世界贸易中的地位

经济一体化组织在推进成员国经济发展的同时,也使得成员国在国际上的贸易地位有所提高。由于区域经济一体化组织的不断扩大,各一体化组织的成员数量日益增加,经济一体化的程度不断提高,使得区域经济一体化组织及其成员国在世界贸易中的地位显著提高。

在国际谈判中,经济一体化组织联合起来进行谈判,能大大地增强谈判力量。比如,在关贸总协定的多边贸易谈判中,欧共体以统一的声音同其他成员谈判,不仅大大增强了自己的谈判实力,维护了自己的贸易利益,还提升了其在国际上的贸易地位。

10.4.2 消极影响

1. 减少了区域外部国家的贸易机会

多数经济一体化组织都带有明显的排他性,因为一体化组织内部成员国间的优惠并不给予非成员国,区域内部成员国之间贸易发展的速度大大超过非成员国的贸易发展速度,从而使其与区域外非成员国的贸易额减少。

由于经济一体化组织在内部实行贸易自由化的同时,对组织外的国家仍保留贸易壁垒,这就使发展中国家产品要进入发达国家组成的区域经济一体化组织内部与享受优惠的成员国产品进行竞争变得相当困难,因此对发展中国家的出口造成障碍。而且由于区域经济一体化组织的形成,贸易壁垒将更为隐蔽和强大,这无疑增加了一些非成员国,特别是一些发展中国家的贸易难度,从而加剧了国际间贸易的不平衡。

2. 改变了国际直接投资的地区流向

由于贸易转移的影响,原来以出口方式进入市场的外国跨国公司,因受到歧视而改为以直接投资取代出口,在一体化组织内部直接生产。这样,它们可以绕过进口国关税与非关税壁垒,以保护从前通过出口所占领的市场。这是因为,虽然区域一体化并没有提高非成员国商品的关税率,但由于成员国内部之间取消关税,就会使外国的跨国公司与一体化成员国的跨国公司相比处于竞争劣势;只有投资于区域经济一体化组织内部来享有国民待遇,才能使外国跨国公司的劣势得以消除,进而保护其传统市场。显然,流入的外国直接投资是从世界其他地区潜在的投资转移来的,所以,一体化区域内外国直接投资的增加,意味着一体化区域外的投资相应下降。

3. 加剧了世界经济发展的不平衡

区域经济一体化趋势使得世界范围内发达国家和发展中国家的经济不平衡进一步加剧，其根源是大多数发展中国家被排除在发达国家组成的区域经济集团之外。区域经济一体化使国家之间的竞争演化为集团之间或国家与集团之间的竞争，使发达国家之间的摩擦和矛盾激化，这将使世界经济的不平衡更加突出。区域经济一体化的发展也并不能消除集团内部经济发展的不平衡，甚至会因生产要素等的自由流动而使区域内部的不平衡加剧。

总之，区域经济一体化具有双重性质。对区域内，由于取消了关税和非关税壁垒，它促进了内部贸易的自由化，使区域内各国间的生产专业化和国际分工更加密切和精细，从而使内部贸易迅速增长；对区域外，由于贸易保护的加强，区域与外部国家间的贸易相对减少，从而使世界经济被分成了若干相对独立的区域，不利于世界经济一体化的发展。

【本章小结】

1. 区域经济一体化是指两个以上的国家或经济实体为了促进共同的经贸发展，相互之间消除歧视和障碍，统一经济政策和措施，甚至建立超国家的统一组织机构，使得各国市场得以融合为一体，促进区域内商品、要素的自由流动。根据生产要素流动程度的级别，区域经济一体化的形式可分为：优惠贸易安排、自由贸易区、关税同盟、共同市场、经济联盟和完全经济一体化。

2. 在区域经济一体化实践中最有影响的，也是当今世界上最大的三个区域经济一体化组织是欧洲联盟、北美自由贸易区和亚太经济合作组织。

3. 在区域经济一体化的理论中，最著名的理论是关税同盟理论。随着区域经济一体化组织的发展，又相继出现了大市场理论、协议性分工原理及综合发展战略理论。

4. 区域经济一体化对世界经济和贸易产生了重大的影响，其积极影响主要体现在：促进了一体化组织内部贸易的增长；促进了一体化组织内部国际分工与规模经济的发展；促进了一体化组织内部的投资自由化与产业结构调整；提高了区域经贸集团在世界贸易中的地位。其消极影响主要体现在：减少了区域外部国家的贸易机会，改变了国际直接投资的地区流向，加剧了世界经济发展的不平衡。

【思考题】

1. 什么是经济一体化，经济一体化有几种形式？
2. 当今区域经济一体化的发展趋势是什么？
3. 什么是贸易创造效果与贸易转移效果？
4. 经济一体化理论主要有哪几种？
5. 区域经济一体化对国际贸易有何影响？

【案例分析】

中国-东盟自由贸易区建成将为纺织品行业出口带来新增长点

2009年中国纺织品服装进出口分析报告显示：相比传统纺织品服装出口市场的日趋饱和，东盟市场已显露生机。目前，东盟已成为中国最大的纱线和面料出口市场。2009年，中国对东盟出口的纱线面料占出口比重达到了16.3%，仅次于中国香港。

随着2010年1月1日中国-东盟自由贸易区的建成，中国和东盟将有7000多种、超过九成的产品贸易关税降为零。中国-东盟自由贸易区，这个包括世界1/3人口、贡献全球1/9的生产总值、贸易总量可达4.5万亿美元的经济体系将成为继欧盟和北美自由贸易区之后的世界第三大自由贸易区。伴随着正常降税进程的启动，也将为中国出口企业在欧美市场日趋饱和的形势下带来更多机遇。

从纺织品服装的市场结构看，中国纺织品服装出口仍主要倚重于美国、欧盟和日本市场。2009年，受全球金融危机的影响，欧美市场的订单数量逐渐减少，使中国出口市场的数量和价格严重萎缩。同时，中国出口产品国家的高度集中造成了主要市场的日趋饱和，减轻对欧美市场的依赖，拓展在新兴市场的份额已成为大势所趋。

近年来，中国与东盟的经贸联系日趋紧密，双边贸易投资规模迅速扩大，纺织品服装正逐渐成为最有互补发展潜力的贸易产品。据统计，中国与东盟纺织品服装贸易，以中国对东盟出口为主。自2005年开始降税以来，增势明显。2008年中国纺织品服装对东盟出口112.3亿美元，年递增率25.2%；中国自东盟进口9.6亿美元，年递增率10.1%。2009年1~11月中国对东盟出口同比下降5.8%，自东盟进口上升8.6%。另一方面，对东盟纺织品出口占对东盟全部出口中的比例仍远远低于中国对全球出口纺织品的比例，表明中国纺织品对东盟的出口具有一定的增长潜力。

据了解，东盟国家人口多，对纺织品有很大需求量，纺织品自有生产明显不足，所需纺织品90%依靠进口，由于技术条件的差异，对经过一定加工技术含量高的纺织品，例如布料、辅料、服装的需求量更大。东盟部分国家纺织工业在资本、技术、信息和体制方面与中国存在着比较明显的差距，中国与东盟各国可实现优势互补。

根据中国-东盟自由贸易区贸易货物协定，自由贸易区启动后，中国对东盟的平均关税将从9.8%降至0.1%；而东盟中6个旧成员国文莱、印尼、马来西亚、菲律宾、新加坡、泰国对中国的平均关税从12.8%降到0.6%；4个新成员国越南、老挝、柬埔寨、缅甸将于2015年实现90%零关税目标。最增强中国出口企业信心的就是零关税时代的到来，零关税后，产品进出少了关税障碍，成本和售价都可降低，出口企业直接的竞争优势直接表现在价格上，而从东盟进口的企业则表现在原料成本的再度降低，直接转化成企业的利润。

近年来，中国的劳动力成本随着经济的发展不断提高，纺织业劳动力价格年均涨幅在20%左右。照此看来，中国靠廉价劳动力构筑起来的纺织品竞争优势也就不复存在。由于东盟的4个新成员国经济水平远远低于中国，在纺织服装这种劳动力密集型产品生产上具有明显的优势,到这些国家投资可以充分利用其廉价劳动力资源,降低成本。在东盟投资建厂,利用当地更为低廉的劳动力资源进行生产,再将产品返销到国内或其他地区的模式变得更为可行。

中国企业在开拓东盟市场时,可凭借新的出口渠道规避纺织品配额的限制风险。比如,通过在泰国、菲律宾、柬埔寨、马来西亚、缅甸等国设厂,或完成产品的后续加工后再出口到美国、欧盟等市场,或在中国加工纺织品,再到东盟国家加工成服装以使用东盟国家的配额出口到欧美等消费市场,借此出口企业将享受到欧美针对东盟国家的低关税、普惠制等各种优惠措施。

资料来源:http://www.cafta.org.cn.

案例思考:

请运用所学知识分析中国-东盟自由贸易区的启动将为中国纺织品行业带来哪些效应?

【本章荐读书目及网上资源】

1. 李瑞琴.区域经济一体化对世界多边自由贸易进程的影响.中国财政经济出版社,2008.

2. 曹宏苓.国际区域经济一体化.上海外语教育出版社,2006.

3. http://gjs.mofcom.gov.cn/商务部国际经贸关系司网站.

4. http://www.apec.org/亚太经合组织网站.

Chapter 11

国际贸易条约与协定

【学习目的与要求】

通过本章的学习,掌握国际贸易条约与协定的含义与类型;了解关贸总协定和世贸组织的产生和发展过程;理解和掌握世贸组织的宗旨、基本原则以及职能;
掌握世贸组织的组织机构和争端解决机制。

【本章关键术语】

国际贸易条约与协定(Commercial Treaties and Agreements);国际商品协定(International Commodity Agreement);最惠国待遇(Most-favored Nation Treatment);国民待遇(National Treatment);关税与贸易总协定(General Agreement on Tariff and Trade,GATT);世界贸易组织(World Trade Organization,WTO);

国际贸易作为国际行为,它关系到国与国之间的利益,影响到世界经济的环境,因此,国际社会对各国的国际贸易行为必然有所协调和规定,各国的国际贸易行为必须受其约束。国际贸易条约与协定的签署以及国际贸易组织的产生,就是这种协调与约束的表现。

11.1 国际贸易条约与协定概述

11.1.1 国际贸易条约与协定的含义与类型

国际贸易条约与协定(Commercial Treaties and Agreements)是两个或两个以上的国家为确定彼此的经济关系,特别是贸易关系方面的权利和义务而缔结的书面协议。

贸易条约与贸易协定有一定的不同,它们的区别有以下两点:

(1)贸易条约包括的内容比较广泛,涉及到经济、贸易、航海等各方面可能发生的问题,关系到国家的主权与经济利益;而贸易协定的内容比较简单,只是关于贸易方面的具体规定。

(2)贸易条约是以国家或国家首脑的名义签订的,双方签约后,还必须按照签约国的法律程序完成批准手续,互换后才能生效,而且有效期较长;贸易协定签订的程序比较简单,有效期也较短。

贸易条约与贸易协定的共同特点是:

(1)它们都受国际法的约束;

(2)它们签订的目的都是为了确定缔约国之间的经济与贸易关系;

(3)它们可以在建交国家与非建交国家之间签订,可以在政府之间、政府与民间团体之间、民间团体与民间团体之间签订。

国际贸易条约与协定按参加国成员的多少,一般可分为多边的贸易条约与协定和双边的贸易条约与协定。多边的贸易条约与协定是指由两个以上的主权国家共同参与缔结的;双边的贸易条约与协定是由在两个主权国家之间缔结的。

国际贸易条约与协定的条款,通常是在所谓的"自由贸易、平等竞争"的口号下签订的。但实际上,缔约国在经济上的利益,往往是靠缔约国的经济实力来保证的,因此,缔约国之间从贸易条约与协定中得到的利益可能是不对等的。

11.1.2 国际贸易条约与协定的结构

国际贸易条约与协定一般由序言、正文和结尾三个部分组成。

序言通常载明缔约方发展经济贸易关系的愿望及签订条约与协定所遵守的原则。

正文是贸易条约与协定的主要组成部分,它是有关缔约各方权利、义务的具体规定。正文是实质条款部分,不同种类的贸易条约与协定,其正文所包括的条款和内容也有所不同。

结尾主要包括该条约与协定的生效日期、有效期、延长或废止的程序、份数、文字等内容,还有签订条约与协定的地点及各方代表的签字。

缔结条约与协定的地点对于需要经过批准的条约与协定具有特别的意义。如果贸易条约与协定是在一方首都签订的,按惯例,贸易条约与协定的批准书就应在对方国家的首都交换。贸易条约与协定的文本是用缔约各方的文字写成,各种文本具有同等的法律效力。

11.1.3 国际贸易条约与协定中适用的主要法律待遇条款

在国际上,贸易条约与协定中适用的主要法律待遇条款有最惠国待遇条款和国民待遇条款。

11.1.3.1 最惠国待遇条款

1. 最惠国待遇条款的含义

最惠国待遇(Most-favored Nation Treatment)条款是贸易条约与协定中的一项重要条款。其基本含义是:缔约国一方现在和将来所给予任何第三方的一切特权、优惠和豁免,必须同样给予缔约对方。其基本要求是使缔约一方在缔约另一方享有不低于任何第三国享有或可能享有的待遇,换言之,即要求一切外国人或外国企业处于同等地位,享受同等的待遇,不得给予歧视。

最惠国待遇条款可分为有条件的最惠国待遇条款和无条件的最惠国待遇条款两种。无条件最惠国待遇条款是指缔约国一方现在和将来给予任何第三国的一切特权、优惠和豁免,立即无条件地、无补偿地、自动地适用于缔约对方;有条件的最惠国待遇条款是指缔约国一方给予第三国的优惠是有条件的,那么另一方必须提供同样的条件,才能享受这些优惠待遇。现在的国际贸易条约与协定普遍采用无条件的最惠国待遇条款。

2. 最惠国待遇条款适用的范围

(1) 有关进口、出口、过境商品的关税及其他捐税;
(2) 有关商品进口、出口、过境、存仓和换船方面的海关规则、手续费和费用;
(3) 进出口许可证的发放和行政手续;
(4) 船舶驶入、驶出和停泊时的各种税收、费用和手续;
(5) 关于移民、投资、商标、专利及铁路运输方面的待遇。

在签订贸易条约与协定时,缔约双方可以根据两国的关系和发展贸易的需要,在最惠国待遇条款中具体确定其适用的范围。

3. 最惠国待遇条款适用的限定和例外

大多数的贸易条约与协定都会规定适用最惠国待遇的限定和例外条款。

(1) 适用最惠国待遇的限定

最惠国待遇条款适用的限定是指适用范围限制于若干具体的经济与贸易方面。

① 直接限定,即在贸易条约与协定中明确规定最惠国待遇适用范围的限制,一般是从商品范围上、地区上或商品来源上等方面加以限制;

② 间接限定,即在贸易条约与协定中不作明确规定,通常采用其他办法(如将税则精细分类等),以求达到限制缔约国的商品适用最惠国待遇的范围。

(2) 适用最惠国待遇的例外

最惠国待遇条款适用的例外是指某些具体的经济和贸易事项不适用最惠国待遇。

① 边境贸易。一些国家对边界两边 15 公里以内的小额贸易在关税、海关通关手续上给予减免等优惠待遇,它不适用于任何缔结最惠国待遇条款国家的正式贸易方面。

② 关税同盟。已经结成关税同盟的成员国之间互免关税待遇。

③ 沿海贸易和内河航行。在航行问题上,对于缔约国一方在沿海贸易和内河航行方面给

予他国的优惠视为例外。

④ 多边国际条约或协定承担的义务。如果缔约国一方参加其他国际多边条约与协定,因履行其所承担的义务而触及最惠国待遇利益者,应视为例外。

⑤ 区域性特惠条款。即若干特定的国家之间通过条约或协定相互给予的优惠待遇,应视为例外。

⑥ 其他例外。如沿海捕鱼、武器进口、金银外币的输出输入和文物、贵重艺术品及工艺品的出口限制和禁止等,一般也被视为例外。

11.1.3.2 国民待遇条款

国民待遇(National Treatment)条款是法律待遇条款之一。其基本含义是:在贸易条约与协定中,缔约国一方保证缔约国另一方的公民、企业和船舶在本国境内享受与本国公民、企业和船舶同等的待遇。

国民待遇条款一般适用于外国公民或企业经济权利、外国产品应缴纳的国内税、利用铁路运输和转口过境的条件、船舶在港口的待遇、商标注册、版权及专利权的保护等。

国民待遇条款的适用是有一定范围的,并不是将本国公民或企业所享有的一切权利都包括在内。例如沿海航行权、领海捕鱼权、土地购买权以及零售贸易权等不属于国民待遇的适用范围。

11.2 国际贸易条约与协定的种类

11.2.1 通商航海条约

通商航海条约(Treaty of Commerce and Navigation)又称通商条约或友好通商条约,它是全面规定缔约国之间经济和贸易关系的条约。其内容涉及缔约国之间经济和贸易关系的各个方面,如关税的征收、海关手续、缔约国双方公民和企业在对方国家所享有的经济权利、船舶航行和港口使用、知识产权的保护、铁路运输、转口和过境、进口商品的国内捐税、进出口数量限制以及仲裁裁决的执行等各方面问题。

由于贸易条约的内容关系到国家的主权与经济权益,因此这种条约是由国家元首或其特派的全权代表以国家的名义签订的。双方代表在条约上签字之后,还需经双方的立法机构审议通过,最高权力机关批准才能生效。条约的有效期限也较长。

11.2.2 贸易协定和贸易议定书

贸易协定(Trade Agreement)是缔约国之间为调整和发展相互间经济贸易关系而签订的书面协议。与通商航海条约相比,贸易协定所涉及的面比较窄,对缔约国之间的贸易关系往往规定得比较具体,有效期较短,签订程序也较简单,一般只需经签字国的行政首脑或其代表签署即可生效。贸易协定的内容通常包括：贸易额、双方出口货单、作价办法、使用的货币、支付方式、关税优惠等。对贸易额和双方出口货单的规定往往不是硬性的，在具体执行时还可以通过协商加以调整。未签订通商航海条约的国家之间在签订贸易协定时，通常把最惠国待遇条款列入。

贸易议定书(Trade Protocol)是缔约国就发展贸易关系中某项具体问题所达成的书面协议。这种议定书往往是作为贸易协定的补充、解释或修改而签订的。在签订长期贸易协定时，关于年度贸易的具体事项，往往通过议定书的方式加以规定；也有在两国尚未达成贸易协定时，先签订议定书，暂时作为进行贸易的依据。贸易议定书有的是作为贸易协定的附件而存在，有的则是独立文件，具有与条约、协定相同的法律效力。其签订程序比贸易协定更为简单，一般经签字国有关行政部门的代表签署后即可生效。

【专栏11.1】
中华人民共和国政府和比利时-卢森堡经济联盟关于相互促进和保护投资的协定议定书
（原文）

值此中华人民共和国政府和比利时-卢森堡经济联盟关于相互促进和保护投资的协定签署之时，缔约双方的签字代表同意下述条款作为本协定的组成部分：

关于第一条

第一条第二款所述"投资"一词包括由缔约一方投资者拥有或控制的第三国法人在缔约另一方领土内依照后者的法律法规已经进行的投资。只有当投资被缔约另一方征收之后，该第三国无权或放弃其赔偿请求权的情况之下，本协定相关条款方为适用。

关于第三条

在中华人民共和国方面，第三条第一款不适用于：

（一）在其领土内任何现存的不符措施；

（二）任何此等不符措施的延续；

（三）对任何此等不符措施的修正，只要这种修正不增加此等措施的不符程度。

中华人民共和国将采取所有适宜措施逐渐消除这些不符措施。

关于第五条

一、在中华人民共和国方面，本协定第五条所指的转移，应当符合当前中国有关汇兑管制的法律和法规所规定的手续。

二、在此方面，中华人民共和国应当给予比利时-卢森堡经济联盟投资者不低于其给予任何第三国投资者的待遇。

三、该手续不得被用于规避本协定中缔约方的承诺或义务。

四、本协定第五条的规定不应影响缔约任何一方作为国际货币基金组织成员国所享有的或可能享有的在汇兑限制方面的权利和义务。

> 关于第八条
>
> 双方达成共识,即中华人民共和国要求相关投资者在根据第八条第二款将争议提交国际仲裁之前用尽中华人民共和国法律法规所规定的国内行政复议程序。中华人民共和国声明,完成该程序的最长期限为三个月。
>
> 本议定书于2005年6月6日在北京签订,一式两份,每份都用中文、法文、荷兰文和英文写成,各种文本同等作准。若解释上发生歧义,以英文文本为准。
>
> 中华人民共和国政府
>
> 比利时-卢森堡经济联盟
>
> (比利时王国政府以它自己的名义,并以卢森堡大公国政府、瓦隆大区政府、弗拉芒大区政府和布鲁塞尔首都大区政府的名义)
>
> 代表　　　　　　　　　代表
>
> 张志刚　　　　　　　　卡洛·德古赫特
>
> 资料来源:中国商务部条约法律司.

11.2.3　国际支付协定

国际支付协定(Payment Agreement)是缔约国之间关于贸易和其他方面债权、债务结算办法的书面协议。

支付协定是外汇管制的产物,在实行外汇管制的条件下,一种货币往往不能自由兑换成另一种货币,对一国所拥有的债权不能用来抵偿对第三国的债务,这样,结算就只能在双边基础上进行,因而需要通过缔结支付协定来解决两国间的债权、债务结算办法。这种支付协定有助于克服外汇短缺的困难,有利于双边贸易的发展。

支付协定的主要内容包括:规定清算机构、开立清算账户、规定清算项目与范围、规定清算货币和清算方法以及清算账户的差额处理等。

11.2.4　国际商品协定

国际商品协定(International Commodity Agreement)是指某项商品的生产国(出口国)与消费国(进口国)就该项商品的价格、购销等问题,经过协商达成的政府间的多边贸易协定。

国际商品协定的主要对象是发展中国家的初级产品。由于这些产品受到世界市场行情变化的影响,价格波动的幅度较大,发展中国家为保障它们的利益,希望通过协定维持合理的价格。而作为主要消费国的工业发达国家,希望通过协定保证价格不致涨得太高,并能保证供应。

在第二次世界大战以前,只签订了小麦(1933年)和糖(1937年)两种国际商品协定。第二次世界大战以后,国际商品协定的数目有所增加,共签订了糖(1953年)、锡(1956年)、咖啡(1962年)、橄榄油(1958年)、小麦(1949年)、可可(1973年)、天然橡胶(1979年)七种国际商品协定,到1989年尚存的仅有橡胶,糖,锡三种国际商品协定。

国际商品协定一般由序言、宗旨、经济条款、行政条款和最后条款等部分构成,并有一定的格式。其中经济条款和行政条款是国际商品协定中两项主要的条款。

1. **经济条款**

国际商品协定主要通过经济条款来稳定价格。经济条款是确定各成员国权利和义务的依据,是国际商品协定中最重要的内容。从现行的国际商品协定来看,经济条款主要有以下几种规定:

(1) 缓冲存货(Buffer Stock)。缓冲存货就是由该商品协定的执行机构按最高限价和最低限价的规定,运用其成员国提供的实物和资金干预市场和稳定价格。其办法是在最高限价和最低限价之间划成三档,即高档、中档、低档。当市场价格涨到高档时,抛售缓冲存货的实物以维持价格在最高限价之下;在中档时,不动用缓冲存货;在低档时,利用缓冲存货的现金在市场上收购该商品,把价格保持在最低限价以上。这种规定主要是对最高限价、最低限价和价格档次达成协议,并需有大量资金和存货,否则往往难以起到应有的作用。主要采用缓冲存货规定的有国际锡协定和国际天然橡胶协定。

(2) 多边合同(Multilateral Contracts)。这种条款规定,进口国在协定规定的价格幅度内,向各出口国购买一定数量的有关商品,出口国在协定规定的价格幅度内,向各进口国出售一定数量的有关商品。当进口国在完成所应进口的数量后,可在任何市场以任何价格购买任何数量的有关商品。出口国在完成所应出口的数量后,可在任何市场以任何价格出售任何数量的有关商品。因此,它实际上是一种多边的商品合同。国际小麦协定属于这种类型的规定。

(3) 出口限额。这种条款规定一个基本的出口限额,每年再根据市场需求和价格变动,确定当年平均的年度出口限额。年度出口限额按固定部分和可变部分分配给有基本限额的各出口成员国。一般固定部分占全部年度限额的70%,可变部分占30%。可变部分按出口成员国的库存量占全体出口成员国总库存量的比例进行分配。国际咖啡协定和国际糖协定属于这种类型的规定。

(4) 出口限额和缓冲存货相结合。这种条款规定同时采用出口限额和缓冲存货这两种办法来控制市场和稳定价格,国际可可协定采用这种办法。其具体办法如下:首先规定可可豆的最高限价和最低限价;其次确定指示价格,指示价格是纽约可可交易所和伦敦可可集散市场15个连续营业日的每日价格的平均数;最后当指示价格超过最高限价或低于最低限价时,可可理事会就采取出口限额和缓冲存货所规定的办法调节价格,使价格恢复到最高限价与最低限价的幅度内。

2. **行政条款**

该条款主要涉及权力机构和表决票的分配。商品协定的权力机构有理事会、执行委员会和监督机构。虽然名称不一,但都是协定的最高权力机构的常设机构。由于权力机构关系到协定的履行和管理,涉及到各方面的切身利益,因而职位的分配往往是各出口成员国和各进口成员国所关心的重要问题。各权力机构达成的协议,除采用协商一致的办法外,一般要通过表决决定。表决方式可根据情况需要,分别采用简单分配多数、2/3 分配多数、特别表决等。各成员国对重大问题进行投票表决,是参加协定成员的一项基本权利。因此,各协定对表决票的分配及其使用有具体的规定,以保证每个成员国享有一定的表决权。

11.2.5 国际商品综合方案

国际商品综合方案(Integrate Program for Commodities)是发展中国家在 1974 年 4 月联合国大会第六届特别会议上第一次提出来的,1976 年 5 月联合国第四届贸易和发展会议上正式通过了商品综合方案的决议。该项方案主要解决发展中国家初级产品的贸易问题,其主要内容有以下几个方面:

1. 建立多种商品的国际储存或称"缓冲存货"

为了稳定商品价格和保证正常的生产和供应,国际储存的商品选择标准有以下两条:

(1)该项商品对发展中国家具有重要利害关系;

(2)该项商品便于储存。国际储存的主要商品有:香蕉、咖啡、可可、茶、糖、肉类、植物油、棉花、黄麻、硬纤维、热带木材、橡胶、铝、铁、锰、磷、铜和锡。

2. 建立国际储存的共同基金

共同基金(Common Fund)是综合商品方案的一种国际基金,用来资助这些国际初级产品的缓冲存货和改善初级产品市场,提高初级产品的长期竞争力,如开发研究、提高生产率、改进销售等。

3. 商品贸易的多边承诺

为了稳定供应,参加方案的各国政府承诺在特定时间内各自出口和进口某种商品的数量。

4. 扩大和改进商品贸易的补偿性资金供应

当出口初级产品的发展中国家的出口收入剧减时,国际货币基金将给予补偿性贷款。

5. 扩展初级产品的加工和出口多样化

为此目的,要求发达国家降低或取消对发展中国家初级产品及加工产品的进口限制措施。

国际商品综合方案是发展中国家为了打破国际经济贸易秩序,建立新的国际经济贸易秩序所采取的一个重要步骤。但由于触动了发达国家在世界市场的垄断地位和利益,要将方案的内容全部变成现实,还须经过长期艰苦的斗争。

11.3 关税与贸易总协定

关税与贸易总协定(General Agreement on Tariff and Trade,GATT)简称关贸总协定,是在

美国倡议下由 23 个国家于 1947 年 10 月 30 日在日内瓦签订的关于调整缔约国对外贸易政策和国际经贸关系方面的一个国际多边协定。世贸组织正式运行之前,它是协调、处理国际贸易缔约国之间关税与贸易政策的主要多边协定。

11.3.1 关贸总协定的基本概况

11.3.1.1 关贸总协定的产生

20 世纪 30 至 40 年代,资本主义国家之间爆发了激烈的关税战。1930 年美国总统签署通过了《1930 年霍利-斯穆特关税法》(The Hawley-Smoot Tariff Act of 1930),把进口关税提高到历史最高水平,当时的欧洲各国也纷纷效仿,制定自己的限制性关税政策来对美国进行报复。资本主义国家间的高关税阻碍了商品的国际流通,造成国际贸易额大幅度萎缩,整个世界经济陷入严重衰退。面对经济危机的严峻形势,为扭转困境,扩大国际市场,1934 年美国颁布了《互惠贸易协定法》。根据此法,美国与 21 个国家签订了一系列双边贸易协定,将关税水平降低 30%~50%,并根据最惠国待遇原则扩展到其他国家,使经济危机有所缓解。

第二次世界大战使世界经济重陷困境。在二战临近结束时,各国开始探讨建立调节国家之间经济与贸易关系,重建战后国际经济新秩序的国际经济组织。1944 年 7 月,美国、英国等 44 个国家在美国新罕布什尔州的布雷顿森林公园召开了联合国货币与金融会议(简称布雷顿森林会议),成立了国际货币基金组织(International Monetary Fund, IMF)和国际复兴开发银行(International Bank for Reconstruction and Development, IBRD)。同时,倡导组建国际贸易组织(International Trade Organization, ITO),以便在多边基础上,通过相互减让关税等手段,逐步消除贸易壁垒,促进国际贸易的自由发展。

1945 年 12 月,美国发表了《扩大世界贸易与就业法案》,向联合国经济及社会理事会建议召开世界贸易与就业会议并筹建国际贸易组织。1946 年 2 月,联合国经济及社会理事会举行第一次会议,会议呼吁召开联合国贸易与就业问题会议,起草国际贸易组织宪章,进行世界性削减关税的谈判。随后,该理事会设立了一个筹备委员会。1946 年 10 月,筹备委员会召开第一次会议,审查美国提交的国际贸易组织宪章草案。参加筹备委员会的与会各国同意在国际贸易组织成立之前,先就削减关税和其他贸易限制等问题进行谈判,并起草《国际贸易组织宪章》。1947 年 1 月至 2 月,该宪章起草委员会在纽约召开专门会议,根据《国际贸易组织宪章》草案中的贸易规则部分,完成了关税与贸易总协定条款的起草工作。1947 年 4 月至 10 月,筹备委员会在日内瓦召开第二次全体大会,美国、英国、法国、中国等 23 个国家就关税减让问题进行谈判,并达成了协议,签订了 123 项双边关税减让协议。为使协议尽快实施,参加国 123 项双边关税减让协议与《国际贸易组织宪章》中有关贸易政策部分的条款加以合并,构成一个独立的协定,起名为"关税与贸易总协定"。这次谈判后来被称为关税与贸易总协定第一轮多边贸易谈判。

1947 年 10 月 30 日,23 个国家签署了《关税与贸易总协定临时适用议定书》,并于 1948 年

1月1日起临时生效。1947年11月,在哈瓦那举行的联合国贸易和就业会议上,审议并通过了《国际贸易组织宪章》,又称为《哈瓦那宪章》(Havana Charter)。由于《国际贸易组织宪章》对美国原先的草案做了大量修改,与美国的利益相去甚远,在美国国会没有获得通过。其他国家受美国影响也持观望态度,只有个别国家批准了《哈瓦那宪章》,最终致使国际贸易组织的建立成为泡影。这样,关税与贸易总协定也就成为各缔约国在贸易政策方面共同遵守的准则,成为推行多边贸易和贸易自由化的唯一的、带有总括性的多边协定。此后,关贸总协定的有效期一再延长,并为适应情况的不断变化,多次加以修订,一直沿用至1995年1月1日世贸组织正式运行之后,并与世贸组织并行一年,共存续了48年。

11.3.1.2 关贸总协定的宗旨与基本原则

1. 关贸总协定的宗旨

关贸总协定的宗旨就是要通过多边贸易谈判,达成互惠互利的协议,逐步降低关税并消除各种非关税壁垒,实现国际贸易自由化,扩大世界资源的充分利用以及发展商品的生产与交换,保证充分就业,保证实际收入和有效需求的巨大持续增长,以达到提高生活水平,加速世界经济发展的目的。

2. 关贸总协定的基本原则

关贸总协定的原文分为序言和四大部分,共计38个条款,另附若干附件和一份暂时适用议定书,它体现了如下基本原则:

(1)非歧视原则。非歧视原则是关贸总协定中最重要的原则,是关贸总协定的基石。在总协定中的第1条"一般最惠国待遇原则"、第2条"关税减让表"和第3条"国内税和国内规章的国民待遇"以及其他有关条款中,都反映了非歧视原则。该原则是通过最惠国待遇条款和国民待遇条款来体现的。

(2)关税保护和关税减让原则。关税是关贸总协定允许的唯一保护形式,关贸总协定明确规定缔约国对国内产业进行保护主要通过关税的手段,尽量减少非关税措施。目的是使保护的程度有最大的透明度,易于对各国的保护进行比较,以确保各国贸易条件的公平。关贸总协定的主要目标之一就是通过举行关税减让谈判逐步降低关税,关税减让谈判是在互惠的原则基础上进行的。

(3)一般禁止数量限制原则。为了保证关税作为唯一的保护手段,关贸总协定规定原则上禁止数量限制。

关贸总协定第11条"数量限制的一般取消"中规定:"任何缔约国除征收捐税或其他费用外,不得设立或维持配额、进出口许可或其他措施以限制或禁止其他缔约国领土的产品输入,或向其他缔约国领土输出或销售出口产品"。

(4)透明度原则。关贸总协定明确规定:"缔约国有效实施的关于海关对产品的分类或估价,关于捐税或其他费用的征收率,关于对进出口货物及其支付转账的规定、限制和禁止,以及关于影响进出口货物的销售、分配、运输、保险、存仓、检验、展览、加工、混合或使用的法令、条例与一般援用的司法判决及行政决定,都应迅速公布,以使各国政府及贸易商对它们熟悉。一缔约国政府或政府机构与另一缔约国政府或政府机构之间缔结的影响国际贸易的现行规定,也必须公布。"

透明度原则也有例外。关贸总协定规定,透明度原则并不要求"缔约国公开那些会妨碍法令的贯彻执行,会违反公共利益、或会损害某一公私企业的正当商业利益的机密资料。"

(5) 公平贸易原则。该原则主要是指反对倾销、反对出口补贴或减少其他非关税壁垒,以保证公平贸易。关贸总协定规定,当一国产品以低于国内正常价格或成本价向外国出口时,可视为倾销,这时进口国可通过征收反倾销税的措施来抵制倾销带来的损害。受害国在征收反倾销税时要按总协定的要求遵守非歧视原则,且征税数额不超过出口国倾销价与正常价格之差。关贸总协定认为出口补贴也是一种不公平行为,严禁缔约国对初级产品以外的任何产品给予出口补贴,如果一缔约国的出口补贴对另一缔约国的利益造成重大损害或产生严重威胁,可以允许该进口缔约国对有关产品的进口征收反补贴税。

(6) 互惠原则。互惠原则是关贸总协定的基本原则之一,它不仅是缔约国之间进行贸易谈判并维持正常贸易关系的基础,也是关贸总协定得以发挥作用的主要机制。

互惠并不意味着对等。由于经济发展水平的不同,发达国家与发展中国家之间在遵守互惠原则时,发达国家给予发展中国家的优惠不能要求发展中国家给予对等的回报,这也属互惠原则的例外。

11.3.2　关贸总协定八轮多边贸易谈判

1947～1994 年,关贸总协定共举行了八个回合的多边贸易谈判。

第一轮谈判于 1947 年 4 月至 10 月在瑞士日内瓦举行,参加国总数为 23 个。本轮谈判确立了关贸总协定多边谈判的基本原则,即多边的、无条件最惠国待遇的原则。在关税减让谈判中,通过有选择的、产品对产品的、由主要供应国之间进行的谈判,在 23 个参加国之间达成了 123 项关税减让协议,涉及 45 000 项商品的关税减让,使占应税进口值 54% 的商品平均降低关税 35%,涉及贸易额 100 亿美元。关贸总协定的产生也属于本轮谈判的成果之一。

第二轮谈判于 1949 年 4 月至 10 月在法国安纳西举行,参加国总数为 33 个。本轮谈判共达成了 147 项双边协议,就 5 000 项商品达成关税减让,使占应税进口值 56% 的商品平均降低关税 35%。在第二轮谈判期间,有 10 个国家加入关贸总协定。

第三轮谈判于 1950 年 10 月至 1951 年 4 月在英国托尔基举行,参加国总数为 39 个。此轮谈判的主要议题是关税减让。参加谈判国家的贸易额分别占世界进出口贸易总额的 80% 和 85% 以上。谈判共达成关税减让协议 150 项,涉及 8 700 项商品达成关税减让,使占应税进口值 11.7% 的商品平均降低关税 26%。在本轮谈判期间,有 4 个国家加入关贸总协定。

第四轮谈判于 1956 年 1 月至 5 月在瑞士日内瓦举行,参加国总数为 28 个。由于美国国会认为,在前几轮谈判中美国的关税减让幅度明显大于其他缔约方,因此对美国政府代表团的谈判权限进行了限制,使这一轮谈判的成效大打折扣。本轮谈判就近 3 000 项商品达成关税减让,使占应税进口值 16% 的商品平均降低关税 15%。

第五轮谈判于 1960 年 9 月至 1962 年 7 月在瑞士日内瓦举行,参加国总数为 45 个。本轮谈判由美国副国务卿道格拉斯·狄龙(Douglas Dilon)倡议,故也称"狄龙回合"。谈判分两个阶段:第一阶段从 1960 年 9 月至 12 月,着重就欧洲共同体建立所引出的关税同盟等问题与有关缔约方进行谈判;第二阶段从 1961 年 1 月开始,就缔约方进一步减让关税进行谈判。谈判结果是达成了 4 400 多项商品的关税减让,涉及 49 亿美元的贸易额,使占应税进口值 20% 的商品的平均关税下降 20%,农产品及某些敏感性商品不在减税之列。

第六轮谈判于 1964 年 5 月至 1967 年 6 月在瑞士日内瓦举行,参加国总数为 54 个。本轮谈判是当时的美国总统肯尼迪根据 1962 年美国《贸易扩大法》提议召开的,又称"肯尼迪回合"。谈判涉及列入各国税则的关税减让商品项目合计达 60 000 项,工业品进口关税税率下降了 35%,涉及 400 亿美元的贸易额。本轮谈判还首次涉及到非关税壁垒削减的谈判,通过了第一个"反倾销协议"。

第七轮谈判于 1973 年 9 月至 1979 年 4 月在瑞士日内瓦举行,这次谈判参加国达到 99 个,超过以往任何一次谈判。因发起本轮谈判的贸易部长会议在日本东京举行,故称"东京回合"。谈判的内容主要涉及关税减让及如何减少非关税壁垒。本轮谈判在关税减让上采取一揽子方案,关税的减让和约束涉及 3 000 多亿美元的贸易额,平均关税水平降低 35%,世界上 9 个主要工业市场上制成品的加权平均关税率由 7% 下降到 4.7%。

第八轮谈判于 1986 年 9 月 15 日在乌拉圭埃斯特角城举行,也称乌拉圭回合谈判。在新一轮多边贸易谈判的部长宣言中,规定了这次谈判的目标和谈判内容。宣言分两部分,第一部分是关于货物贸易谈判,第二部分是关于服务贸易谈判。

本轮谈判从启动到最终协议的签署历时近 8 年,参加谈判的国家和地区从最初的 103 个增加到谈判结束时的 128 个。1994 年 4 月 15 日在摩洛哥马拉喀什城举行会议,由参加乌拉圭回合的谈判方,草签了乌拉圭回合最后文件和建立世界贸易组织协议,由此正式宣告乌拉圭回合谈判的结束。1995 年 1 月 1 日,世界贸易组织正式成立,1996 年关税与贸易总协定失效,由世界贸易组织协议及其附件所替代。

11.3.3　关贸总协定的作用

关贸总协定自 1948 年 1 月 1 日至 1995 年 1 月 1 日世贸组织成立,共发起了八轮全球性多边贸易谈判,开展了各项有关削减关税、消除非关税壁垒、取消贸易中的歧视待遇、解决国际贸易争端等活动,取得了卓有成效的成果,并在"乌拉圭回合"谈判中决定成立世贸组织,因而,它对促进国际贸易和世界经济的发展起了重要的作用。

1. 为国际经济贸易自由发展奠定了基础

在关贸总协定的主持下,通过历次多边贸易谈判,大幅度地降低了世界各国的关税,减少了数量限制和其他非关说壁垒,改善了市场准入条件,促进了国际贸易自由化,关贸总协定对进一步扩大世界贸易起了积极的推动作用。

2. 调整和规范缔约方对外贸易活动和政策

关贸总协定规定的国际贸易政策的各项基本原则,如非歧视原则、关税保护和关税减让原则、禁止采用进口数量限制原则、禁止倾销和限制出口补贴原则等,以及关贸总协定在历次多边贸易谈判中达成的一系列协议,使其形成了一套关于关税和贸易政策措施的国际法规。关贸总协定要求各缔约方在从事对外贸易活动,制订或修改对外贸易政策与措施,以及在处理缔约国之间的经济贸易关系等方面,遵循这些法规。这些法规已成为调整和规范缔约方的国际贸易活动和政策的依据。

3. 缓和了各缔约方之间的贸易摩擦和矛盾

关贸总协定为各缔约方之间的贸易摩擦和矛盾的解决提供了一个平台。首先,总协定及其一系列协议是各缔约方相互妥协的产物;其次,关贸总协定在建立时就形成了对贸易争端解决的机制,对各种协议执行时产生的贸易纠纷、贸易摩擦和矛盾,提供磋商、调解、裁决的机制,经过"乌拉圭回合"谈判后,争端解决机制得到进一步改进和强化,这对缓和各缔约方的贸易矛盾和摩擦起到了一定的积极作用。

4. 为推动发展中国家的经贸发展起到了积极作用

在关贸总协定设立之初,发展中国家处于无权的地位,其成员包括一些只能维持低生活水平、经济处于发展初期阶段和一般发展阶段的发展中国家。因此,关贸总协定在制定政策上对发展中国家有所倾斜,增加了有利于保护发展中国家经济利益的条款。例如,在关税结构方面,准许对某些特定工业的建立提供需要的关税保护;为国际收支目的而实施数量限制和暂时背离总协定其他各条的规定。

关贸总协定为发达国家和发展中国家在贸易发展上提供了对话的场所,并为发展中国家维护自身利益,促进对外贸易发展起到了一定的推动作用。

在关贸总协定的努力下,多边贸易体制不断得到改进和加强,更大范围的世界贸易被纳入有组织的自由贸易的框架约束之下,这对促进国际经济交流,推动自由贸易的发展起了巨大的推动作用。

11.4 世界贸易组织

世贸组织是根据关贸总协定"乌拉圭回合"达成的《建立世界贸易组织协定》而建立的国际经济组织,它取代了原有的关贸总协定,并根据"乌拉圭回合"达成的最后文件形成的一整套协定和协议的条款作为国际法律规则,对各成员之间经济贸易关系的权利和义务进行监督和管理。

11.4.1 世贸组织的成立

1986年9月"乌拉圭回合"多边贸易谈判开始时,其中的15个议题并未包括建立世界贸易组织问题,只是设立了一个关于修改和完善关贸总协定体制职能的谈判组,但是由于"乌拉圭回合"谈判不仅包括了传统的货物贸易问题,而且还涉及服务贸易、与贸易有关的投资措施以及与贸易有关的知识产权等新议题。这些问题的谈判成果,很难在关贸总协定的旧框架内谈判。因此,有必要在关贸总协定的基础上创立一个正式的国际贸易组织来协调、监督和执行新一轮多边贸易谈判的成果。

在1990年初,时任欧共体主席国的意大利首先提出建立一个多边贸易组织(Multilateral Trade Organization,MTO)的倡议,这个倡议后来以欧共体12个成员国的名义正式提出,得到美国、加拿大等大国的支持。1990年12月"乌拉圭回合"布鲁塞尔贸易部长会议同意就建立多边贸易组织进行协商。经过一年的紧张谈判,于1991年12月形成了一份关于建立多边贸易组织协定的草案,此后,又经过为时两年的修改和补充完善,于1993年12月"乌拉圭回合"谈判结束时,形成了建立《多边贸易组织协定》,同时,根据美国的建议,把"多边贸易组织"改为"世界贸易组织"(World Trade Organization,WTO)。

1994年4月"乌拉圭回合"参加方在摩洛哥的马拉喀什部长会议上通过了《建立世界贸易组织马拉喀什协议》(简称《建立世界贸易组织组织协议》)。该《协议》有16个条款和1个附件及其附件目录组成,主要规定了世贸组织的宗旨和目标、职能、组织机构、成员资格、决策方式,以及特定成员之间互不适用多边贸易协议等内容。该《协议》确定了1995年1月1日世界贸易组织正式成立。1947年签订的关贸总协定与世界贸易组织共存一年后正式完成其历史使命,自1996年1月1日起,世界贸易组织便独立地充当全球经济贸易组织的角色。

11.4.2 世贸组织的宗旨

世贸组织的宗旨基本上承袭了关贸总协定的基本宗旨,但随着时代的发展,世贸组织对关贸总协定的宗旨作了适当的补充和加强,概括起来有以下几点:

(1)提高生活水平,保证充分就业,提高实际收入和有效需求;

(2)扩大货物和服务的生产与贸易;

(3)按照持续发展的目的,合理地利用世界资源,保护和维护环境,并以符合不同经济发展水平下各自成员需要的方式,加强采取各种相应的措施;

(4)积极努力确保发展中国家,尤其是最不发达国家在国际贸易增长中的份额与其经济发展需要相称。

世贸组织的宗旨与关贸总协定的宗旨基本相似,它根据世界经济形势的发展又作了三点补充:一是将服务业的发展纳入世贸组织体系;二是提出了环境保护和可持续发展问题;三是要考虑到各国经济发展水平的需要,要确保发展中国家尤其是最不发达国家在国际贸易增长中获得与其经济发展相适应的份额。在《建立世界贸易组织的协议》序言中还明确指出实现这一宗旨的途径是"通过互惠互利的安排,导致关税和其他贸易壁垒的大量减少和国际贸易关系中歧视性待遇的取消"。

11.4.3 世贸组织的目标和职能

11.4.3.1 世贸组织的目标

世贸组织的目标可以从三个层次来理解:

1. 基本目标

世贸组织的基本目标是促进国际贸易在可靠的基础上获得稳定发展,使消费者和生产者相信,他们能够可靠地得到他们需要的制成品、配件、原材料和服务,而且获得越来越多的选择机会;使生产商和出口商相信,外国市场对他们开放。

2. 具体目标

世贸组织的具体目标是建立一个完整的(包括货物、服务、与贸易有关的投资及知识产权等内容)、更具活力的、更持久的多边贸易体系,以巩固原来关贸总协定贸易自由化的成果和乌拉圭回合多边贸易谈判的所有成果。为实现这些目标,各成员需要通过互惠互利的安排,切实降低关税和其他贸易壁垒,在国际贸易中消除歧视性待遇,并形成公平竞争的良好环境。

3. 最终目标

世贸组织的最终目标是建立一个繁荣、安全和负责任的世界经济贸易体系,改进和提高成员国人民的福利水平。

11.4.3.2 世贸组织的基本职能

根据《建立世界贸易组织的协议》的规定,世贸组织的基本职能有:

(1)促进世贸组织协议和各项多边贸易协议的实施、管理和运作,并为其提供组织保障。

(2)为各成员方就多边贸易关系进行谈判和贸易部长会议提供场所,并提供实施谈判结果的框架;

(3)运用贸易政策审议机制,定期审议各成员方的贸易政策及其多边贸易体制运行所产生的影响;

(4)通过贸易争端解决机制,解决成员方之间可能产生的贸易争端;

(5)通过与其他国际经济组织(如国际货币基金组织、世界银行及其附属机构等)的合作和政策协调,实现全球经济决策的更大一致性;

(6)对发展中国家和最不发达国家提供技术援助及培训。

11.4.4 世贸组织的基本原则

世贸组织取代关贸总协定以后继承了关贸总协定的基本原则,并在其所管辖的服务贸易、与贸易有关的知识产权以及与贸易有关的投资措施等新的领域中予以适用并加以发展。基本原则主要包括以下几个方面：

1. 非歧视原则

非歧视原则是指世贸组织各成员之间应在无歧视的基础上进行贸易，相互的贸易关系中不应存在差别待遇。非歧视原则是通过最惠国待遇和国民待遇等条款来体现和实现的。

（1）最惠国待遇原则。在世贸组织中，最惠国待遇是指一成员方将在货物贸易、服务贸易和知识产权领域给予任何其他国家和地区（无论是否是世贸组织成员）的优惠待遇，立即和无条件地给予其他各世贸组织成员方，最惠国待遇的性质要求平等对待其他成员方。其实质在于保证各成员市场竞争机会均等。《1947年关贸总协定》所规定的最惠国待遇只适用货物贸易，世贸组织则把最惠国待遇原则延伸至服务贸易领域和知识产权领域。

（2）国民待遇原则。在世贸组织中，国民待遇是指一国对其他成员方的产品、服务或服务提供者及知识产权所有者和持有者所提供的待遇，不低于本国同类产品、服务或服务提供者及知识产权所有者和持有者所享有的待遇。

最惠国待遇和国民待遇都体现了非歧视原则。两者的区别在于：最惠国待遇强调一国不得针对不同进口来源的商品实行歧视待遇，而国民待遇则强调一国不得在进口商品与本国商品之间实行歧视待遇；最惠国待遇的目的是使来自不同国家的进口商品在成员方市场上处于同等竞争地位，不受歧视，而国民待遇的目的是使进口商品在成员方的国内市场上与其本国商品处于同等竞争地位，不受歧视。

2. 互惠原则

互惠原则又称对等原则，它是指成员方在国际贸易中相互给予对方以贸易上的优惠待遇。它明确了成员方在关税与贸易谈判中必须采用的基本立场和相互之间必须建立一种什么样的贸易关系。原关贸总协定通过缔约方以对等减让关税和相互之间提供优惠的方式来保护贸易的平衡，实现贸易自由化。世贸组织成立后，互惠原则扩大到国际贸易的其他方面，如航运、非关税贸易壁垒的互惠减让、知识产权、服务贸易等。

3. 关税保护和关税减让原则

世贸组织的一个重要规则是：主张各成员方主要通过关税来保护国内产业和市场，尽量减少和消除数量限制等非关税保护措施。提倡用关税进行保护，实质上是只允许采用关税这种透明的保护措施而不是非关税措施，关税是唯一合法的保护手段。这是因为关税具有透明性，关税减让表是公开的，所有成员国的贸易商均可通过它来判断其产品进入市场的难易程度，而数量限制等非关税措施的透明度较差，容易导致贸易商采取不公正手段获取配额或许可证行为的发生，会间接减损关税减让的价值。

关税减让原则是指成员方之间通过谈判削减各自的关税水平并尽可能地消除关税壁垒，且削减后的关税应得到约束，不得进一步提高。关税约束是指成员方承诺把进口商品的关税限定在某一水平，且今后不能再提高。如果成员方确因实际困难需要提高关税约束水平，则须同其他成员方进行谈判。

4. 市场准入原则

市场准入是指一成员方允许另一成员方的货物、劳务与资本参与本国市场的程度。它是成员方通过实施各种法律和规章制度对本国市场向外开放程度的一种宏观掌握和控制。市场准入原则旨在通过各成员方对开放其特定市场所作出的具体承诺,切实改善各成员市场准入条件,使各成员方在一定的期限内逐步放宽市场开放的领域,加深开放市场的深度,保证各成员方的商品、资本和服务可以在世界市场上公平自由竞争,从而促进世界贸易的增长。

5. 一般禁止数量限制原则

一般禁止数量限制是指在商品的进出口贸易活动中不允许用数量限制(如规定配额)的方法进行管理。数量限制是非关税壁垒的主要形式,是一国或地区在一定期限内规定某种商品进出口数量的行政措施。它的具体表现形式有:配额、进出口许可证、自动出口限制和数量性外汇管制等。

一般禁止数量限制原则也是对关税保护原则的补充,虽然世贸组织只承认关税作为唯一合法的保护措施,但随着关税减让谈判的不断进展,各国越来越趋向于增加使用非关税措施进行保护,非关税措施已成为国际贸易日益严重的障碍,一般禁止数量限制原则对此加以约束。

由于目前要求完全禁止数量限制难以做到,因此,世贸组织允许在国际收支陷入窘境、促进发展中国家经济发展、稳定本国农产品市场等几种情况下实施数量限制。

6. 透明度原则

透明度原则是指成员方所实施的与国际贸易有关的法令、条例、国际判例、行政决定,以及成员方之间缔结的贸易协定,都必须予以公布,以使各国政府及贸易商熟悉它们,否则不得实施。透明度原则的目的在于防止成员方之间进行不公平的贸易,并防止国产产品与进口产品间出现不公平条件和不公平竞争,从而造成对其他成员方的歧视。透明度原则已经成为各成员方在货物贸易、技术贸易和服务贸易中应遵循的一项基本原则,它涉及贸易的所有领域。

7. 公平竞争原则

公平竞争原则是指各成员方在国际贸易中不应采用不公正的贸易手段进行竞争,尤其不应以倾销或补贴方式出口商品。世贸组织规定,进口国如果遇到其他国家出口商以倾销或补贴方式出口商品,可以采取反倾销或反补贴措施来抵制不公平竞争。

为防止滥用反倾销和反补贴措施,世贸组织对反倾销和反补贴规定了严格的程序和标准。征收反倾销税和反补贴税的条件必须是有倾销或补贴的事实存在,并且倾销或补贴造成了进口国国内工业的实质性损害或实质性损害威胁,才能征收不超过倾销差额或补贴数额的反倾销税或反补贴税。同时世贸组织也反对,各国滥用反倾销和反补贴以达到贸易保护主义的目的。

8. 对发展中国家的特殊优惠原则

世贸组织继承并发展了关贸总协定对发展中国家特殊优惠的原则。由于世贸组织的3/4

成员国是发展中国家,因此,对它们的经济发展和改革要给予特别的关注。世贸组织规定,发展中成员国在执行协议内容的时间方面应该具有灵活性,即允许它们经过较长的时间达到世贸组织的要求。世贸组织给了发展中成员国调整与世贸组织规定不相适应方面的过渡期。

由此可见,世贸组织在上述原则的指导下,对处在经济发展不同阶段的国家具有广泛的吸引力,因此,各国都纷纷要求加入到该组织中去。

11.4.5 世贸组织的主要机构

世贸组织的各项职能是由其所属组织机构实现的,这些组织机构的设置和运作,对于促进世贸组织宗旨的实现和职能的履行,具有重要的意义。世贸组织的组织机构包括部长级会议、总理事会、分理事会、各专门委员会、秘书处及总干事。

1. 部长级会议

部长级会议是世贸组织的最高决策权力机构,一般两年举行一次会议,讨论和决定涉及世贸组织职能的所有重要问题,并采取行动。部长级会议的主要职能是:任命世贸组织总干事并制定有关规则;确定总干事的权力、职责、任职条件和任期以及秘书处工作人员的职责及任职条件;对世贸组织协定和多边贸易协定做出解释;豁免某成员对世贸组织协定和其他多边贸易协定所承担的义务;审议其成员对世贸组织协定或多边贸易协定提出修改的动议;决定是否接纳申请加入世贸组织的国家或地区为世贸组织成员;决定世贸组织协定及多边贸易协定生效的日期等。

2. 总理事会

在部长级会议休会期间,其职能由总理事会代为行使。总理事会由全体成员方的代表组成,负责处理世贸组织的日常事务,监督和指导各项协定以及部长级会议所作决定的贯彻执行情况。总理事会还有两项具体职能,即履行争端解决机构和贸易政策审议机构的职责。总理事会定期召开会议,通常每两个月一次。

3. 分理事会

总理事会下设有三个分理事会,即货物贸易理事会、服务贸易理事会和与贸易有关的知识产权理事会(简称知识产权理事会)。它们在总理事会指导下分别负责管理和监督相关协议的实施,并负责行使相关协议规定的职能以及总理事会赋予的其他职能。

货物贸易理事会主要负责管理和监督货物贸易多边协议的执行,包括《1994年关税与贸易总协定》及其附属的12个协议或守则。货物贸易理事会又下设12个专门委员会,具体负责处理各专项协议的执行,它们是:市场准入委员会、农产品委员会、卫生及动植物检疫措施委员会、技术性贸易壁垒委员会、补贴与反补贴措施委员会、反倾销措施委员会、海关估价委员会、原产地规则委员会、进口许可程序委员会、与贸易有关的投资措施委员会、保障措施委员会和纺织品监督机构。

服务贸易理事会主要负责监督实施《服务贸易总协定》,下设金融服务贸易委员会和具体承诺委员会。

知识产权理事会主要负责监督实施《与贸易有关的知识产权协定》,尚无下设机构。

4. 各专门委员会

根据《建立世界贸易组织协议》,部长级会议设立专门委员会,负责处理特定的贸易及其他相关事务。专门委员会包括:贸易与发展委员会、贸易与环境委员会、国际收支限制委员会、区域贸易协议委员会和预算、财务与行政委员会。以上各专门委员会由总理事会直接负责。

5. 秘书处及总干事

世贸组织的秘书处设在瑞士日内瓦,秘书处是办事机构,它的最高行政长官是总干事。总干事由部长级会议任命并明确规定其权力、职责、服务条件及任期。

总干事主要有以下职责:可以最大限度地向各成员施加影响,要求它们遵守世贸组织规则;考虑和预见世贸组织的最佳发展方针;帮助成员解决它们之间所发生的争议;管理和预算所有与成员有关的行政事务;主持协商和非正式谈判,避免争议。世贸组织历任总干事如表 11.1 所示。

表 11.1 世贸组织历任总干事

任 期	人 名	国 籍
1995.1.1~1995.4.30	皮特·萨瑟兰	爱尔兰
1995.1.1~1999.4.30	瑞那托·鲁杰罗	意大利
1999.9.1~2002.8.31	迈克·穆尔	新西兰
2002.9.1~2005.8.31	素帕猜·巴尼巴滴	泰国
2005.9.1~现在	帕斯卡尔·拉米	法国

世贸组织现任总干事是帕斯卡尔·拉米,曾担任欧盟委员会贸易委员。他自 2005 年 9 月 1 日开始担任世贸组织总干事,于 2009 年 4 月 30 日被批准连任总干事。

总干事有权任命副总干事和秘书处工作人员并按部长级会议通过的规则确定他们的职责。总干事、副总干事和秘书处工作人员必须独立地行使各自承担的职责,不得寻求或接受部长级会议之外任何政府或其他权力机构的指示或指挥,以保持世贸组织作为一个国际组织的独立性。

除上述常设机构外,世贸组织还根据需要设立一些临时机构,即所谓的工作组,例如,加入世贸组织工作组、服务贸易理事会下的专业服务工作组、《服务贸易总协定》规则工作组等。工作组的任务是研究和报告有关专门事项并最终提交相关理事会作决定,有的工作组(如加入世贸组织工作组)则直接向总理事会报告。

【专栏 11.2】

历次世贸组织部长级会议

世贸组织部长级会议是世贸组织的最高决策权力机构,以下是历次部长级会议的基本情况:

第一次部长级会议于 1996 年 12 月 9 日至 13 日在新加坡召开。会议主要审议了世贸组织成立以来的工作及上一轮多边贸易谈判即"乌拉圭回合"协议的执行情况,并决定成立贸易与投资、贸易与竞争政策、政府采购透明度 3 个工作组,同时将贸易便利化纳入了货物理事会的职责范围。会议最后通过了《新加坡部长宣言》。

第二次部长级会议于 1998 年 5 月 18 日至 20 日在日内瓦举行。会议主要讨论了已达成的贸易协议的执行情况和未来谈判日程等问题。此次会议的主要目的是为第三次部长级会议启动新一轮多边贸易谈判做准备。

第三次部长级会议于 1999 年 11 月 30 日至 12 月 3 日在美国西雅图市召开。由于非政府组织的示威游行和干扰所产生的压力以及成员间在一系列重大问题上的意见分歧,会议未能启动拟议中的新一轮多边贸易谈判,最终以失败告终。

第四次部长级会议于 2001 年 11 月 9 日至 14 日在卡塔尔首都多哈举行。会议启动了被称为"多哈发展议程"即"多哈回合"的新一轮多边贸易谈判。会议的另一个重要成果是批准中国加入世贸组织。会议最后通过了《部长宣言》等 3 个文件。

第五次部长级会议于 2003 年 9 月 10 日至 14 日在墨西哥坎昆举行。来自世贸组织的 146 个成员国的近 5 000 名代表以及非政府组织代表出席了会议。会议对世贸组织新一轮谈判进行了中期评估,同意接纳柬埔寨和尼泊尔两国为世贸组织正式成员,发表了《部长会议声明》。由于与会各方对《部长宣言草案》存在巨大分歧,大会未取得实质性成果。

第六次部长级会议于 2005 年 12 月 13 日至 18 日在中国香港举行。与会者围绕多哈回合议题谈判,发表了《部长宣言》,在取消棉花出口补贴和农产品出口补贴以及向最不发达国家开放市场问题上取得了进展。但是,多哈回合谈判仍未全面完成。

第七次部长级会议于 2009 年 11 月 30 日至 12 月 2 日在瑞士日内瓦举行。世贸组织的 153 个成员参加会议。会议围绕"世贸组织、多边贸易体系和当前全球经济形势"这个主题回顾和审议了世贸组织的工作。多哈回合谈判仍是各方讨论的焦点,但会议未能在推动多哈回合谈判方面取得明显进展。此次会议向世界发出了明确的信号:必须尽快结束多哈回合全球贸易谈判,使所有成员尤其是最不发达成员从全球化进程中受益,使世贸组织在应对金融危机和推动经济复苏中发挥更大作用。

资料来源:http://www.wto.org。

11.4.6 世贸组织的争端解决机制

世贸组织的争端解决机制是世贸组织体系的"基石"之一。与关贸总协定相比,世贸组织的争端解决机制有了较大的改进,很大程度上强化了争端解决体系的法律性及强制力。

解决争端是由争端解决机构(Dispute Settlement Body,DSB)负责,这是一个常设机构,由世贸组织的所有成员组成。它有权建立处理案件的专家小组,有权接受专家小组的认定或上诉机构的结论。它监督着裁决和建议的执行,而且在成员没有遵守裁决时,它还有权授权进行报复。根据《关于争端解决的规则与程序的谅解》(DSU)的规定,整个争端解决的程序如下:

1. 磋商

在采取任何行动之前,争端各方必须进行谈判,以期通过协商的方式来解决分歧。磋商以秘密的方式进行,并不妨碍任何成员在以后程序中的各种权利。如果协商未成功,它们可以要求总干事进行调解或采取其他行动来解决这个争端。

《关于争端解决规则与程序的谅解》规定,一成员方向另一成员方提出磋商要求后,被要求方应在接到请求后的10天内作出答复,并在接到请求后的30天内展开善意磋商。如果被要求方在接到请求后10天内没有作出反应,或在30天内或相互同意的其他时间内未进行磋商,则要求进行磋商的成员方可以直接向争端解决机构要求成立专家组。如果在接到磋商请求之日起的60天内未能解决争端,要求磋商方(投诉方)可以请求设立专家组。在紧急情况下(如涉及易变质货物),各成员方应在接到请求之日后10天内进行磋商,如果在接到请求之日后20天内未能解决争端,则投诉方可以请求成立专家组。

2. 斡旋、调解与调停程序

与磋商程序不同,这一程序是争端当事方自愿选择的程序。它也是秘密进行的,可以在任何时候开始和结束,并无损于当事方在以后程序中的权利。世贸组织的总干事可以依其职权开展斡旋、调解与调停。一旦斡旋、调解与调停被终止,投诉方即可请求成立专家小组。此外,只要各方同意,在专家小组工作期间,仍可继续进行斡旋、调解与调停。从实践中看,由于世贸组织的总干事具备了特殊身份和地位,往往在斡旋、调解和调停程序中起着不可替代的作用。

3. 专家小组程序

在磋商未果,或经斡旋、调解与调停仍未解决争端的情况下,投诉方可以向争端解决机构提出成立专家组的请求。被诉方可以有一次阻止专家小组成立的机会,但是当争端解决机构对同一申诉举行第二次会议时,就必须成立专家小组(除非一致同意不成立)。专家小组帮助争端解决机构做出裁决或建议,但是,由于专家小组的认定是建立在所引用的协议之上,并且专家小组报告只能在争端解决机构一致拒绝的情况下才会被否决,所以,它的结论一般很难被推翻。从严格意义上来说,专家小组的建立才真正开始了多边贸易体制争端解决的程序。

(1)专家小组的成立。专家小组通常由3人组成,除非争端各方在专家组设立之日起的10天内同意设立5人专家组。专家小组的成员可以是政府官员,也可以是非政府人士,但这些成员均以个人身份工作,不代表任何政府或组织,世贸组织成员不得对他们作指示或施加影响。为便于指定专家组成员,世贸组织秘书处备有一份符合资格要求的政府和非政府人士组成的"专家名册",以便从中挑选合适的专家。世贸组织成员可以定期推荐建议列入该名单的政府和非政府人士。

在专家小组的组成方面,世贸组织也考虑到了发展中国家的特别利益。《关于争端解决规则与程序的谅解》规定,当争端发生在发展中成员与发达成员之间时,如发展中成员提出请求,相应的专家组至少应有一人来自发展中成员方。

(2)专家小组的工作程序。专家小组一旦设立,一般应在6个月内(紧急情况下3个月内)完成全部工作,并提交最终报告。如专家小组认为不能如期提交报告,则应书面通知争端解决机构,说明延误的原因和提交报告的预期时间,但最长不得超过9个月。应投诉方请求,专家组可以暂停工作,但期限不得超过12个月。如超过12个月,设立专家组的授权即告终止。专家小组具体的工作程序如下:

①提交书面材料。在第一次听证会之前,争端各方向专家小组提交案件的书面材料。

②召开第一次听证会。投诉方、被诉方以及那些声称有利益关系的第三方在第一次听证会上进行陈述。

③提交反驳意见。涉案各方提交书面反驳意见,并在专家小组召开第二次会议上进行口头辩论。

④专家磋商。如果一方提出科学或其他技术问题,专家小组可以与技术专家进行磋商或者指派一个技术专家审议小组准备一份建议报告。

⑤提交第一草稿。专家小组将其报告的描述部分提交给争端各方,并给他们两个星期的时间审议。这份报告并不包括认定和结论部分。

⑥提交中期报告。专家小组将中期报告提交给争端各方,包括它的认定和结论,给他们一个星期的时间提出复审要求。

⑦专家复审。复审阶段不能超过两个星期。在此期间,专家小组可能与双方举行额外的会议。

⑧提交最终报告。专家小组将最终报告提交给争端各方,3个星期后将报告提交给所有的世贸组织成员。为使各成员有足够时间审议专家组最终报告,只有在报告分发给各成员方20天后,争端解决机构方可考虑审议通过。对报告持有反对意见的成员方,应至少在召开审议报告会议10天前,提交书面的反对理由。在最终报告分发给各成员方60天内,除非争端各方正式通知争端解决机构其上诉决定,或争端解决机构经协商一致决定不通过该报告,否则该报告应在争端解决机构会议上予以通过。

4. 上诉程序

世贸组织争端解决程序允许对专家小组报告持有异议的争端各方提起上诉,但上诉的内容仅限于专家组报告所涉及的法律问题以及专家组做出的有关法律解释。上诉机构由7人组成,每一个案件应由其中3人处理。上诉机构之成员应由公认的具备法律及国际贸易专长的权威人士组成,且与任何政府无关。原则上,自争端当事国一方通知其上诉决定起至上诉机构做出决定止,不得超过60日;当上诉机构认为无法在60日内提出报告时,应以书面形式向争端解决机构告知延迟原因及提交报告的预计日期,但最长不得超过90日。上诉机构的报告自完成并发送各成员方之后的30天内,应提交给争端解决机构。除非此项报告受到争端解决机构全体成员的一致反对,否则,上诉报告一经通过,争端解决机构就应无条件的接受。

5. 对争端解决机构裁决的执行及其监督

专家组报告或上诉机构报告一经通过,其建议和裁决即对争端各方有约束力,争端各方应无条件接受。

(1) 裁决的执行。《关于争端解决规则与程序的谅解》规定,在专家组或上诉机构报告通过后30天内举行的争端解决机构会议上,有关成员应将执行争端解决机构的建议和裁决的意愿通知该机构。该建议和裁决应迅速执行,如不能迅速执行,则应确定一个合理的执行期限。"合理期限"由有关成员提议,并经争端解决机构批准;如未获批准,由争端各方在建议和裁决通过后45天内协商确定期限;如经协商也无法确定,由争端各方聘请仲裁员确定。

(2) 授权报复。如投诉方和被诉方在合理期限届满后20天内未能就补偿问题达成一致,投诉方可以要求争端解决机构授权对被诉方进行报复,即中止对被诉方承担的减让或其他义务。争端解决机构应在合理期限届满后30天内给予相应授权,除非经协商一致拒绝授权。被诉方也可以就报复水平的适当性问题提请争端解决机构进行仲裁。

报复措施也是临时性的。只要出现以下任何一种情况,报复措施就应终止:一是被认定违反世贸组织有关协定或协议的措施已被撤销;二是被诉方对投诉方所受的利益损害提供了解决办法;三是争端各方达成了相互满意的解决办法。

(3) 监督执行。在建议和裁决通过后,任何成员都可随时向争端解决机构提出与执行有关的问题以监督建议和裁决的执行。除非争端解决机构另有决定,在确定了执行的合理期限6个月后,争端解决机构应将建议和裁决的执行问题列入会议议程,并进行审议,直至该问题解决。

【专栏11.3】

中国"复关"与"入世"谈判的历程

从1986年7月11日中国正式向世贸组织的前身关贸总协定递交"复关"申请到中国最终加入世贸组织,历时15年,中国的"复关"与"入世"是关贸总协定和世贸组织所有多边谈判中最漫长和最艰苦的一次谈判过程。

在1947年10月签署的《关税与贸易总协定临时适用协议书》上,中国是23个缔约国之一,当时代表中国的是国民党政府。1949年10月1日,中华人民共和国成立,但是,由于当时复杂的国际、国内形势,我国长期被排斥在关贸总协定之外。随着改革开放的深入发展和从建立社会主义市场经济体制的需要出发,1980年,中国开始恢复与关贸总协定的非正式接触。1982年11月,中国列席了关贸总协定第38届缔约国大会。1982年12月,国务院批准中国申请参加关贸总协定的报告。1986年7月11日,中国向关贸总协定秘书处正式提出恢复关贸总协定缔约国的地位(简称"复关")申请。从1987年到1995年世贸组织成立,关贸总协定中国工作组共举行20次会议,但终因中国与关贸总协定成员国(主要是美国和欧盟)的双边谈判未能完成而没有恢复在关贸总协定的席位。

1995年1月1日世贸组织成立,取代了关贸总协定,中国的"复关"谈判也转为"入世"谈判。世贸组织正式运转后,中国于1995年6月3日成为世贸组织观察员。同年7月11日,中国正式提出入世的

> 申请。1995年11月，应中国政府的要求，中国复关谈判工作组更名为世贸组织中国工作组，并于1996年3月召开了第一次工作组会议。
>
> 1997年5月，中国与匈牙利最先就中国加入世贸组织达成协议；在1999年11月和2000年5月，中国分别与美国和欧盟就中国加入世贸组织达成了双边协议，解决了中国加入世贸组织的最大障碍；2001年9月，中国与最后一个谈判对手——墨西哥就中国加入世贸组织达成协议，从而完成了"入世"的双边谈判。2001年11月10日，在世贸组织部长级会议上，全体成员一致同意接纳中国为世贸组织成员。2001年12月10日，中国正式成为世贸组织的第143个成员。
>
> 资料来源：http://news.hexun.com。

【本章小结】

1. 国际贸易条约与协定是国际贸易政策措施之一，它是两个或两个以上的国家为确定彼此的经济关系，特别是贸易关系方面的权利和义务而缔结的书面协议。按照参加国成员的多少，国际贸易条约与协定可分为多边的贸易条约与协定和双边的贸易条约与协定。国际贸易条约与协定中适用的主要法律待遇条款有最惠国待遇条款和国民待遇条款。

2. 常见的国际贸易条约与协定包括通商航海条约、贸易协定和贸易议定书、国际支付协定、国际商品协定、国际商品综合方案。

3. 关税与贸易总协定是关于调整缔约国对外贸易政策和国际经济贸易关系方面相互权利义务的国际多边协定，其主要职能是通过多边谈判，推动世界贸易自由化的发展。自建立以来，关税与贸易总协定共举行了八个"回合"的多边贸易谈判，大大降低了关税与非关税壁垒，加速了国际贸易自由化的进程。1995年关税与贸易总协定被世界贸易组织所取代。

4. 世界贸易组织是约束各成员国之间贸易规范和贸易政策的国际贸易组织。世界贸易组织的各种协定是国际贸易制度运行和各成员国贸易政策制定的法律基础。世界贸易组织继承了关税与贸易总协定的宗旨和主要原则，并增加了扩大服务的生产和贸易以及可持续发展的目标等内容。与关税与贸易总协定相比，适用的领域明显扩大，法律地位更加明确，是一个真正意义上的国际贸易组织。

【思考题】

1. 常见的国际贸易条约和协定有几种？
2. 说明最惠国待遇条款的适用范围和例外。
3. 简述国民待遇条款的适用范围和例外。
4. 简述关贸总协定的作用。
5. 世贸组织的宗旨和基本原则是什么？
6. 世贸组织的组织机构有哪些？

7. 简述世贸组织争端解决机制的程序。

【案例分析】

美国继续禁止进口中国畜禽肉制品

美国对畜禽肉制品采用极其严格的限制措施。美国食品药品管理局对出口国家的肉类生产、加工企业实施注册登记。向美国出口肉类的国家首先要向美国动植物健康检验局提出书面申请,经对申请材料审核后,食品安全检验局派出技术考察小组就出口国的检验检疫程序、动物疫情、生产工艺、管理、加工厂设施、员工培训等进行实地考察,对符合要求的给予注册。在生产管理中重点检查食品安全控制系统(HACCP)实施情况。对这些获得注册的国家和企业,食品药品管理局还进行定期派人员检查考核。出口国政府必须每年向美方通报符合美国标准的企业名单。动物产品入境后,须在美国动植物卫生检验局指定的肉类加工厂生产加工,其加工工艺、生产流程、污水处理等均须符合动植物卫生检验局的规定。尽管中美双方已通过双边谈判就卫生体系等效性认可等技术问题达成一致,但至今美国政府仍拒绝进口中国的熟家禽制品,并自2006年起在每年的《综合拨款法案》中规定不得将拨款用于制定和实施有关允许中国禽肉产品对美出口的各项工作。美国《2009年综合拨款法案》第727条款(简称"727条款")延续了这一规定。中方认为727条款未以健康科学性、适当的风险评估和非歧视原则为出发点,明显违反了WTO/SPS协定第2.2、2.3、4.2、5.1和第8条及附件c的规定。2009年4月17日,中国政府通过常驻WTO代表团致函美方,就727条款提起了WTO争端解决项下的磋商请求。

资料来源:http://gpj.mofcom.gov.cn.

案例思考:

请结合WTO的相关原则点评中美双方的做法。

【本章荐读书目及网上资源】

1. 汪尧田,周汉民. 关税与贸易总协定总论. 北京:中国对外经济贸易出版社,1995.
2. 薛荣久,赵玉焕. 世界贸易组织(WTO)教程. 北京:对外经济贸易大学出版社,2003.
3. http://sms.mofcom.gov.cn/中华人民共和国商务部世界贸易组织司网站.
4. http://www.wto.org/世界贸易组织网站.

参考文献

[1] 何蓉. 国际贸易[M]. 北京:机械工业出版社,2006.
[2] 马淑琴. 国际贸易理论[M]. 杭州:浙江大学出版社,2007.
[3] 保罗. 克鲁格曼,茅瑞斯. 奥尔斯法尔德. 国际经济学[M]. 海闻,译. 北京:中国人民大学出版社,2006.
[4] 李晓桦. 国外技术性贸易壁垒情况及案例[J]. 上海标准化:世界贸易与标准化,2000.
[5] 孟静. 浅析信息技术壁垒[J]. 商场现代化:电子商务,2000(7).
[6] 尹翔硕. 国际贸易教程[M]. 上海:复旦大学出版社,2001.
[7] 山泽逸. 发展中国家的工业化和出口鼓励政策[M]. 平田章,译. 青岛:青岛出版社,1991.
[8] 邓兰兰. 加入WTO后的出口鼓励政策探析[J]. 广东职业技术师范学院学报,2001(2).
[9] 薛荣久. 国际贸易[M]. 北京:对外经济贸易大学出版社,2006.
[10] 范爱军. 国际贸易学[M]. 北京:科学出版社,2009.
[11] 张锡暇. 国际贸易[M]. 北京:对外经济贸易大学出版社,2006.
[12] 王晓德. 挑战与机遇:美洲贸易自由化研究[M]. 北京:中国社会科学出版社,2001.
[13] Dominick Salvatore. 国际经济学[M]. 北京:清华大学出版社,2004.
[14] 谈毅. 国际区域经济合作[M]. 西安:西安交通大学出版社,2008.
[15] 张汉林. 国际服务贸易[M]. 北京:对外经济贸易大学出版社,2002.
[16] 邵渭洪,孙敏. 国际服务贸易[M]. 上海:上海财经大学出版社,2010.
[17] 赵伟. 国际贸易理论、政策与现实问题[M]. 2版. 东北财经大学出版社,2008.
[18] 栗丽. 世界贸易组织体制[M]. 北京:中国人民大学出版社,2009.
[19] 张海东. 世界贸易组织概论[M]. 上海:上海财经大学出版社,2006.
[20] 尹翔硕. APEC的服务贸易发展[M]. 南开大学出版社,2005.
[21] 李大雁,李春英. WTO知识学习教程[M]. 2版. 北京:经济科学出版社,2008.
[22] 陈宪. 韦金鉴等. 国际贸易理论与实务[M]. 北京:高等教育出版社,2004.
[23] 蔡玉彬. 国际贸易理论与实务[M]. 北京:高等教育出版社,2004.
[24] 赵春明. 国际贸易学[M]. 2版. 北京:高等教育出版社,2007.
[25] 张炳达. 国际贸易[M]. 上海:上海财经大学出版社,2009.
[26] 陈同仇,薛荣久. 国际贸易[M]. 北京:对外经济贸易大学出版社,1997.
[27] 张鸿,文娟. 国际贸易——原理、制度、案例[M]. 上海:上海交通大学出版社,2006.
[28] 张二震. 国际贸易分工理论演变与发展述评[J]. 南京大学学报(哲学. 人文科学. 社会科学版),2003(1).
[29] 李俊江,侯蕾. 新兴古典贸易理论述评[J]. 江汉论坛,2006(9).

[30] 杨小凯,张永生. 新兴古典经济学与超边际分析[M]. 北京:中国人民大学出版社,2000.

[31] Wenli C, Jeffrey Sachs D, Xiaokai Y. An Infra-marginal Analysis of the Ricardian Model. CID Working Paper,1999(13).

[32] Dingsheng Z. Inframarginal Analysis of Asymmetric Models with Increasing Returns. Ph. D Dissertation, Wuhan University, China Center for Advanced Economic Studies,2000.

读者反馈表

尊敬的读者:

您好!感谢您多年来对哈尔滨工业大学出版社的支持与厚爱!为了更好地满足您的需要,提供更好的服务,希望您对本书提出宝贵意见,将下表填好后,寄回我社或登录我社网站(http://hitpress.hit.edu.cn)进行填写。谢谢!您可享有的权益:

☆ 免费获得我社的最新图书书目　　☆ 可参加不定期的促销活动
☆ 解答阅读中遇到的问题　　　　　☆ 购买此系列图书可优惠

读者信息

姓名_____　□先生　□女士　　年龄_____　学历_____
工作单位_____　职务_____
E-mail_____　邮编_____
通讯地址_____
购书名称_____　购书地点_____

---

1. 您对本书的评价

内容质量　□很好　　　□较好　　□一般　　□较差
封面设计　□很好　　　□一般　　□较差
编　　排　□利于阅读　□一般　　□较差
本书定价　□偏高　　　□合适　　□偏低

2. 在您获取专业知识和专业信息的主要渠道中,排在前三位的是:
①_____　②_____　③_____
A. 网络　B. 期刊　C. 图书　D. 报纸　E. 电视　F. 会议　G. 内部交流　H. 其他:_____

3. 您认为编写最好的专业图书(国内外)

书名	著作者	出版社	出版日期	定价

4. 您是否愿意与我们合作,参与编写、编译、翻译图书?
_____

5. 您还需要阅读哪些图书?
_____

网址:http://hitpress.hit.edu.cn
技术支持与课件下载:网站课件下载区
服务邮箱　wenbinzh@hit.edu.cn　duyanwell@163.com
邮购电话　0451-86281013　0451-86418760
组稿编辑及联系方式　赵文斌(0451-86281226)　杜燕(0451-86281408)
回寄地址:黑龙江省哈尔滨市南岗区复华四道街10号　哈尔滨工业大学出版社
邮编:150006　传真 0451-86414049